万物闲光

SHUOZHOU SCENERY 朔州

朔州有大美。

在这方奇幻的天地里，大自然的神工鬼斧，造就了雄奇壮美的塞上风光；独一无二的地理位置，孕育出深厚博大的军事文化；勤劳睿智的历代前贤，遗留下闻名遐迩的人文胜迹；继往开来的优秀儿女，续写着前无古人的辉煌篇章……于是，我们跋山涉水，走遍春夏秋冬，用一个个字符描绘千秋之秀，用一个个镜头捕捉万象之美。

登绝顶方见众山小，临大海始知天为岸。《朔州风光》荟萃精华，管窥朔州，愿他引领您开启一趟迥异别地的观美之旅。

——作者寄语

图书在版编目（CIP）数据

朔州风光 / 朔州市地方志办公室著． —北京：中华书局，2011.5
ISBN 978-7-101-07931-9
Ⅰ．朔… Ⅱ．朔… Ⅲ．朔州市——概况
Ⅳ．K922.53

中国版本图书馆 CIP 数据核字（2011）第 054987 号

责任编辑：金 锋 朱 慧
封面设计：左 磊

朔州风光

朔州市地方志办公室 著

＊

中华书局出版

北京市丰台区太平桥西里 38 号 100073

http：// www. zhbc. com. cn

E-mail：zhbc@zhbc. com. cn

北京佳艺恒彩印刷有限公司印制

230×305 1/8（特） 30.375 印张
2011 年 7 月第 1 版 2011 年 7 月第 1 次印刷
定价： 680.00 元（全套两册）

ISBN 978-7-101-07931-9

《朔州风光》参编人员

顾　　问：王茂设

策　　划：冯改朵

审　　定：李根田

统　　筹：蔚文彩

总　　纂：吴夺奎

总纂助理：王文明

（以下人员按姓氏笔划排列为序）

撰　　稿：丁一厚　马　良　王文明　吴夺奎　张　先　苗连顺
　　　　　周瑞萍　郭文亮　赵　达　胡永祯　韩少东　韩尚苐

摄　　影：于树文　丰子君　许卫东　李文奎　吴夺奎　张　和
　　　　　苗连顺　杨建民　郝　金　胡永祯　赵志国　赵效文
　　　　　贺朝善　贾玲平　樊　鹏　魏向东

版式设计：王荣辉　孙迎军　吴夺奎

美术总监：韩　军

编　　务：元雷花　安孝文　任　亮　孙翠芬　李文福　张　婧
　　　　　杨志雁　罗　筠　高林祥　候志林　常凤霞　樊继峰

英文翻译：张占琴

扉页题字：水既生

鸟瞰朔州

朔州市旅游交通图

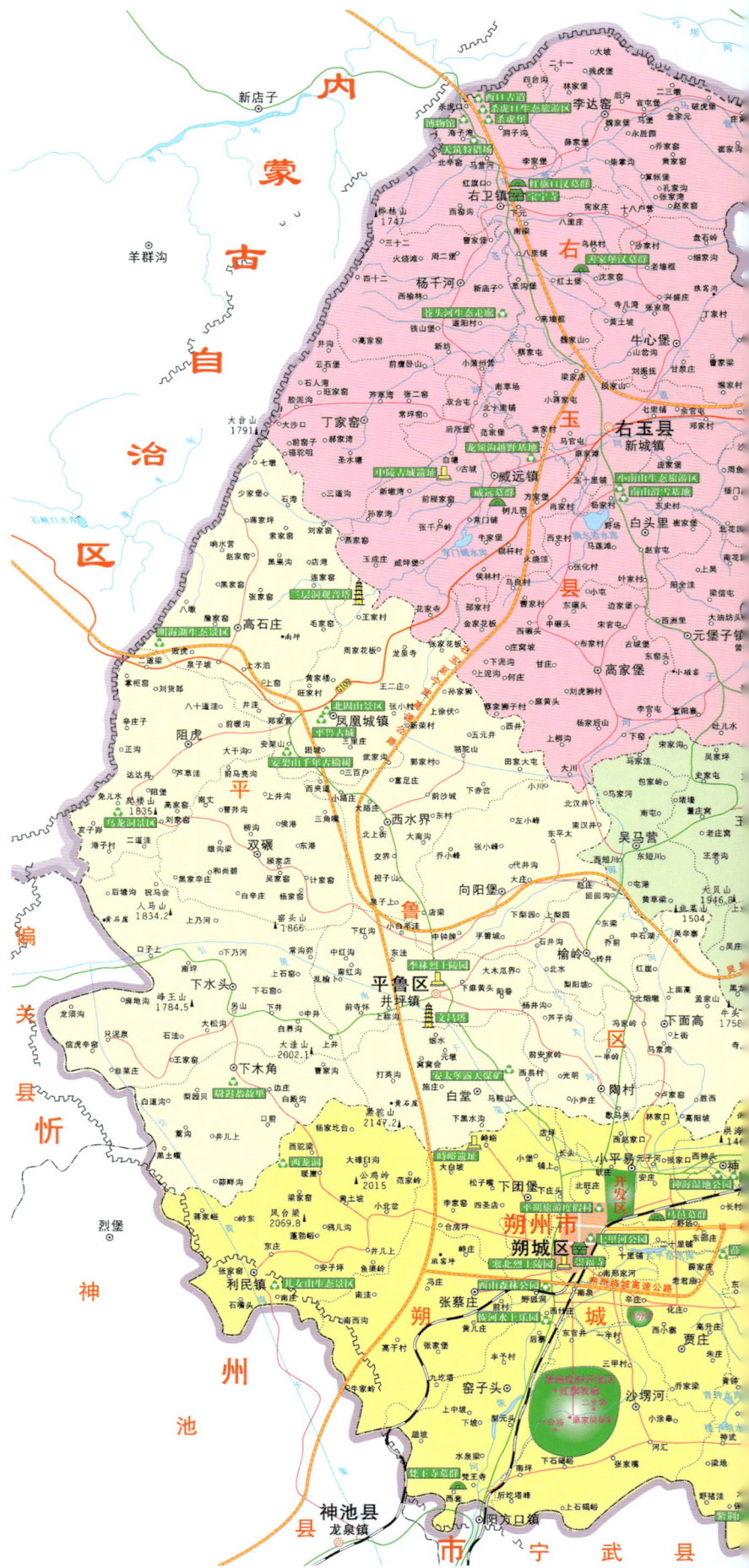

内蒙古自治区

偏关县

忻州

神池县

右玉县

平鲁区

鲁

朔城区

朔州市

神池县 龙泉镇

宁武县

市

大

左

云

县

新荣区
新荣镇

阳高县

新荣区

大

巨乐

三屯

大同市
城区

云冈镇

矿区
平旺

大同县
西坪镇

左云县
云兴镇

同

南郊区
口泉

鸦儿崖

县

杜庄

市

毛家皂镇

马道头

县

鹅毛口温泉

丹阳王墓

马辛庄

浑

怀仁县

云中镇

海北头

马连

源

清凉寺景区

何家堡

华严寺砖塔

南榆林

浑源县
永安镇

吴家窑镇 怀

仁

新家园

亲和

县

金沙滩镇

金沙滩古战场

义井

驼峰

马

山

喇叭

北周庄镇

藏寨

镇子梁

大临河

合盛堡

应县木塔
（佛宫寺释迦塔）

应县
金城镇

净土寺

阴

岱岳

大黄巍

县

应

大石口

南河种镇

爱羊寺

杏寨

山阴县

南泉

南河种镇

古城镇

县

南泉

下马峪

白马石

马营庄

后所

左儿口

花原洞寺

杨涧山生态景区

祥云寺砖塔

石柏田

广武汉墓群

忻

明代内长城

张家庄

县

繁峙县
繁城镇

南榆林

雁门关

州

代

原

平

县

市

峨口镇

序

中共朔州市委书记　王茂设　　　　朔州市人民政府市长　冯改朵

　　《朔州风光》是一部好书。展卷品读，韵味醇厚，不忍释手。难怪《山西省旅游景区志丛书》编辑部众多专家审读后，大加赞赏，一致认为"其水平在相当程度上超过了此前朔州和省内相关同类出版物的水平，具有重大突破，尤其在边塞军事文化方面，填补了全省乃至全国在这一领域的空白，可称为一部佳作"。

　　《朔州风光》是一部拓荒纪实之作。洋洋数十万言，记述了许多前人从未着墨、鲜为人知的景观景点。以细腻隽永的笔触，对朔州雄奇壮美的自然风光、誉满华夏的名胜古迹、博大厚重的军事文化、如诗如画的城市园林、彪炳史册的名人胜迹，首次作了全面系统的描绘，从而为世人认识朔州，了解朔州，提供了一个敞亮的窗口。

　　《朔州风光》主旨明确，章法严谨，资料翔实，文笔洗练，内涵深厚，图文并茂，雍容大雅，具有极强的感染力和可读性。优雅之处，似彩云追月，柔情绵绵；昂扬之时，如大江奔腾，气势磅礴。纵览全书，宛如千首诗万帧画汇集而成，让读者享受到一道道文学艺术的玉盘珍馐。

　　《朔州风光》所涉内容极为广博。要完成这样一部巨著，必须掌握天文、地理、历史、植物、动物、宗教、建筑、雕刻、绘画以及考古等诸多学科方面的知识。不难想象，如果作者没有宽广渊博的知识，没有坚忍不拔的意志，没有博采众长的胸襟，此书是绝难完成的。赏析品读该书，如同徜徉在知识的海洋，既开阔了视野，又陶冶了情操。

　　《朔州风光》的创作者们，生于斯，长于斯，工作于斯，他们秉持着对朔州这片热土的无限热爱，以赤子之心和对事业的执著追求，为解决资料匮乏的难题，更为搜罗万象寻本求真，像郦道元著述《水经注》、徐霞客撰写《徐霞客游记》那样，写山进山，写水涉水，深入民间，广征博采，从而使这部书所涉景区景点的文化内涵得以充实，景观品位得以升华，达到了内容与形式的完美统一。短短三年时间，完成如此浩繁的巨大工程，其采写过程本身就是一部可品可读、可赏可鉴的厚书，其历千辛万苦而不悔的精神本身就体现了我朔州山川的风貌和品格。

《朔州风光》挖掘整合了朔州境内的自然风光、边塞文化和名胜古迹三大特色旅游资源，充分展示了朔州的迷人魅力、独特风采和深厚的历史文化底蕴。它的问世，恰逢《〈朔州市旅游产业发展规划〉（2010年—2015年）》和《〈朔州市文化发展产业发展规划纲要〉（2010年—2015年）》实施之际，对推动朔州文化事业和旅游事业的发展，将会起到不可估量的作用。

青山高则望远，白云深而路遥。文化艺术的殿堂博大深邃，推陈出新，永无止境。诚望朔州文人志士为朔州文化的大繁荣大发展，为朔州旅游产业的大提升大拓展，为打造新基地、新优势、新朔州，建设自然、生态、现代、宜居的幸福新城，挥毫泼墨，奉献出更多的上乘之作。

读《朔州风光》有感于怀，爰为序。

二○一一年四月一日

总 目 录

CONTENTS

上篇目录

自然风光

上篇目录

上篇目录

上篇目录

城市园林

VOLUME I CONTENTS

Natural Scenery

Zijing Mountain Scenic Spot

Youyu Ecological Scenic Spot

VOLUME I CONTENTS

VOLUME I CONTENTS

VOLUME I CONTENTS

Urban Garden

SHUOZHOU SCENERY 朔州风光

综　述

朔州位于山西省北部内外长城之间，东邻北岳，西望黄河，南扼雁门，北控大漠。地理坐标介于东经111°53'4"—113°34'、北纬39°5'—40°17'之间。东西长145公里，南北宽130公里，总面积1.06万平方公里。辖两区四县，人口171万。

朔州山河壮丽。阴山山脉列其北，管涔山脉绕其西，恒山山脉屏其南，洪涛山脉卧其腹。千峰争雄，万壑比幽，群石竞奇，披翠滴绿。境内碧波荡漾的神头海，众泉涌流，飞珠吐玉；分属黄河水系和海河水系的26条较大河流不舍昼夜，流淌不息。汹涌澎湃的桑干河，左环右绕，穿境而过，滔滔东去。山川之俊美，河湖之灵秀，将朔州这座塞外新城装点得风光无限，魅力无穷。

朔州历史悠久。早在两万八千年前，峙峪人就在这里生息繁衍，创造了旧石器时代的人类文明，成为中华民族重要的发祥地之一。怀仁县的鹅毛口，应县的边耀，朔城区的后圪塔峰、丰裕，平鲁区的向阳堡、西水涧，山阴县的岱岳，右玉的消息屯等58处新石器时代遗址，在中华史前文明中同样占有重要的地位。春秋时期，这里是少数游牧民族杂居之地。战国赵武灵王"辟地千里"，置雁门郡。秦将蒙恬筑马邑城，置马邑县。北齐始置朔州。历代为郡，为府，为州，为县，为军，为卫，为所……沿革多变。王朝更迭，群雄争霸，民族融合，浴血征战，形成了丰富独特的边塞军事文化。沧海桑田，白云苍狗，波澜壮阔的历史长河，积淀下了浑厚的文化内涵，留下了驰名中外的名胜古迹。

朔州地灵人杰。源远流长的文明造就出无数风流人物。自古以来，"都将相而建帝王之业者，不乏其人；鸣甲第而跻冢宰之职者，大有其士"。据史载，境内曾出现过5位皇帝、5位皇后、13位宰相，文臣武将、文人学士不可胜数。西汉才女班婕妤，三国名将张辽，唐朝开国元勋尉迟恭，玄奘弟子窥基，后唐太祖李克用，金代名相高汝砺，元代名相赵璧，勇冠三军的麻家将，三朝帝师王家屏，早期革命家罗绣、曹汝谦……上下几千年，人才辈出，灿若星辰。虽斯人已逝，但其故里胜迹闻名遐迩，墨宝遗存弥足珍贵。

朔州百折不挠。从春秋战国到大明王朝，及至抗日战争时期，这里的军民始终在前沿阵地上前仆后继，固守家园。屡屡兵燹，磨砺了朔州人；滔滔桑干，见证了朔州人坚韧不拔、一往无前的优秀品格。刘武周起事，加速了隋朝的灭亡；长达半年之久的明代右玉城保卫战，震惊朝野；熊六揭竿抗清，名载史册；朔县军民抗日，屠城不屈；革命老区八年抗战，惊天地泣鬼神；右玉人民造林绿化60年，将昔日荒沙遍野不毛之地变为名扬四海的绿色家园。勤劳勇敢的朔州人，胼手胝足，筚路蓝缕，建市20年来与时俱进，再铸辉煌，如今的朔州已跻身于全国十佳最具创新力城市之列。

朔州日新月异。地上田畴如画，地下宝藏似金，仅煤炭储量就有近500亿吨。驰名中外的平朔露天煤矿、神头火力发电厂均在境内。煤渡大洋，电走京城。煤炭产销超亿吨，位居全国前列。年发电量217亿度，人均全国之最。瓷器产品可供国人每人一件。故，素有"煤都"、"电都"、"瓷都"之称。2010年，全市财政收入达到132亿元，粮食产量达到17.95亿斤，创历史新高。林草覆盖率达18.02%，城市绿化率达到44.82%。全市村通水泥（油）路率达99.8%。雄厚的经济实力，和谐的人文环境，优美的自然风光，完善的服务设施，为朔州旅游事业的兴起奠定了坚实的基础。

在这块神奇富饶的土地上，大自然的神工鬼斧，造化出雄奇、高远、广袤、苍茫的塞上自然风光；悠久的历史文化积淀，孕育出奇异多姿、巧夺天工的名胜古迹；长期的民族战争，留下了恢宏、壮观、博大、厚重的军事文化遗产。自然风光、名胜古迹、军事文化共同构成了今天朔州三驾马车并行并重的旅游格局。

一、自然风光雄奇壮美

朔州地处塞上，境内拔地而起的奇峰峻岭，连绵不绝，逶迤百里。海拔1600米以上的山峰140多座，最高的馒头山海拔2426米。座座大山有奇观，条条沟谷有特色。深峡幽谷、巨岩怪石，河流湖泊、山泉溪流，原始生态、人工林海，鸟鸣蝶舞、鱼游兽走，汇聚成千山竞秀、万壑争奇的壮丽风光。

紫荆山景区 为山西省原始次生林保护区。东临巍巍雁门关，西连重重华盖山，北与桑干河盆地相衔，南同忻州阡陌相毗，面积约100平方公里。登高鸟瞰，群峰在山峦中比肩，怪石在奇峰上斗态，烟云在沟壑中变幻，霞光在岩壁上流彩。躬身近观，峰上列峰，群峰错落，山高沟深，沟多岔多，沟中有岔，岔中有沟，回环相连，开合有致。青松争高，桦林密叠，灌丛竞秀，林海茫茫。奇花异草，成簇成片，见土就生，有隙即长，遍布整个沟谷山岗。大量珍禽异兽栖息林间，只闻其声，不见其踪。大自然原生态之美，在这里尽情汇聚，呈现出丰富多彩、各具特色的道道靓丽景观。整个景区划分为莲花沟、八岔沟、石门沟、卧龙沟四大景区，计有玉兔出宫、神驹出海、蝴蝶石峡、九盘商道、绿色隧道、白云人家、二龟对话、群仙聚会、神农采药、脸谱石壁、马刨泉、白云观、七星树等30多处景点。远隔尘世的幽峡深谷，神秘莫解的沙露清泉，难辨东西的迷昏谷，惟妙惟肖的象形石，难割难舍的情人滩，高深莫测的斗法沟，悬在半空的青云观……景景流光溢彩，处处牵情动怀。游人在此可尽情领略山险石奇、林丰花艳、鹰飞蛇窜、鸟鸣蝶舞的奇观美景。

右玉生态景区 是右玉人民创造出的人间奇迹。六十年来，右玉县集众志破万难，改天地壮河山，拓荒于不毛之地，向大风大沙挑战，坚持一张蓝图绘到底，营造出闻名全国的塞上绿洲，被誉为国家级生态示范县。只要走不出右玉县境，就突不破绿的包围。景区内有较大河流12条，2公里以上小溪613条，沿河治理，依水造林，形成了以流域为中心的森林景观区。潺潺流水穿绕于林海之中，茫茫林海辉映在河水之间。不同的季节，呈现不同的风光：春天山花烂漫，夏天绿浪翻卷，秋季层林尽染，冬季银装素裏。域内有苍头河百里生态走廊、南山公园、松涛园、桦林山、牛心山、老龙山、贺兰山、万亩沙棘园、四五道岭草原等景区。整个右玉林丰、草茂、花艳、水碧、山秀，构成一幅幅难以描绘的风景画。

神头海景区　位于洪涛山下，素有"塞上西湖"之美称。景区内群泉喷涌，碧湖荡波、鸟啼蝶舞、蜓掠蜂忙、灅源托芙蓉、桑干舒柔绢，呈现出一派江南水乡的秀丽风光。天设地就的古老灅源，悠久浑厚的历史积淀，浩若繁星的人文景观，自古为旅游胜地。景区含金龙池、黄道泉、玉龙泉、三大王庙、老槐树、马邑古城、桑干湖等景点。金龙池水域面积26万平方米，碧水如镜，鱼翔浅底，蒲草丛生，荷花盛开，四周杨柳依依，一桥飞架南北。桑干湖水域面积15平方公里，碧波万顷，游船荡漾，惊涛拍岸。马邑古城历史悠久，城墙橹台遗迹尚存。三大王庙整修一新，庙内壁画构图奇妙，线条流畅，色彩绚丽。千年古槐，枝繁叶茂，阅尽沧桑。尉迟恭擒海马的故事，家喻户晓。拓拔公主生神龙的传说，广为流传。美丽神奇的神头海，自古就吸引着众多帝王将相、文人雅士前来览胜探奇。北魏拓拔珪父子多次观灅源。清康熙大帝曾来谒拜鄂公庙。明代诗人祝颢慕游金龙池，泼墨抒怀，留下了"金龙池畔水，演作桑干河，东驰入沧海，浩荡成洪波"的千古绝句。

金沙滩景区　是驰名天下的古战场。百里苍翠，万顷碧波。莽莽林海之中，以宋辽交战杨家将故事和崇国寺佛教文化为主题的园林建筑群，气势恢宏，覆压2000余亩。园林西部建有气势磅礴古朴典雅的仁和殿、天门阵、点将台、八卦阵、彩绘长廊和古战阵建筑群。这些建筑，从不同角度、不同层面再现了杨家将一门三代精忠报国，血染金沙滩的忠烈家史，凸显出金沙滩古战场民族碰撞、民族融合厚重的历史文化底蕴。园林北部坐北朝南的佛教建筑群，规模宏大，富丽堂皇。在林海中拾趣，在园林中观景，令人耳目一新，心旷神怡。

明海湖景区　位于平鲁区高石庄乡，南距井坪镇60公里，西与内蒙古清水河县接壤。景区四周，群山环抱，山光水色，气象万千。界岭山立其北，元台山横其南，汤溪河水穿境而过。外长城像一条巨龙，上冲下突，蜿蜒起伏，俯卧在景区西部的镇楼山上。明海湖东岸的豪汉山，似一幅天然画屏，披锦滴翠，雄浑壮美。起伏的山峦，幽深的峡谷，苍茫的林海，如镜的湖面，飘香的果园，层叠的梯田，构成了一幅幅浓墨重彩的山水画。巍巍长城，林立墩台，沧桑古堡，险峻关隘，西口古道，窑洞毡房，集聚了悠久浑厚的边塞多元文化。鹿奔驼行，牛叫马啸，鸡鸣兔奔，百鸟争歌，展示出人与自然的和谐之美。明海湖旅游区以她那纯朴、清丽、迷人的风采，吸引着众多的游客前来观光。

二、名胜古迹誉满华夏

朔州有国家级重点文物保护单位6处，省级19处。馆藏珍贵文物以万计数，国家一级文物有百余件。其中以应县木塔、崇福寺、净土寺为代表的古建筑驰名中外。

释迦木塔　本名佛宫寺释迦塔，是中国乃至世界现存最古老、最宏大的纯木结构建筑，它与法国的埃菲尔铁塔、意大利的比萨斜塔齐名，被世人称为世界三大奇塔，堪称国宝中的国宝。1961年国务院将其列为全国重点文物保护单位。木塔建成于1056年（辽清宁二年），高67.31米，底层直径30.27米，平面呈八角形，纯木构造。结构上没使用一颗铁钉，全部是卯榫咬合，其卯榫形式多达62种，真可谓鬼斧神工。斗拱样式多达54种，层层斗拱，八面勾栏，如莲花盛开。全塔共使用木材3000多立方米，总重量达7430吨。木塔雄踞于4米多高的台基上，六檐五层，高耸入云，巍峨壮观。悬挂在层层塔檐上的风铃，不分昼夜地随风吟唱，仿佛在赞美木塔的千年不老，青春永驻。塔藏文物十分丰富，其中辽代文物就有158件。特别是从二、四层主像中发现的佛牙舍利和七珍，堪称为佛家至宝。释迦木塔历代为游览圣地，帝王将相、达官显贵、文人雅士慕名观赏，络绎不绝，并留下了诸多踪迹印记。

崇福寺 是国内现存辽金时代著名的佛寺之一。它以其庄严古朴、精湛高超的建筑艺术，精妙瑰丽、栩栩如生的彩塑壁画，品位高、数量多的文物收藏，赢得世人瞩目，被誉为"集地上地下文物精华于一体的一处古代文化艺术宝库"。1988年，被国务院列入全国文物重点保护单位。寺内古槐如盖，松柏交荫。前后五重院落，从南向北依次为山门、金刚殿、千佛阁、三宝殿、弥陀殿、观音殿。寺内弥陀殿建筑规模之大，居我国现存辽金佛殿的第三位，历经860多年风雨沧桑，风韵犹存。辉煌壮丽的殿顶装饰，雄浑博大的梁架结构，庞大雄健的斗拱艺术，高大逼真的彩塑艺术，色彩富丽的壁画艺术，被海内外许多艺术家赞誉为"世界级的巨作"。大殿窗隔扇，雕琢华丽、玲珑古朴，有古线纹、雪花、菱形、椒眼等15种图案，国内罕见。大殿正脊上立有两尊1.5米高的金代琉璃武士塑像，为国内现存古建筑上最大的琉璃塑像。大殿主像背后，衬以三个14米高的椭圆形背光，是迄今全国寺庙中最大的背光。背光采用惜泥如金的镂空塑法，镂刻出细密精致的浮雕图案，把幽暗的殿堂烘托得绚丽夺目。崇福寺收藏有文物珍品5000余件，其中北魏千佛石塔，位一级藏品之首，价值连城。

清凉寺景区 位于怀仁县境内的洪涛山北段。坐落于主峰怀中的清凉寺，三面环山、负阴抱阳。屹立于海拔1647米南峰之巅的华严砖塔，灵光闪烁，云烟飘渺。景区群山拱围，异石纷呈，草木苍翠，鸟语花香。有38处自然景观之奇美，呈25处佛道建筑之堂皇。1378级永和石阶，直达云天。7米多高的露天弥勒大佛，笑坐山坡。北峰西部相依相连的五座山丘，霞烟缭绕，祥云升腾，如莲花盛开。相传，文殊菩萨曾在此说法布道。

乌龙洞景区 位于山西、内蒙古交界处管涔山北麓的平鲁区境内。北距内蒙古清水河县南界8公里，南距平鲁区政府所在地井坪镇38公里。景区群山连绵，沟壑纵横，林木凝翠，山花烂漫，紫气氤氲，风光旖旎。核心景区乌龙洞寺庙群，隐藏在海拔1830米的乌龙山的褶皱里，背靠乌龙山北峰，东西两峰横卧南北，三峰对峙，咫尺相望。三峰怀中，殿宇林立，依势而建，高低错落，布列有致。寺庙群分上下两院。上院建于北峰的半山腰之上，有诇之龙宫、龙母殿、摩崖石刻等。下院位于东西两峰之间，从北至南依次有大雄宝殿、滴珠洞、甘露池、碑廊、戏楼、天王殿、钟鼓楼、乌爷照壁和双峰洞等。乌龙洞庙宇始建于明初，比万历年间建于五台山的五爷庙还要早一百余年，为平鲁古八景之一，极具历史文化内涵，自古为旅游胜地。

三、军事文化恢宏厚重

朔州介于内外长城之间，北临大漠，内屏中原，地处要冲，是古代北方少数民族南犯中原必经之地，也是中原王朝阻挡外患、开疆扩土的前沿阵地。北有雄关杀虎口，南有险隘雁门关、宁武关、偏头关。历史上，处于边塞的朔州，战事频仍。为了抵御北方游牧民族南下，历代王朝不惜代价，在此修筑长城、城池、边堡，逐渐形成了坚固完善的军事防御体系。境内既有战国赵长城，又有汉长城，尤以明代所筑的内外长城规模最为宏大，且保存最为完好。内外长城之间，城池、堡寨、烽火台星罗棋布，举目可见。长期的民族碰撞，给朔州留下了一笔以广武和杀虎口、平鲁城为代表的极为丰富的边塞军事文化遗产。

广武军事文化景区　坐落于雁门关北内长城脚下，傍关依塞，屏峰靠岭，战略地位极为重要。北方游牧民族南下，欲图雁门，首攻广武；中原王朝，欲固雁门，必守广武。历史上这里是激烈的战场，常常血流成河，死骨遍野，战事之多，史载连篇。广武城有新旧两城。为防守铁裹门，辽在白草口北部筑旧广武城。为固守雁门关，明在新广武口北筑新广武城。两城相距2公里，呈犄角之势。旧广武为国家重点文物保护单位。四周城墙砖包砌面保存完好，三座城门宏阔雄伟，17座马面紧贴墙体，虽历经沧桑，仍不失当年的伟岸壮观。在旧广武城之北，有全国重点文物保护单位—亚洲最大的墓群。汉墓群南北长8公里，东西宽4公里，占地面积32平方公里，共有封土堆298座。最大的"236号"封土堆高20米，占地3250平方米。展望封土堆，星罗棋布，连绵起伏，状若丘陵。置身其中，戍边将士征战沙场的惨烈悲壮似在眼前。以汉墓群为依托建成的中心广场，气势恢宏。广场中央是一座巨大的三层台基，状如烽火台，上有汉武帝、卫青、霍去病整体花岗岩雕像，通高19.8米。广场两侧各有汉朝文武大臣10尊花岗岩雕像。整个雕像群粗犷豪放，大气磅礴，为当代石雕上乘之作。新广武城建于明代，是古代军事建筑的经典之作，有金斗银簸箕和狗爪连花城之称，可惜毁于1942年的一场洪水，中城及四座关城仅大北关保存较好。沿新广武城两侧，筑有东向长城和西向长城。东向长城坍塌严重，仅剩断壁残垣和数座敌楼。西向猴儿岭长城保存最为完好，属国家重点文物保护单位。这段长城，宛如一条巨龙，背驮座座敌楼，左冲右突，蜿蜒起伏与群山峻岭之间。其中西部600米长的锯齿长城，其陡峭其凶险其壮观，着实令人惊叹，堪称中华长城精华中的精华。新旧广武城、汉墓群、明长城三位一体相映相衬，组成了颇具特色的边塞军事文化旅游景区。

杀虎口军事文化景区　位于山西北部右玉县境内的外长城脚下，北扼大漠，南屏中原，势踞天下之巅，界控中外之吭，自古为直北第一要冲。巍巍关楼，恢宏壮观，穿河卧波，封山锁谷。明王朝在此连环筑堡，重兵扼守，使之成为一代雄关。"刀戈沉沙边城带血，关山度月古堡含悲"、"大漠高天汗马追云，西口长歌征驼伴月"……关楼楹联高度概括出杀虎口悲壮辉煌的历史。以杀虎口为轴心，沿长城一线，东有残虎堡、马堡、破虎堡；西南有铁山堡、云石堡；南有右卫城、威远城、马营河堡、红土堡、黄土堡、牛心堡、云阳堡、祁河堡、威坪堡等屯军城堡。重重设施，龙盘虎踞，构成了中原阻挡北方少数民族南下的第一道军事防线，大有"不教胡马度阴山"之势。杀虎口以军事重镇名闻遐迩，又以通商要道著称于世。古老的茶道，繁荣的马市，奏出了民族团结的和谐乐章。一曲"走西口"，道尽了昔日离乡背井的凄凉。如今的杀虎口，将边塞军事文化、晋商文化、西口文化、生态文化融为一体，交相辉映，形成了特色鲜明的边塞旅游品牌。

平鲁军事文化景区　位于晋西北边陲，西望黄河、北控大漠、南屏三关、东护云朔。境内群山连绵，丘陵起伏，沟壑纵横。外长城如一条苍色巨龙，腾峰跃谷，盘旋逶迤，横亘于蒙晋边界，长达37.07公里。穿越长城的白兰口、大河口、七墩口等隘口，自古为边塞军事要冲和通衢商道。守护长城的少家堡、大河堡、将军会堡、乃河堡等8座军堡，龙盘虎踞，壁垒森严。座座峰台，或立于山岗，或屹于平地，星罗棋布，纵横成线，一直延伸到内长城脚下。北部的"平虏卫"城，依山而筑，易守难攻。南部的井坪所城，攻守兼备，固若金汤。卫城、所城，互为犄角，遥相呼应，与长城、边墩、边堡、峰台构成了严密纵深的防御体系。历史上这里曾狼烟四起，刀光剑影，迭相攻守，谱写出众多的民族碰撞、民族交融的壮丽诗篇。

四、名人胜迹彪炳史册

朔州得天独厚的自然环境，重要的军事地位，丰富的历史文化，吸引着众多显赫人物在此驻足。赵国大将李牧驻守雁门郡，秦将蒙恬始筑马邑城，汉高祖刘邦御驾亲征过勾注，王昭君和亲回望蹄窟岭，李广、王恢率军伏马邑，北魏帝王多次巡游神头海，东魏宰相高欢与柔然公主结亲阴馆城，北齐文宣帝高洋黄瓜堆大破柔然军，隋炀帝杨广北巡边塞经马邑，唐将郭子仪平叛收复马邑城，耶律阿保机与李克用握手言和怀仁东，辽主萧太后坐镇金沙滩，宋辽争战杨业遇难狼牙村，明成祖朱棣题匾释迦塔，武宗登塔祝捷宴群臣，康熙平叛幸马邑驻右卫，慈禧、光绪夜宿广武来圣店……毛泽东、周恩来率领中央机关过广武，陈毅广武度元宵，贺龙右玉谋战策，胡耀邦右玉观林海……青山处处有胜迹，名人轶事遍朔州。

五、烈士丰碑光照千秋

朔州是抗日战争时期的根据地和解放战争的老解放区，在八年抗战和三年解放战争中，有成千上万位烈士为国捐躯。为了后人永远缅怀他们的丰功伟绩，在朔城区建有塞北烈士陵园，在平鲁区建有巾帼英雄李林烈士陵园，在应县建有革命烈士纪念塔，在右玉建有革命烈士纪念碑等。座座陵园，块块丰碑，成为红色旅游景点，是人们接受革命传统教育和爱国主义教育的重要基地。

六、城市园林如诗如画

有"塞上明珠"之称的朔州，是一座美丽的城市。走进市区，举目皆绿，"一半森林，一半城"

的生态格局已经形成。三纵十二横的街道纵横交错，排列有序。座座大厦鳞次栉比，拔地而起。街道两旁，塔状的、球状的、伞状的树木、灌丛，成形成景，配置有致。临街单位，一律拆墙透绿。建花坛、辟花池、植草坪，春夏秋三季，群芳争艳，绿草如茵。办公区里，居民区内，处处花团锦簇，绿荫遮天蔽日。位于市区南部的恢河公园，31万平方米的水面上，游船往来，候鸟争歌；居于市区腹部的七里河公园，40万平方米的水面上，水光潋滟，倒影如画。人民公园、平朔公园、金沙公园、古城公园和数不清的街心公园、小游园，分布合理，镶嵌在市内的各个区域。市中心广场、体育广场、女人街广场、文化中心广场……建筑新颖别致，雕塑内涵深刻，处处呈现出园林城市的特色品位。

华灯初上，街道旁，高楼上，公园里，树丛中，路灯、地灯、霓虹灯、激光灯……五光十色，交相辉映，绚丽斑斓，流光溢彩，市区夜晚犹如梦幻里的精彩世界。

市区周边，北部万亩苗圃，芊芊莽莽；西南部3000亩的金沙公园号称植物王国；东南部的薛家庄林区，广袤无边；西部20万亩林海，浩瀚无际。林海连着林海，绿波涌着绿波，整个城市仿佛荡漾在绿海之中。

朔州承马邑文化之脉，彰时代精神之光，跨越古今时空，融汇历史内涵，全力建设自然、生态、现代、宜居的幸福新城。

好客的朔州人，恭迎八方来客！

自然风光

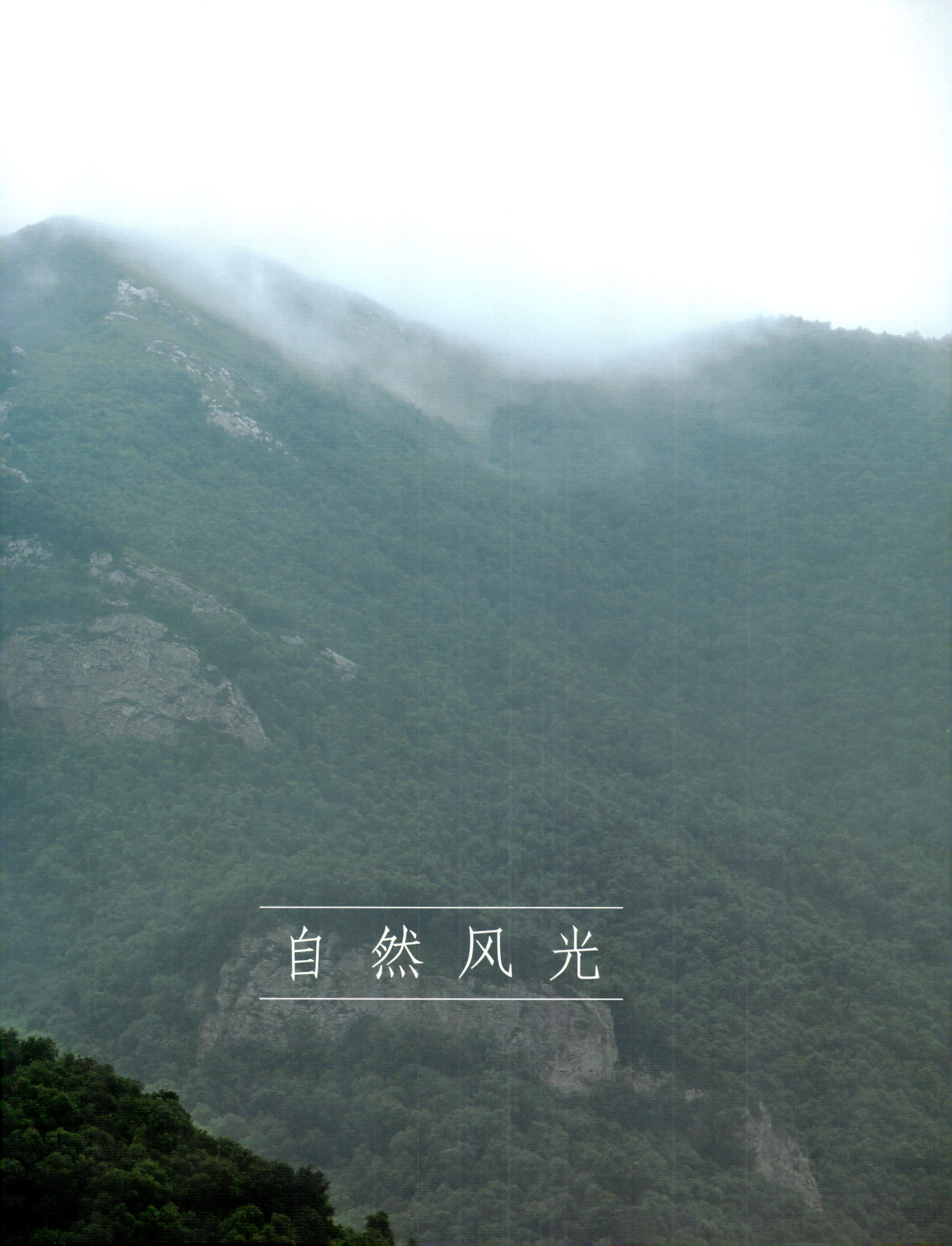

紫荆山景区

SHUOZHOU SCENERY 朔州风光

紫荆山景区

　　紫荆山脉（又称莲花山）位于朔州市东南35公里处，属恒山余脉，呈东西走向。东西长10公里，南北宽5公里。山体从东到西，天然形成了四大山谷，构成了莲花沟、八岔沟、石门沟、卧龙冈四大景区。景区东与雁门关相望，西与宁武关相挽，南与代县、原平市相衔。

　　景区内，青峰瘦削，峰上列峰，群峰错列，相续不绝，绵亘数十里。峰岭在群峦中比肩，怪石在奇峰上斗态，烟云在沟壑中弥漫，霞彩在岩壁上流光。整个山系平均海拔1800米以上，主峰紫荆山海拔2225.8米。山上分布着约5000多公顷天然次生林，植被覆盖率高达95％以上。青松争

　　奇，桦林密叠。数百个品种的花草，葳蕤苗壮，成簇成片，见土就生，有隙即长，遍布整个山岗林间。林高数丈，草长齐胸，穿行林间，如步入绿色隧道，上不见天，下不见地，昏昏蒙蒙，难辨东西。大量珍禽异兽栖息林间，只闻其声，不见其影。大自然原生态之美，在这里尽情汇聚，展示出无限神奇的魅力。这里是植物的王国，动物的乐园，天然的氧吧，游人来此可以领略到山险石奇、林美花艳、鹰飞蛇窜、虎啸豹奔、鸟鸣蝶舞……2002年，紫荆山景区被山西省人民政府列为原始次生林自然保护区。

紫荆林海

第一章

天然生态园

紫荆山景区，山高沟深，坡陡崖险，人畜难攀，与世远隔。个个山峰顶梁头，覆盖着茂密过膝的山地草甸。从山脚到顶峰，多科属的乔灌丛呈垂直分布，一棵棵，一丛丛，根与根盘结相连，枝与枝交衔拥抱，把整个山峦遮盖得无隙无间。似刀削斧劈的巨大岩壁，也被破壁而出的松柏、灌丛树冠枝条掩隐，唯有悬空的巨石可在绿树丛中凸显。条条沟谷长满了2米～5米高的灌丛，与坡上林木紧连，浑然一体，形成了波澜壮阔、浩瀚无际的林海。山区植被覆盖率达95%；其中天然次生林占80%，人工造林占3%，山地草甸占12%。林内腐叶厚积，土壤肥沃，山间沙岩出露清泉。独特的自然环境，使紫荆山成为天然植物、野生动物生长繁衍的理想家园。

第一节 植物王国

刺藜藜

沙棘

初步查明，紫荆山天然植物有910多种，100多科，420多属。木本天然次乔木主要有：白杆、青杆、华北落叶松、油松、侧柏杜松、山杨、小叶杨、青杨、红桦、白桦、棘皮桦、榛、辽东栎、白榆、大果榆、黑榆、旱榆、楸子、西伯利亚山杏、山桃、稠李、槐、洋槐、地锦槭、元宝槭、五角槭、复叶槭、白杜、花楸、臭椿、香椿、蒙椴、枫树等。灌木主要有：毛榛、虎榛子、北桑寄生、灌森铁线莲、大瓣铁线莲、黄花铁线莲、芹叶铁线莲、短尾铁线莲、粗齿铁线莲、大叶小檗、置疑小檗、直穗小檗、刺藜、东陵绣球、蒙古绣线菊、三裂绣线菊、土状绣线菊、疏毛绣线菊、绢毛绣线菊、毛叶水枸子、灰枸子、金露梅、银露梅、美蔷薇、纯叶蔷薇、黄刺玫、喜阴悬构子、毛樱桃、华北珍珠梅、甘蒙锦鸡儿、甘肃山楂、黄蔷薇、多腺悬构子、多花胡枝子、胡枝子、美丽胡枝子、雀儿舌头、叶底珠、文冠果、酸枣、太平花溲疏、小花溲疏、大花溲疏、多花溲疏、华北驼绒藜、桃叶卫茅、柳叶鼠李、小叶鼠李、锐齿鼠李、白腊叶荛花、沙棘、水柏子、柳兰、刺五加、沙来、照山白杜鹃、白腊树、连翘、紫丁香、暴马丁香、红丁香、毛叶丁香、白丁香、枸杞、接骨木、六道木、金银忍冬、杠柳、百里香、金花忍冬、小叶忍冬、蒙古荚莲、陕西荚莲、蚂蚱腿子、库页悬钩子、珍珠梅、鄂北荛花、刚毛忍冬等。草木天然植物主要有节节草、问荆、蕨、银粉背蕨、变异铁角蕨、北京铁角蕨、冷蕨、鞭叶耳蕨、中华鳞毛蕨、网眼互韦、羽节蕨、荨麻、狭叶荨麻、西蕊草、篇蓄、拳参、卷茎蓼、珠芽蓼、皱叶酸模、巴天酸摸、波叶大黄、灯心草蚤缀、甘肃蚤缀、辨蚤缀、卷耳、牛繁缕、叉歧繁缕、繁缕、石竹、婴娄、女娄菜、山女娄菜、滨藜、刺藜、菊叶香藜、灰绿藜、烟台虫实、倒披针叶虫实、驼绒黎、星状刺果藜、地肤、猪毛菜、乌头、牛扁、北乌头、大火草、小花草玉梅、小花银莲花、兴安升麻、金莲花、野罂粟、节裂角回香、地丁草、独行菜、宽叶独行菜、金戴戴、草芍药、蒙古白头翁、毛茛、瓣蕊唐松草、展枝唐松草、东亚唐松草、耧斗菜、华北耧斗菜、直立黄芪、糙叶黄芪、内蒙黄芪、草木樨状黄芪、荠菜、葶厉、风花菜、糖芥、串珠芥、三七、华北景天、落新妇、细叉梅花、龙芽草、蛇莓、水杨梅、翻白草、朝天委陵菜、二裂委陵菜、多茎委陵菜、委陵菜、钩叶委陵菜、地榆、地蔷薇、东方草莓、紫花五蕊莓、披针叶黄华、花苜蓿、紫苜蓿、天兰苜蓿、黄花苜蓿、白香草木樨、黄香草木樨、草木樨、苦马豆、达乌里黄芪、膜荚黄芪、沙珍棘豆、二色棘豆、兰花棘豆、狐尾藻棘豆、甘草、歪头菜、广布野豌豆、野大豆、山藜头、牛儿苗、野亚麻、地构叶、猫野草、远志、凤仙花、锦葵、冬葵、野锦葵、狼毒、鸡腿堇菜、双花堇菜、窃衣、北柴胡、狭叶柴胡、小五台柴胡、防风、蒿、辽藁木、硬阿魏、短毛独活、石防风、宽叶羌活、邪蒿、野萝卜、鹿蹄草、假报春、西藏点地梅、海

黄柏

山梨

筋骨草

羌活

虎榛子

面果果

山杏

无根草

乳草、二色补血草、达乌里龙胆、秦艽、红直獐芽菜、鹅绒藤、地梢瓜、花葱、打碗花、银灰旋花、菟丝子、砂引草、紫筒草、紫草、大果玻璃草、鹤虱、附地菜、勿忘草、腺毛肺草、水棘针、黄芩、夏至草、香青兰、毛建草、康滇荆芥、糙苏、益母草、白苞筋骨草、青杞、天仙子、阴行草、光药、大黄花、疗齿草、返顾马先蒿、穗花马先蒿、红纹马先蒿、三叶马先蒿、地黄、轮叶婆婆纳、黄花列当、车前、糙叶败酱、缬草、紫沙参、轮叶沙参、多歧沙参、紫斑风铃草、党参、兴安一枝黄花、马兰、阿尔泰狗哇花、飞莲、火绒草、旋覆花、蓼子补、花耳、菊芋、野菊、茵陈南牡蒿、山蒿、艾蒿、榆野艾蒿、牛尾蒿款冬、琥珀千里光、狗舌草、林阴千里光、狭苞橐吾、砂兰刺头、北苍术、牛蒡、飞廉、魁蓟、凤毛菊、麻花头、大丁草叉枝鸦葱、桃叶鸦葱、蒲公英、苦苣菜、还阳参、山苦菜、细叶黄鹌菜、山柳菊、叶蝇子草、黄海棠、白屈菜、黄花、桔花山查、鄂北莞花、白芷、中国扁蕾、当约、茜草、莲子菜、猪殃殃、爬拉藤、小米草、展枝沙参、铃铃香、高山薯、橐吾、毛莲菜、兴安天门冬、石刁柏、黄精、五竹、舞鹤草、冬草、细叶韭、黄花葱、长柱韭、山韭、太白韭、黄花韭、藜芦、细叶百合、知母、铃兰、北重楼、穿山薯蓣、射干、马蔺、细茎鸢尾、细叶鸢尾、早熟禾、臭草、无芒雀麦、大画眉草、知风草、冰草、芨芨草、光稃毛香、狼尾草、白羊草、大油芒、占叶苔草、手参、西南手参、绥草、角盘兰、小斑叶兰、小花火烧兰、沼兰、华灰早熟禾、多叶早熟禾、堇色早熟禾、丛生隐子草、赖草、蜡烛草、凸脉苔草等。丰盛的天然植物资源，大部分为难得的中草药。其冠、枝、茎、叶、花、果，色彩美，形态美，风韵美，极具观赏性。此外，有的植物含纤维，有的含油脂，有的含芳香油，有的含淀粉，有的含糖类，有的可食用，有的可灭虫，有的可杀菌，实为天然宝库。

六道木

枸杞子

山玫瑰

第二节 动物乐园

紫荆山主要的动物兽类有虎、豹、狼、狍、獾、黄羊、野猪、野兔、黄鼬、黄鼠、松鼠、鼢鼠、蝙蝠等。禽类主要有野鸡、半翅、石鸡、斑鸠、蒜瓣子、画眉、苍鹭、白鹭、鹧老、白头鹰、红嘴雁、鹞子、野鸽、黄莺、小麻燕、小胡燕、乌鸦、喜鹊、麻雀、布谷鸟、啄木鸟、白灵、串上、牛叫鸪、屁淡石、咕咕鸠、红火焰、八哥、金雕、老鹰、猫头鹰、野鸭等。虫类主要有促织、蜻蜓、蚂蚁、蝼蛄、秋蝉、蚂蚱、百脚、蛩螂、飞蛾、蝴蝶、野蜂、苍蝇、蚊子等，其它有蟒蛇、蟾蜍等。每当早春到来，漫山遍野的蝴蝶在花丛中飞来飞去，成群结队的蜜蜂嘤嘤嗡嗡。大尾巴的松鼠在树上窜上窜下，土黄色的野兔在灌木草丛跳出驰去；枝头小鸟叽叽咕咕争歌欢语，山鹰、金雕双翅平展，在空中盘旋。常见山坡林木晃动，是狍子、黄羊穿梭其间。偶尔可见巨蟒出洞留下的草伏道迹和金钱豹的粪便。深夜，有时从深山里传出老虎吼叫声，使人毛骨悚然。

山鹰

画眉

猫头鹰

狍子

野猪

第二章

莲 花 沟

莲花沟位于朔城区南榆林乡大莲花村南。村南有一山口，叫莲花口。顺山口沿着宽约百米的谷底前行，但见两侧山峰，峰峰相连，突兀而起，拔地擎天。这条沟谷左右两侧，支生出大大小小上百条沟岔，沟套沟，岔连岔，沟岔交错，峰峦连环。举目四望，远山近岭，满目皆绿，云在峰尖涌动，雾在谷中蒸腾，如梦如幻，气象万千，美不胜收。

第一节　辽 道 沟

武士把门　从莲花口前行1500米，路左边有一条敞口小沟，人称辽道沟。沟口左侧有一悬崖绝壁，底边岩石平整，长10米，高20米。中间凹陷部分内侧光滑，勾勒出一个站立的武士雕像外形。武士头戴银盔，身披铠甲，立于沟口，威武雄壮，虎视边塞，俨然守关将士。

石峡天书　过武士岩，沿着高低不平、卵石遍布的山谷，前行百余米，北面峭壁上，白色岩石层层铺

群峰竞奇

陈叠加，一道道竖着的裂纹把岩体分割成块，像一摞摞整齐排列的书卷，从谷底垒摞到谷顶。人称石峡天书。

蝴蝶石峡 沿着峡谷继续东行，眼前骤然狭窄，最窄处，仅有1米。幽深的峡谷，从下往上看，两侧峭壁，直插云霄。光线也开始变得暗淡，有一线天之感。底部有天然形成的弧形凹槽，光滑平整，似人工雕琢而成。高出凹槽3米的两旁石壁上，有深1米，高1.5米的悬空石道。石道长50多米，游人可在上边弯腰行走。峡谷自上而下长满了山桃、山杏、山茶、黑椿、圪料椿、油瓶瓶、面果果、地榆、绣线菊等花草树木。每当夏秋之际，石峡会出现罕见的蝴蝶景观。成千上万只蝴蝶，或成双成对，或成群结队，在峡谷中翩翩起舞，大者如手掌，小者如指盖；红的、白的、黄的、紫的、粉的、黑的色彩斑斓。尤其是停落在灌丛上的蝴蝶，似朵朵盛开的鲜花，把峡谷装点得更加美丽。

石门造字 蝴蝶谷口对面，百米高的崖下有一石门。高5米，宽7米，进深1米。石门上，从右到左，阴刻有"雁门长城"四个大字。每字1米见方，字体轮廓清晰，苍劲有力，神韵飘逸。落款可辨"端阳日"三字。相传，一云游侠客来到莲花沟，见巍巍长城，穿沟而过，其险要不逊雁门，遂挥剑疾书，留下石刻瑰宝。

玉兔出宫 过石门南行50米，右侧山顶有一石，酷似一只玉兔，蹲卧在那里。躯体向北，头颈转南，耳朵直竖，目光悠然，胡须可见。相传，玉兔在月宫中，常常听到嫦娥、吴刚赞美紫荆山，便萌发出宫游山之念。一日，玉兔趁嫦娥外出、吴刚醉酒之时，悄然来到紫荆山，但见草盛花奇，风光殊丽，胜过阆苑，便打消返宫之念，永驻紫荆山。

天书石

蝴蝶峡

玉兔赏景

第二节 车轴沟

神驹出海 看罢"玉兔出宫",前行1000米,一座峻拔的奇峰挡住了道路,形成了两个岔口:左侧山沟向东通往紫荆山,右侧山沟即为车轴沟。沿车轴沟,翻盘山可达原平牛食窑。车轴沟两侧群山逶迤,长满以桦树为主的阔叶林。距岔口200米的左侧西南边缘,岩石裸露。在周边树木的映衬下,以岩石为躯,以绿树为海,构出了一副神驹出海图。神驹马头鳄背,极为怪异;马头、马耳、马鼻、马嘴、马鬃十分逼真。相传,尉迟恭谢世后,其坐骑留恋故土,回到家乡,来到了紫荆山。

九盘商道 出车轴沟继续前行,有一条九曲十八弯的古道能盘上山顶。古道狭窄,仅可供一人踩着横七竖八的石块行走。许多路段纯粹被树木花草掩映得严严实实,上下左右都是绿。古时,此道为大莲花村通向原平的一条便捷商道,驼铃不绝于耳,行人络绎不断。如今古道已成为游人探险、猎奇、寻幽之道。沿途可看到奇峻的山峰、狰狞的山崖,

有幸可采到罕见的蕨菜和珍贵的黄精。尤其是有一种叫作筋骨草的植物令人驻足。这种宿根植物常与灌木纠缠在一起,依靠藤蔓爬上树头;长长的叶茎上长着尖细的五角形绿色小叶;开出的黄色花簇,朵朵簇拥,如草帽下垂;串串翠嫩的三棱锥果实,如悬于藤蔓之下的葡萄,发出碧玉般的光泽。漫步古道,穿行林间,别有洞天。

盘山红叶 紫荆山的阔叶树木以桦树为主,但独有盘山以枫树为最。枫树有雄有雌,枝干粗壮结实,叶分五脉,呈五角形,与小孩的手掌大小相近。叶柄细长,稍有轻风,叶片便会互相摩擦,发出哗啦啦的响声。每当秋季,枫叶由绿变为淡红、深红,在阳光的照耀下,像一团团一片片燃烧的火焰,在墨绿的松树、黄色的桦林映衬下,分外妖艳。秋游紫荆山,观盘山红叶,如览北京香山。

长城伏兵 登上盘山之巅,整个山梁是宽阔平缓的高山草甸。草高没膝,山花烂漫,牛羊遍野。由西而东的长城,如巨龙盘伏于草原,到小孟敌楼后戛然而止。立于敌楼残垣俯视山谷,群山万壑,满眼翠绿,古道北侧的山腰间,有两层高10米、长100米的悬崖。崖岩呈柱状布列,像一个个披盔戴甲的武士,密密麻麻,掩映在灌木丛中,似伏在林海中守卫长城的千军万马。

神驹出海

九盘商道

盘山红叶

长城伏兵

第三节　黑龙沟

马鞍伏龙　从车轴沟入口的地方，顺莲花沟东行500米处，地势较为平整开阔，原有一自然村，叫草坪庄。村南有一条山谷，人称黑龙沟。向南瞭望，有两座南北走向的山岭，山体庞大厚重，中间凹陷，两边凸起，看上去像两个巨大的马鞍。东边的叫东马鞍山，西边的叫西马鞍山。据传，很久以前，马鞍山下原有一潭，名黑龙池。潭中有一条黑龙，常常兴风作浪，祸害百姓。二郎神奉旨前来捉拿。黑龙自知不敌二郎神，潜入潭底，不敢现身。二郎久等不见其踪，信手将马鞍点化成山，盖于潭上，一山压其头，一山覆其尾。

群猴下山　进入黑龙沟，前行300米，左侧横卧

马鞍山

一座奇形怪状的石山，自上而下岩石如狼奔豕突，凸凹怪异，天然而成一组群猴下山雕像。大小20余只猴子，猴首向下，簇拥山崖，跃跃欲跳。

迷昏谷 看罢群猴下山，东折进入山沟深处，四周山峰形成浓绿的屏障，从山顶到山脚五六米高的桦树林挨挨挤挤，六七米高的松树林重重叠叠。林下丛生的花草植物密集如织，不留一点空隙。草与树混杂，枝搭枝，藤缠藤，你中有我，我中有你。胡榛、刺玫、扑油油，长满毛刺的枝条，扑面打头，扯衣挂裤，每走一步，需挥刀劈砍，开拓道路，方能缓慢前行。林中的土湿漉漉，抓一把能攥出水，厚厚的腐叶，变成了优质的有机肥料，给花草树木提供了充足的营养。穿行林间，草木遮天，四面皆绿，昏沉沉不辨东西，犹如进入原始森林。结伴而行，虽相距三五米，也不知同伴的方位，只能通过呼喊声相互联络。如果没有向导，游人会被迷得前找不着去路，后寻不见出口。从群猴下山景点处到娘娘滩，虽然只有数百米的路程，也得走上一个多小时。

情人滩 穿过迷昏谷，眼前豁然开朗，一片较大的草滩展现在面前。滩上草高齐腰，花开遍地。白的灯笼花、羌活花，紫的喇叭花、山茶花，红的山丹丹花、奶头花，黄的沙窝窝花、野菊花，蓝的蝙蝠花、吊钟花……开满了整个草滩。环顾四周，崇峰耸峙，群山环拥，青山滴翠，云雾缭绕，景色幽奇，令人心旷神怡。或坐于草上，或立于花中，清香扑鼻，沁人心脾。困了，躺在厚厚的草甸上，仰望头顶上的蓝天白云，悠然自得，惬意无限。情人滩过去叫作娘娘滩，因山中尼姑常常在此向山外瞭望得名，现在已成为游人观花、赏景、拍照的首选点。特别是情人、恋人在此相会，犹如走进了《格林童话》白雪公主与青蛙王子的童话世界。

斗法沟 出情人滩，向青云庵行进，有百米长的一段沟谷，沿途生长着两组貌相似、性相反的草本植物。它们是草乌与秦艽、山葱与芦莉。草乌和秦艽主茎笔直细长，墨绿色的叶子形似鸡爪，只是秦艽的叶片上散落着白色斑点。山葱与芦莉都长着厚实扁长的叶子，形似君子兰；山葱的叶子光滑平展，芦莉叶子上边有竖直的沟纹。据传，很早以前，青云石窟中住着一位得道仙姑，采秦艽为人医病，拔山葱教人食用。一年，瘟疫肆虐，赤地千里，仙姑用秦艽制服了瘟疫，用山葱救活了饥民。百姓感其恩德，常到石窟上香敬供。这样一来，冷淡了黑龙，引起黑龙的嫉恨。为了败坏仙姑的名声，黑龙施展妖术，点化出貌似秦艽、山葱的剧毒植物，不少人误食致死。仙姑知道后，为了区分这两组植物，在貌似秦艽的毒草叶子上，信手扬撒白土成点，起名草乌；在貌似山葱的叶子上，用手轻轻一捋，顿现竖纹褶皱，起名芦莉。从此，百姓分辨清楚了这两组植物。

青云庵 从斗法沟继续前行，不再有路，只有攀援七八十度的陡坡才能到达青云庵。坡上树杈与树杈交错，草蔓与草蔓交结，横竖成网。越往上行，坡度越陡，草木越密，每攀登一小步，需踏实脚底，拽紧树枝，才敢抬腿迈步。一般人爬到50米，就会两腿发颤，怯而止步。其实不慎滑落，也不必担心滚落山底，由树与草形成的保护网，会牢牢地把人架住。

青云庵坐北朝南，三间石窟建于云雾飘渺的半山腰，上为千丈石壁，下为陡峭悬崖。石窟上面石壁上有卯眼，可插进椽木，是古时搭建庙宇留下的遗迹。原来石窟内有神台、香炉，现已不存。南面石窟内有两孔石泉，大如碗口，尚有存水。据说，石泉雨涝不溢，天旱不涸。中间石窟上方岩壁刻石为碑，高2米，宽1米。碑头横书"黑龙池青云庵"。碑文竖刻，可辨"黄韭三年"等字样，有些字迹已漫漶不清。字体洒脱张扬，疑是剑刻。这通石碑，对研究紫荆山的宗教文化具有极高的价值。

群猴下山

迷昏谷

情人滩

第四节 紫荆沟

从黑龙沟口向东七拐八折10公里，可登上紫荆山主峰——双驼峰。沿途可观云雾，赏桦林，钻隧道，品野果，踏草甸，访道观，登顶有幸可见峰上峰下两重天。

紫荆云雾 看紫荆山云雾，最好是在雨后的早晨。晨光微露，浓重的灰褐色云雾漫过峰峦，铺天盖地，滔滔不绝地向谷中涌来，在沟壑中急速地盘旋、涌动。随着云雾渐渐变淡，远处的山峦像罩上了一层白纱，若隐若现；近处青灰色的山岭，轮廓显现；眼前郁郁葱葱的山坡呈现出墨黑的色调。天色渐亮，山中的云雾，像冬天开锅揭盖的蒸汽，上下蒸腾，左右翻滚。突然，一道阳光冲破云雾，穿过峰壑，形成一个巨大的通天光柱，直射谷底。

光柱所到之处，树木花草一片金翠。几分钟后，阳光穿过淡淡的云雾，形成道道淡粉色的霞光，呈扇形倾泻下来，沟谷通体彻亮。太阳跃过山顶，云雾渐渐散去，天空一片瓦蓝。谷中鸟啼不绝，清脆悦耳。山鹰在山涧冲高掠低，上下盘旋。紫荆山像刚出浴的美女，清亮迷人。

山桃坡 在紫荆沟北侧阳坡，山桃树遍布灌丛之间。桃林上下宽近千米，左右长达4公里。株高3米～7米，树冠开张，干枝呈暗紫色，光滑晶亮，叶片卵圆状，株型美观。每当早春，山桃花盛开，株连株，片连片，绚丽妖艳。整个山坡，像天空落下的彩霞，似仙女抖落的锦缎。徜徉在山桃林，像走进了花的世界，置身于花的海洋。举目近观，豁然

紫荆云雾

山桃闹春

绿色隧道

白桦林

张开的花瓣间，一丝丝红色的花蕊，顶着嫩黄色的尖尖，娇嫩欲滴。密密麻麻的花骨朵，紧贴在袅袅婷婷的枝条上，含苞待放。淡粉色的、粉红色的花儿，缀满枝头。有的单挂，有的三两挨挤，有的成团成簇。神态迥异，千媚竞秀。香风吹来，朵朵花瓣，落花如雨。

绿色隧道 顺紫荆沟继续东行，阳坡是稠密的山桃、山杏林，阴坡是直上峰顶的桦树林。茂密的灌木丛满沟满谷：苫条、朴油、刺玫、沙棘、毛榛、虎榛、蔷薇、刺藜、六道木、胡枝子、绣线菊、毛樱桃、驼绒藜、金花忍冬等，混生混长，上下勾连、左右盘扯，你拥我抱，相互纠缠，遮天蔽日。灌丛中有一条人工开辟的小路，两边高大的灌木树冠相连，枝条相衔，搭成了天然绿色隧道。强烈的阳光经重重枝叶的过滤，变得明媚柔和，使整个隧道变得青翠透亮。逆光而望，片片树叶的脉络清晰可见。洒落在地上的光斑，跳来跳去，时隐时现。空气中流淌着高浓度的负氧离子，清爽宜人，游人会情不自禁地做起深呼吸。沿途随处可见的刺藜藜、毛樱桃，信手可得，甘醇鲜美。这段绿色隧道断断续续、弯弯曲曲长达3000米。

奇松怪柏 从绿色隧道的空隙间，向紫荆山坡眺望，翠绿的灌丛中，显露出一片陡峭直立的岩壁。岩壁上有一株奇松，破壁凌空，水平而出，弯曲垂直向上，树冠如伞如盖。向外舒展的枝条，如伸出的臂膀，热情迎接四方游客。奇松之下，有一怪柏，稳稳坐落在一块巨大的岩石上，形似巨石上筑起一座玲珑宝塔。

白桦林 在绿色隧道的尽头，是一片开阔的白桦林。高20多米的桦树，树干像人工修剪过一样，直立

迎客松

草莓坡

光滑。树皮洁白晶亮，树冠成平顶，枝条呈铁锈色。掀开白银似的树皮，盈盈出水，极渴可饮；贴在脸上，凉气袭人。相传，紫荆山上原无桦林。古时，有一仙人腾云驾雾，云游名山大川。一日，看到紫荆山紫气升腾，紫荆花开，漫山遍野，然百里大山，树木稀疏，甚为惋惜。信手将所持桦木神杖抛落山上，霎时桦林绿遍沟谷山岗。

草莓坡 在白桦林中，有一片开阔的草坡，长60米，宽30米。嫩绿的青草高有尺余，叶子不染一丝尘埃。用手轻轻地拨开青草，方能发现遮隐在草丛中鲜红鲜红的草莓果。草莓或一枝一果，或一枝数果，三三两两地挂在枝上；水灵灵，嫩盈盈，鲜美无比，甜酸甘醇。游人在此可览可餐。

高山草甸　出了草莓坡，穿过桦树林，对面的山梁上是一片宽阔的高山草甸。花草杂生混长，茂密无间。若躺卧其上，身下便成厚实的草垫。难以历数的花草，茎叶碧绿碧绿，花朵艳丽夺目。开着黄色的金露梅、金戴戴、龙芽草、花苜蓿、水杨梅、委陵菜、葶苈、金莲、蛇莓、米兰、锦鸡儿花……金光灿烂；开着红色的地榆、山丹丹、火烧云、珠芽蓼、大火烧、落新妇、地蔷薇、苦马豆、绵葵、狼毒、鸡冠、凤仙花……似火燃烧；开着紫色的乌头、女娄菜、角回香、地丁草、草莓、紫苜蓿、藻棘豆、甘草、老鹤草、山黎豆、远老花……淡雅雍贵；开着白色的唐松草、草玉梅、独行菜、串珠芥、叉梅、地枸叶、叶苘芹、荠菜、太平花……洁白如雪；蓝色的山岩花，绿色的百蕊花……多彩多色，五彩斑斓。形状各异的花，应有尽有：钟状、伞状、灯状、喇叭状、星状、饼状、球状、串状、穗状等，难以描述。株高过胸的独活花，大者直径达尺余。主茎上生出50多枝细细的茎叉，茎叉又生茎叉，上面开着碎纷纷的乳白色小花，连成水平碟状。朵朵独活花开在一起，像杂技演员在表演转碟。此花颇为奇特，有风不动，无风自舞。开着深蓝色的百步花，五个花瓣簇拥着一个蝙蝠头型的花蕊。花蕊上有两个晶亮的小黑点，酷似蝙蝠的眼睛。眼睛上有两道弯弯的眉毛。鼻子、嘴巴、耳朵十分逼真。灯笼草开着小小的白色灯笼花，体大不足寸长，形与宫灯一模一样。五颜六色

白云观石墙

的喇叭花，缠在周边高大的草茎上，随风舞动，像是为群花异草播放美妙的圆舞曲。花草的芬芳，引得蝴蝶在草甸上舞来舞去，蜜蜂在花朵上起起落落，蝈蝈在草甸上声声啼唱。高山草甸是藏在紫荆山深处的一块迷人之地，她像养在深闺中的一位绝代佳人，倾国倾城。

群羊牧草　由迷人的高山草甸北折，穿越桦树林，前面山坡又是一个草甸，花艳草茂。一块块银白色的岩石，从草丛中凸露出来，远远望去，极像草地上时隐时现的群羊在低头吃草。

白云观　从群羊牧草景点沿山脊向紫荆山主峰攀登，仰头眺望，只见两峰凸起，形似驼峰，人称双峰驼。脚下岩石间，青草、马莲草密布，黑椿、黄椿、胡榛等灌丛挡道。左侧是万丈深渊，右侧是悬崖绝壁，坡陡路险。需一个多小时的艰难攀援，才可登上紫荆主峰。

白云观坐落在两峰之间。观前有一平台，面积800平方米。南沿石砌，高5米，长40米，结实整齐，像一堵高大的石墙。白云观劈岩为基而建，坐北向南，避风向阳。院落呈四方形，方圆二亩大小。院内四周均建有石窑，共18间。其中正殿五间，其余为配殿、山门等。院内有直径3米、深4米的储水窑，上有遮顶石窑残迹。相传当年有二虎常来此饮水，与道人相安无事。水窑旁有一残碑，碑上有"明万历年间"字样。院内还有六七株挺拔苍翠的柏树，可为游人遮阴纳凉。

白云观有一个神奇的传说。据传，张果老倒骑毛驴游到白云观，见山上水贵如油，观中道人为了取水，翻山越岭，疲于奔命。而道士们仍能不畏艰辛，潜心修道。张果老遂将坐骑留在观中，嘱其为观驮水。从此，神驴早出晚归，长年累月，往返群山峻岭之中。每次临行时，道人将白面大饼套于神驴脖上，赠其灌水之人。一日，有人拿了饼子，逃之夭夭，神驴遂追至家中，嗷嗷大叫，不肯离去。此后，人们才认识到此驴的神异，谁也不敢白吃饼子。

山花烂漫

登峰览胜 登临峰顶，但见群山俯首，云矮天低，伸手可揽月捧日，起脚可踏云撩雾。放眼峰南，层峦叠嶂，峰峦争秀，山岭披翠，芊芊莽莽；山脊似浪，连绵起伏，汹涌澎湃，向天际滚滚而去。当云雾笼罩山谷，团团云烟在山腰间缠绕，缥缥渺渺，蒸蒸腾腾。出露云层的一座座峰顶，犹如出水莲花，美妙绝伦。展望峰北，广阔的桑干河盆地，万顷良田织锦绣，村寨错落缀其间，蜿蜒起伏的洪涛山横列东西，似在眼前。远景近物，浓淡相融，如烟如雾，似有似无，构成了一幅幅无法言状、难以描绘的山水画。峰西远处有两条或东北或西南走向的并列山岭。山岭缓缓递升，层层梯田盘旋，宛如两条巨龙腾飞，直上蓝天。

紫荆一绝 紫荆山花草种类繁多，山花先后次第开放。山梁上，沟谷里，林木间，灌丛下，便道旁，处处是花的世界。令人感到神奇的是，各种色彩的花，在开放之前，其株苗隐藏得难以发现。但开花之时，像相约有定，一夜之间同时开放。白花开，遍地白花；红色花开，遍地红花；黄色花开，遍地黄花；蓝花开，遍地蓝花；紫花开，遍地紫色；粉红花开，遍地粉红……往往是一种色彩满山遍野，他色花朵黯然失色，纷纷隐蔽。宛如天公有意排序，一一凸显其丽，堪为紫荆一绝。

二龙腾飞

紫荆一绝

紫荆奇观　紫荆山夏季会出现两大奇观。夏至时分，站在驼峰，可看到一轮红日从百里之遥的五台山白塔边冉冉升起。盛夏雷雨之时，条条沟谷，乌云翻滚，像怒潮漫卷，似万马奔腾，将周边座座山峦，吞没得无影无踪。雾时脚下，惊雷滚滚，撼天动地，道道闪电，似银蛇狂舞，大雨倾盆。而峰顶却艳阳高照，晴空万里。峰上峰下两重天。

紫荆奇观

紫荆秋色 紫荆山秋色之美，久负盛名。神奇的大自然变幻莫测，有时山外秋天，山里夏；有时山外夏天，山里秋。白露前后，所有的花草树木都弥漫在无边的秋色中。河滩、山坡、草甸色彩纷呈。枫树、槐树叶子红得像熊熊燃烧的火焰。桦树、山柳、山玫瑰、柠条身着黄金甲，流光溢金。松柏不畏风霜，翠绿依旧。灌丛枝头，果实累累。白杈树上红色面果果，形似豆粒，黑里透红。麻芥杆上的鲜红果实，红亮红亮，如颗颗玛瑙。山玫瑰枝头下垂，掇满了红色的油瓶瓶。带刺的黄柏上吊着一嘟噜一嘟噜玲珑剔透的红色醋溜溜。山丁树，果柄细长，果实繁盛，青黄透亮，如颗颗珍珠。黄椿、黑椿、圪料椿密密麻麻的果实，如熟透的紫葡萄，沉甸甸，黑油油。缠绕在灌丛上的罗罗蔓，朵朵白花，像团团棉絮，飘落灌丛，茫茫一片。站在山巅眺望，整个紫荆山，草木尽染，片片火红的枫叶，团团金黄的桦林，郁郁葱葱的松柏，五彩的灌丛，交相辉映，争色斗艳，浓淡相宜，深浅共融，织成一幅烂漫多彩的金秋画卷。

紫荆秋色

第三章

八岔沟

　　紫荆山景区东部，山奇林密，沟壑纵横，具有完好的自然生态，森林覆盖率达90%以上。王化庄南有一条东北西南走向的幽深沟谷，长6公里。沟内左侧突兀而出的九座山峰夹成八个沟岔，分别是第一岔、第二岔……第八岔，人称八岔沟。沟谷两侧，披绿滴翠，山势巍峨，形貌多姿。

第一节　林涛灌丛

　　灌丛竞秀　八岔沟里，岔多沟多。岔中有沟，沟中有岔，回环相连，开合有致。条条沟中长满了木本灌丛，密密麻麻异常茂盛，与座座山峦上的常青松柏竞相争秀。灌木繁多，叶色青翠，花朵妖艳，丛丛秀丽。各种灌木花期长短不一，开花迟早相续。从春至秋，天天有花盛开，处处群芳争丽。春天，山杏、毛樱桃、文冠果、雀儿舌头、绣线菊、水枸子、灰枸子、沙木来、东北珍珠梅等，开着朵朵银白色的小花，组成一个个花序，多姿多态缀满枝头。似朵朵白云，落在道道沟谷。金灿灿的黄刺梅、金露梅、胡枝子、锦鸡儿、沙枣、鼠李、黄花铁线、蛇葡萄花，紫茵茵的丁香、杠柳、多花胡枝子、大瓣铁线莲、东陵绣球花，红色的山刺玫、美蔷薇、柳兰、红丁香花，编织成绚丽多彩的世界。秋天，硕果累累，成簇成串压弯枝头，红光闪闪，似把珍珠、玛瑙洒落其间，红满沟谷。穿梭其间，榛子、樱桃、油瓶瓶、面果果、酸刺刺……信手可得。

　　松林涛声　八岔沟八沟九峰长满了油松和云杉。株株相依，枝枝相携，碧绿苍翠，茂密无间。林海内铺着厚厚的松针，踩上去软绵绵极富弹性。穿行林间，涛声阵阵。阵风吹来，枝条颤动，呼呼涛声，由低而高，由高而低，像列列火车疾驰而过。劲风吹来，林涛涌动，一浪追逐一浪，由远而近，浩浩荡荡，如惊涛拍岸，万马奔腾。波峰浪谷的翻卷，林涛轰然的喧响，构成大自然高亢激越的交响曲。

　　牛毛草坡　紫荆山景区到处可以见到牛毛草。这种草，长15厘米，叶细如毛，色泽翠黄，乡人称牛毛草。游人踩在或躺在软绵绵、毛茸

灌丛竞秀

茸的牛毛草上，非常舒适惬意。午后，站在第三口，向左前方眺望，一片宽阔狭长的牛毛草，夹在沟谷与松林之间的山坡上，在阳光的照射下，翠茵，金灿灿，亮闪闪，十分迷人。牛毛草生命力极强，不管天旱雨涝，或扎于石缝，或挤于灌丛，或漫于林间。

夕照松林

牛毛草坡

第二节　清泉山庄

白云人家　进入第二岔，左侧山坡上有一个叫第二的自然村，仅有七八户人家。像一个鸟巢，静静地坐落在三面环山的山窝里。房屋傍山而建，院落方方正正。土砌墙壁，齐齐整整。黑狗看门，黄牛闲卧，群鸡咕咕。恬适的农家，开窗山色进，处处闻鸟鸣。吃的是山菜野果，喝的是纯净的山泉。荷锄扶犁与青山共语，采茶摘果与白云为伴，令人不由想起"白云生处有人家"的诗句。

碧玉官印　第二村北部的山岗上矗立着一座古堡，为明代所筑，用于屯兵守口。堡墙残高8米，周长250米，辟有南门。堡北有一座方型烽火台，平面呈正方形，底边长10米，高8米，方方正正，有棱有角。其上长满了翠翠绿绿的麻黄草。远远望去，犹如一枚碧玉官印。相传，自从筑了这个烽火台，周边地区出了不少大小官员。附近百姓视其为风水宝台，古时求取功名者常来此敬香朝拜。

沙漏清泉　八岔沟山清水秀，沟岔中时有沙漏清泉从沙岩中汩汩而出。大者积水成池，供人畜使用，小者汇流如丝如线，滴落自然石槽，为鸟兽饮用。第二岔内有两处清泉。一处在村东山坡，泉水从黑白相间的沙石间渗出，出水面积150平方米，乡民筑有长方形石井，供人畜使用，不管天旱雨涝，取之不竭，永不干涸。另一处在村南西沟，积水于低处，牛羊常来饮用。不见泉水流，只听水流声。第六岔内也有两处清泉，位于白云寺西南，相距甚近，坡上渗水，穿过灌丛，流经石壁，滴落天然石槽。庙内僧人夜间常见虎豹来此饮水。

白云人家

朔州风光·自然风光

碧玉官印

沙泉冰瀑

第三节 怪石嶙峋

望子石 在第二岔对面山顶上，有一块高高耸立的人形巨石。好像一位精疲力竭的老妇人端坐瞭望，等待久出未归的儿子，故名"望子石"。据传，王化庄有一壮汉，告别老母，随汉将军李广出征。硝烟散尽，儿子却杳无音讯。老母念子心切，天天坐于山头张望，最后化作一块岩石。

神犬守山 从第三岔前行50米，左侧山腰上，从林海中冒出一怪石，貌似一犬。前腿撑地，颈项长伸，双耳微垂，面向山口，神情专注。据传古时八岔口一带，常有蛇精在此兴风作浪，危害生灵。玉皇大帝知道后十分震怒，令二郎神下凡降妖。二郎神遂带哮天犬来到八岔口，经几番大战才将蛇精降服。正当二郎神欲将蛇精压于灯楼山下时，蛇精祈拜求饶，愿修行思过，造福一方。为窥视蛇精，二郎神悄悄将哮天犬留在山中。

灯笼山 站在第三岔向南眺望，对面峰顶如塔式灯笼。灯笼自下而上由三层方形岩石组合而成。下层最大，边长50米，高20米。中层次之，边长40米，高15米。顶层最小，边长30米，高约10米。四面岩壁直立，构成灯笼轮廓，人称灯笼山。夕阳西下，八岔沟一带的翠绿群山，罩上一层薄薄的轻纱，惟独灯笼山西部岩壁洒满余辉，发出红中有黄、黄中有红的亮光。仿佛夜幕降临前夕，人们点燃的一盏灯笼。

蟾蜍伏岭 站在第三岔口向南瞭望，高高峰岭之上，有一块巨石，与周边翠绿的松柏组合成一只硕大的蟾蜍形象。山顶浓密的树木，正好是蟾蜍翠绿的头部和背部。其下灰白的岩石，恰如它鼓鼓的腹部。岩石左边的绿荫，就像是它粗壮有力的后腿。蟾蜍两腿呈发力状，似乎要跃过山岭。

二龟对话 过了第四岔，左侧和右侧山岭之上，各有一凸起的巨石，形似巨龟。右侧巨龟，扁平的龟

蟾蜍伏岭

望子石

巨龟守山

灵芝峰

背上布满了水平向的横纹，龟颈长伸，龟眼又黑又圆，看上去像千年巨龟。左侧巨龟身披花甲，龟头、龟眼清晰可辨，仿佛欲爬上山岭，与对面老龟对话。

济公石 右侧巨龟之下，有一块怪石，酷似民间传说中的济公头像。头戴船形帽，前额高挺，眼窝深陷，鹰钩鼻，大扁嘴。看上去怪怪的，十分滑稽。

灵芝峰 从第五岔举目南望，两山峡谷间，突兀出一座状似擎天柱的青峰，顶部岩石呈不规则的圆形，状如灵芝的顶盖。人称灵芝峰。

城堡崖 出第五岔向西眺望，对面绿色山坡上，裸露出大面积层层叠叠的岩壁，断断续续，看上去像道道黄土城墙，自下而上依山布列，构成了一个庞大的城堡群，可屯千军万马。

鹰击长空 从第六岔入口处向南眺望，对面高耸入云的山峰上，有一巨大岩壁从绿海中浮出，轮廓如一只展翅腾飞的雄鹰。头颈曲伸上昂，双翼大展，双腿后伸，似翱翔林海，搏击长空。紫荆山栖息着各种猛禽，个头最大的当数灰雕、白头雕、黑雕和青鹰、鹞鹰等。其飞行速度之快，动作之敏捷，堪称飞行之王。

驼猴石 在第六岔口沟内西侧山崖上，有一块凌空巨石。从岔口向里望，犹如一峰负重前行的骆驼，刚刚露出头部，躯体仍隐于林中，其昂首曲颈之态，栩栩如生。从沟内向外望，巨石又变为猴头，仰首向天，眼睛微睁，鼻部、嘴部十分形象。仿佛美猴王头带金箍，四下张望，为唐僧寻找山中的鲜果。

城堡崖

鹰击长空

驼猴石

第四节　白云寺

第六岔内有鹿峰山，乔木参天，清泉浚地。山脚下有白云寺，人称第六庙。今寺庙荒废，院内残垣断壁犹在，石碑、石条、石础随处可见。近年来当地人在正殿旧址上修建了三间房舍，内置观音像，时有香客前来敬香祈愿。据民国《马邑县志》载："恒岳之南，雁关以北，有数峰绵亘其间，峰峰接连，俱占胜概，而鹿峰尤据诸峰之胜。中有寺号曰：白云。北向佛殿三间、天王殿三间，东关帝、观音、龙母殿三间，南韦陀殿一间，寺中钟楼禅室俱备。寺外兼图山神、土地祠。"该寺建筑年代无考，清康熙、乾隆、道光年间曾三次修葺。庙中院内原有七株黄松，按北斗七星图形排列种植，现仅存五株。殿前的两株，并肩而立。树围3米，树干笔直，高20余米，没有任何旁枝逸出。树皮光滑坚实，表面呈现蟒皮图案。树冠虬枝豁然四出，枝条平展交错。针叶繁茂，形成两顶庞大的天然华盖，遮天蔽日。对面正南一株已枯，主干弯曲，盘旋而上，树冠枯枝犹存，看上去像一条张牙舞爪的虬龙。西南两株亭亭玉立，枝叶繁茂。另外两株可惜已被砍伐。

七星树

第四章

石门沟与卧龙沟

第一节 石 门 沟

在紫荆山旅游区中部，有一条长5公里的峡谷，纵贯石门景区，从何庄直达原平大西沟村，自古为南北行人驮马通道。峡谷内群峰耸立，沟叉相连，其西为紫荆山主峰，其东为茉莉尖山。谷中漫滩草木丛生，山坡峰岭森林密盖。尤其是大石门一带，奇峰、深壑、石门密布，岩壁、洞穴与林海相拥。其独特而秀美的景色，无与伦比。

古堡 在石门沟口西侧百余米高的山岗上，有一方方正正的古堡，开一南门。黄土残墙高6米，周长240米。东西向的长城断续相连，穿越山口两侧，座座墩台遥相呼应。长城、古堡、山口共同构成天险屏障，形成锁关态势。

石门沟

石门峡谷 从何庄南行4公里，就到了一段长200米的景色奇丽的峡谷。峡谷呈"S"形，忽宽忽窄，变化无常。有四处最窄的地方，两侧岩石如刀劈斧削一般，形似石门。第一道石门较为宽阔；第二道石门中间宽8米，两侧高20米；第三道石门低矮；最后一道石门西侧高23米，东侧高12米，中间宽15米。整个峡谷像一座天然古城，开南北两门，门外各有一座瓮城。石门峡谷两侧，奇峰冲天，绝壁林立，峰峦沟谷间长满了各种乔木、灌木、花草。一眼望去，除了绿色植物就是白色岩壁。

神猴挠痒 在第一道石门的左侧山梁上，有一奇石，轮廓线在天幕上勾勒出一个仰面半卧的猴子形象。猴身长5米，高2米，浑圆的头部线条非常完美、眼、耳、鼻、嘴生动逼真，栩栩如生。右手置于石上，左手前曲挠背，背靠石椅，像临产的母猴，期盼新生命的降生。又像老猴在歇息养神。

鱼跃石门 第一道石门的对面，有一两峰夹峙的小石门。石门雄伟壮观，高25米，宽6米。石门前是2米多高的灌木杂草，两壁上，零星长有盘根错节的灌丛。石门之内，群山抱翠，自上而下的山坡长满密不透风的山桃、山杏、山柳、山榆等。石门西侧稍显开阔，形成沟壑，可远眺耸入云天的紫荆山。东侧岩壁挺立，怪石嶙峋，离地面5米高的岩壁上有一石鱼，鱼头微露，鱼身岩隐，鱼眼圆睁，活灵活现，仿佛要从岩石中跃出，飞越石门。

天然长城

峡谷石门

神猴挠痒

脸谱石壁 第二道石门前，左侧有一土黄色岩壁，高40米，长80米。岩壁上布满了天然生成的戏剧脸谱图形。各种人物角色的脸谱，大大小小，左左右右，重叠交错。从不同的方位，不同的视角，不同的感觉，游人可看到生、旦、净、末、丑各种脸谱，但每个视角只能看到一个清晰的脸谱。其中有两幅巨大脸谱特别引人注目。一个是旦角形象脸谱，鹅蛋脸，柳叶眉，丹凤眼，樱桃嘴，脸上略施脂粉，右脸丝绢遮掩，呈羞答答之态。另一幅隐藏在旦角的右上方，需变换视角才能看清。这是一幅生角脸谱，头发向上紧束，前额宽阔，双眼怒视，颧骨突起，鼻梁高挺，双鬓丝发下飘，张口欲语，俨然一副活灵活现的老生形象。

神农采药 第二道石门西侧，有一石柱耸立于灌木丛中，极像一位身体矍铄的采药老人，人称神农石。"神农"身穿长袍，银须飘然，低头弓背，像是在寻觅草药。紫荆山有许多名贵草药，相传神农慕名而来，但见漫山遍野的药材，采之不竭，用之不完，遂化作一个采药石人，立于山中。

一线天 第二道石门内侧东边，山势险峻，气势非凡。有一座山，自上而下断裂，形成一条巨大石缝，宽1米，高25米。岩缝两壁草木茂盛，绿色遮盖。行在峰底，透过枝条树叶，只能看见或有或无的一线天空。

群仙游山 第二道石门内侧西边，岩层严重扭曲，左弯右折。其中有四块高出灌丛的条形巨石，看上去好像四个仙人在游山观景。一块巨石像一位银须垂地的仙人，右臂扬起，似在指点着什么。对面一个

脸谱石壁

朔州风光·自然风光

神农采药

群仙游山

马刨泉

仙人，身背行囊，不顾疲劳，奋力爬山，其弯腰伸腿的状态非常形象。另一块石头很像一位仙人低头赏花。还有一块小石，仿佛一位仙人在树下乘凉。

小鸟待哺 第四道石门外西侧的山崖顶上，布满怪石奇石。有一块大石头，中间凹陷，在蓝天映衬下好像一只非常饥饿的雏鸟，从巢穴中钻出，嘴巴大张，准备接食。四周凸起的石头，正好是鸟巢。

天然洞穴 第四道石门外东侧，有一高高的山峰，由于地质变化，中间断裂，左侧隆起，右侧陷落，形成一连串天然洞穴。其中，最下面的洞穴，高5米，宽3米，深不可探。站在洞边，头上巨石凌空，岩壁峭峻，令人不寒而栗。

巨蟒卧岭 出大石门，前行1500米，是一个群山环拥，碧波滴翠，只有几户人家的小山村。这一带山

巨蟒卧岭

里，常常有蛇出没。特别是雨后天晴，群蛇出洞，黑色的，白色的，灰色的，黄色的，绿色的，五色俱全。这些蛇隐身术十分高明，入草如草，爬石成石。村北有一座高山，山坡上长着茂密的灌木花草，山顶岩石裸露，其轮廓酷似巨蟒横卧草丛。蟒头扁平宽大，微微上扬，伏于岩石之上，高6米，宽13米。蟒眼圆睁，敏锐闪亮。颈后腹部高高隆起，仿佛刚刚吞下食物。蟒身长约百米，一波三折，弯弯曲曲。块块岩石如遍身横鳞斑纹，看上去恐怖狰狞，令人望而却步。

马刨泉 何庄到大西沟的河谷，水源奇缺。相传尉迟公来到大西沟后，人困马乏，口渴难耐。其坐骑，刨地出水。从此，大西沟村南通向山南的路边便出现了一泓清泉，四季长流不断。

第二节 卧龙沟

卧龙沟位于紫荆山西部，保全庄南。这里沟谷幽深，群山环抱，花木争辉，奇石林立，景色迷人。

巨龙卧冈 保全庄南，有一道气势磅礴的山梁，由西向东，缓缓而来，直落卧龙沟底。山梁长2公里，宽约百米，就像一条体宽身圆、龙骨嶙嶙的巨龙横卧沟口，阻住南来山洪，紧紧护卫着北侧的保全山庄，人称卧龙冈。相传，很久以前，每当暴雨倾盆，山洪卷着卧牛巨石，摇天撼地直泻而下，推倒房屋，摧毁村庄，冲走人畜，吞没良田。压在黑龙沟马鞍山下的黑龙，顿生赎罪行善之念，讨旨获准，化作一道山梁，横卧沟口，逼洪改道，从此山下村庄安然无恙。

石头长河 保全庄东有一条南北走向山洪冲刷出的河道。河床两边，近处石头泥沙中长着稀疏的绿色草木，远处为绿色良田。河床中积满大大小小的石头，浑圆洁白，光滑明亮。站在雁阳公路向南瞭望，滚滚的石头长河从天而降。立于卧龙冈俯视，河道银光闪闪，似天女抖落下的白色银练，缥缥渺渺融入桑干盆地。

花木争辉 过了卧龙冈，跨过宽阔的石头河谷，南行30米。就进入了卧龙沟（王成沟）。坡梁沟谷长满了扑油油。其卵形的小叶端缘呈锯齿，绿里透黄，密密匝匝，遮盖着枝条，使整个沟谷碧绿青翠。东侧山坡上，一株株山桃树，枝条舒展，亭亭玉立。一丛丛圪料椿、黑椿、黄椿的枝干色彩盈目。坡顶的桦树，主杆洁白银亮，闪闪发光。春天山桃花粉红的花朵红满枝头，山坡似落彩霞。扑油油、圪料椿、黄椿、黑椿碎粉粉的小白花，成簇成串，白满沟谷，似降瑞雪。沟底、梁头、灌丛之间，绿草如茵，奇花诱人。紫色的白陈蓼花，六个瓣瓣，一丛4朵，似冲天小喇叭。草鸟金灿灿的小黄花，簇成一串串，长达5

卧龙冈

群猴崖

宝葫芦

寸。白色的十字花，十字交叉的花朵间，夹着十字交叉的绿色小长叶，十分工整。白色的、紫色的小鸟花，一层层小绿叶，托着一层层小花，叠叠似柱，似一只只小鸟昂头向外待哺。蓝色形似鸡冠的鸡冠冠花，黄色形似米窝窝成撮的黄米窝窝花，紫蓝色似串铃布列独茎之上的串铃花，淡紫红的毛爪爪花，奇形异态，流光溢彩。

天然壁画 卧龙沟北口南行1500米，东侧山坡有一悬崖石壁，高15米，长10米。其表面凹凸不平，布满大大小小的石孔和横七竖八的裂缝。裂缝勾勒出一副副图画，整体看如一只巨豹行于山腰草丛中，若换个角度，又像巨豹卧于山岗。仔细观察，如把石壁小孔视为人物眼目，就会看到许许多多的人物肖像。有的似翩翩起舞的少女，有的似长须飘逸的老翁，有的似威武雄壮的将士，有的似打闹嬉戏的玩童，有的似雍容华贵的夫人，有的如毕恭毕敬的奴仆……

猴群伦乐 继续沿着沟谷前行200米，西侧有一石崖。其南缘奇石叠加，大大小小的石块高低错落，像一只母猴在一群小猴的簇拥下，享受天伦之乐。其中有两只小猴依偎在母猴怀中，目光悠然，得意洋洋。母猴折颈转头，张口眺望，似在高声疾呼。其余围着母亲的六七只小猴，有的仰头望母，有的俯视山下，有的抓耳挠腮，有的互相逗乐。整个奇石群，组合成一幅以母猴为中心的群猴伦乐图。

宝葫芦 在群猴伦乐景点的对面山崖上，有一奇峰，由六层块状岩石组合而成，形似瓢葫芦。看上去摇摇欲坠，但历经千年风雨，岿然不动。相传，太上老君在云游中，被山中的奇花异草迷得神魂颠倒，不慎将宝葫芦遗失山中。散落的仙丹，化作麻芥果，如颗颗玛瑙，掇满枝头，红中透亮，晶莹剔透，妖艳夺目。

五指洞 从宝葫芦景点南行200米，西侧山崖下有一巨大岩壁。岩壁上有黑洞洞、圆乎乎的五个天然洞穴，从南到北一字排列。第一孔与第二孔相距2米，第二孔与第三孔相距1米，三四五孔之间相距0.3米。好似天神伸出右手，将五指插入石壁，留下的五个神奇洞穴。

五指洞

右玉生态景区

SHUOZHOU SCENERY 朔州风光

右玉生态景区

右玉县位于山西北部，境内丘陵起伏，沟壑纵横。昔日，风沙蔽日，人走鸟尽，被称为"不毛之地"；今日，已成为国家级生态示范区，享有"塞上绿洲"之美称。右玉生态旅游区，集自然景观与人文景观于一体，其美是无法用语言来描绘的。她那群山起伏、绿浪翻卷的气势，清波涌泉、山清水秀的灵性，色彩斑斓、层林尽染的奇观，莽莽苍苍、银装素裹的妖娆，所展现出的独有的塞上风光，非亲临其境，是难以领略的。

第一章

塞上林海

第一节　生态变迁

右玉县是一个典型的黄土覆盖的丘陵山区。全县山地丘陵面积占到土地总面积的89.6%。最高点红家山台顶海拔1969.3米，最低处杀虎口（苍头河出境处）海拔1230米，高低相差739.3米。在起伏的丘陵山地中间，插入一条断陷盆地。盆地东西两侧，均为土石山地。盆地主要分布在新城镇和威远镇沿苍头河一带，海拔为1250米～1480米，面积206.4平方公里，占土地总面积的10.9%。河流主要有苍头河、元子河，分属黄河水系和海河水系。气候主要特征是光照时间长，太阳辐射强，昼夜温差大，降水少，无风日少。属典型的温带大陆性气候。

历史上这里曾是一个水肥草美、林木茂盛的地方。20世纪，在杀虎口、余官屯、右玉县水泥厂附近，发现了大量的松树、榆树、桦树等乔木化石。由此可以判定，早在远古时代，右玉境内森林广布。北魏时，右玉属畿内之地，曾实行过"计口授田"，并建有皇家牧场，魏帝曾多次"田于善无川"。那时，中陵川水（苍头河上游）水量丰沛，田野、牧场、森林依次分布。金代建筑宝宁寺，还是就地取材，木料皆采自当地南山（威远村南五侯山）。明代，由于右玉地处北疆前沿，战略地位重要，出于战略防御之需要，几乎每年秋季都放火烧荒。据明廷给镇守大同太监、总兵官、巡抚、左副都御史的制敕文载："即今秋深，草木枯槁，正当烧荒，以便瞭望。敕至尔等须公同计议通行……事毕，将拨过官军姓名并烧过地方里数造册奏缴，以凭查照，毋得虚应故事，朦胧回奏取罪。尔等慎之。故敕。"（明正德《大同府志·圣朝制敕》）由此可见，烧荒引起的森林大火，必然会破坏到原始森林。加之大兴堡寨、城池，右玉的林木毁坏十分严重。明代后期，兵部尚书王越巡边，作诗咏道："雁门关外野人家，不养桑蚕不种麻。百里并无梨枣树，三春哪得桃杏花。六月雨过山头雪，狂风遍地起黄沙。"足见到了明代后期，右玉的生态环境已经相当恶化。清代，江山内外一统，民族矛盾缓和，在今右卫镇置朔平府，出现了一个相对安定的时期，右玉自然生态稍有缓和，但是直到民国时期仍没有大的发展。据《山西六政三事》记载，1928年（民国十七年），右玉森林面积133亩。《右玉县政十年建设计划案》载，1933年（民国二十二年），全县仅有林木645亩，分为草沟堡村、韩庆湾村、威远村、北花园村4个林区。到1949年，全县仅有残林8084亩，覆盖率0.3%，土地沙化面积达225万亩，占土地总面积的76.2%，成为典型的风沙、半风沙过渡地区。民谣描述为："一年一场风，从春刮到冬。白日点油灯，黑夜土堵门。""十山九无头，洪水遍地流，风起黄沙飞，十年九不收。"

新中国建立初期，面对恶劣的自然环境，右玉人民确立了以植树造林为主的全方位改变生态环境的

塞上绿洲

基本思路，形成了"右玉要想富，必须风沙住，要使风沙住，必须先栽树"的共识。从20世纪50年代开始，本着"哪里能栽哪里栽，先让局部绿起来"的原则，开始了大规模的沿河植树造林运动。经过50年代的苦干，使苍头河、马营河、李洪河、欧村河、牛心河等下湿地区，实现了局部绿起来的宏愿，造林面积达50多万亩，是解放初的60多倍。

60年代，确立了"哪里有风哪里栽，要把风沙锁起来"的目标，在全县9个大风口、30多个小风口的所在地，采取层层设防、步步为营的做法，大力营造防风林带和防风林网。面积较大的风口地域，大造防风林带；在面积较小的零星地区，营造防风林片；在田间、地埂、道路等处营造防风林网。特别是在河岸、沟壑和滩湾地带，既栽乔木，又栽灌木，形成乔灌混交、高低错落的绿色屏障。在荒山荒坡大搞林草间作，又在一些天然植被差的牧地，大面积种植牧草。经过十多年的苦战，使杀虎口、黄沙洼、老虎坪、杀场洼等风口的沙丘，全部得到控制，披上了绿装。

70年代，提出"哪里有空哪里栽，再把窟窿补起来"的口号，全县人民继续发扬"一张铁锹两只手，觉悟加义务"的无私奉献精神，展开了全方位造林运动。全县5条大河250条小河，612条一公里以上的沟道，全部被纳入绿化的范围。通过10年的努力，全县营造雁翅形乔灌混交生物坝和护岸林总长度达120多公里，绿化沟壑2600多处。同时使4个产粮盆地实现了林网化，保护了11.6万亩农田。另外还在缓坡区实行了林草结合。在土石山区，种植大量柠条，营造了薪炭林，使全县开始走上以生物措施改善生态环境的良性发展轨道，并被树为全国治沙先进县。

80年代，"三北"防护林二期工程实施，林业建设的重点转移到"规模营林、集约经营和提高造林质量、增强经济效益"上来，坚持"适地适树合理栽，再把三松引进来"的原则，全县各乡镇大办苗圃，大力引进"三松"苗木，很快改变了林种结构，形成了一个乔、灌、草多品种多层次的生态格局，林业生产取得了突破性的进展。

90年代，引入立体造林理念，坚持"全民动手搞生态，山川遍地绿起来"，抓住国家投资向生态建设倾斜的大好机遇，不失时机地争取到了"退耕还林"、"天然林保护"、"三北防护林建设"、"首都水资源可持续利用"等重大生态建设项目。按照"'阳坡'柠条，'阴坡'松，沿河两岸沙棘林，滩湾沟坝垂杨柳，林中进草草间林"的总体思路，坚持乔、灌、草科学布局合理配置的原则，着力完成了林业"达标"的任务，成为全省林业红旗县。

进入21世纪，确立了"人力变山河，山河生畜牧，畜牧促经济，经济营生态，生态变人居"的良性循环战略思想。实施了"南部山区抓覆盖，景区景点抓提升，道路绿化抓特色，项目造林抓精品，苗圃建设抓后劲"的具体方案。加快了生态畜牧经济和生态旅游开发步伐。确定了建设富而美的新右玉的战略目标。掀起了"畜牧旅游促生态，富美绿洲靓起来"的新的生态建设高潮。

60年来，全县人民艰苦奋斗、无私奉献，以愚公移山的精神，锲而不舍，终于使昔日的不毛之地变成塞上绿洲。到2008年底，全县人工造林面积达到150多万亩，森林覆盖率达50%，超全国平均水平30个百分点，创造了人间奇迹。如今的右玉县，已成为全国生态建设示范基地和国内环境质量最好的地区之一。

第二节　林海景观

右玉县地处黄土高原的外长城脚下，地形地貌凹陷隆起，波动很大，形成许多河谷和沟壑。据勘测，境内有较大的流域12条，2公里以上的小流域612条，流域内沟壑758条。新中国成立60年来，右玉县始终把小流域治理当作改变生态环境的重点工程来抓，展开了大规模的山丘沿河造林。到2008年底，基本完成了苍头河、元子河、马营河、牛心河、欧村河、李洪河等流域的治理工作，形成多个以流域为中心的森林景观区。

李洪河流域森林景观区 位于县境的东南部，南起元堡子乡的上、下吴村，北至新城镇的双山夹、秦昌堡；西起虎山线公路，东至左云县界；南北长15公里，东西宽10公里，面积161.3平方公里。涉及白头里乡、元堡子镇、新城镇3个乡镇。流域内主要有李洪河的三条支流。共有大小沟道319条，沟壑密度为3.3公里/平方公里。海拔高度为1340米～1600米。年均降水量430毫米，降雨多，暴雨多出现在6至9月份。流域径流量多年平均978.7万立方米。年平均风速2.5米/秒，最大风速21米/秒，年均大风日数为60天以上。土壤为砂质黄土，质地松散，风蚀严重，风蚀

李洪河流域

模数每平方公里在1.3万吨以上，水蚀模数为3万～6万吨。当地群众采取"坡梁退耕还林还草，风口沙丘营造防护林带，河道两旁栽植护岸林"的方法，使流域基本得到治理。到2008年底，全流域有集中连片森林10万亩，牧草面积0.44万亩，乔灌混交护岸林35公里，使流域的生态环境得到彻底的改变。地表径流量比造林前减少67.3%～85.1%，河水含泥沙量减少了60%，从根本上解决了水土流失的问题。现在进入林区，清风拂面，空气清新湿润，成了天然的大氧吧。2008年，在流域内建成主干道路30公里，林道54.7公里。驱车从虎山线东侧（即胡村背后的梁上）的龙门架进入林区，沿着林间弯弯曲曲的道路行驶，途经下吴、上吴、崔家堡、昌里屯、新郝村、李景屯、双山夹，整个林区的景致便一览无余。林区的山坡上郁郁葱葱，布满了挺拔高大的松树、杨树。河道内沙棘、雾柳和高大的杨树、松树缠绕在一起，密不透风。野兔、狍子不时穿越道路、出入林间，打闹嬉戏。山鸡、野雀啼鸣不绝，委婉动听。在足有两三围的杨树树冠上，总有圆形的喜鹊巢窝，有的树上竟有四五个之多，说明这一带的确是鸟类宜居之地。如果从繁华喧嚣的大城市来到这里，顿时有一种返璞归真、回归大自然的美妙感受。

十里河流域森林景观区 位于右玉县城北部。景区西起草沟堡村东的虎山公路，东至善家堡村东，南起郭敞头河，北至十里河。面积54.19平方公里。涉及牛心乡、右卫镇两个乡镇。流域南北两侧为浑圆状的山丘，起伏连绵，十里河纵横其间。森林面积

马营河流域

4.5万亩，是绿化较早的地方。林区内松树、杨树高大参天，2001年被列入山西省天然林保护区。

出右玉县城，北行15公里东折，沿着起伏不平的林间小道，便可到达辛堡梁。辛堡梁是林区内的最高处，也是观景立足点。上建有六角观景亭。2003年对通向六角亭的道路进行了硬化、香化、美化，形成了亭台与曲径相连，花冠树木相间的景观。登亭环望，西边远处群山连绵，耸入云天，长城沿山岭逶迤盘旋，山坡上由下而上布满了茂密的树木，颜色由深绿、浅绿、黄绿层叠变化，犹如一幅美妙的画卷。近处，苍头河像一条银色的飘带，由南向北舒展在绿色波涛之中。南面贺兰山突兀耸立，云雾环绕，山林映衬，颇为壮观；北面右卫古城矗立于风神台和苍头河之间，紧紧地扼守着善无川。东面则是一望无际的森林。整个林区，林海茫茫，松涛阵阵，成为人们旅游的绝佳去处。20世纪80年代，胡耀邦总书记曾在此观看林海。

马营河流域森林景观区 位于右玉县城的东北部。该河是苍头河较大的一条支流，全长30公里。发源于左云县元墩沟，由右玉县黄家湾入境。由东向西流经破虎堡、大庙山、刑家口、李家堡等数十个村庄，最后在马营河村西南处汇入苍头河。河床宽约百米，平时流量0.2立方米/秒，属常流河。河的北侧，是北岭梁台地，山势较陡，山顶玄武岩裸露，山腰及山脚下黄土覆盖。河的南侧，由西向东是起伏不平

欧村河流域

的丘陵。东尽头是右玉最高的山脉曹洪山，海拔1967米。流域面积107.8平方公里，涉及右卫镇、李达窑乡三十多个村庄。

过去这里洪水泛滥，河床无定，河槽内乱石滚滚，是一个不宜人居的地方。如今，流域得到彻底治理，林草面积达到10万亩，覆盖率超过50%以上。远远望去，河道两侧乔木高大挺拔，灌木密密麻麻，形成一个牢不可破的护岸墙体。护岸林内农田平整如镜，林网纵横交错；河两侧的山坡上松杨相间，乔灌结合，从东到西连成一片，茫茫苍苍。林区内分布有黄芪、九股芹等大量的药材和多种可食用的蘑菇。

顺着马左公路（马营河至左云县界）东行10公里，便是林区的观景点东团山。该山海拔1735米，方圆4公里，呈浑圆状，故称团山。山上早年植有杨树、松树达万亩，近年又栽植了花冠木、柠条等，形成一个乔灌草结合，针阔花并举的生态景点。盛夏季节的傍晚时分，登上此山，一幅"东山夕照"的美景跃然呈现在面前：远处群山含黛，绿波荡漾，近处数水回环，百波耀金；天上团团彩云飞，地上阵阵清风吹。

欧村河流域森林景观区 位于右玉县城的东北部。北隔山与马营河流域相衔，南隔岭与十里河流域相连。中间是一个宽阔的欧村河谷地，地势平坦，土壤肥沃，是右玉县的一个主要产粮区。流域面积79.90平方公里。过去，由于河道缺乏治理，山坡没有绿化，每遇大雨，山洪暴发，泛滥成灾。20世纪70年代，县里从各乡镇抽调劳力，实施大兵团作战，在河内采取生物坝和石坝相结合的形式，围田造地；在河谷两廊的山坡上修造梯田，营造水土保护林，使流域治理度达到41.9%。

出右卫镇东门，顺着河道开辟的道路东行，河水清澈见底，哗哗西流。两旁护岸林有高大的松树、杨树，还有茂密的沙棘、雾柳，高低交错，形成林墙。置身碧水盈盈、花红草绿、波光倒影的河床中，弄水嬉戏，玩石吓鸟，仿佛回到孩提时代。

沿着河道继续东行，便到了海拔1700米以上的烟洞山底。山势顿觉险峻，形势奇绝。攀越而上，无尽秀色尽收眼底。东望云燕，群山连绵，烟霞缭绕；西望峡谷，满目苍翠，阡陌村庄历历在目。

杨千河流域森林景观区 位于右玉县城西北部。流域面积48.06平方公里。涉及杨千河两岸的9个村庄。流域内多为黄土堆积的沙丘，少数是岩石裸露的石山，属右玉西部土石山区。河谷地带海拔1400米以上，山丘地带平均海拔1500米以上。经过长期的治理，流域内有乔木林、灌木林和人工草地，共5万余亩，治理度达到54%。每到春暖花开季节，杨柳飘絮，松树吐翠，山坡、河谷一片葱绿。踏着河边毛茸茸的草坪，看着涓涓流淌的溪水，耳边百鸟争鸣，真有一种说不出的幽静清雅之感。走出河谷，爬上跑马梁，登上歪头山，俯视晋蒙大地，眼前阡陌纵横，群山延绵，山川美景尽收眼底。这一带土地贫瘠，绿化较早，山坡上布满了小叶杨。这种树，躯干弯曲，头大腿短，像个驼背老汉，人称小老杨。可就是这种小老杨，起到了堵风沙、挡寒流、保水土、养水源的重要作用。

元子河流域森林景观区 位于右玉县南部山区。东起左云县界，西至平鲁县界，南至山阴县界，北至右玉县高家村北。东西长21公里，南北宽10公里，流域面积230平方公里。流域的主河流为元子河，发源于左云县马道头，流经右玉、山阴、平鲁、朔城区注入桑干河。此河为右玉县惟一属海河水系的河流。河床平均宽80米，流量0.02立方米/秒。有大小支流26条，其中较大的支流有亳子河、二道河、沙沟河、圪塔河、大屯河。流域内山丘起伏，沟壑纵横，海拔为1500米～1800米。年平均气温3度，年降水量500毫米。无霜期100天左右。生态植被覆盖率较高，可达80%。主要植被有胡枝子、蒿属、百里香、野玫瑰、

六道叶、山桃等。

河谷上游地势开阔，是右玉的富煤区。河谷的中下游北侧，多为岩石裸露的山丘，南侧阴坡土质较厚，宜于栽植树木，绿化较好。尤其是银台上、刘虎狮村周围一带，治理力度更大，林草覆盖率达60.65%，治理度达77.74%。栽植的乔木主要有樟子松、油松、杨树等，灌木有沙棘、柠条，牧草有紫花苜蓿，沙打旺等。春夏之交，驱车从通市油路进入景区，一路上几乎看不到黄土、黄沙，满眼都是绿色。即使是村落，也被参天的绿树合围起来，只能从绿的空隙里看到白墙红瓦。

双合屯流域森林景观区 位于右玉县城西。景区南临威远盆地，北靠双合屯梁，西尽圆台梁，东至苍头河。流域面积48.09平方公里。涉及丁家窑乡、威远镇14个自然村。流域主要由白塘子河、张二窑河及其周围的山梁组成。树木多为杨树，间杂樟子松、油松、云杉，高大挺拔，郁郁葱葱。20世纪90年代，开始绿化圆台梁，栽植高杆杨、樟子松、油松、柠条、沙棘等树木，并开通林间道路，使其成为右玉西部一个靓丽的风景区。每到春暖花开，伫立山顶眺望林海，白杨飒爽，争高直指；青松弄涛，松塔成峰；山水辉映，浑然一色。沿着威远镇到丁家窑的县乡公路，进入林区的常坪窑村，满沟的杏树，长达3公里。每到春季，杏花怒放，清香四溢，踏春赏花的游人络绎不绝，整个山谷变成了花的世界人的海洋。

常坪窑杏花沟

第三节　四季风光

　　右玉县地处塞上北部边缘，气候十分独特。春季短促，增温迅速。夏季少有酷热，昼夜温差较大。秋季凉爽宜人。冬季漫长寒冷。

　　右玉的春天姗姗来迟，但后来居上。当江南山花烂漫、春意将尽时，这里的人们，仍然不敢脱掉棉衣，而远处冈峦起伏的群山才开始黄中泛绿，近处山坡上的小草，躁动着悄悄地钻出地面，松树由冬季墨绿变为黄绿，杨柳刚劲的枝条也变得舒展柔软，正是：青山一点横云破，满眼尽是春消息。进入阳历5月份，气温急剧升高，万物竞发，"忽如一夜春风来，千树万树梨花开"。一夜之间，漫山遍野的杏花、桃花、梨花、桃兰兰、榆叶梅、丁香花竞相开放。各种树木将一冬积蓄的力量，全部释放出来，开始吐出嫩绿的叶子。仅仅几天，向阳的山坡、沟叉、沟梁已春意浓浓。沙棘林，一片紫红，远看上去像秋天成熟的沙棘果挂在枝头，繁盛茂密；走近一看，原来是刚吐出的叶芽；矮矮的雾柳，大大圆圆的脑袋像人工剪修过一般，蓬松柔软；杨柳满树绿叶。在阳光照射下油亮油亮，有一种蓬勃向上的生机。而背阴的地方，树木仍沉浸在冬天的色调里。沙棘林呈深灰或

右玉之春

灰白色，简直像一堆干柴；雾柳也只是树皮发青，枝头尚未有丁点绿意；杨柳像刚刚睡醒，树皮发黑，树头呈赫青色。如果春天来右玉览景，除了看同种树木两种景观外，还有一个值得游的景点，这便是马营河的水磨沟。

水磨沟位于马营河村东1公里处，因沟口有水磨机而得名。出县城沿虎山公路北行，过马营河大桥再行0.5公里，便可到达沟口。沟口筑有一小型水坝，名马营河水库。水库面积不大，蓄水也不多，仅够小型灌溉使用。水库的北侧，有条小道通向沟内，沟底的潺潺流水，被沙棘、河柳笼罩着，只闻流水声，不见水流处。沿路东行百米左右，路两旁通天白杨高大挺拔，整齐有序，沟两边的斜坡上长满了野玫瑰、野山椒。百米尽头，出现一个沟岔，一条向东北方向延伸，名五龙泉沟；另一条向正东延伸，名草场沟。两条沟风景都很秀美，但各有千秋。

从岔口处沿着沟间曲曲折折的小径东行，泉水随沟谷的宽窄，时而化作涓涓溪流，缓缓流淌，时而变得激流勇进，浪花飞溅。越往里走，鸟鸣声、溪流声越是不绝于耳。随着沟中地势的不断上升，沟底泉水顿变湍急，水流垂迭，飞瀑相连，珠飞玉溅，如玉环悬空。在灿烂阳光的照射下，喧腾的连环瀑布会升起多层绚丽夺目的彩虹，俨然一幅奇丽壮观的写意画图。快到沟的尽头时，沟谷突然变得开阔起来，沿山崖形成一个半圆形的谷地。谷地有数十亩大，四周小泉喷涌，苹果树、杏树、梨树树冠如盖，杨树、柳树挺拔苍翠，整个谷地成了一个天然的大花园。谷地较平坦的地方，游春者搭起的座座帐篷，蓝的、粉的、红的、黄的、白的，远远望去，如朵朵盛开的鲜花。席地而坐，静听泉水流淌击石发出的琴韵声，与百鸟悠扬婉转的争鸣声，如同在欣赏一曲动人的大自然交响乐。

顺东北沟进去，则又是一番景致，可谓一树一景，一步一景，移步移景。北面缓坡上，杏树梨树红白相间，碧绿的小草落英缤纷。南坡梯田层叠，樟子

水磨沟

松、油松、沙棘、柠条相互交错，枝繁叶茂。沟底杨柳吐翠，松树泛青，苹果树、梨树、桃树、杏树花开遍地，粉的如霞，白的如雪，姹紫嫣红，争奇斗艳。

沿着此沟一直往里走，沟底岩石层层叠叠，不时出现一二米高的滴水，形成一个一个小型的瀑布。瀑布垂帘吐珠，水花飞溅，虽没有大型瀑布的那种轰鸣声，但也不乏高山流水的琴韵声。当走到沟的尽头处，山崖下五眼泉水不断喷涌，如锅水沸腾，这就是有名的五龙泉。伸手试一下，泉水不冷不热，温度适中。即使数九寒天，也是如此，周边的水草仍绿茵如故，让人称奇。泉水甘醇柔绵，富含多种矿物质，有待开发利用。

夏天是一个最有魅力的季节，整个右玉大地披上夏日盛装，层次分明，浓淡相间。河谷中、山坡上的灌木、杨树、柳树、松树，依次分布。登高远望，从下往上，林带呈现浅绿、翠绿、碧绿、墨绿，层递铺陈，美不胜收。城镇、村庄在林海中若隐若现，仿佛是浮在水面上的几何图案。近看，地面上野草丛生，金色的野菜花、蓝色的苜蓿花、红色的山丹丹花、粉色的喇叭花，还有许多不知名的各色花朵漫山遍野，如无边无际绿色地毯上精美的刺绣。若在公路上驱车行驶，不管是南北东西，还是东西南北，只管走，尽情看，始终在林海绿波中穿行，只要不出右玉境内，就走不出绿色的包围。若车开快一点，一河川一河川、一山梁一山梁的

绿，风起云涌，扑面而来，遮天盖地，目不暇接。

夏季本来给人闷热难耐的感觉，只要来到滴翠园，暑热顿时消失。滴翠园位于城东北处，出县城沿新卫公路（新城镇至右卫镇）北行20公里，便可到达入口处。

滴翠园原名石刨沟，因山洪"刨"出的石沟而得名。后经绿化，树木茂密，苍翠欲滴，始称滴翠园。沟南北长1公里，时宽时窄。沟口处筑有一水坝，坝内是一个三四亩大的人工湖。湖水清澈，波光粼粼，野鸭、鱼鹳等水鸟成群结队，在湖中游来游去。跨过水坝，到了沟东岸上，就看见由矮矮的砖墙和栅栏围合起来的院落，这就是承包治理石刨沟主人的居所，也是观光者小憩歇息之处。

由院落前一条小径向东行数十米，有一个石拱

右玉之夏

的小桥，直通沟的东西，桥下芳草如茵，溪水潺潺，有小桥流水之神韵。跨过小桥，面前出现一块平地，上面栽满了苹果树、杏树、梨树等树木，棵棵修剪得非常规整。树下有石桌、石凳，可供人下棋读书。再顺沟往里走，沟中杨树挺拔高大，灌木密密麻麻，翠嫩欲滴。

走着走着，水复林重，疑似无路，突然柳暗花明，树丛中又出现一座圆木搭的小桥。沿小桥向里一转，一个很宽敞的山凹，又呈现在眼前。右边沟崖上下树木更高更密，粗的已经有半抱之多；左边沟岸旁坪地上的葡萄园，条条藤蔓爬满支架，一嘟噜一嘟噜的葡萄碧绿如翡翠。葡萄架下，备有桌凳和烧烤架，如果游客有意在这里野餐，可以烤羊肉串和烤鱼片。夜晚，明月当空，坐在架下似乎能听到牛郎与织女的窃窃私语声。滴翠园究竟沟有多深，绿有多浓，景有多美，只有身临其境，细细品味，才能慢慢领略。

还有一种景致，藏于沟壑密林深处，令人难以置信。时至盛夏，酷暑难挡，而在水库南边的背阴处，残冰尚存。沟的阳坡早已是杏黄桃绿，硕果累累。曲折幽深的林涧小道铺满了金色的落叶。一沟之内，数里之中，四季风光同时呈现。

秋天是个五彩斑斓的季节，也是右玉最美的季节。前来观光旅游的宾客，从四面八方蜂拥而至。山岗河谷，道路两旁，茂密的沙棘挂满了红黄相间的沙棘果，晶莹剔透，令人涎津涟涟。杨树、柳树、雾柳，由绿变黄。果树叶、杏树叶，由绿变红。此时，山鸡、野兔、松鼠吃得膘肥体壮，在丛林、草丛中到处活蹦乱跳。初霜过后，杨树、柳树、雾柳，则由黄变为金黄，金光闪闪，耀眼夺目。果树叶、杏树叶，则由红变为紫红，布满山坡沟壑，可与北京香山红叶媲美。整个右玉大地层林尽染，景色迷人。道叶村河谷，最能展示出右玉秋天的特色。

出县城沿虎山公路跨越苍头河，西行3公里便可到达道叶村河谷。河谷南北宽500余米，东西长3公里。河谷内满是雾柳、沙棘、松树、柳树。乔木参天，灌木茂密，五颜六色。黄的是雾柳，红的是沙棘，绿的是松树，在霞光的映照下，多彩多姿，绚丽无比。当此时令，秋高气爽，碧空如洗，溪水潺潺，鸟鸣啾啾，清风徐来，树叶沙沙。邀三五好友进入林间，或采摘沙棘果，品尝其中的酸甜；或采摘树叶制作书签；或临摹写生，描绘美景；或围坐在草坪上，玩把扑克，下盘象棋，令人流连忘返，乐不思蜀。

右玉之秋

冬天是塞上一年中最为漫长的季节。天气干冷，狂风怒吼，树木虽脱尽叶片，但仍遮挡着风沙。几场雪后，右玉就变得银装素裹，分外妖娆，踏雪登高远眺，唯见天空下白雪皑皑，苍苍茫茫，山舞银蛇，原驰蜡象。微风过后，雪花飘飞，银光四射。古老的长城这时更显沧桑，像一条银色的巨龙，在原野上腾飞。此时，漫山遍野的沙棘，变得更加醒目，引人驻足，那串串鲜红透亮的沙棘果，在玉雪的映衬下，白里透红，格外亮丽。

初冬，还常常可以看到雾凇景观。岭上岭下，沟里沟外，千树万树，琼枝玉叶，晶莹剔透。直立的草杆挂满了冰霜，一丛丛，一簇簇，像天空中绽放的礼花。整个大地冰清玉洁，仿佛变成了一个美丽的童话世界。

最好玩的地点还是双峰山滑雪场。滑雪场位于县城东南3公里处，滑雪道依山势而建，上自峰顶，下至山脚，道长1000多米，滑道陡峭。由上而下，如飞行一般，耳边风声呼呼，有一落千丈之感，十分惊险刺激。

右玉之冬

第二章

古景新貌

第一节 贺兰插汉

贺兰山，位于右玉县西北5公里，海拔1599米，相对高差约为300米，因北魏时鲜卑贺兰部聚居于此而得名。清代雍正年间，在沧头河谷今右卫镇设朔平府（旧称善无川），而贺兰山位于府南，故又称大南山。其山孤峰兀立，高耸入云，直插霄汉。清代文人墨客常常来此登高览胜，就将此景称为"贺兰插汉"。贺兰插汉现列为右玉古景之一。有诗赞曰：

"北地推山薮，称名独贺兰；孝文曾驻跸，高隐亦盘桓。""列壑群峦气郁葱，狼烟消尽翠横空。""恍似飞身霄汉里，山川俱向雾中看。"（清雍正《朔平府志·艺文志》）如今贺兰山旧貌换新颜，满山遍布人工栽植的小叶杨、樟子松、油松、落叶松、沙棘、柠条等，绿化面积达17000亩，林草覆盖率达89%，整座山峰郁郁葱葱，成为人们登高远眺，领略右玉自

贺兰山圣景

然生态风光的一大亮点。

出县城顺虎山公路北行西折5公里，便可到达贺兰山底。抬头仰望，山高万仞，陡峭壁立；山坡上人工开凿的鱼鳞坑，层层叠叠，密如天上的繁星，栽植的樟子松、油松，油黑茂盛。由山脚沿着曲折的林荫道盘旋西行，在半山腰的山坳里，可见一处规模宏大的古建筑遗迹。据文献及残存的碑文记载，此处原建有显明寺，是北魏皇家守护陵寝的庙宇。明代曾两次重修和增建，逐渐形成占地600平方米，包括正殿、东西偏殿、前殿、山门等较为完整的建筑群体。正殿前有两通石碑，一通是北魏孝文碑、另一通为清代重修大南山古刹显明寺碑。据记载，显明寺正殿面阔三间，进深三间，为硬山顶，雕梁画栋，琉璃飞檐，气势宏伟，美丽壮观。飞檐下悬一巨匾，上书"大雄宝殿"四个大字。大殿正中央供奉着三尊大佛。正中为现在世释迦牟尼佛，左边是过去前世燃灯佛，右边是未来下世弥勒佛。释迦牟尼与燃灯佛造像高七尺许，相貌端正、庄重肃穆、身披袈裟，偏袒右肩，分别坐于圆形的莲花座和方形的须弥座上。弥勒佛亦高七尺，袒露胸腹，满脸堆笑，手掐念珠，箕踞而座。东殿，亦称伽蓝殿，面宽三间，进深一间，内塑给孤独长者及十八伽蓝神。给孤独长者造像高七尺许，面貌温和、慈眉善目，身披袈裟，双手合十，坐在方形的须弥座上。十八伽蓝造像高六尺许，武士打扮，神态肃然，分立在给孤独长者左右。西殿，亦称祖师堂，面宽三间，进深一间，内塑道教祖师三清天尊，中间是元始天尊，左侧为灵宝天尊，右侧为道德天尊。造像均高七尺许，相貌温和，盘腿而坐。元始天尊左手虚拈，右手虚捧；灵宝天尊手捧一个半黑半白的圆形阴阳镜；道德天尊则手拿一把画有阴阳镜的扇子。显明寺的山门外建筑有乐楼，面宽三间，进深三间，砖木结构，卷棚顶。每年农历六月十八日是显明寺庙会的起会日，要唱五天大戏。届时，善男信女，登山赴会，熙熙攘攘，热闹非常。

从显明寺遗迹再往西行100米，有一条自北而南的深沟，沟的北崖上有一山洞叫神仙洞，相传八仙之一的曹国舅曾在此修炼。又传东汉著名道学家严子陵亦曾居于此处修道，所以又称子陵洞。

百里绿色通道

在沟的出口处西侧，有一条爬山道，曲折崎岖，十分陡峭。爬上沟崖，道路一分为二，一条北折通向山顶，一条西行南折通到坡底的苍头河岸。从苍头河岸直到山顶，坡长2公里，坡度较缓，土层较厚，宜于种植树木。从20世纪80年代始，从山底到山顶修造梯田，实施松树、柠条、沙棘混交造林。如今，林草茂盛，绿树成荫，层层叠叠布满了沟谷山坡。远远望去，黄绿相间，紫蓝有致，如画屏展布，

煞是好看。在山坡的半腰中，建有一座观景亭，亭为六角挑檐，琉璃覆顶，梁栋彩绘，造型精巧，别具一格。坐在亭内，凉风习习，草木飘香，沁人心脾；远眺近望，赏花观景，心旷神怡。

由亭北爬上山顶西部，首先映入眼帘的是绿化纪念碑，碑高3米，宽2米，黑底白字，上面镌刻着100余位绿化功臣的名字。他们当中有普通农民，有农村支部书记和村委会主任，有一般机关干部和职工，有县级领导。伫立碑前，环望四周，林海茫茫，一望无际。深感今天如诗如画的生态环境来之不易，不禁令人肃然起敬，感慨万千。

从纪念碑东行70余米，是贺兰山的主峰。峰顶上有5座墓冢，占地面积2000平方米。两座主墓位于西边，东西并列，封土堆高6米，周长40米。主墓东侧有陪葬墓3座，封土堆高1.2米，为北魏皇陵及陪葬陵。登上峰顶，举目眺望，群山低眉，公路如带，苍河若练，农田似网，整个右玉大地苍苍翠翠，如诗如画。有诗赞曰：昔日名山数贺兰，今朝华盖更好看；人民力量大无边，敢叫童山换新颜。

第二节　牛心孕璞

牛心山

牛心山，位于牛心堡村南0.5公里处，海拔1604米，相对高差200米，周长5.5公里。牛心山为火山喷发形成，整座山峰由黑色火山岩构成，远远望去，孤峦高耸，顶平底圆，山呈黛色，宛若一颗巨大的牛心，故称牛心山。又因其黑石异常坚硬，光滑如玉，四周山青水黛，烟霞环绕，将牛心山紧紧怀抱其中，当地人们便形象地将此景称为"牛心孕璞"。

出县城沿109国道东行2公里，折北再行0.5公里，便爬上余官屯村的后梁。站在梁上向北望去，牛心山便呈现在眼前。山呈馒头状，圆顶兀立，酷似日本的富士山。从山的脚底一直通到所在的梁上，有五

五道岭草原

道岭草原。南北长5公里，东西宽3公里，总面积15平方公里。过去，荒山秃岭，风起沙扬，一片荒凉景象。后来大面积的种草和栽植树木，使绿化面积达到3万亩，林草覆盖率达到90％以上，形成一个以草为主，兼有林木的大草原。夏季雨后，草木很快繁茂，霎时间，草原变成了花的世界，树的海洋，把牛心山映衬得更加雄伟壮观。草原的左侧，是南北贯通的牛心河，碧水潺潺，丁咚有声，昼夜不息。河岸绿树葱茏，碧草如茵，山花烂漫，争奇斗艳，景色殊丽。翻过一道岭，又是一道岭，岭岭相衔，绵延起伏。岭上岭下，草高数尺，随风涌动，犹如大海的波涛，汹涌澎湃，直扑牛心山而去。

顺着草原新辟的道路一直北行，翻过第五道岭就来到甘泉庄移民新村。首先映入眼帘的是一幢隐于绿树丛中的红色楼房，楼前置有花坛、草坪，左右两侧建有活动广场，健身器材，呈现出一派园林化农村的新气象。楼房的后面是一排排整齐的住房，每两间或三间中置一院墙，既显得美观整洁，又适合农村一家一户的住宿习惯。

出移民新村东行200米，就来到了牛心山脚下，顿觉山势高大险峻，如从平地里长出来的一样，突兀眼前。牛心山石头奇特，全是六棱形，高的有丈余，低的也有一二米，一根一根地抱在一起，看上去既像石柱，又像石林。

爬牛心山似乎没有什么路，四面八方都能爬。但人们习惯从南北两面爬。从北面爬较为省力，因为北坡开有弯弯曲曲的盘山道，汽车可以驶到半山腰。这种登法适合中老年游客。南坡陡峭雄险，是登山爱好者磨练意志，征服自然的天然乐园。如从北面登山，从移民新村西出北折，经牛心堡村南绕到山的东北角，顺山道就可以驱车上山。车到北坡的半山腰，就可清晰地看到山坳间的黑石二峡，其状酷似两只牛眼，又像牛心窍孔。二峡相距不远，面积均在一亩左右，夏不生草，冬不积雪，殊为灵异。从北坡绕到西半坡上，山势变的更加陡峭，只

能徒步攀登。不过，脚下有过去依山而凿的台阶，登起来也比较省力。如果选择从南坡登山，只能从山脚下的甘泉庄旧村开始。沿途石头几乎都高出地面二至三尺，须手攀脚登，方能通过，颇费周折。一般人爬到半山腰，已是大汗淋漓，气喘吁吁。在快到山顶的时候，有全部用六棱石头堆砌的人工修筑墙体。墙基一侧便是石阶环形道，直达山顶。举目四望，南面五道岭草原花红柳绿，一望无际；北面卧羊山郁郁葱葱，苍翠层叠；东面老龙山风力发电架密集如林，闪闪发光；西面河谷农田片片，绿网如织，塞上风光尽收眼底。

山顶平凸呈圆形，面积有二三亩地大，有古建筑遗迹。据史料记载，这里曾建有文昌阁、玉皇阁等寺庙。庙宇依山势环形而建，结构严谨，布局合理。中间地势稍高为中院，东、西、北三面地势相对略低为跨院。西院正殿是文昌殿，供奉着主管人间功名利禄的文昌帝君。东西偏殿分别是灵宫殿和瘟神殿。中院正殿为玉皇殿，内有玉皇大帝塑像。东院主殿供奉着东岳大帝。北院为文殊庙。整个山顶庙宇林立，错落有致。每当农历四月初八奶奶庙会，钟声齐鸣，香烟缭绕，善男信女登山赴会，求子祈福，游春踏青，人如蚁聚。据传清代妙真和尚来到此山，置了好多地，春天种上蔓菁，秋天将其洗净切片，晒干磨成面，和上甜苣菜，制成块块面砖，砌于寺庙四周。十几年后，整个牛心山顶几乎砌满了这种面砖墙。1892年（清光绪十八年），雁门关外赤地千里，颗粒无收，草根秕糠无处搜罗，人们四处逃荒。就在这个节骨眼上，面墙派上了大用场，拯救了千千万万的黎明百姓，被传为千古佳话。可惜，牛心山上的庙宇毁于1948年（民国三十七年）的战火。

牛心山西北部隔河相望的是卧羊森林景区。景区内也有一座孤峰名团山，四周绿树环绕，景色宜人。卧羊山顶青石板上有马蹄印，人称蹄窟岭，据传是昭君出塞时留下的。卧羊山距杀虎口仅20里，昭君深知跨出杀虎口就离开了中原故土，于是勒马回望，

盘桓许久，留下千古不去的蹄印。

牛心山东北5公里处，有一座东西横亘的黑色大山，因其五峰蜿蜒起伏，盘绕而聚，如群龙拱月，故称五龙山。山腰南侧，一根根六棱长条黑石依山壁立，高数丈，如武士森列，顶天立地。其山顶有无数

高70米，叶片长25米的风力发电架，密集如林，风叶随风转动，银光闪闪。山脚有清泉溢出，潺潺而下，其旁原有五龙庙，今已废弃，只剩残垣断壁。过去，每年农历六月初六，这里都要举行盛大庙会，附近成千上万的居民，都要来此取水祈雨。

第三节　混元流碧

混元峰位于杀虎堡东3公里处的樊家窑村北，形如天竹，势如须弥，三面环山，唯我独尊。峰东山弯处有一山泉，泉水从石缝中涌出，清澈透明，汩汩流淌，穿流于山石林草之间，山清水秀，风光旖旎。山峰、碧水、绿树、蓝天相映，寺庙点缀其间，环境幽雅，美不胜收，形成了独特的山水风光和人文景观。被列为右玉古景之一。有诗云：紫塞峰高起，混元莫与齐；阁虚通帝座，登险陟天梯；野鸟鸣芳树，清泉绕绿畦；山明兼水秀，不减武陵溪。（清雍正《朔平府志·艺文志》）

樊家窑

如今泉水已被拦截，建起了两座水库。村四周经过多年植树造林，生态环境发生了巨变，林海茫茫，芳草青青，湖光山色，恬静瑰丽，吸引众多游客前来旅游观光。

出县城顺着虎山公路北行20余公里，在马营河村后1公里处，有一条通往樊家窑村新开辟的道路。道路两侧新栽植的钻天杨笔直挺拔，树冠枝枝团结向上，直指蓝天；远远望去，像一排排哨兵站立在路旁。沿路一直北行，只见山坡上鱼鳞坑星星点点，繁星般的密集。在快到樊家窑村时，便见西

边沟内的两座水库，波光粼粼，碧水清清，各种水鸟此起彼落，竞相欢跃。迎面的唐子山、混元峰苍松叠翠，直达长城脚下。俯瞰村内，青砖红瓦，绿树掩映，美景如画。驱车顺路北行到混元峰下，有一条东西向道路，道路北侧，住户家多为石碹窑洞，依山而建，层层叠叠直通崖下，看上去虽有些古旧，但更显沧桑。道路的南侧，一排排整齐的民房坐落在一个较缓的坡上，家家户户院里开满了各种果树花，呈现出一派新农村的繁荣景象。沿着道路向东行200米，到了村中央。只见街心立着一通宽95厘米、高48厘米、厚14厘米的青黑色石碑。上书"得趣台"三个大字，字体刚劲有力，潇洒飘逸，入石三分，乃乾隆年间户部官员庆岱游此所提。距碑的北侧不远处，有一个高8米的石砌台基，二亩大小的台基上，瓦砾遍地，这就是混元峰寺院上下院的遗址。据史载，紧靠混元峰崖下，明代建有玉皇阁，飞檐斗拱，脊兽翘角，建筑极其精巧。1650年（清顺治七年），在山西介休商人左明宇的倡导下，众多商人捐资，在玉皇阁南面又筑台修建了真武庙、龙王庙、山门及钟鼓楼，即俗称的下院。1725年（清雍正三年）右玉设朔平府后，首任知府徐荣畴觉得美中不足，遂对侍从曰："朔平居神京之北，而是峰又居朔郡之北，上应斗极，宜建斗母宫以镇之。"（清《朔平府志·碑记》）于是，他慨然捐资，在下院东北角开始修建斗母宫。后任知

得趣台

府刘士铭续建，并将庙内塑像全部彩绘一新。斗母宫俗称猪娃子庙，供奉着一首六臂的斗母娘娘，脚下卧有一口泥塑母猪，12只猪仔爬在母猪身边，其塑像立意新奇独特，实属罕见。斗母宫建成后，知府刘士铭命人又将原寺庙前水池、牌楼、凉亭、整修一新，并为亭子取名"半亩亭"，亲自题字作跋，刻于牌匾上，悬挂于亭上。至此，混元峰寺庙由庙前建筑、下院、上院

塘子山水库

塘山春光

三部分组成一个完整的建筑群体，成为当时的一处旅游胜景。可惜的是1937年抗日战争爆发后，如此美好的寺院被驻杀虎口的日伪军全部拆除。

踏着遗址北行到山崖下，只见石壁上镌刻的"混元峰"三个摩崖造字，字体遒劲洒脱，飘若惊鸿。在字的东西两侧山坳间，有两处奇特的山洞，当地村民称之为真假神仙洞。真洞位于西侧的悬崖下，洞有多深无人探知，据传此洞远通杀虎口旧堡。假洞位于东边山崖下，两个洞口并列，均宽4米，在深处相互贯通。真假洞壁原绘有神话壁画，现已斑驳不清。

混元峰寺庙虽废，但山灵水秀，景色宜人，仍不失为一大观赏景点。春季可以赏花，夏季可以揽绿，秋季可以观红叶，冬季可以看雪景，四季皆有新奇之处。

第三章

南山森林公园与松涛园

第一节　南山森林公园

南山，即县城南3公里处的小南山。山体浑圆，呈馒头状。海拔1519米，周长4公里，相对高差200米。北临三道河，东临庞家堡河，南有一泓清泉，常年水流不断，西有国营梁家油坊林场，整个山地面积2万余亩。20世纪五六十年代，附近村庄群众在山的东、南、西三面营造了大片的小叶杨。后栽植樟子松、油松、落叶松，改变了树种单一的状况。经过数十年不懈努力，其绿化面积达到98%。跨入21世纪，小南山成为朔州市规划建设的森林公园之一，开始投入大量的人力、物力，先后建起观音塑像、山顶观景亭、知春亭、绿化丰碑、玉林湖、度假村等景观景点。同时，硬化、绿化、美化、香化了园中道路，成为游人领略塞上风光的理想之地。

小南山公园一角

三面观音雕像

穿过牌楼，便是通向林间深处的一条小道。小道由五颜六色的河卵石铺就，直通山顶。沿着石径小道缓缓南行，树木越来越茂密高大。树丛中喜鹊争鸣，布谷声声，百鸟啁啾。草丛间兔奔雉走，树干枝头上松鼠穿梭跳跃。步入其间，如同进入原始森林。在快到山顶时，只见一个乳白色的高台耸立在绿荫丛中，抬头仰望，石阶高筑，观音塑像缥缈云中。石阶由大理石长条铺成，成60度斜坡依山而建。道宽4米，坡长20米，共铺有31级台阶。台阶两侧置有大理石栏杆，与台阶融为一体，看上去十分雅致。拾级而上，是一个1亩大的平台。平台中央置有花瓣形基座，呈圆形，高2米，直径3米，上塑三面观音站像。塑像高5米多，宽1.5米，在绿树丛中显得更加洁白闪亮。三面观音神态各异，造型逼真。迎面观音发髻高挽，翠眉弯长，凤目慈祥，手捻佛珠，姿态洒脱。

出县城沿虎山公路南行2公里，便到公园的西入口。入口处建有一座牌楼。牌楼高大雄伟，新颖别致。门额上书"南山公园"四个金光闪闪的大字，字体潇洒，耀眼夺目。穿过牌楼是一条东西笔直的林荫大道。道路两旁苍松傲立，杨树挺拔，金色的阳光从茂密的树冠间洒下来，金光万道，如缕如丝。轻风吹来，松涛阵阵，杨柳飒飒婆娑，清新湿润的空气沁人心脾。顺着大道东行200米，路南侧又有一座牌楼。

东湖一角

望亭桥

从观音塑像东侧拾级而上，可爬到山顶。山顶建有六角观景亭，内施彩绘，外覆琉璃，挑角飞檐，气宇轩昂。站在亭中俯视四周，满眼景色美不胜收。北面，城内楼房鳞次栉比，白墙红顶，在绿荫的掩映下显得分外耀眼夺目。远处"贺兰插汉"、"松涛怀英"、"牛心孕璞"等各处景点尽收眼底。东面双峰山，峰似两柄利剑直刺蓝天，滑雪道顺着双峰直下山底。山底沟谷中，东湖水明如镜。湖面上飞艇似箭，龙舟轻荡，一派江南水乡风光。南面近处是南湖，芦苇丛生，杨柳倒影，显得十分幽静。远处是一望无际的李洪河林区，山峦起伏，绿波荡漾。座座铁塔与云天相接，根根银丝穿林而过，犹如飞架在林海上的一

座座天桥，在阳光下闪闪发光。西面虎山公路由南向北，像一条苍龙依山而卧，远处苍河似带，群山叠翠。

沿着山的东坡下行，再北折0.5公里，便到了坐落在小山冈上的知春亭。其亭四角挑檐，小巧玲珑。在此小憩，细观花草树木，静听鸟语虫鸣，更显清雅幽静。继续向北行0.5公里，即是"绿化丰碑"。丰碑统高20米，由主雕塑和基座两部分组成。基座高5米，宽10米，象征右玉人民50年来改变生态环境的奋斗历程。基座南壁上镌刻着《绿化赋》；东西两壁，刻有50多年来历任县委书记、县长的名字和100多名造林绿化功臣的名字。基座壁

面，均为黑色大理石贴砌，黑底白字，互相映衬，显得更加庄重。立于基座上的雕像，净高15米，是由四棵不同颜色的参天大树组成，象征春夏秋冬四季。四棵树抱在一起直刺蓝天，每一棵树根都是一个"人"字，象征右玉干部群众万众一心，顽强不屈，拼搏奋进，同大自然不懈抗争的精神。《绿化赋》云："嗣共和开国，政张新弦，百废待举，万民摩拳。县委政府高瞻远瞩，丁壮老幼一往无前，集众志，汇群言；改乾坤，壮河山。不信春风引不回，敢教日月换新天，政策归心，人心奋战；党员带头，干部当先。适草适木，或乔或灌；因时因地，亦因亦迁。堵风魔于山口，治沙虐于荒滩。植沙柳以护河岸，建林网而保农田。迎风扬锄，洒血汗于荒土；傲霜挥锹，献忠勇于莽原。艰苦奋斗，有子规之诚；无私奉献，比精卫之坚。百折不挠，如夸父之追日；顽强拼搏，若愚公之移山，历五十载余，时移岁替，持之以恒无顾返；虽十七任迁，人更事迭，不改初衷又加鞭。

于是焉，岭树重遮千里目，他河更绿两岸天。登高远眺，林涛翻卷；俯流濯足，清波涌泉。林网保田以幽幽，牧草护土而芊芊。稼禾欣荣于平畴，牛羊欢爱于旷野。花草簇楼起，山水抑城眼。景回路转，通衢连起城乡村；柳暗花明，旅游推出农家园。蓝天白云，歌声传阡陌；晴空跃鸭闲，波涌暖风前。兔走雉唱，辛堡梁岗万类竞烂漫；鸟鸣蜂忙，苍河净水不舍昼夜间。南山春临满眼翠，北地秋来遍地钱……"

由"绿化丰碑"东行，是条笔直的柏油路，道路两侧新栽植的樟子松、油松以及其他池花灌木密如繁星。树木丛中遍布牛、马、羊、鹿、蘑菇等多种动植物塑像，远远望去栩栩如生，一派草原风光。路旁有一块巨大的"同心石"，吸引了众多的男女青年，在此拍照留念。"同心石"东面不远处，是玉林湖，水域面积69亩。湖心建有花坛，花坛上植有丁香、玫瑰、火炬树、榆叶梅、沙地柏、卫矛球、文冠果等花冠树木。每到春夏之际，草木

花开，姹紫嫣红，格外好看。湖水沿着花坛曲折环绕，其间建有形式各异的小桥供人们上坛赏景。湖的北岸建有假山，怪石嶙峋，瀑布直泻，疑是银河落九天；南岸，风架林立，叶片闪闪。横跨南北两岸，有一汉白玉小桥，设计精美，巧夺天工。环湖四周建有山地自行车跑道，并备有山地自行车，供游客使用。玉林湖虽然面积不大，但小桥、流水、山色、花草一应俱全，是公园中的一大看点。在湖的东北角，建有欧式风格的民俗馆和绿化纪念馆。民俗馆橱窗内陈列着右玉民间艺人的剪纸、刺绣、面塑、绘画、书法及其他工艺品。绿化纪念馆以图片和实物相结合的形式，多侧面、多角度地展示了右玉人民五十多年来绿化家乡的英雄壮举和模范形象。绿化馆东侧是园中的"青少年活动中心"。中心的北面竖有一块铁制的宽10米、高20米的攀岩壁。壁立陡峭，望而生怵，是冒险家的乐园。岩壁南面的空地上置有滑梯、铁索桥、单双杠等体育活动器械。

出"青少年中心"东行700余米，便到了东湖。东湖水域面积120亩，中间有一坝将湖一分为二，南为二湖，北称三湖。三湖水域面积70亩，用于蓄水养鱼，游人垂钓。二湖水域面积50亩，是水上游乐的活动场所，备有快艇龙舟。湖面上建有两座铁索桥，临空飞度，摇摇晃晃，别有情趣。

二湖东行50米，有一片苍翠的松林。松林北侧立有一块3米高的巨石，上刻"清风林"三个大字，白底红字，在绿树的映衬下，显得分外耀眼。由巨石北行150米，就是占地320亩的鹿园。鹿园围栏，仿木建造，别出心裁。鹿园大门设计新颖，造型奇特，门柱上"鹿园"两个大字，形同马驰鹿奔。园内分观赏区和养殖区。观赏区建有人工湖、人造山、观赏亭、广场、停车场、儿童乐园、钓鱼池、迷宫等。养殖区内有数百头膘肥体壮的梅花鹿，时而争斗，时而嬉戏，惹人喜爱，成为南山公园又一道亮丽的风景线。

第二节　松涛园

松涛园建于贾家窑山上，南距县城2公里，东西长6公里，南北宽3公里，方圆20公里，海拔1510米。从20世纪70年代开始，在原有杨树林的基础上，大面积栽植樟子松、油松、落叶松、沙棘、柠条等，使松园绿化面积达1.5万余亩，林草覆盖率达95%以上，成为县城北部的一座森林公园。因松树茂盛，松声如涛，取名松涛园。

出县城沿虎山公路北行2公里，即为松涛园的西入口。从此口沿着林间起伏不平的水泥路东行，过一梁一景，下一洼一景，沿途景景相连。坡梁上松树枝繁叶茂，郁郁葱葱；沟洼深谷杨柳依依，风姿婆婆。一路东行，便可到达位于山中间的高地。高地上建有观景亭，亭置于一个边长10米、高2米的台基上，六角飞檐，雕梁画栋，红柱锃亮，黄瓦闪光，在绿荫丛中显得更加漂亮。站在亭台中央举目眺望，森林树木随山势起伏，莽莽苍苍，绿浪滚滚，如波涛汹涌的海洋。

松涛园四季景色各不相同。春天，东风浩荡，万物复苏，阳光和煦、春风拂柳，嫩草钻出了地面，野花开遍了山坡。春雨过后，山上开始热闹起来，柠条花黄如金，杜鹃花红似火，玫瑰花香四溢，杨花柳絮满天飞。绿油油的草丛中，许多不知名的山花，在

松涛园

绿叶上露出笑靥，蓓蕾初绽，含苞待放。清新的空气飘着花香，明媚的春光下，满耳鸟语。

夏季，遍地林木流翠泻碧。松林青黛，柳树轻摆，皂荚倒垂，榆杨墨绿，沙棘雾柳团团簇簇，横七竖八，葳蕤苗壮。山上的大树、小树彼此交叉穿插，树冠团团如盖，到处充溢着苍翠的葱茏，到处流淌着诗情画意。游人徜徉在这绿色的海洋中，静谧清凉，尽情地享受着大自然的恩赐，让人忘记凡尘俗世带来的一切苦恼。坐在树下小歇片刻，团团树叶将烈日遮得严严实实，微风拂面，说不出的惬意。

秋风吹来，涛声如潮，声震山谷，如战鼓雷动，似万马奔腾。初次来到这里的人，往往被这山洪爆发般的声音所震撼。秋霜过后，山上层林尽染，由原来的遍地翠绿，变为红黄相间色彩斑斓的缤纷世界。

冬雪过后，气温骤降，常出现雾凇奇观。满山草木银雕玉妆，小草变成了玉珊瑚、冰菊花，乔灌林木玉叶琼枝，晶莹剔透，十分壮观。隆冬时节，瑞雪飘飞，山天一色，茫茫林海，银装素裹，仿佛进入了一个童话般的世界。

无论是春夏秋冬，游人上山，总会到山顶革命烈士纪念碑前凭吊英烈。纪念碑坐北向南，高13.4米，四周镶贴雪花白、艾叶青、云花和墨玉四种大理石。碑正面雕刻着"革命烈士永垂不朽"八个毛体烫金大字。正上方镶嵌着由红旗、五星和齿轮组成的浮雕。背面碑文为："抗日战争中为民族解放事业在右玉壮烈捐躯的陈一华、宇洪、任一川等五百余名烈士流芳百世，永垂不朽。"

"解放战争中为人民解放事业在右玉英勇献身的王树楷、罗天泽等五百五十余名烈士彪炳千秋，永垂不朽。"

第四章

苍头河生态走廊

第一节　两岸风光

苍头河，源自朔州市平鲁区三层洞一带，从燕家堡流入右玉县境，由西向东流经威远城东南转北而去，至杀虎口出境注入内蒙古浑河。该河属黄河一级支流。右玉境内全长75公里，汇集较大支流11条，流域面积1867平方公里，占全县面积的89%，是右玉十万民众的母亲河。

河上游，燕家堡至常门铺段，两廊山峰突兀而起，土层覆盖较浅，多为岩石裸露山地，河谷狭窄，水流湍急。1972年在常门铺石峡口修筑水库，将上游段变为库区。

常门铺水库以东，苍头河北岸，是个南北长13公里、东西宽3公里的盆地，古称净水坪，现叫威远盆地。苍头河顺盆地的南沿和东沿，曲曲弯弯平缓淌过。盆地内分布有14个村庄，最大的是久负盛名的威远堡。

苍头河，北出威远盆地，穿过贺兰山西山脚下，沿着西面起伏不平的山岭滔滔北去。左岸河阶台地狭窄，右岸河阶台地开阔，这就是古时的善无川，今日的右玉盆地。盆地西邻苍头河，东接岗峦延绵的山岭，东西窄，南北长，直通右卫城北的马营河。虎山线公路纵贯其间。从马营河至杀虎口段，两岸山势越来越陡，河谷越来越窄，形成了咽喉要津。

昔日苍头河，两岸植被稀疏，风起黄沙飞，雨落洪成灾，河床游荡无常，沿河两岸农田村庄常常被

洪水侵吞。两廊山峰童山秃岭，水土流失严重。新中国成立后，河床内营造"雁翅羽尾"护岸林10万亩，林带总长度达560公里。两廊山丘，植有乔灌草混交林，盆地建有农田防护林网，形成了一个青山泛翠、绿水扬波、山河相映、绿树成荫的生态走廊。

每当春暖花开季节，沧头河谷碧水悠悠，绿草萋萋，雾柳、沙棘密密匝匝，或蹲或站或躺或卧，你缠我绕，难分彼此。站在高处眺望，苍头河宛如一条延绵起伏的绿色长城，伸向天际。苍头河沿岸的盆地，片片田畴，镶有绿色方框，红瓦白墙的村庄，被花果树木包裹得若隐若现。两廊山丘郁郁葱葱，层层叠叠，犹如天然形成的两道围墙，将苍头河紧紧地锁在中央。顺虎山公路驱车北行，只见道路两侧绿浪涌动，松涛翻卷，好一派生机盎然的塞上风光。

苍河夕照

第二节 走廊景点

中陵湖 位于苍头河上游，东距县城15公里，水域面积3000亩。出县城沿新威公路，驱车西行30分钟即可到达。

中陵湖筑于两山之间的峡谷。主坝长330米，顶宽7米，高22.5米，为南北走向，气势宏大，雄伟壮观。坝心为黄土夯筑，迎水坡和背水坡均由当地产的花色石块铺就。外坡上镶嵌的"常门铺水库"五个大字耀眼夺目。大坝北侧的山底凿有冲沙泄水洞，洞长150米，采用竖井平板闸门控制，最大泄洪量为每秒100立方米。泄水洞的北侧，又建有输水洞，洞长340米，输水量为每秒2立方米，主要用于农林灌溉。大坝南侧建有溢洪道，溢洪道两侧堤坡用水泥和石料砌筑，异常坚固。在大坝南端向西突出的一块石崖上，建有中陵湖度假村宾馆。宾馆西面的空地上，建有数座临河而望具有草原风情的蒙古包。游客在这里可以品尝到湖中鲜鱼，亦可凭窗眺望湖中美景。

湖周的山坡上，布满了樟子松、油松、落叶松、柠条、沙棘，远望近观，满眼绿色。环湖的通道上，玫瑰、榆叶梅、丁香等奇花异草，争芳吐艳，花香扑鼻。湖的西山上建有观景亭，居高临下，湖光山色一览无余。

清晨，湖面如镜，山色、亭台、树木、花卉倒影水中，湖水共景物一色，相映成影。微风吹来，湖面泛起层层涟漪。栖息了一夜的各种水鸟顿时活跃起来，或掠水低飞，或凌空翱翔，百鸟争鸣，清脆悦耳。此时，游人渐多，湖面上龙舟轻荡，快艇如飞，拍照的、垂钓的、观景的，各得其乐。烈日当空，游人憩于林荫之下，来个阳光午餐，或入岸边的蒙古包，临湖把酒，其乐陶陶。夕阳西下，霞光万道，整个湖面变得一片彤红。在湖水的映照下，周围的群山、树木、田野、村庄都染上一层绚丽的色彩，光耀辉煌。

每年冬季，这里要举行国内大型的冰上汽车拉力赛。届时，湖的两岸山上站满了密密麻麻的游人。

中陵晚霞

赛车沿着曲折的滑道急速飞驰，不时卷起层层雪浪，动作惊险，扣人心弦。

威远苗圃 位于威远城西3公里处，苍头河北岸。出中陵湖东行2公里，便可到达苗圃。这是一座标准化苗圃，建于20世纪70年代。东西宽500米，南北长700米，总面积达695亩。园内洪水渠、防渗渠相互匹配，主干道、小通道交错纵横，经纬分明。沿途路旁绿树如盖，横竖成行，将整个苗圃分割成若干网状方块。苗圃内培育的幼苗有樟子松、油松、落叶松、杜松、云杉、松柏、新疆杨、北京杨、欧山杨、小香、玫瑰、沙棘、柠条、香花槐、金枝国槐、火炬树、多季玫瑰、榆叶梅、沙地柏、卫矛球、文冠果等近百个树种，形成一个乔灌针阔齐全、花冠木应有尽有的高规格苗圃。

苗圃中央，矗立着一个高8米、宽10米的方形台基。上有观景亭，翘角飞檐，琉璃覆盖。登亭四顾，苗圃四周树木高大参天，遮天蔽日，像一道绿色围墙将苗圃紧紧围住。俯瞰圃内，林木形态各异。球形的，冠状的，塔形的，高高矮矮，层层叠叠；有的婀娜多姿，有的亭亭玉立，有的鲜花怒放，有的含绿吐翠，简直是一树一景。若至灌溉时节，喷枪四射，吞

冰上汽车拉力赛

云吐雾，彩虹隐现，置身其中，仿佛进入仙境一般。

紧邻苗圃西侧，有一河湾，俗称西河湾，湾内数水汇集，泉水四溢，曲折回环，汩汩有声，故称"曲涧鸣泉"。两岸苔绿蓼红，鸟飞凫浴，草肥水美，风景秀丽，也是一大景观。

万亩沙棘园 位于苍头河北岸，威远苗圃南侧。园区东西长4公里，南北宽1公里，占地面积4平方公里。沙棘栽植在酥松潮湿的河滩沙土上，齐刷刷一片，高有丈余，杆有碗粗，藤蔓缠绕，密不透风，远远望去，苍苍茫茫，无边无际。沙棘丛中，不知名的鼠类和膘肥体壮的野兔窜来窜去，多种羽毛花色不同的小鸟在枝头上飞来飞去，啾啾鸣叫，整个沙棘园成了动物觅食、筑巢、嬉戏的乐园。

春夏季节，沙棘园绿浪翻滚，犹如波涛汹涌的大海。秋天，沙棘果红黄相间，色彩鲜艳，犹如水彩画一样好看。人们很难想像如此浩大的沙棘园，竟然纯属人工栽培。冬天，沙棘叶脱尽，吸收了山里精华的沙棘果，沉甸甸的缀满枝头，在阳光照射下晶莹剔透，如颗颗珍珠串串玛瑙，闪闪发光。一场大雪过后，沙棘枝杈上挂满了冰雪，沙棘园又形成了雪里透红、白红辉映的景色。此时，是人们拍照观光的好机会，也是采摘沙棘果的最好季节。据不完全统计，右玉县农民每年仅靠出售沙棘果一项，就能人均增加收入150元以上。全县以沙棘果为主要原料的饮料厂就

雪里透红

道河，北面是三道河，西面是苍头河。三条河道内，杨树参天，柳树婆娑，沙棘、雾柳密布，苍苍翠翠，郁郁葱葱，形成三水拱翠之景。山的北坡、东坡土层较厚，植有大片杨树；西坡土层较薄，种植有沙棘、柠条；南坡紧邻新威公路，修造了梯田，是农作物耕作之地。山腰上有两个烽火台，底部方型，剥蚀严重，顶部塌陷成一个尖角，台的周围有土埂似的围墙，显然过去是一个驻兵的烽火台。沿着山南坡的小道登上山顶，中央建有一个巨大的圆形蓄水池，顶呈乳头状，是县城自来水的主要来源。站在山顶上四望，西边苍河如黛，逶迤曲折，由南向北远去；威远古城巍峨壮阔，古风犹存；威东移民新村青砖瓦舍，绿树掩映，一排排塑料大棚，排列在绿色的田野上，在阳光的照射下熠熠发光。东面，是右玉县的现代工业园区，园内高楼林立，电网密布，松杨拱翠，与县城连成了一片。此外还能看见名冠全国的短道汽车拉力赛的赛车场。

有二十多家。产品主要有沙棘汁、沙棘果罐头、沙棘果酱、果丹皮等。由于沙棘果富含维生素、胡萝卜素、蛋白质、氨基酸等多种营养成份，且没有任何污染，纯属绿色产品，所以产品成为餐桌上的首选饮料，畅销国内外。

沙棘园的沙棘全部由人工培育，三行雌沙棘，三行雄沙棘，排列有序，十分有趣。

石躺山 位于沙棘园东3公里苍头河东岸。山呈浑圆状，海拔1510米，方圆10余公里。山的东面是二

石躺山山势虽不险峻，但其独特的生态环境备

层林梯田

苍河铁索桥

受人们的青睐。它像内蒙古大草原上的敖包一样，既是威远盆地和油坊盆地的瞭望塔，又是联结人们友情的聚会地。

辛堡子湾 位于县城西北15公里处，处于苍头河中段的高墙框与草沟堡村之间，南北长3公里，东西宽0.5公里。两岸乔灌混交护岸林青翠层叠，是苍头河绿化最具典型的地方。

出县城沿虎山公路北行，在高墙框村后西折，就是辛堡子湾的入口处。入口处南侧是停车场，在紧靠大门处立有一块巨石，上书"苍河滴翠"四个大字。北侧是山西省交通厅苗圃宾馆，欧式建造，富丽堂皇。

穿过入口处大门，是一条弯弯曲曲的小道。道宽2米，全部用河卵石铺就，近

看似纹，远望像花，游人踩上去如同踏上了按摩器。道路两旁，杨树挺拔高大，沙棘、河柳茂密，新植的松树亭亭玉立。整个林间藤蔓缠绕，浓荫蔽日。漫步其间，头上山雀野鸟鸣叫，地上野鼠野兔蹦跳，如同进入原始森林一般。沿着这样的小道，大约前行200米，有一个河心小广场。场地全部用方格空心水泥砖铺就，方格内绿草如茵，既起到硬化的作用，又起到美化的作用。穿过广场，是一条曲折迂回的水泥长廊，廊柱上缠绕的藤蔓由下而上爬满了廊顶，像垂帘似地挂满了曲廊的两旁。两侧沙棘、河柳密密麻麻足有3米多高，枝枝权权形成天然的挡风墙。走过长廊，眼前便是一座跨越苍头河的铁索桥，桥长20米、宽2米、高3米。桥的两头是一个宽2米、高3.5米的水泥壁，上书苍头河绿化的简要历程，白底红字、耀眼夺目。进入河心，人们可根据自己的爱好尽情游玩：爱好钻林探幽的，可以进入密林深处；爱好摸鱼捉虾的，可以卷起裤腿下到那清清的河水中，一显身手。河床两边，草高没人，草丛中野花烂漫，蝶飞蜂舞。桥两边河中心清澈见底，鱼虾畅游，历历可数。沿着桥两边漫漫的河滩，或从北到南，或从南到北，真有看不够的美景，道不完的情趣。

神头海景区

SHUOZHOU SCENERY 朔州风光

神头海景区

神头海旅游区位于洪涛山下的神头镇，总面积50平方公里，为桑干河发源地。区内群泉喷涌，碧湖荡波，鸟啼蝶舞、蜓掠蜂忙，瀍源托芙蓉、桑干舒柔绢，呈现出一派江南水乡的秀丽风光，素有"塞上西湖"之雅称。天设地就的古老瀍源，悠久浑厚的历史积淀，浩若繁星的人文景观，自古为旅游胜地。景区含金龙池、黄道泉、玉龙泉、三大王庙、老槐树、马邑古城、桑干湖等景点。金龙池水域面积26万平方米，碧水如镜，鱼翔浅底，蒲草丛生，荷花盛开，四周杨柳依依，一桥飞架南北。桑干湖水域面积15平方公里，碧波万顷，游船荡漾，惊涛拍岸。马邑古城历史悠久，城墙橹台遗迹尚存。三大王庙整修一新，庙内壁画构图奇妙，线条清晰，色彩绚丽。千年古槐，枝繁叶茂，阅尽沧桑。尉迟恭擒海马的故事，家喻户晓。拓拔公主生神龙的传说，广为流传。美丽神奇的神头海，自古就吸引着众多帝王将相、文人雅士前来览胜探奇。北魏拓拔珪父子多次观瀍源，清康熙大帝曾来谒拜鄂公庙，明代诗人祝颢，慕游金龙池，泼墨抒怀，留下了"金龙池畔水，演作桑干河，东驰入沧海，浩荡成洪波"（清雍正《朔平府志·艺文志》）的千古绝句。

龙池映日

第一章

泉域分布及水文特征

第一节 泉域分布

神头泉古称灅源，是桑干河的重要发源地，位于朔州市区东北洪涛山脚下，地理位置为东经112°35'，北纬39°24'。根据水资源的分布情况，泉区分成了三个泉组：位于神头镇附近河道中的河道泉组，包括黄道泉、玉龙泉及河道中散泉；位于司马泊村周边的五花泉组，包括三泉湾、金龙池、五花泉、戏龙湾、莲花池；位于新磨村以下至小泊村村西源子河河道中的小泊泉组。

神头泉区，水源旺盛，涌泉无数。从西北毛道村源子河河道，到东南马邑村与南来恢河汇流成桑干河之处的8公里长的河道中，处处有泉涌流，人称万泉滩。神头镇西部的神西村东，有狼叫沟泉。神头东部的吉庄村东，有庙前泉。马邑村南有倒河弯泉。西影寺村东，有西影。下西关村东有东河湾泉、寰州泉，村北有苍湾泉。长城村南有长城泉，村北有后沟泉。北部洪涛山下东神头村西，有玉龙泉、黄道泉。司马泊村北有三泉弯，南有金龙池，东南有七星海，亦称五花泉，西南有戏龙湾。新磨村西有莲花池，北有磨轮湾。小泊村西有小蒲泉。整个泉域涌流面积南北长6公里，东西宽2公里。泉水涌流，形成一个个天然湖泊，自西向东汇合而流，成为奔腾直泻的桑干河。

神头泉区湖泊相连，泉水喷涌，山清水秀，绿草如茵，自古就是一个很有名的地方。诸多文献，多有记载。《汉志》载："灅头山，治水所出，东至泉州入海。过郡六，行千一百里。"北魏郦道元《水经注·灅水》中写道："灅水又东北流，左会桑干水，县西北上平，洪源七轮，谓之桑干泉，即漯涫水者也。"清代杨守敬曾对"洪源七轮"注解："曰上源，曰至泉，曰司马洪涛，曰金龙池，曰小卢，曰小浦，合而为一，为桑干之源。"清雍正《山西通志·卷二二·山川》曰："马邑有洪涛山灅水，又曰桑干河。"又曰："其河源自汾阳燕京山之天池，伏流至朔州马邑县雷山之阳，汇为七泉，曰上源，曰玉泉，曰三泉，曰司马洪涛，曰金龙池，曰小卢，曰小浦。七泉合流于新磨村，是谓桑干河。"历史上通称的"灅水"，即指现在的神头泉区。现今较大的泉有金龙池、五花泉、莲花池、戏龙湾、三泉湾、玉龙泉、黄道泉、万泉滩。

莲花池

三泉湾

七星海

戏龙湾

第二节 水文特征

神头泉域地处山西高原北部，范围包括朔州市、大同市及忻州地区的 8 个区县，5316 平方公里。泉域内总的地形是北、西、南三面环山，地势高亢；北部洪涛山海拔高为 1947 米，西北部管涔山驼山 2147.3 米，南部禅房山和翠屏山 2100 米以上，区内盆地海拔 1000 米以下，山区盆地的相对高差约为千米左右。北部为基岩山区和黄土高原丘陵区，多被堆积物覆盖；西部和南部为缓坡丘陵区、丘陵沟壑区和边山地带基岩山区，属剥蚀堆积；东部为平原地形，系山前洪积倾斜平原和冲积平原。

泉域内以太古界的集宁群构成本区古老基底，依次沉积有古生界的寒武系、奥陶系、石炭系、二迭系、中生界的三迭系、侏罗系、白垩系，新生界的第三系、第四系地层。泉域地质构造十分独特，是形成桑干盆地神头泉涌的主要因素。泉域是一个完整的水文地质单元。水资源以岩溶地下水为主体，包括地表水—岩溶水—第四系孔隙水，具有补径排转化关系的"自产二流型"完整的水源系统。既无系统过境河流，也无外系统地下水补给。仅靠泉域内大气降水及季节性地表径流入渗补给。根据不同地层，岩性及含水层特征，东西划分为三大含水岩系。

碳酸盐尖岩溶裂隙水含水岩系。在神头泉域径流、排泄区、岩溶裂隙水分布广泛。区内北部、西部和南部山区，含水层为寒武—奥陶系石灰岩，白云质灰岩，地形陡峻沟谷切割强烈，地表岩溶发育，岩溶形态以溶隙和溶洞为主，为大气降水直接补给地下水提供了有利条件，形成了强大的地下水岩溶含水层。在水平方向展布上受构造控制，处于洪涛山前地垒中。岩石破碎，裂隙岩溶发育，形成地下岩溶水主径流带，宽度 3 公里～5 公里。在该带中钻孔单位涌水量达 30 升／秒～50 升／秒。在垂直方向展布上受岩控

制。上下马家沟组段灰岩厚度大，有利岩溶发育，岩溶多以溶孔、溶洞为主，富水性强。

碎屑岩类裂隙水含水岩系，分布于店坪以北丘陵区，在盆地内为深埋型，埋深 100 米～150 米。在接受降雨入渗后，沿沟谷和断裂构造发育部位形成垂向补给岩溶水。

松散岩类孔隙水含水岩系，主要布于盆地中。地下水富水性受地貌单元控制，受地形，植被不同而变。山前倾斜平原区在元子河与七里河洪积扇，富水性强。河谷冲积平原区神头泉一带富水性强。

泉域内地下水的运动主要受岩性、地形、地貌，尤其是构造所控制。泉域内地下水的主要补给源为大气降水，包括直接入渗的面状补给和间接入渗的线状补给即转化为地表水后在径流过程中又渗漏补给地下水二种形式。

泉域内大面积灰岩裸露。地表径流下切作用强烈，岩溶裂隙及溶洞发育为大气降水直接补给提供了有利条件。泉域地下水流由四面八方通过不同断裂，由朔州盆地边缘向中心汇集。盆地西北部山前倾斜平原和河间地块区地下水，主要由西向东往神头泉区运动。由于马邑—楼子坝断裂致使地下水平径流受阻，水位高出地表，部分转化为地表径流排出，多为垂直蒸发。神头泉群主要排泄岩溶水，还排泄部分孔隙水，它是泉域内各类地下水的排泄中心。

泉域内的地下水在碳酸盐分布区为潜水，进入碎屑岩分布区后具有了承压性，在朔城区盆地径流强烈，承压水头较高，因此，在神头一带突破地表成泉。出露于洪涛山前元子河岩及河道中。今泉区分布面积 5 平方公里，大小泉水百余，呈散流排泄，水位标高 1059 米～1065 米，地面标高 1044 米～1053 米，水头高出地表 10 米～15 米，为一构造上升泉，泉水

多平均流量7.51立方米/秒。岩深裂隙水水质类型为 H—CM型，矿化度0.3克/升～0.5克/升，水温14.5℃，PH=8.2，水质良好，符合生活饮用水卫生标准。

区内河流较为发育，以恢河、七里河、源子河及黄水河等河流为主。境内小溪、小沟均汇流于这四条河流，且呈树枝状分布，总的流向与地形基本一致，由北、西、南三面汇入盆地，然后向东注入桑干河及黄水河出境。

泉域多年平均水资源总量为4.0亿立方米/年，折合流量为12.7立方米/秒，其中多年平均地表径流量1.72亿立方米/年；大气降水对岩溶泉水的补给量为2.28亿立方米/年，折合流量为7.22立方米/秒。多年平均岩溶水的排泄量为2.53亿立方米，其中神头泉排出2.33亿立方米/年，其余0.2亿立方米/年，顶托补给了盆地第四系含水层。

第二章

泉域景观

从朔州市区出发，沿着绿树掩映的神朔大道，向东行驶10公里，便来到神头泉区。泉区正北，巍巍洪涛山悬崖叠嶂，腾峰跃谷，连绵不断，成为泉区阻挡西北风沙的天然屏障。泉域内阳光明媚柔和，空气湿润清爽。举目可见，大大小小的涌泉，汇集成一个个天然湖泊，将神头镇十多个村庄夹在其间；湖面碧

○九六

澄源晨雾

波潋滟，鱼鸭游弋，空中鸟啼蝶舞，蜓掠蜂忙。奔腾汹涌的桑干水，翠叠绿绕，滔滔东去。天设地造的灢源山水，悠久浑厚的历史积淀，浩若繁星的人文景观，吸引着很多帝王将相、文人学士和游人前来览胜探奇。

《魏书·帝纪》载：387年（北魏登国二年）农历十月，魏帝拓跋珪幸灢源。400年（北魏天兴三年）农历五月，西幸马邑观灢源。403年（北魏天兴六年），规度灢南。418年（北魏泰常三年）农历四月，魏帝拓跋嗣车驾南幸雁门，五月观鱼于灢水。419年（北魏泰常四年）农历五月，至灢水观鱼，泰常八年再事马邑，观灢源。《清实录》载：1697年（清康熙三十六年）农历二月二十一日，康熙帝再次西征噶尔丹，经马邑县，驻跸城外。次日幸金龙池，拜尉迟恭庙。

第一节 金 龙 池

从朔神大道往北东折，穿过神头电厂厂区，进入绿树掩映，三面环水的司马泊村南部，便到达金龙池。池呈东南—西北走向，长1.5公里，周长4公里，面积26万平方米，平均水深1.5米。2005年通过水源保护美化治理工程，将原位于司马泊村北、村东的三泉湾，村西南的戏龙湾，村间的金龙池，村东南的五花泉，新磨村西、西北的莲花池连成一片，起名金龙池。

池周筑有1米高石基，2米高石料围堰，将水锁于其间。围堰墙边置1.2米高的草白玉栏杆，将池迤延而围，造型古朴，洁白晶亮。横跨金龙池南北，有弓形三孔小桥一座，石基砖碹，长100米，宽4米，上铺长50厘米、宽18厘米石雕花纹砖。小桥左右两边，各雕有"金龙桥"三个大字。字体遒劲浑厚，入石三分。

金龙桥

金龙池

果木争艳

百鸟争鸣 站在桥上，环顾四周，金龙池绿得像一块巨大的翡翠，温润清澈。池边红的、蓝的、紫的、黄的丛丛野花，随风摇拽；风姿绰约的缕缕垂柳，像是对着天然长镜梳妆，朵朵鲜花、片片树叶，都映得清晰分明。蓝天白云静静地躺在池底，仿佛与池水融为一体。微风吹来，碧波荡漾，一道一道闪烁不定的倒影，相互追逐，好像大自然举行盛大的舞会，令人目眩，让人痴迷。

众多凫游的白鼻梁小鸟，当地人称白秃儿，时不时地从池底边窜出，展开双翅，紧贴水面，如箭出弦，"乓乓乓"成直线射向远处的池中央，随即钻入池底，只留下向四周扩散的水波纹；其短暂奇妙的动态和那有节奏的拍水声响，让人目不暇接。北魏《水经注·漫水》载："辄有小鸟翠色，投渊衔出，若会稽之耘鸟也……晨凫夕雁，泛滥其上，黛甲素鳞，潜跃其下，俯仰池潭，意深鱼鸟，所寡为良木耳。"北魏至今已有一千六百多年，白秃儿一直在此生息繁衍，依然如故。可见纯净优质的泉水，迷人秀美的风光，自古以来都是各种禽鸟欢乐的天堂。

春天，乌黑光亮、活泼可爱的小燕子早早来到，斜着身子在金龙桥孔飞来飞去，尾尖偶尔沾一下水面，波纹一圈圈荡漾伸展；倦了，落在池畔银色的电线上，蓝天作衬，条条银线似谱，燕子如音符，犹如天然而成的优美曲谱在赞美这涌泉水色。成群的长颈鹤也如期而至，或在水中啄鱼而食，或在池岸相依栖眠。秋天，成群结队的大雁散落池畔，或低头觅食，或呼朋引伴，或引颈高歌，逗引得散落在池岸枝头上的各种小鸟争鸣附和。栖息在藻叶下的青蛙，也不甘寂寞，鼓起腮帮，一股劲地欢唱。蛙声鸟声泉水声，此起彼伏，急弹慢唱的大自然交响乐，令人心旌摇荡。

禽鸟乐园

龙池夜月 夜幕悄悄落下，远远近近的景致朦朦胧胧、浑浑沌沌。村庄，树林，明静的池塘，像水墨画似地静谧。当玉盘似的皎皎圆月冉冉升起，浩阔的池面豁然明亮，银辉倾泻，给池面洒下一片碎银，微波粼粼，闪闪烁烁。沿池而立的草白玉栏杆，组成一道偌大的流线形白色光圈，似动非动，恍恍惚惚。重重叠叠的树丫间，漏下斑斑点点的细碎月影。微微夜风吹来，月影移动，不停地变幻。浩月当空，茫茫池面，明亮如镜，满天星斗捧着一轮圆月倒映池底，似落下一池金灿灿的珍珠宝石，深远无际。洒在池周便道上的银光，似水如霜，雅淡柔和。远望飞架南北的金龙桥，鳞光闪耀，像一条银龙在金龙池上欲欲腾飞。

清康熙《马邑县志·舆图志》载："池之西北有水围禅院，四围皆水，回廊曲榭，为游览胜地。每到夜月出东山，徘徊于斗牛之间，影落池中，光摇槛外，令人逸兴遄飞。"有诗赞曰："盈盈一水四围通，流过寒潭古庙东。夜静禅林明月上，恍疑身在水晶宫。"（明万历《马邑县志·艺文志》）

池生海马 金龙池充满了神秘色彩。清雍正《山西通志·山川》载：怀仁县"金龙山，在县西南七十里。山下有泉，通马邑金龙。"又传，马邑县金龙池水"通怀仁县金龙山泉"。怀仁县金龙山泉称南池。《水经注·灅水》曰："桑干水又西北入桑干枝水，桑干枝水又东流，长

津委浪，通结两湖，东湖西浦，渊潭相接，水至清深，所寡惟良木耳。俗谓之南池"。清雍正《山西通志·山川》也有记述："金龙池水，在县西北司马泊鄂国公庙前。后魏以来，相传池有二龙，时化为马，一骊一黄。天阴晦，辄出田间，牝马遇之，生驹神骏，或有角如鹿茸然。后尉迟敬德尝收而乘之，马奔，欲入池，敬德抱池边柳，柳为之旋，迹尚存……三跳北十里，土人传尉迟敬德乘以，策而东，至西河底村，沟涧横列，马一跃而过者三。"

尉迟恭金龙池擒海马的故事，脍炙人口，家

尉迟恭庙中古柏

喻户晓。相传隋朝，池中有一怪物，似马非马，人称海马，早出暮归，践踏良田，凶猛异常，无人敢惹。在附近村寨打铁为生的尉迟恭决心制服海马。一个月夜，尉迟恭藏于池边草丛，一声巨响，池中激起丈高水柱，浪花如雨，倾盆而泻。只见海马跃出水面，跳跃上岸。尉迟恭一个箭步跳上马背，双腿紧夹马腹，双手紧拽长鬃。海马一次次腾空，声声长吼，震撼山野，不得挣脱，转身想返回池内。情急中，尉迟恭右手紧擒马鬃，左臂紧搂一株大柳树，人和马绕树而转，树被扭成食用麻花状。从此池边柳树都成麻花样，千古不变，至今举目可见，成为一道奇观。后尉迟恭纵马向东，海马四蹄腾空，似飞似奔，逢沟跳沟，遇岸跳岸，在山野中驰骋。所到村庄因此分别得名吉庄、马跳庄、司马泊、马蹄沟、勒马沟……之后，尉迟恭骑着这匹海马，驰骋疆场，为辅佐大唐立下赫赫战功。唐著名诗人白居易作《读鄂国公传》赞道："高卧深居不见人，功名斗薮似灰尘。唯留一部清商乐，月下风前伴老身。"尉迟恭擒海马的故事，虽属神话传说，但却多见于典籍记载。

花海垂钓 过金龙桥，沿着花草掩映的小道南行，拾级攀上高丘，绕几家古色古香的农家院落，向东一拐，浓郁的花香扑鼻而来。高于池面五米多的鄂国公庙台出现在游人面前。据史载，毁于1958年的鄂国公庙建于明嘉靖年间，有正祠三间，左右房六间，碧水环于前后，青山屏于左右，禾草铺茵，乔林设幕。登台环望，古柏依旧苍劲，桃树、杏树、梨树、苹果树，争芳斗艳。那粉红的、深红的、淡紫的桃花杏花，在青翠欲滴的绿叶映衬下，格外艳丽。梨花一簇簇，一层层，在柔和的春光里，如雪似玉，璀璨晶莹。成百上千的蜜蜂嗡嗡地喧闹，大大小小的蝴蝶飞来飞去，一对对小鸟在枝头欢叫，俨然一幅动静相宜的花鸟图。

岸柳争秀

水乡人家

在金龙桥西不足百米处，偏北的金龙池水中，古有水围寺，也称龙泉寺，毁后的台基仍在，高出水面约丈余。古人赞水围寺道："夹路垂杨荫古堤，披襟兰若水中天。""芰荷入夏红芳歇，葭菼连天碧浪浮。逢僧细问金龙事，对酒闲听翠鸟啼。"（清康熙《马邑县志·艺文志》）

村民现在寺台基周，围起一个个养鱼池塘。宽阔的台基上，筑有作养殖管理的临建小屋。有便桥与池岸相连，站在鱼池堰上，静观多姿多态、多色多样的鱼儿，时不时有鱼跃出水面，水波涟涟，水花四溅。

寺台基西岸上，昔为金龙池卷棚址，棚基

犹在，与农家房基相连。棚翼形飞，前有栅，后有屏，两旁有玻璃窗，棚为赏景厅，可惜早废。寺台基南，备有造型美观的游艇和救生圈。乘坐游艇，穿过金龙桥孔，向东行200米处，池中有一小洲。洲上垂柳撑伞，地面花草织毯。常有人依树执竿钓鱼，悠然自得。游人可上洲小憩，分享垂钓之趣。

池边垂钓

芙蓉出水 坐游船折南向东，穿过原五花泉池面，即进入莲花池。莲花池环绕新磨村村西、村北，因盛长莲花得名。莲池内，一片片碧玉般的荷叶，挨挨挤挤，密密匝匝，连成一片。荷叶上面滚动的水珠，映着太阳的光晕，闪闪发光。盛开的荷花，粉中带白，白中有粉，亭亭玉立，像一个个披着轻纱在池中沐浴的仙女，纯洁柔美。阵阵清香，扑面而来。

盛夏，池中常有人泼水打闹嬉戏，偶有孩童在荷叶间捉迷藏，惊得鹅鸭咯咯直叫。这里的农家，人人会水，且水性极好。有人手攥满把蚕豆，潜入池底，好一阵，才浮出水面，蚕豆只剩豆皮，引得游人惊讶不已。严冬，湖面热气蒸腾，水雾蔽空，缭绕于原野之上，如梦如幻。

明万历《马邑县志》载：田天祚等十数文人同游神头海（新磨村），作《游小湖天记》："戊子季夏之六日，霍子绣园招饮于城西水村，同游者十一人，缓步西郊，沿流北上。是日也，小雨初霁，岚光

出水芙蓉

如洗，轻风拂面，微尘不起，过小泊墅，渡桑干水，如登彼西岛，开筵于小湖天之隈。山翠当窗，泉声聒耳。席地为茵，依亭作几。水陆纷陈，肴丰酒美。同人俱欣笑鼓舞。纵横倚徙，俯溪山之胜概，谈黄农之古语，客有善歌者缓板轻箫，响彻汀芷，于是游鱼起跃，林鸟低止，樵童牧竖，相聚而嬉，致足乐也。夫吾邑地处穷边，而山水萦绕，极潇洒之致。独恨无栽培点缀之功……假令生居吴越，安知不兴，杭之西湖、苏之虎丘，并驾齐驱，日醉饱於画舫箫鼓之侧乎？"可见神头水乡，自古可与西湖媲美。

水磨怀古 莲花池东岸紧靠新磨村村北，堤堰下筑有排水口，碧水滚滚而出，向东流去。横跨南北有一座石砌小桥，小桥东边，有废弃的水推磨基座。这种利用水力落差作动力的水推磨，在这里沿用了数百年，当地人叫作"水打磨"。驴拉磨一圈，水打磨可转20圈。《马邑县志》载，明代新磨村原名叫霍家庄。言传在江南任监察使、布政使的霍瑛，将江南水磨传动原理带回乡里，故霍家庄改名新磨村。历史

上，这里采用水磨推葫麻籽炸油，颇具规模，多达七十二道油梁，驼铃叮咚，驴驮骡载，穿街绕湖，络驿不绝，南过紫塞，北越参合，远销三晋大地及塞外大漠。1391年（明洪武二十四年），马邑县水磨油坊，始定课税规程，每年征银443锭。后又向商贾征税，额定杂税每年55两5分。

越过小桥，便进入新磨村。漫步水乡街头，一排排瓦房院落井然有序。房屋高大宽阔，间宽多为4米，入深7米有余，院墙一色青砖所砌。这里家家户户院里，植有果木树并种有绿色蔬菜，屋里屋外摆满了盆花，简直像个小花园。秋天，好客、热情、纯朴的泉区人，会从树上摘下那水淋淋的葡萄、红彤彤的苹果，让你尝个鲜，道个好。这里依山傍水，工厂林立，经济发达，也是新农村建设快速发展的景点。

多彩鱼池 沿着金龙池北岸，北行三四十米处，就到了占地百余亩的虹鳟鱼场。鱼场坐落在三泉湾池水东南。只见从场南墙底，一个50厘米的铁铸管内，涌出一股清清的流水，注入一个20平方米的椭圆形池潭。流水满管涌出，日夜不息，而潭内水位不升不降，潭有多深，流往何处，让人神秘费解。神头泉水水源丰富，流量均衡，水质、水温良好，适宜发展水产养殖，尤其适合名贵鱼种的养殖。1976年，山西省水利厅在泉区三泉湾下游建起虹鳟鱼场，1986年列入国家星火计划发展项目。场内砌石鱼池64个，净养殖水面10余亩。1979年于黄道泉、玉龙泉旁又建分场，建水泥池46个，净养殖面积13.5亩。此外，个体养殖鱼场也遍布泉区。鱼场养殖的中华鲟、金鳟鱼、鲟鱼、哲罗鲑、罗非鱼等名贵鱼种，产量除满足朔州市外，还远销省内及北京等地。另外，鲢鱼、甲鱼、草鱼、鲤鱼、鲫鱼等和供家庭鱼缸欣赏的各色鱼种养殖星罗棋布，争相发展，成欣欣向荣之势。

进入三泉湾鱼场，只见泉水从北墙底涌进，与场内八个涌泉汇集，穿越各个鱼池，在南墙底排出。来自日本的金鳟鱼全身金黄，黄的耀眼，黄的夺目。

红点鲑，体边镶着花点点，美的奇妙。哲罗鲑，通身墨黑，油光闪烁，据说是来自美洲。从俄罗斯西泊利亚而来的各种鲟鱼，潇洒敏捷，活泼异常。池中鱼类各不相同，多色多彩，多姿多态，俨然一个水上河流鱼类展览馆。这个鱼场，现以培养鱼卵、鱼种为主，年产名贵鱼卵1000万粒，鱼种100万尾。2008年，国家农业部定为"国家级健康养殖示范场"，山西省水利厅定为"省级水产良种场"。因泉区水质好，泉区西部建有啤酒厂，产品畅销中国北方各省市。

芦苇散花 走出鱼场向北行，即是三泉湾池水东岸便道。三泉湾池水紧贴司马泊村东，由南到北，拐向村北，像一条碧绿的绸带，环绕而围。池中芦苇茎粗叶翠，葱葱绿绿，成片相连，开花成穗，白茫茫一片。扬花时，轻飘飘，雾腾腾，随风飞扬，悠悠洒满

池中芦苇

Vertical margin text

湖面，让人神思遐飞。芦苇间，长着高大茂盛的蒲草，深绿深绿的，直挺挺地往上伸，欲与芦苇试比高，与芦苇相互组成绿色屏障，登游艇穿梭其中，趣味无穷。湖面上铺满了水浮莲，碧绿的小圆叶，托着一朵朵小黄花，金光四射，忽忽闪动，像天上的小金星抖落湖面。湖水与湖岸间，相隔有5米的缓坡，坡上长满了水草。细看草叶儿主茎两边，呈羽齿形排列，左右对称，绿中透黄，水灵灵，亮晶晶，似翡翠雕琢出的精品。小叶儿一片挨着一片，一层挤着一层，紧贴叶片的一朵朵小黄花，娇滴滴，金灿灿，美的让人心颤。在泉池东岸、北岸，曾发现石斧、石铲、石不及绳纹、几何图形陶片、鬲足等。据考证，此处为新石器时代晚期遗址。6000多年前，人类就看准这块风水宝地，在此生息繁衍。

众星拱月 距三泉湾北岸不足300米处，就是源子河。源子河穿东西、贯南北，从泉区流过，在长达五六公里的河道中，处处有泉涌出，难计其数，故称万泉滩。清清的河水，静静地流淌，水下铺满了色彩斑斓的河卵石，卵石上一道道柔圆曲折的彩纹，看得真真切切。弯弯曲曲的碧水，像嫦娥把一条彩带撒落人间。春天，河滩上草儿绿了，花儿开了，漫步河滩上，不时有一道又一道细流横在面前。有的细得如丝如线，从花簇中流来，从灌木下涌出，平地渗出的小眼还冒着小气泡。两岸注入河道的小泉水，大者哗哗作响，小者击石叮咚。距西神头村南源子河大桥桥孔不远处，有一个50厘米粗、2米多高的喷泉拔地而起，周边小泉纷列，如众星拱月，气势磅礴壮观。空中水花四溅，阳光照耀下，五光十色，犹如天女散

蒲草 丛生

浮萍 覆池

清泉喷涌

花，又似烟花喷放，使游人赏心悦目。捧一掬清泉入口，凉飕飕甜滋滋，沁人心脾，快意横生。

万泉滩有一个美丽动人的传说。古代有一个来取宝的"南蛮"，来到洪涛山下，于夜间作法，将泉水收入腰间宝葫芦中。怕被发现，五更时分不走大路，循源子河道准备逃遁。岂知金龙池水围寺一老僧每日五更就在源子河滩，聚山水之灵气，修练护寺武功。见其行迹鬼祟，顿生疑虑。又见山水失色，已非往常，慧眼凝视其腰间葫芦，洞察其然。一个大鹏展翅，站到"南蛮"面前说道："泉水为我方众生造福，岂允盗取！""南蛮"口出粗言："老秃驴休管闲事！"一拳向老僧打去。二人拳来脚往争斗起来。"南蛮"敢独人取宝并非等闲之辈，老僧虽武功非凡，却以慈悲为怀，不愿下杀手。于是，老僧情急中，气积丹田，左手抵挡，右手掀起河滩细沙，那沙石形成数道直线，如锥似箭，直向宝葫芦射去。顿时葫芦被穿，水缓缓涌出，滴到河滩。老僧见状，口念阿弥陀佛，拂袖而去。其葫芦中水，滴水成泉，洒满河滩。从此河滩处处有涌泉。

盛夏，每逢狂风暴雨时，洪水从洪涛山腊壑口峡谷奔腾而出，直泻而下，带着上游连根拔起的树木，推着沟间卧牛般的巨石，溢满河道，溢上河滩，巨浪一个连着一个，汹涌澎湃，像一条巨龙腾飞向前，涛声不绝，撼魂慑魄。春、夏迥异的万河滩景观，使人流连忘返。

第二节　黄道泉与玉龙泉

潜通之谜　登上源子河岸，过大桥北行300米，就到了神头山下的黄道泉与玉龙泉边。两泉把东、西神头村连成一片。泉水从山底涌出，积水成池，一条石板小桥将两泉池分隔东、西。东称玉龙泉，西名黄道泉，又称东海、西海，水域面积为5000平方米。黄道泉与宁武县管涔山汾河源头相距一百多公里，久传二水潜通。《水经注·漯水》载："漯水出于累头山，一曰治水。泉发于山侧，沿波历涧，东北流出山，经阴馆县故城西，县，故楼烦乡也……漯水又东北流，左会桑干水，县西北上平，洪源七轮，谓之桑干泉，即漯洞水者也。耆老云：其水潜通，承太原汾阳县北燕京山之大池，池在山原之上，世谓之天池。方里余，澄渟镜静，潭而不流，若安定朝那之渊渊也。清水流潭，皎焉冲照，池中当无斥草，及其风篿有沦。其水阳烃不耗，阴霖不滥，无能测其渊深也。古老相传，言曾有人乘车于池侧，忽过大风，飘之于水，有人获其轮于桑干泉，故知二水潜流通注矣。池东隔阜又有一石池，方可五六十步，清深镜洁，不异大池。"康熙《朔州志·山川》曰："天池位于燕京山，方一里余，其水旱不涸，渊深叵测，潜通桑干。

昔有人乘车遇风标坠池中，后获车轮于桑干。魏孝文帝以金珠穿七鱼放池中，后桑干得所穿鱼。又以金缕箭射池之巨鲸，亦于桑干得所射之箭，其下游以与汾水合，隋开皇间建祠池上，至今祷即有应。池东更有一池，清可览物，与天池通。"水脉相通，情通理合。今为虚为实，为史为传，都将给人留下神秘而有趣的兴味。

黄道泉与玉龙泉，像两块巨大的碧玉镶嵌在东、西神头村之间。凌空俯视，又像少女一对明洁、深邃的大眼，闪动着深情的光芒。池中蒲草丛生，茂密无间，像少女长长的眉毛，辅衬得眼神闪闪妩媚动人。湖边常有村姑洗衣洗菜，谈笑风生，泼水打闹，欢歌笑语飘荡在湖面上。蓝天、白云、垂柳、农舍、高山映入湖中，水上、水下两幅画屏，使人心旷神怡，美不胜收。湖四周为石砌堤岸，水从南堤口飞流直下，注入深深的河谷，似绫绢空舞，疑银河落地。

神婆遗迹　在黄道泉北岸，沿着逶迤曲折的山石小径，攀上神头山，一座十字歇山顶式的"大王亭"坐落在峰端。喘息未定，便被亭旁的"神婆遗迹"紧紧吸引。一块巨大的岩石上，臀部印、手托印、脚蹬印和剪子印清晰可见。寸多深的迹形，呈暗红色，像一个分娩妇女刚刚起身离去，富有强烈的真实感。若雨后观看，血迹更加鲜艳，如同真的一般。清雍正《山西通志·山川·马邑县》载："洪涛山，在县北十里雷山东。高三里，盘踞八里，连雷山，西接朔州元姬山。上有五峰，下有七泉涌出，名黄道泉，土人又名洪涛泉，即灅水也。一名神头山。巅有神婆遗迹，土人传神姬携子游山，因留迹，手足暨梳篦胥印石，深入一寸。又名神婆山，又名灅头山。"清《朔州志》、明万历《马邑县志·山川》皆载：在洪涛山岭，有神婆遗迹，手足及梳镜皆深寸余。据传，北魏美丽的拓跋公主常来此洗濯赏景。一天，公主在金龙池边，看到一颗光彩鉴人的红色宝珠在水面由远及近，直飘眼前，公主玉手持珠，欢喜玩弄，后将其含入口中，突觉其飞速滑入肚内。从此拓跋公主身怀有

孕，一朝分娩生下三条神龙。这三条神龙布云降雨，惩恶抚良，造福黎民。百姓称三神龙为大大王、二大王、三大王，并为其建"三大王庙"，塑金身，供香火。因神头山为拓跋公主生三神龙之地，故将庙建于神头山下，黄道泉西岸。今庙已毁，庙基犹存。辽碑云："神庙拓跋公主饮池水而生三神，能兴云致雨。辽封为神，元封大大王名广济，二大王名溥济，三大王名洪济。元大德三年，封三个大王为桑干河神，并加封广济为灵应广济王，二大王为孚应溥济王。每年二月二十八日和六月十三日为祭奠日。旧庙中，塑有拓跋公主和三个大王塑像，两侧有壁画。昔日，临近县乡献牲祈雨，敬香祭告者往来不绝。相传旱祷灾祈，每每应验，灵应非常。

一次，庙南二十里余曹村，有一横行乡里、欺男霸女的大财主马军良，进入三大王庙，立而不跪，出言要与三大王较量，狂言，"你是神头三大王，我是曹村马军良，你有三年不下雨，我有十年超余粮。天旱我有河湾地，水涝我有山坡田，你冷蛋打，我有山药、萝卜，寸草不收，我有金牛犊、玉杆杖，放债金银万万两。"马军良备马而归，刚进家院，乌云滚滚遮天，大雨倾盆而下，平地起水，节节升高，直逼马家大院。马军良抱着金牛犊、玉杆杖、放债账本，慌乱外逃。雨越下越大，水势猛涨，直把马家大院、田地全部冲垮。马军良上树逃命，大水随树上升，直到他把所抱之物一一扔下，大水方退。从此，马军良一贫如洗，洪水也把曹村一分为二，就是现在的南、北曹村。

回味神龙美丽动人的传说，凝视公主分娩如故的遗迹，联想迹旁怪石纷呈、山花簇拥的景象，翻阅历代史书详略的证述，令人倍感蹊跷神往。

洪涛霏雨　登临神头山上，像置身浩渺的太空，把天地拥抱在怀中。蓝天就在头顶，似伸手可摸，能摘下一朵白云。近处坡岭草木葱茏，芊芊莽莽。朵朵山花，争芳夺艳，犹如彩云铺在山岭。磊磊奇石，青黝黝，圆滚滚，似熊蹲虎踞，兀立巍峨。远处峰岭连

绵，层峦叠嶂，嶙峋起伏，云缠雾绕。山峰各具形态，有的像少女亭亭玉立，有的像张嘴的鳄鱼，有的似峰驼慢步，有的似雄狮腾跃，有的似威武将军顶天立地……

每当神龙行云布雨，初来的细雨，丝丝缕缕，飘飘洒洒，斜倾而下，薄如蝉翼的云雾自幽谷升腾，给苍翠的山岭罩上了一层淡淡的雾霭，顿时峰峦迷离，浑浑沌沌，若有若无。当滂沱大雨倾盆而泻，像千针万线把天地密密缝合，漫山遍野覆盖下来，把洪涛山置于水汽氤氲之下。举目白茫茫，雾腾腾，分不清哪里是天，哪里是地，哪里是山，哪里是水。这就是马邑古八景之一——"洪涛霈雨"

明万历《马邑县志》载："洪涛山，在泉区马邑古城北五公里，下涌泉，山峰称神头山……每遇积雨新霁，则岚光掩映，泉流潺湲。洪涛山下，倒影入海，山水如画，雾气濛濛，岚光掩映，山峰淡抹，风景格外秀丽。"明朝进士邑人武文诗曰：仿佛巫峰插太清，行去行雨互阴晴。雨馀庄点芳园媚，月换融光宝镜明。西子新粧乌鬓绾，南威初尽翠眉横。凭高遥送元龙目，一片襟还万古情。洪涛霈雨之壮观，可见一斑。

三炷香 黄道泉西北1.5公里处，山峦陡立，峥嵘险峻，距山下50多米的半山腰上，有一山洞。山洞上方高处，几棵古松破壁而出，苍劲挺拔；几处巨石凌空欲堕，望而生畏。天然啸聚在这里的奇石怪岩，姿态万千。有的玲珑小巧，宛如破土而出的春芽；有的精妙幽雅，好似含苞待放的睡莲；有的雄伟古朴，像依山宝塔；有的白柔圆滑，似云朵卧岗。各种形状、各种色彩的花草挨挨挤挤、团团簇簇，装扮着岩壁、山坡，别有情韵。

顺着山势，沿着盘盘曲曲的荒径，从山洞两侧可攀入洞内。洞口高2米，宽达5米。向内望去，幽幽深远，漆黑一团，充满阴森神秘之感。洞口上是一块完整的巨石，顶部无裂缝。每到严冬，洞口顶湿漉漉地渗出水珠，水珠从顶部汇集到洞口，点点冻结，节节升高，形成三个冰柱。从山下望去，活像三炷高香插在那里，故洞名三炷香。相传，很早以前，山下有一村妇，患病久医不愈，几个郎中同言：除非服灵芝仙草可医。村妇膝下有一女，名水莲，十分孝顺，为救治母病，四处采集灵芝。一次，水莲发现一棵灵芝草长在洞口上方的悬崖峭壁上，便冒险向悬崖攀去。不料，刚摘到灵芝草，脚下岩石脱落，从几十丈高的悬崖摔下。恍惚中，只见一位白发长者飘然而至，将她从半空中接住，托入洞内。水莲为了感谢山神的救命之恩，就常常在洞口点香跪拜。水莲死后化作三炷香，当地人称水母娘娘。

端阳节庙会 玉龙泉东岸建有一个高大宽敞的戏台。每年农历五月初五，在此举行盛大的端阳节庙会。历史悠久，形成习俗，年复一年，从不间断。

端阳节家家户户包粽子，做凉糕。院门、家门上贴着剪纸大红公鸡。门廊上悬置艾叶，免灾避邪。屋角洒雄黄酒，以灭诸虫。衣扣上系五色线和用五色线缠制的小巧玲珑的扫灾刷、布公鸡。妇女、儿童衣襟上系着形态各异的香囊，俗名"搐搐"。手腕上缠五色彩线。少男少女头上插艾叶或用艾叶洗脸净身，以避灾秽。梳洗打扮好的人们，说说笑笑，相伴着看大戏或去神头附近游览风景名胜。

年年端阳节庙会请名剧团唱大戏，花大钱点老杆，放烟火。全国有名的马戏团也来凑热闹。各地小商贩如期而至，置篷搭帐，布满了街头湖畔。骡马市场驴吼马叫，热闹非凡。临近的县区的民众从四面八方涌来，人流滚滚，如海如潮。具有地方特色的踢鼓秧歌、旱船、小车灯、高跷等文艺演出队，边走边演。山上山下、河岸湖旁和景区各个景点，游人如织，络绎不绝，构成欢乐的海洋。说不尽的庙会风采，道不完的乡土风情。

吉庄三大王庙 从玉龙泉穿过集市繁荣的东神头村大街，向东几十米，便进入吉庄村。两村近在咫尺，几乎相连。三大王庙坐落在吉庄村东边。村民相传，在清乾隆年间，吉庄村连年总得偏降雨，而冰雹像有意避开吉庄，总是不打吉庄的庄稼。村民都说这是三大王显灵保佑。于是，纷纷捐资建庙，1738年（清乾隆三年）落成。后又在1925年（民国14年）重修、续建。庙坐北向南，山门开在西南角。进庙内观看，院地用石河卵铺成，光滑圆柔。多姿多色、大小不同的河卵石，组装成线条流畅的各种花草、几何图案，给人以纯朴的美感，洋溢着泥土的芳香。昔日曾有的东、西厢房各四间，已不复存在。正面、高台上的大殿建筑保存完好。主殿为大王殿，面宽三间，进深两间，硬山式屋顶。殿内塑着神龙赤脸大大王、白脸二大王、黑脸三大王的塑像。大大王、二大王，看上去温文尔雅，三大王如凶神恶煞。东西两侧，绘有蛟龙腾飞，乌云滚滚，闪电雷鸣和拓跋公主分娩神龙的壁画。色彩绚丽，运笔潇洒。主殿西侧有龙王殿，也叫马王殿。正面壁上绘有龙王、马王、财神画像，两侧壁绘有兴云施雨等图。图像线条清晰，色彩浓重，保存完整。主殿东侧三间为奶奶庙，正面塑有奶奶及侍女像。奶奶面如满月，端庄娴静；侍女婉丽动人，温柔健美。两壁绘画，仙境凡界，构图奇妙。在乡间，能如此完整地保存清代珍贵的塑像、壁画，十分难得。院东南角四方形高台上，钟楼高高挺立，为十字歇山顶，内悬民国14年铸造的铁钟，可惜遗失。建筑保存完整如故。坐南向北的戏台宽约五檩，完美无缺。把龙王、马王、财神汇列一殿，并与三大王庙、奶奶庙集于一起的独特构思，大大地方便了各有所求的善男信女。多年来，这里香火不断，朝拜者络绎不绝。

三大王庙

正殿壁画

配殿壁画

吉庄古槐

老槐树 从三大王庙往西四五百米，就到了吉庄村西的老槐树下，树高15米，主杆五人难以合抱，树冠直径达20米，成伞状，可覆盖两个农家院落。大树长势奇特，树身向东南倾斜，在离地面三米高处分叉，盘旋扭曲，宛如雄鹿头上的犄角向四方伸展。树冠枝杈交错，主杆沟壑遍身。古槐树阅过了600多年的沧桑，仍枝叶茂盛，生机勃勃。春来，绿上枝头，层层枝叶翠绿油亮，满树白黄色的槐花，散发着扑鼻的幽香。寒冬，神头区的水雾罩落枝杈，凝霜成珠，似满树银花绽开，景观斐然。据村内李氏家族言传，1369年（明洪武二年），汉民族掀起移民热潮。在移民中，年过花甲的李发根，与妻张氏、儿子宝儿，一家三口由河南来到洪洞大槐树下。官家让其移往朔州马邑县。上路前，李发根让宝儿从大槐树上折下一根树枝，作为拐杖。一家人千里迢迢来到宁武关地界，妻子张氏因饥饿劳累染病，命归西天。父子俩埋了亲人，含悲北行。当来到马邑县吉庄村时，李发根筋疲力尽，难以举步，全身重量倾压在拐杖上，深深地插入土中。一会儿，李发根顺着拐杖倒在地上，两眼一合，再没起来。父母双亡的宝儿，已欲哭无泪，蹲在拐杖前，一片茫然。突然宝儿惊奇地发现，插入土中的槐树拐杖，竟然生根发芽，长出嫩绿的小叶儿来。宝儿心想，槐树有灵，天意让李家在此扎根。此后宝儿垦荒建窑，娶妻生子，人丁兴旺。槐树也渐渐长成了参天大树。现今的李氏家族，把每年农历的四月一日至十日定为祭祖日，李氏后代从各地归来祭祖。每当这个时候，成群结队的小鸟从四面八方飞来，栖息在大槐树上，人称思乡鸟。这种景况，近年已连续出现了13次，成为祭祖时一道亮丽的风景线。

马邑古城

第三节 马邑古城

古城今昔 从吉庄村向南，沿着源子河东岸的林荫夹道，伴随着潺潺的流水，行走4公里，一座来自遥远岁月的气势宏伟的马邑古城出现在面前。

马邑古城是一座较为完整的明代土城。古城保存较为完整，内外包砖不存，为土城墙，高10米余，上宽2米～3米，周长2466米。西南角被源子河水冲掉。东城门瓮城尚存，门洞已毁，今门洞为后来所开。西城门成壑。北城墙开口为门，南城墙打开一个小壑，行人可通。1937年（民国二十六年）日军侵占时，房屋、庙宇等建筑多被烧毁。原城内外旗纛庙、演武场、玉皇庙、城隍庙、北狱庙、三官庙、龙王庙、真武庙、关帝庙、马王庙、鄂国公庙、圣母庙、崇恩寺、观音阁、白衣大士庵等皆毁。紧靠西城墙而立的橹台尚存，高13米，上呈长方形，长20米，宽7米。城内两条大街，东西、南北十字交叉。居民房屋多为新建砖瓦房院，排列有序。家家院内，多栽果木。花开之季，像一个大花园。清雍正《马邑县志》载："今县城太宗初筑，周围三百七十五丈。"宣德九年扩建，落成于万历元年八月。四面皆以石为基，高五尺，上用砖砌，高三丈四尺，墙高六尺，周围共七百四十丈。角楼四座，四面铺舍各三座，东西二门，各有钟楼，月城两座，瓮城两座。壕城敌台以捍其外。清康熙二十二年癸亥冬十月地震非常，东城半面四周女墙一概摇倒。后马邑中书霍之瑄、侍郎田喜焘捐资修葺。西南角于1896年（清光绪二十二年），被河水冲毁。

马邑古城位于泉区东南，今称马邑村。距司马泊海三里许，城南有倒河湾泉，潜渗于桑干河中。《山西历史地名录》记有："唐开元五年，于大同军另置马邑，隶朔州。五代、辽、宋俱称马邑县，金贞祐二年称固州。元、明、清仍称马邑县，嘉庆元年并入朔州。"1912年（民国元年）复置马邑县。民国三年又裁撤。至1927年（民国十六年）复置。民国二十二年，裁县并入朔州。

古城马邑建置计1200多年。曾辖今朔城区东部9个乡镇，山阴县22村，宁武县4村(飞地)，神池县9村(飞地)，朔城区西山利民和平鲁区9村(飞地)。神头泉域内马邑，郡县设置历史悠久，自古就是朔城区东部政治、经济、文化中心。

桑干冬暖 古城西源子河由北向南折东流于城下，与南来的恢河汇合而成桑干河，紧贴城南，在绿树掩映的河道中波涛滚滚，向东流去。当雨季来临，两河洪流相汇而激，惊涛拍岸，巨浪滔天，排山倒海，声如滚雷，震耳欲聋，构成稀有的壮观景象。隆冬季节，城西自神头山下，金龙池、元子河过马邑古城，直至东榆林水库，近十余公里，亦不结冰，温暖之气在水面上轻柔地蒸腾，成烟成雾，飘飘渺渺，迷迷蒙蒙地笼罩着水面、村庄、树、田野……一切景物若隐若现，恍若置身于飘渺的蓬莱仙境。早晨，地上如降瑞雪，霞光辉映，银光闪闪，耀眼夺目。树上雾落成霜，似满树梨花开放。俯视长达十公里的蒸腾水雾，犹如一条长长的巨龙凌空而舞。这就是马邑古八景之一——桑干冬暖。

明万历《马邑县志》载，神头山下泉组流水，由西向东，至鄯河十五公里，虽时当寒冬，亦不结冰，树上结霜，犹如瑞雪，而温暖之蒸气如烟如雾，散满古马邑城郭间。诗人田天锡诗曰："灵钟桑干

桑干冬暖

水，方冬好问津。百川皆洹结，一派犹清沦。爱日时游鲤，严霜不掩频。汪洋横朔野，常助塞天春。"（民国《马邑县志·艺文志》）

橹台远眺 古城西北、城墙内侧有橹台与城墙相连，高出城墙丈余，高达4丈。橹台之上，原有真武庙，已毁。橹台南侧成坡，有便道可攀。因游人日久上下往来，便道踏成小沟，逶迤盘上，陡而无险。

置身橹台，春天的绿波碧水，夏天的青山霏雨，秋天的金色原野，冬天的琼楼玉宇，似与无穷变幻而神奇的大自然融为一体。向北眺望，距古城5公里的洪涛山近在眼前。大山在阳光照耀下，像洗刷过一般，历历在目。座座山峰互相连接，互相辉映，互相衬托，似一个个巨大的彩屏相连，又似凝固的波涛，张开博大的胸怀，把柔媚的泉区紧紧拥抱。彩云流动，雾霭聚散升降，变换着深浅浓淡的色彩，引人迷幻。凝视座座峰峦怪石嶙峋，像一个个古代武士，威严挺立，镇守着神州边塞。

极目南山，蜿蜒长城缠在山腰上，忽高忽低，伸向天际。山下烟雾飘逸，悠悠似水，大山像在水中沉浮。西边市区的高楼大厦冲天林立，展现着时代的风采。广阔的原野如锦似缎，多彩绚丽。泉区一个个自然湖泊连同那明洁闪亮的河水，像点缀在绵衣霓裳上的珠光宝玉。

清康熙《马邑县志》载：橹台远眺，在马邑古城内西北偶。台高原达4丈余，传李靖为观星所建。桑干水环流城下，视城如舟，台如橹，故有橹台之称。后又建真武庙于其顶。台高出雉堞丈余，登临四望，山光水色与百里烟火尽收眼底，自下而上，凡数层重楼复阁，曲径通幽，令人心旷神怡，飘然欲仙。古有诗曰："卫公凉眺处，壮略有遗台。昔占星文灿，今当曙色开。荡胸连朔漠，入眼小桑

恢。为想龙山会，高秋载酒来。"（民国《马邑县志·艺文志》）

寰州古城遗址 从古城西城墙下，过源子河桥，南行1.5公里，即到古遗址遗迹区域。其区域位于泉区东南部、下西关、西影寺村东、恢河与源子河交汇处。地面现存古城西角及部分残垣，北、东两面无存。东墙长2公里，西墙长1公里。西南角最高处达6米，底宽10米，显现出当年古城的宏伟气势。地表可见到旋纹、水波纹的陶片及沟纹砖、布纹瓦的残件。据考证，这一古城从北魏至辽、金一直在使用。古城北魏为桑干郡治，北齐为广宁郡治，唐为马邑县治，五代后唐为兴唐军寰州寰清县治，辽为朔州顺义军马邑县治，金为顺义军马邑县治，贞祐二年升马邑为固州。

北魏曾在此筑灅南宫。《魏书·太祖纪第二·卷二》载：403年（北魏天兴六年），"拓跋珪行幸南平城，规度灅南，面夏屋山，北黄瓜雄，将建新邑，辛未，车驾还宫。"406年（北魏天赐三年）农历六月，"帝发八部五百里内男丁筑灅南宫，门阙高十余丈，引沟穿池，广苑囿，规立外城，方二十里，分置市里，径途洞达，三十日罢。"（《魏书·太祖纪第二》）419年（北魏常泰四年）农历四月，魏帝拓跋嗣"南巡幸雁门……五月庚寅朔，观鱼于灅水。"《魏书·太宗纪第三》与《北史·魏本纪第三》均载：420年（北魏泰常五年）农历四月，"丙寅，起灅南宫。"422年（北魏泰常七年）农历九月，拓跋嗣幸灅南宫。

枕芳园遗址 在西影寺村东南，有个大疙瘩，村民叫"寺儿圪瘩"，即枕芳园遗址。为辽代顺义军朔州节度使肖惠元帅邸宅。北高南低，为比高15米的长方形沙土丘。地面可见殿堂废墟，布纹板瓦、筒瓦，以及绿釉琉璃板瓦、筒瓦的残件。同时保存有挖掘的八角石幢

和极为罕见的辽枕芳园残碑。残碑高159厘米，宽92厘米，厚19.4厘米，石灰岩质。碑文阴刻，字约五厘米，字体秀丽，刻工颇佳。镌碑年代为乾统七年。通身铭文记述枕芳园之宏巨暨兴建始末。

其前殿建在阶基之上。施踏道栏杆，栋梁椽桷。殿内有塑像壁画。中殿小而适度，后堂举翼飞檐，斗拱施昂，殿门牛饰，四壁粉绘。殿堂两旁有二十五间廊庑。楼阁悬万钧巨钟，仓廪粟积，物库充盈，垣墙高大。山门并三座殿堂将纵深的寺院截为四进。次要建筑如僧舍、斋堂、粮仓、物库等皆在主殿堂两侧。肖惠赴京迁居后，为寺院。

这里多变的沿革、凝重的历史，造就了民族融合为特色的浑厚辉煌的泉区文化。

弯水落照 在寰州古城遗址南，恢河由西向东，拐向北，环绕古城遗址注入桑干河其拐弯处南岸。近代有二十来户农家迁到此处，形成一个小村落，取名刘家湾。四周被高大的树木遮荫，若有若无。恢河南岸上，是薛家庄林场的几千亩广阔的林木。河水弯处，多见面积较大的积水，与河流相连。春夏，宽阔的河滩上，长满了茂盛的野花、野草，葱葱绿绿，斑斑点点。远远近近的羊群，像天上朵朵白云落在河边。驴儿、马儿、牛儿在悠闲地吃草，显得格外娴静。每当艳丽的晚霞，托着火红的夕阳西下，映红了

弯水夕照

文峰塔

半边西天，万道霞光无遮无拦地顺着恢河河道倾泻而下，火焰般地笼罩着流水、河滩、林海、村庄……烧红了天，烧火了河，烧红了河滩，烧红了林海，天水相接，浑然一体，十分壮观。微风乍起，细浪跳跃，似搅起满河满弯碎金，耀眼夺目。奇妙变幻的晚霞，辉映出天上、地下一幅幅醉人的图景。云雀归巢，牛羊返途，炊烟袅袅溶入苍茫的暮色中。这就是马邑古八景之一的古寰落照。清雍正《朔平府志·形胜》载：古寰落照。旧有寰州寺，在恢河南岸，西影寺村东南，久废。其地平坦旷衍，南有繁茂林木，北有恢河流水，日将落时，霞光满地，宿鸟投林，牛羊饮水，灿然夺目，别具风韵。有诗云："古刹荒丘傍晚风，水声水色有无中。岸旁踯躅牛羊道，河畔翱翔鸟雀丛。榆际落黄穿社北，城头飞赤射桥东。黄昏不见僧归院，何如鸣钟惊夜鸿。"（民国《马邑县志·艺文志》）

文峰塔 从古城遗址过恢河桥，便见一座土筑高塔，坐落于马邑古城东南，桑干河南岸，清河寺村北。塔名文峰塔，又名文明塔。文笔塔、风水塔，俗名"恢疙橛"。塔呈毛笔头形，高17.5米，塔底直径5米。塔东不远处有唐置大同军的半乐城遗址，又见土筑砚台造型残迹。呈正方形，边长10米，围墙最高处4.5米，原高不详，中间有5米多高的小土塔，原意为砚台中的一丁墨。据清雍正《马邑县志》记载："文明塔在城东南三里，旧有军城之土阜，明万历三十六年，知县宋公子质因旧阜增筑尖。其顶以肖笔形，公精青鸟家术，谓桑水一泄而东，灵气不聚，须此挽之。此为笔，桑河为砚池，用以镇水口而启文明，故又名笔峰。年久土颓。康熙四十年，知县秦公扩车始浑溅，地方凋残，人文寥落，急指捧补筑之。"明清改建，与风水学和考试文风有关。俗传，笔塔尖与砚台二者倒影相接，就会出文人，当大官儿；又说可聚瀍水之灵气，建塔后分水更好。

神头泉区是一块风水宝地，钟灵毓秀，人杰地灵。古老而涌流不息的瀍源，哺育了一代又一代神头泉域的子孙。汉代聂壹，诚信务商，于"马邑之谋"为国献身。王霸官至户部上书，战功显赫，曾任上谷太守，绘象于云台，位列十三，追封中兴功臣。三国张辽讨袁绍，伐孙权，用兵如神，惊世传奇，"以步兵八百破敌十万，自古用兵，未之有也"。（《三国志·魏书十七》）曾在此擒海马的尉迟恭，挥槊助唐，德才超群，屡建奇功，受封鄂国公，民间尊为门神。苑伦，文才超群，殿试夺魁，柳宗元对其文采大加赞赏。周德威随晋王李克用灭后梁，誉称中兴良将，拜卢龙节度使，后晋追封为燕王。北周党进，为铁骑都尉侯，卒赐侍中。金有李完，登进士第，官至按察史。元代崔斌，官至平章政事，封为国公，备受元世祖重用。明有曹泌为江西监察御史。霍瑛登万历进士第，历任江西道监察史、广东道御史、右通政，巡历八郡，抚良除恶，勤政兼明，多次得到皇帝嘉奖，遗作颇多。田彭任陕西布政史。焦升官至浙江温川府知府。清有田喜，登进士第，入翰林院，直到内阁学士。泉域代有人才出，各领风骚数百年，是泉域人民的骄傲。

第四节　桑干湖与神头电厂

桑干湖　在桑干河上游河道有一平原水库。位于神头泉区东南，北距洪涛山5公里，湖面西端距马邑古城不足3公里。因拦河大坝建在神头镇东榆林村东，故名东榆林水库，朔州人称桑干湖。湖面呈东西走向长4公里，南北宽窄不一，宽处可达2公里，东宽西窄。雨季水深在8米以上，积水面积为雁门关外之最。

桑干湖由神头泉水和元子河、恢河洪水汇入，截桑干河水成湖。流域长度103.5公里，流域纵坡1.8%，控制面积3430平方公里，设计容量6500万立方米，有效容量4500万立方米。

桑干湖属人工湖，是原雁北地区组织人工建造的。工程从1970年10月始，至1978年竣工，历时8年之久。其枢纽工程由主坝、副坝、泄水闸组成。主坝为均质土碾压坝，长1135米，最大坝高15.5米，迎水坡1：2.5—1：3，背水坡1：2.5，坝顶高程1043米，顶宽6.5米，防浪墙顶高程1044米。副坝为均质土碾压坝，长9149.65米，迎水坡1：2—1：2.5，背水坡1:2.5，坝顶高与主坝一致，五孔深水斗弧形钢闸门，孔净宽8米、高6米。闸底高程1028米，最大泄洪量2950立方米。

桑干湖主要功能为灌溉、泄洪，辅之以养鱼

桑干湖

等。设计灌溉能力36万亩，受益范围为山阴、应县两县的9个乡镇和3个国营农牧场，总控制面积61万亩以上。主要工程和建筑物有总干渠1条，长27.3公里；斗渠3条，长71公里；支渠11条，长77.3公里；砼渠2条，长329.49公里。斗渠623处。条条渠道伸展在朔州大地上，纵横交错，改变了昔日的干涸状态，孕育出绿波滚滚的原野风光。

漫步桑干湖畔，路边各式各样的花草，散发出扑鼻的清香。东西远望湖面，无边无际，烟波浩渺，水天一色。灿烂的阳光照在湖面，波光粼粼，银光闪闪。碧蓝碧蓝的湖水和碧蓝碧蓝的天空连在一起，倒映着两岸的树木、村庄、牛羊。倒影在水中的朵朵白云，好像鱼在空中游动，鸟在水底飞翔。微风吹过，皱起无数涟漪，一切都晃动起来，整个湖面变成一块巨大的奇幻莫测的魔镜。春夏之交，登上游艇，向岸上巡望，两岸肥沃的土地上，山药开花一片片白，葫麻开花一片片蓝，向日葵开花一片片黄，稼禾绿油油，麦浪涌金波，纯净的神头泉水，把原野涂染得五彩斑斓。

盛夏，炎炎赤日被湖水过滤的柔和而不闷热，空气显得分外湿润。从西边洪涛山吹来阵阵清风，使人倍感清爽舒适。雨天，条条雨线像美丽的珠帘落在湖面，溅起一个个浪花，好似梨花朵朵绽放。当黑云低垂、雷鸣电闪、风雨大作之时，洪涛山洪推着卧牛巨石，如惊雷滚滚，山摇地动般从天而降，由东榆林村中沙沟注入湖中，紧接着西边恢河、源子河洪流，像咆哮的群狮扑食，似威勇的千军凌波争渡，奔腾的万马踏水而至。洪涛震耳欲聋，汹涌澎湃，气势磅礴。湖面骤然变色，猛然沸腾起来，形成排排叠起的巨浪，激起个个冲天的水柱，翻翻滚滚，撞击大堤，发出崩云裂岸的轰然巨响，惊心动魄，十分壮观。而大坝却安然无恙。

初冬清晨，桑干湖像一个巨大而不规则的蒸笼，热气蒸腾，缓缓上升，如烟似棉，如缕缕轻纱，飘飘忽忽，朦朦胧胧，遮天蔽空，笼罩着整个湖面，笼罩着两岸层层树木，笼罩着静谧而甜美的村庄。置身雾中，倍感身轻，像腾云驾雾飘上太空。雾散后，岸上青松的针叶上雾落成霜，像盛开的秋菊。垂柳银丝飘洒，灌木成洁白的珊瑚丛，多姿多态，令人扑朔迷离，恍惚置身在童话世界中。常来常往的黑颈鹤、白天鹅，时而水中啄食，时而漫步堤岸，相颈亲昵，悠闲自得。十几斤大的鱼儿，不惧飞鸟捕捉，跃出水面，此起彼落，鳞光闪闪。一对对戏水鸳鸯，相伴而游，形影不离，令情侣羡慕。这里常有候鸟成群远至，散落在湖面上，不时发出悦耳的啼鸣。

桑干河是雁门关外、大同盆地一条主要河流，全长364公里，流域面积达17000平方公里，挟带诸水流经山西山阴、应县、怀仁、大同、阳高、天镇等县，进入河北阳原、张家口等地，入官厅水库。桑干河历史悠久，为大同盆地发祥地。以其特有风采，名扬九州。

古代无数达官华胄、文人雅士到此游山玩水、泼墨抒怀，留下了许多千古绝唱。"金龙池畔水，演作桑干河。东驰入沧海，浩荡成洪波。"桑干河当年咆哮奔腾、势不可挡的气势跃然纸上。"云树苞苞拂曙霞，渡头人唤渡头家。断桥流水摇红影，寒雪飞空落鬓华。惊散鹭鸥渔父棹，吹残星夜戍楼笳。山光隐隐朝曦日，已映滩前红菱花。"这又是一幅边塞冬日风情画。解放后，现代女作家丁玲以桑干河为题，写出优秀长篇小说《太阳照在桑干河上》。书以河为名，河因书更著，小说荣获1951年斯大林文学奖。

桑干湖两岸，村庄密集。由西而列，南岸有三家店、西河底村、罗疃，隶属朔城区滋润乡；北岸有神头镇的水磨头、新文村，五代中兴良将周德威故里红壕头，张辽故里大夫庄、小西河底、东榆林村。大堤东，有一小村庄，名西寺院，隶属山阴县，落在河滩边沿。前几年一次大堤决口，眼看洪流淹没村庄，惊见家家户户大红公鸡飞上柳树，一个劲地高叫，洪流避开村庄，绕道东去。从此每遇大堤泄洪，雄鸡登树高叫，亦为奇观。2007年，在湖岸边扩展了人行便道，添植了各种观赏类型的树木、花草，并配置了路灯。由大堤北端下来，往西北一拐，便进入东榆林村。这里是有名的杏果产地，院里院外，村前村后，到处是数不清的杏树。早春，那一株株杏树同时花开，一团团、一簇簇粉白的杏花，缀满枝头，像雪，像玉，像云，像飞溅的浪花，整个村庄沐浴在醉人的醇香中。坐在街头餐饮摊点上，不时有杏花花瓣飘落在身上，小憩中，即可享沐花雨之趣。

神头电厂 神头一电厂、二电厂，通称神头电厂，是全国工业旅游首批示范点，为华北坑口电厂之最。神头电厂位于泉区司马泊、新磨、王○○、北邵庄和大洼村之间，电厂南墙外便是北同蒲铁路的神头火车站。一电厂、二电厂设铁路专线与北同蒲线贯通。电厂与华北电网相连，对京津用电举足轻重。

神头第一发电厂1973年由雁北行署牵头筹建，一期采用国产7.5万千瓦机组2台，二期扩建从苏联进口20万千瓦机组2台，三期扩建选用捷克20万千瓦机组4台。1987年一厂完成扩建工程并投入使用，总装机135万千瓦，年发电70亿度左右，成为华北电网的主电厂。所需燃料煤主要由朔州市和忻州地区的地方

煤矿供给，水由神头泉组、司马泊村的五花泉供给，污灰用管道排入恢河畔灰场。

1987年，随着不断扩大的电力需求，国家又在一电厂西边，投资建设神头第二发电厂。二电厂建设分两期工程，第一期工程选用捷克50万千瓦机组2台，1991年便有1台机组投入使用；1992年，另1台也投入使用。二期工程于2004年3号机组投入商业运行。所需燃料煤主要是平朔露天煤矿精洗后的中煤，不足部分由地方煤矿补充。水由神头泉组供给。污灰由管道输送至灰厂。灰厂建于马邑滩，占地5000亩以上。神头二电厂建设标准和管理方式为当前国内一流水平。国务院总理李鹏、全国政协副主席钱正英等党和国家领导人曾多次到厂视察和现场办公。1987年钱正英同志在一厂讲话中指出："什么叫现代化，神头电厂就是现代化。"神头发电厂由于主体机组来自捷克，且建设中得到捷克工程技术人员的大力帮助，故1988年曾被定名为中捷友谊电厂。神头一电厂、二电厂，现在总装机235万千瓦，年发电115亿度。拟定用水2.5立方米/秒，年用煤500万吨，全部由地方保障供给。神头电厂职工家属及厂区附近地方企业、铁路职工、商饮服务业等人员近5万人，厂区已逐步发展成为一座设施配套、功能齐全的电力城。

神头电厂是国有大型企业，场内林立的冷却塔，高大雄伟，呈抛物线形，造型优美，犹如花瓶；瓶中热浪滚滚，瓶口雾气蒸腾，乘风直上，化作朵朵白云。烟囱直指霄汉，与云天相接，宛若定海神针。环望厂区，碧水环绕，绿树掩映，绿色生态与现代文明融为一起。

神头电厂

金沙滩景区

SHUOZHOU SCENERY 朔州风光

金沙滩景区

金沙滩生态旅游区主要涵盖金沙滩镇、何家堡乡，包括金沙滩林区和洪涛山林区。区内百里苍翠，万顷碧波，清流似带，鸟语花香。以宋辽古战场和崇国寺佛教文化为主题的园林建筑群，掩映于莽莽林海之中，气势恢宏，面积2000余亩。整个景区以林海为躯，古战场为魂，集生态景观与人文景观于一体。置身其中，既能领略到自然风光的清幽旖旎，又能感受到历史文化的浑厚凝重。

第一章

沙滩林海

第一节　生态变迁

历史上的金沙滩地域广阔，包括桑干河盆地上的朔城区南部、东部，山阴中部、东部，应县西部、北部，怀仁大部。

金沙滩是驰名天下的古战场，滩上的黄花梁，东西绵延20余公里，为雁门关到云州（今大同市）的咽喉要道，历代战事频仍。赵武灵王北登黄花梁，括地千里；北齐主高洋全歼柔然主力于黄花梁；唐将黑齿常之大败突厥于黄花梁；晋李克用黄花梁设伏击溃吐谷浑；杨家将大战金沙滩，血染黄花梁……

由于长期的战争，金沙滩植被遭到严重破坏，遍地黄沙，人烟稀少，自然环境十分恶劣。1952年，原雁北地区组织周边各县人民，大搞植树造林，治理风沙，改造家园。到50年代末，造林面积达到11.8万亩，森林覆盖率达33.7％，生态环境得到了一定的改善。1958年，时任团中央第一书记胡耀邦，亲临怀仁金沙滩，主持召开了全国青年绿化现场会。1960年，著名劳动模范李顺达、申纪兰及宁夏、新疆、甘肃、青海、黑龙江、辽宁、吉林、河北、山东、内蒙古、河南等省青年造林标兵代表336人，慕名参观了怀仁金沙滩绿化成果，无不为造林者的伟业功德惊叹。

到20世纪80年代，金沙滩的生态环境得到根本性的改变，树茂草丰，树种繁多。主要木本有：小叶杨、群众杨、合作杨、新疆杨、北京杨、加拿大杨、樟子松、油松、杜松、云杉、侧柏、旱柳、馒头柳、龙须柳、榆树、杨槐、国槐、桧柏、桃杏果木等。其他零星分布木本有：酸柳、山丁香、沙棘、女贞子、枸杞、连翘、柠条、紫穗槐等。多见草本有：针茅、胡枝子、狐尾草、绣线菊、青草、白草、马齿苋、苦菜、豆草、苦艾、荆棘草、蒺藜、沙蓬、蒿草、笈笈草、老牛草、苜蓿、地瓜瓜、敲瓜瓜、毛草、苍术、车前子、甘草、麻黄、荆芥、茵陈、楼露草、地榆、柴胡、防风、白茅根、益母草、野菊花、王不留、地龙、当参、蒲公英、地椒椒、马兰花、小麦抽亭、打灯碗、山丹丹、栽栽面、百里香、黄花等。林中主要动物有：狐狸、獾、野兔、松鼠、黄鼬、田鼠、黄鼠、鼢鼠等及野鸡、半翅、石鸡、斑鸠、画眉、云雀、灰喜鹊、野鸽子、布谷鸟、啄木鸟、乌鸦、老鹰、金雕、猫头鹰、麻雀、燕子等禽鸟。

今日金沙滩，是一片浩瀚无边的绿色海洋。黄花梁梁上梁下，杨、柳、松、柏树等人工造林成片18余万亩。使怀仁、山阴、应县17个乡镇内的110个自然村庄，掩映在绿波腾涌的林海之中。怀仁县境内的金沙滩林场，设有山西省惟一科研单位林业科技服务中心，实施了中国与德国林业技术合作项目，建起了全国最大的杨树基因库。从国内外收集杨树基因种源452种，从国内六省天然林筛选出16个杨树品种，进行了育苗栽培。同时，在金沙滩镇建立了2000多亩良种苗圃，培育了不同规格的油松、樟子松、榆树、柠条等苗木品种。成苗总产量1100余万株，观赏性苗木品种新疆杨、北京杨、柳树、杜松、桧柏、国槐等成苗产苗量达到80余万株。优良品种树木的栽植，为林海增添了多姿多彩的景观风貌。

林海一角

第二节　林海风光

置身林内，林涛如海，满目苍翠。成行成片的林木，如锦似绣的野花野草，呈现出一派波澜壮阔绚丽多彩的塞上风光。

群芳争妍　春天，林海中苏醒的春芽，大者如葱心，小者似绣花针，在春雨的滋润下由白变黄，由黄变绿，伸展茎叶，长出花蕾，含苞待放。在树木枝丫间，在林间的空地中，斜坡上，沟壑里，不同季节花期的树木和鲜花野草，争先恐后竞相开放。树上白色的杨柳花，粉红、雪白的桃杏花，粉白的槐树花，粉红的苹果花挨挨挤挤缀满枝头。地上金灿灿的迎春花、蒲公英、苦菜、苜蓿、黄刺玫、蒺藜、白草花、小蘖花，紫色的丁香、枸杞、马兰、地丁草、地榆、胡枝子、知母、打碗碗花灿烂夺目。红色的柽柳、王不留、石竹竹、蔷薇、大顶草、甘草、刺儿苗、地榆花如火如荼。白色的刺槐、野山楂、地蔷薇、枸杞子花洁白如玉。红、白、黄、紫等姿色多样的野菊花和野玫瑰，还有那狗尾巴花、狼尾巴花、猪尾巴花、狗舌头花……各种色彩的鲜花累累成团，叠叠成簇，娇姿异态，争妍斗丽。鲜花点缀在葱绿葳蕤的野草之间，像织不完的锦缎那样伸展绵延，又像天边的彩霞那样绚烂耀眼。

群芳争妍

落叶如金

景台远眺　黄花梁上筑有二层小楼观景台。位于怀仁县城南25公里菲畦村村南。盛夏，林木枝繁叶茂，叠锦披翠。登台眺望，茫茫林海无边无缘，与天际相接，与大山相连，云腾雾罩，飘飘缈缈。梁下绿波滚滚，似海水漫卷而来，远远近近的村庄如千帆竞发，百舸争流。劲风刮来，波涌浪滚，汹涌澎湃，气势磅礴，似把群山撞穿奔腾而往。阵阵松涛，声如滚雷，千山回响，万壑共鸣。身披绿装、蜿蜒曲折的黄花梁，犹如巨大的长龙，摇头摆尾地游弋在浩瀚无边的大海中央。

林海拾趣　林海中，杨树成片栽植。一行行一个品种，一排排又一个品种；一方方一种姿态，一块块又一种模样。春天，绿油油的叶子绿里泛黄，反射着耀眼的阳光，株株主干笔直挺拔，似千万把扫帚把蓝天扫得瓦蓝晶亮。花落期，微风吹来，杨花飞扬，雾腾腾，白茫茫，宛如鹅毛大雪从天而降。秋风萧瑟，一片片的杨树叶由绿变黄，层林尽染，大片杨树林犹如金色的海洋。霜落风扫，树叶纷纷落下，像成群的蝴蝶翩翩起舞，像一只只黄莺展翅飞翔。地上厚厚的落叶，像千千万万的黄金碎片铺设，闪着耀眼的光芒。春秋杨树林的独特景观，真是妙不可言。

盛夏穿行在林间，两旁树木的树冠互相衔接，构成遮凉大伞，成了游人漫步的长廊。茂密的枝叶把炽热的阳光筛成无数珍珠般的光点，抖落在地上，斑驳着，跳跃着。鲜嫩的野花野草散发着扑鼻的芳香。微风轻拂，使人格外清爽惬意。真是"煌煌锦绣林，亭亭翡翠屋"。

这里的林木种类多。树冠有帚形的、纵积形的、横积形的、伞形的、卵形的、球形的。枝条有下垂形的、上向形的、水平形的。有的像塔，有的像球……各自展示着难以言尽的色彩美、姿态美、风韵美。

广阔的林海是禽鸟的乐园。各种小鸟在林间飞来飞去，在枝头一个劲地鸣啼。拖着蓬蓬松松长尾巴的松鼠，在树上窜来窜去。斑鸠、半翅、野鸡、石鸡常常在黄花梁坡上栖息觅食，悠闲自得。随处可见的野兔，从草丛中惊出，在眼前掠过。

严冬雪天，纷纷扬扬的雪花，铺天盖地而来，林海变成了银白色的世界。雪霁日出，阳光照耀林海，映出一道道七彩的光芒。一株株青松，层层枝叶上，凝着厚厚的雪霜，像千树万数梨花绽放。远远近近的树木都挂满了冰的"银条儿"，雪的"小球儿"，放眼远望，无边无际的玉树琼枝，粉妆玉琢，呈现出一派北国风光。

奇观古韵　黄花梁上下，面积达300万平方米的古战场上，散布着众多的封土堆。其中有20多座高大显眼。大者像小山、高10米、底径50多米。小者如土丘，足有4米高。这就是著名的省级文物保护单位金沙滩汉墓群。据考证，墓主多为两汉时期戍守官吏。

在黄花梁下北边的不远处，有日中城古城遗址。地面上陶瓦残片到处可见，随手可拾。古城残垣四围，基本完整。东西长，南北短，呈长方形。

南墙长630米，北墙长610米，东西墙各长760米。残垣高低不等，最高处达6米。古城正中，偏西部位有"皇城"，也呈长方形。南北70米，东西80米，残高5米。据考，日中城是在西汉雁门郡勳阳县故城的基址上增筑的。

在日中城古城西南10公里，即今山阴县永静城村东，有一古城遗址，当地人称这个古城为"日没城"，亦称"黄昏城"。又在日中城古城东北10公里的怀仁安宿疃村东，曾有"早起城"。日没、日中、早起三城互相毗邻，距离相当，均在"黄瓜阜北曲中"。是从雁门关到云城（今大同市）的咽喉要冲之地，具有极高的军事战略地位。历年来日中城村民在古城遗址中，经常不经意间就可挖出人骨、马骨、箭头等，说明此地自古以来就是古战场。日中古城西南附近有个"教场围"，传说此地有点将台，萧太后曾在此整肃兵马。城内皇城宋辽双方主帅都曾在此点将布兵。地面上高大茂盛的笈笈草，传为杨家将碧血浇灌滋润而成。如今，杨家将后裔视日中城为寻根祭祖之地。本乡与外籍的杨家后代，常来此祭奠。鸣炮，烧香，跪拜，十分隆重，吸引了大量的游客前来观看。杨家将大战金沙滩的故事，家喻户晓。

日中古城有一奇观，令人神往。春天，天边霞蔚云蒸，太阳出宫时，站在黄花梁上，俯视古城遗址，有时会看到海市蜃楼景观。城墙垛口，街道，房屋，树木，人流，车水马龙……清晰分明。

玉树琼枝

金沙滩汉墓群

第二章

沙滩园林

园林景区位于金沙滩北部，距怀仁县城10公里，占地面积1万亩，呈不规则的多边形。2004年始建，现有生态示范方36个，植树成林面积6000余亩。其中，高大油松、樟子松、云杉3.6万株，丁香、玫瑰等灌木200万株，"八卦模式"树阵3000平方米。整个园区植被覆盖率达83%。林木以松、柏、杨、柳、槐、杏等树为主。多科别、多种类的乔木、灌木、花卉、草皮等，以片作、行作、间作方式栽植，布局合理。一片片松柏，一排排杨柳，一簇簇灌木，一池池花卉，一坪坪草地，形成一年四季涌绿叠翠、喷香吐艳、五彩斑斓的园林风貌。

园林西部建有气势磅礴古朴典雅的仁和殿、天门阵、点将台、八卦阵、彩绘长廊和古战场建筑群。这些建筑，从不同角度、不同层面再现了杨家将一门三代血染金沙滩，精忠报国可歌可泣的忠烈家史。凸现出金沙滩古战场民族碰撞、民族融合厚重的历史文化底蕴。构成了一道富有创意、个性独特的靓丽景观。

园林北部坐北朝南的佛教建筑群，呈现出源远流长的地方佛教文化特色。巍峨宏丽，金碧辉煌。众多僧侣的参禅念经，悠悠远传的寺院钟声，引来络绎不绝的游人。佛门圣地，香火旺盛。

园林南部，由西南而来的碧水，积成大面积的人工湖，为园林带来了无限灵气，使万物更显生机；同时也为园林增添了湖潭弄清影、摆渡思古韵的情趣。整个景区集千古之魂，纳万物之秀，形成了富有鲜明特色的北国园林风光，可谓美不胜收。

第一节　杨家将建筑群

园区正门　坐落在二级大运公路西侧，面向正东，门两边有二层门楼，中间横梁连接，书有"金沙滩生态旅游区"八个大字。琉璃瓦覆顶，脊顶上置彩陶二龙戏珠。门两侧以墙代柱，红色大理石墙面正中饰金黄色的团龙浮雕，四角有螭龙雕花。门外两侧八字墙上，为杨家将人物浮雕石像，左为杨继业、"七郎八虎"、杨宗保、杨文广等，右为佘太君、穆桂英、八姐九妹、众儿媳等杨门女将。门前莲花座上有石雕麒麟塑像一对，高2米，分列两旁。进门后，路两旁置有3米高的孟良、焦赞石雕塑像。孟良手握板斧，焦赞手执钢鞭，头盔、甲胄全身戎装，威严专注，像护卫园林的门神，似镇守兵营的大将。

入口大道由东向西，笔直宽阔，路边簇簇灌木，间隔着多种多类的花草，群芳斗艳，花香漾溢，扑鼻沁肺。花草外是大片的樟子松、油松，宽200米，长1000余米。一株株挺拔苍翠的松树，层层枝杈，密密茂叶；叠叠松塔，挨挨挤挤，赏心悦目。

向正西行百余米，路正中有一直径5米、高1.5米的圆形高台，上筑重檐六角小亭，高7米。亭前置一对石雕狮子，呈伏地扑食之状，动态逼真。

彩绘长廊 绕过小亭，前边路两侧外30米处，筑有南北对称呈东西走势的彩绘长廊。西端有别致的四角凉亭，中间设过亭，木质卷棚式，高5米，上覆琉璃瓦，半封闭式，造型独特。长廊长365米，寓意一年通顺，四季平安，天天如意。其长度居世界第二，仅次于颐和园长廊。

长廊左右两侧置画板，内为木板，外为石板，各112块，共224幅。木板上为精美的火烫画工艺品，取材于杨家将连环画。画中故事情节跌宕起伏，人物刻画细腻传神，真实地再现了杨家将光照日月的忠烈家史。让游人以轻松、新颖的阅览方式，身临其境地感受那一幕幕悲壮的历史瞬间，在品味那高超的艺术造诣的同时，还能领悟到人生的真谛。外石板上，有花卉、万字、寿字等吉祥浮雕图案。整个长廊的艺术作品，其规模之大，绘制之精，代表了当代画廊艺术的最高成就。它虽出自中央美术学院，但与中外艺术大师的作品相比毫不逊色。

长廊前是花的世界，路边是桧柏墙。侧柏、河南桧、爬地松、水腊、红叶小檗等有序组合，将地面分隔成多种图案的花池。盛时，花池中娇嫩嫩、绿盈盈的叶子，扶衬着水灵灵的鲜花，争妍斗俏，姹紫嫣红，流光溢彩，多姿多态。有的碎纷纷萃成束，滚成团，成簇成串；有的硕大如盘，亭亭玉立，雍容华贵。红的如火似血，白的如玉似雪。紧

彩绘长廊内景

靠长廊的丁香花，紫的白的相互簇拥，微风摇曳，像一个个花的摇篮。细看那仙人掌，雪白的花瓣，像天鹅的羽毛美丽、光洁，伸着长长的喇叭，似乎与五颜六色的喇叭花、牵牛花一起，合奏美妙的乐曲。成群结队的蜜蜂、蝴蝶嘤嘤地飞来旋去，使人眼花缭乱，分不清哪是蜂蝶，哪是鲜花。红的、黄的、紫的、蓝的、白的花朵，池池瑰丽万状，灿烂夺目，似朵朵彩云，道道长虹落在廊前。

点将台 位于彩绘长廊正西，主道线上园林的中心部位，仿雁门关隘门楼而建。上有"点将台"三个大字，高12米，南北宽27.5米，面设三门，中间门

点将台

洞有通道，进深7.1米，两侧小门内为兵器库。台形似古城门楼，两侧设台阶，汉白玉栏杆迴护，可拾级而上。台上建三亭，中亭最高。亭均为六柱四坡顶式，上置宝顶、吻兽、脊花。点将台前两侧有十字歇山顶式鼓楼，高11米，遥遥相对，内放战鼓各一。鼓楼东面是面积约3000平方米的广场。

石雕塑像群 在点将台西，沿道路两旁，陈列着24尊、高3米的石雕杨家将塑像，除五郎杨延德呈蹲坐式外，其他皆为站式。塑像个个单列，北侧是杨继业、大郎杨延平、二郎杨延定、三郎杨延辉、四郎杨延朗、五郎杨延德、六郎杨延昭、七郎杨延嗣、八郎杨延琪以及杨宗保、杨文广、杨洪。南侧是佘太君、耿金花、董月娥、马赛英、柴郡主、杜金娥、穆桂英、单阳公主和杨排风等杨门女将。雕像出自全国享有盛名的河北石雕大县曲阳工匠之手。巧夺天工的工艺，将人物塑造得容态传神、个性鲜明、栩栩如生。男儿伟岸英武，女将英姿飒爽，个个紧握兵器，戎装待发，似有气吞山河之势。

每个雕像前，有一株松柏球和一个小花池，像后是桧柏墙和茂密的松树林，像与像之间植一株云杉。寓意着杨家将像松柏长青，永远活在人们的心中。

仁和殿 位于杨家将石雕塑像群西，由正殿、配殿和配楼三部分组成。正殿气势恢宏，殿内阔绰，再现了中国古代宫廷建筑的壮丽形制。单檐歇山顶，面阔33米，进深18米，殿与台基总高21米。大殿正脊中间，镶嵌着8米长的"二龙戏珠"陶塑，金鳞金甲，活灵活现，似欲腾飞。两端2米高的吻兽，呲牙咧嘴，傲视苍穹。四檐斗拱铺作，飞檐翘角。古式隔扇窗。前置廊柱。前廊明间正中上方，挂一长方形巨匾，上书"仁和殿"三个楷体大字，匾周9条鎏金浮雕龙环绕，雕工精湛，耀眼夺目。匾额两侧檐下，彩绘着二龙戏珠、双凤朝阳、龙凤呈祥等图案。3米高的双层台基上共有20级台阶，台阶两侧

杨继业 佘太君石雕像

有汉白玉栏杆；栏板上分别有荷、菊、竹、梅、兰五种浮雕。台基中间置御道，御道内有莲花图案。

大殿内，中间四柱为立粉鎏金柱，朱红作底色，上绘莲花连环图案，色彩艳丽，熠熠生辉。梁架均用和玺手法彩绘，金柱偏暖的色调与梁架偏冷的色调相映衬，构成对立统一而富有旋律的神圣殿堂。殿内22尊塑像均为泥塑，外表呈古铜色，经艺术家的精心雕凿，塑像个个表情生动，各具特征，衣冠、服饰无一雷同。殿堂塑像为一组大宋君臣议事泥塑，身份分明，主仆有序，疏密相间。高2米的宋太宗赵光义表情持重，气神凝肃，着天子冕、龙袍玉带，端坐于正中高台龙椅之上。两个眉目清秀、体态婀娜的宫女，手执宫扇侍立身后两旁。御

仁和殿

案右侧恭立着一个唯唯诺诺的宦官。台下人物塑像高3米，各以九数相互对称，呈"八字"状，分立两侧。左为手执金锏的八贤王赵德芳，二目微闭，谋思良策；大腹便便的潘仁美，面露奸相，暗藏杀机；鬼眉鬼脸的王佽心怀鬼胎，不言不语；身着戎装的高怀德、呼延赞，器宇轩昂，威风凛凛。右为整装待发的老令公杨继业和他的"七郎八虎"。杨继业表情凝重，以手作势，力主驱房；七郎八虎紧握双拳，虎气腾腾……这些塑像也出自中央美术学院，代表了当代国内泥塑的最高水平。

殿内墙壁上有《杨家将》彩绘壁画。壁画节选了评书《杨家将》和金沙滩乡人代代相传的杨家将故事：太祖议和、宋王亲征、杨继业归宋、大战金沙滩、李陵碑殉国等精彩场面。壁画构图宏伟，气势磅礴，色彩瑰丽，笔法传神，是园区壁画的精华。在当代中国绘画史上特别是壁画史上占有重要地位。

正殿两侧建有印楼、刀楼。楼高19米，正方形台基高1米，呈回廊式重檐歇山顶建筑。左印楼内陈列官印文件等；右刀楼内，置放刀枪剑戟等。

南、北各有厢房9间为配殿，卷棚顶，前有廊柱。内有一组一组的舞台戏剧场面泥塑。取材内容为杨家将故事的16场戏剧。北殿塑有杨业归宋、七郎打擂、双龙会、两狼山交战、七郎搬兵、李陵碑、夜审潘仁美、寇准背靴等，南殿塑有三关排宴、宗保招亲、辕门斩子、孟良盗马、五郎下山、穆桂英挂帅、十二寡妇征西、四郎探母等。泥塑中，关隘、山水、树木等，皆为戏剧舞美风格，人物造型性格鲜明，喜、怒、哀、乐神情突出，人物组合构图得体，无不精彩传神。

仁和殿系列建筑中的泥塑、壁画、彩绘，同样出自中央美术学院，高超的艺术给人以美的享受。仁和殿的命名，是以金沙滩浑厚的历史文化为背景，结合当今构建和谐社会的时代潮流，取儒学仁、义、理、智、信五字中的"仁"字和历史上宋辽议和的"和"字而冠名。从分布在中轴线上的彩绘长廊、点将台、石雕塑像群到仁和殿的多种设计，无不渗透着儒学理念，充满了昂扬的爱国主义激情。

大殿南有杨槐、樟子松、油松、河南桧、新疆杨等150米方圆的大片林。一方方一层层的林木，姿态各异，苍翠欲滴，形成了一道绿色的景观。大殿北，杨槐、油松、北京桧、新疆杨紧围着宽100米，长150米的杏树林。早春，洁白色的杏花，粉淡色的花蕾缀满枝权，一片片的花瓣纷纷扬扬，轻轻飘落，成了名副其实的花的海洋。在花雨中漫步，在杏树下小憩，花间蜂蝶飞舞，枝头小鸟欢唱，妙趣横生，花不醉人人自醉。

仁和殿内塑像

殿内塑像局部

第二节 古代战阵建筑群

八卦阵 位于彩绘长廊北，周边有杨树、油松、桧柏上百亩大片林。阵形照搬北京圆明园八卦迷宫而建，呈圆形，直径60米，外墙覆琉璃瓦，高低呈波浪式，上有扇形孔，四方设通道。中间为高1.5米的圆台，台边分列六棵柏树，台上中心部位又有台，台上筑有单檐六角小亭，设汉白玉栏杆。阵图以八卦太极图为模式，圆台四周设巷道，高与巷距皆为1.5米左右，列行成阵，融入乾、坎、艮、震、巽、离、坤、兑八个方位，暗含八卦。进入阵中，穿行巷道，似连非连，似通非通，曲折玄妙，变幻莫测，扑朔迷离。故也作游乐迷宫之用。

天门阵 位于彩绘长廊南，依据金沙滩上世世代代流传的穆桂英大破天门阵的传说、参阅评书《杨家将》中的吕洞宾摆天门阵的神话故事，由上海同济大学科研人员设计而建。相传，宋辽时期，萧太后图谋中原，亲率50万大军，布列于天门阵内的72阵中，与宋军在金沙滩上展开惊心动魄的激烈大战。天门阵内建有铁门金锁阵、连环阵及其地下诸阵。

天门阵四面设铁栏围墙，正中开口为门，北侧是貌似烽火台的门房，南侧呈一段长城建筑。向西近百米处，登上5级台阶，一对三斗旗杆立于两旁，高12米，底座四面有猛虎浮雕。旗杆后，是四柱三门式的石雕辕门。中门顶上雕楷体"天门阵"三个大字。四柱下有护柱抱鼓石，中柱各两面，侧柱各三面。

穿过辕门，有一座高大的建筑横列在面前，这就是人们所说的"铁门金锁阵"，呈城楼状，坐西向东，中高13米，侧高10米，面阔约30米。开5门东西贯通，门洞进深8米，中高侧低。阵左右两侧各有3个蒙古包示为军营。阵前8尊高4米的骑马辽将石雕塑像，面向东方，前四后四一字排开：一个是镇守铁门金锁阵为帅的鲜卑国黑鞑令公马英；一个是阵内扮太阴星的守将西夏国黄琼女；另外为守"铁栓"、"铁棍"、"铁锁"、"铁闩"的六个辽将。六辽将个个虎背雄腰，身骑长啸腾飞的高头大马，手持方天画戟、狼牙棒、大刀、钢鞭等兵器，面带杀气，令人畏惧。门洞前后，各有石雕地灯7盏，前意为1万兵马执铜锤把守的"金锁"，后意为

八卦阵

1万兵马持弓箭把守的"铁闩"。从中门而入，道的南北两侧，各有东西向斜列石墩7座，西端南北横列石墩7座，号称"铁门"、"铁栓"、"铁棍"。意为7座将台各布兵一万，执长枪、硬弓把守。布阵以七为数，按道家之说，七为金，暗含重重煞气。

铁门金锁阵西，有一组庞大的相互连接的建筑群。每座建筑代表着一个战阵。左为青龙阵，右为白虎阵，前为朱雀阵。三阵皆高12米，底见长9米左右，呈不规则的城堡型，砖砌而成。后边是玄武阵，高台上筑有大殿，面阔3间，顶为双卷棚。殿内绘有穆桂英大破天门阵壁画，故事情节连贯，交战场面激烈，人物形象生动。四阵之间有高约7米左右的二层木结构迂回式露天长廊，名曰长蛇阵。长蛇阵将四阵连为一体，构成一个占地面积80余亩，似圆非圆、似方非方的硕大阵形。青龙阵内置台阶

可上顶观阵，其他三阵皆为外置台阶，都可拾级而上，登高眺望，一览诸阵。

青龙阵南墙上，雕青龙图案。北侧，南北向排列着两行石墩，各6座。石墩北端又置6座东西向排列的石墩，皆高2米。这些石墩为阵中将台，号为"龙须"、"龙爪"、"龙鳞"。白虎阵北墙上雕有白虎图案，南侧石墩，也以6数排列，顺序与青龙阵相同，号为"虎牙"、"虎爪"，"虎尾"。道家称六谓天源之土，能容天下万物。朱雀阵西墙上，雕有朱雀图案。前有4米高的辽守将耶律休哥与副将的石雕塑像，横刀立马，面目狰狞。塑像前各有横竖排列的八盏石雕地灯，意为所帅兵将。玄武阵上雕有龟图案。青龙阵、白虎阵、玄武阵、长蛇阵阵前各有两尊高4米的骑马守将石雕塑像。示为青龙阵守将黑水国铁头太岁、白虎阵守将流沙国苏

天门阵

铁门金锁阵

何庆、玄武阵守将耶律休哥底、长蛇阵守将耶律沙及辽将萧天佐、韩延昌等。个个手持兵器，形态各异，似有万夫不当之勇。

四阵中央筑有正圆形高台，高台面上绘有太极图，示为玉皇阵。台高4米，直径20米。台上有台，共分三层，皆为圆形。四方设台阶，每层6级，共18级。每层高台上有8盏石雕地灯，连同台下4盏，共28盏，号为披头散发的二十八宿天将。高台东北、东南、西北、西南方位，各有直径2米的圆台，示为台周四阵。高台底边以八卦阵形八方设道，连通诸阵。相传玉皇阵守将为森罗国金龙太子与董夫人，称玉皇大帝、梨山老母。玉皇阵东侧，有4尊童男、童女塑像，示为金童玉女阵。

在朱雀阵、玄武阵的南北两侧，各筑有高约4米房屋1间和蒙古包1座，意为黑风阵、太阳阵、太阴阵、罗汉阵。以上四阵有通道与地下诸阵相连。相传上下诸阵内布手执弥陀素珠五千健僧，号称西天雷音寺诸佛和五百阿罗汉。四阵旁又各有高约8米的4角重檐小亭，又示为四阵。

玉皇阵正下方筑有地下建筑群，内设诸阵。正中为大厅，周边有地道，长度有1500米左右，设有迷魂阵、鬼魂阵等。机关密布，险象环生。并以声、光、电等现代科学设计手段，再现春夏秋冬、日月星辰、风雨雷电、云雾霜雪以及豺狼虎豹、禽虫蛇蝎、妖魔鬼怪等千变万化的场景，使人如临其境。

横观全阵，阵阵相连，上下贯通，防线道道，关卡重重，攻守有方，密不透风，宛如钢铁堡垒。观后使人不由联想到当年以穆桂英为帅的杨家将，面对强大的对手，以气吞山河之势，出奇制胜之谋，高超绝伦之技，大破天门阵的场景。整个建筑思路贯穿了道学理念，以其独特的视角，充分展示出金沙滩古战场灿烂的历史文化。整个建筑思路贯穿了道学理念，风格独特，富有创意。

青龙阵

白虎阵

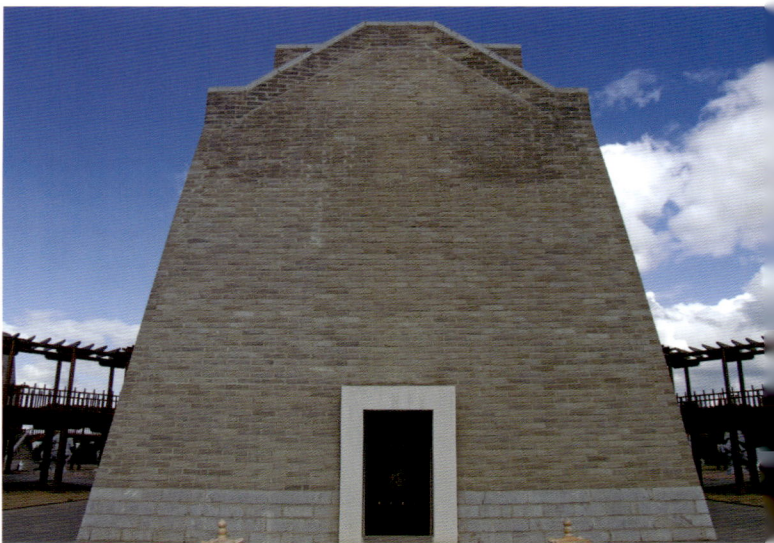

朱雀阵

长蛇阵

玄武阵

玉皇阵

第三节 崇 国 寺

崇国寺位于园林北部，坐北向南，格局呈五进院式，为新建寺院。占地120亩。崇国寺中，建有山门、天王殿、文殊殿、大雄宝殿以及钟楼和东西配殿。整个建筑规模宏大，富丽堂皇，国内罕见。据清光绪《怀仁新志》载："崇国寺，在县北，元至元间建。"毁于近代，现仍以其命名。

山门 山门前东西各有4根大理石蟠龙柱，冲天而立，高13米，直径1米。底为莲花座，顶有望天兽，柱上雕蟠龙。其龙头、龙角、龙舌、龙牙、龙须、龙鳞、龙爪、龙尾等，清晰健美，得体逼真。双须飘洒，摆尾舞爪，张牙咧嘴，仰天长啸。盘龙柱前建有拱形玉带桥三座，主桥宽5米，侧桥宽2米，长10米。置有汉白玉栏杆，浮雕松竹梅兰等图案。桥两侧设有高程叠水瀑布，阳光辉映五光十色，绚丽多彩，十分壮观。山门与门前的蟠龙柱、玉带桥相互辉映，蔚为壮观。

山门为红白点花岗岩石牌楼，四柱三门九楼，高15米，宽25米，楼头中高侧低，脊、瓦、飞、椽俱全，斗拱重叠，飞檐挑角，形似木构。立柱、斜戗、抱鼓、横枋、雀替，石板上雕刻有精美的动植物图案。正门上额横书"崇国寺"三个大字，为少林寺第三十八代弟子、全国四大书法家之一德昭大师所题。笔锋流畅，字体圆润，章法精湛，雄健飘逸，横竖撇捺挥洒自如，加之雕镂精细，为寺院增加了肃穆清雅的气氛。整个牌楼错落有致，雕工精细，玲珑剔透，对称和谐，造型优美，刚健挺拔，浑然一体。

山门左右各置一汉白玉石狮镇守。石狮蹲坐于双层莲花须弥座上，通高约5米，颈戴项圈，圈系响铃，毛发蜷曲，怒目圆睁。右侧石狮左爪登宝珠，左侧石狮右爪按小狮。远看凶猛威严，近观跃跃欲腾。

山门

朔州风光·自然风光

文殊殿

天王殿 为寺院前殿，建于长32米、宽24.5米、高1.6米的台基之上，四周设汉白玉栏杆。面阔5间，进深3间，高16米。单檐歇山顶，覆以金色琉璃瓦，五脊六兽。前后开弓形门，门边镶有狮子滚绣球石雕，形态活泼生动。门两侧辟有圆形窗，像天王大睁着双眼，审视着人间万物。正门上悬"天王殿"匾额，蓝底金字，耀眼夺目。殿前两旁，各有一只精致的青石雄狮，高4米，毛发倒竖，呲牙咧嘴，蹲坐在高1米高的长方形石基座上。狮旁各有六角灯，通体石制，高近3米，灯座为圆形，上雕覆莲；圆形灯柱上，浮雕云龙纹、仰莲和12属相镂雕；灯首有灯罩，罩上设一门三窗空心室；覆顶有三个倒立狮子和宝珠。雕工精细，造型优雅。大殿规模宏大，殿内弥勒佛跏趺于莲花座上，脸宽耳阔，袒胸露腹，憨笑可掬姿态喜人。高6米的四大天王列于两侧，一个凶猛，一个严肃，一个威武，一个神气，头戴金冠，身披金甲，脚蹬虎头战靴，手拿降妖宝物，威风八面。

殿两侧，东西配有钟楼，重檐歇山顶，高13米。内悬青铜巨钟，高3.4米，口径2.3米，重6.5吨。声音沉浑悠扬，饱含古刹之韵，百里可闻。

文殊殿 文殊殿位于天王殿后，筑于高 1.8米、长42.5米、

天王殿

大雄宝殿

宽38.5米的台基之上。面阔38米，进深29米，高19米。重檐九脊歇山顶，外观二层，内为一大殿。栏额斗拱，装饰华丽。四周回廊，设栏杆，上有浮雕，外有滴水。殿内正中佛坛上有总高约10米的文殊菩萨骑狻猊塑像。其中文殊菩萨像高6米，狻猊高3米，莲花座高1米。狻猊背披锦垫，垫上置莲花宝座。文殊菩萨右腿盘曲，左脚踏莲花，半跏趺于其上，头戴五佛冠，身披袈裟，手执如意，身后有饰七珍八宝图案的背光，有三层火焰。狻猊四蹄蹬地，双目圆睁，张口卷舌，昂首如登云而行。文殊菩萨面颊丰满，双目平视，双耳垂腮，以示般若的自信，能断除一切怨敌忧烦。大殿内两侧陈列着鎏金500罗汉。衣褶条文，清晰分明，动作殊异，姿态万千。有的笑容可掬，有的托腮沉思，有的开怀大笑，有的高举禅杖，有的手握经书，有的闭目合掌，有的瞪目怒吼，有的如疯如癫，有的如醉如痴……文殊殿东西两厢设配殿，各面阔9间。西为地藏菩萨殿，东为伽蓝菩萨殿。

大雄宝殿 雄踞于文殊殿后高大的台基上。台基东西长56米，南北宽48米。正中20级台阶，分上下通道，中间为御道龙雕。台基四周设汉白玉栏杆，上有各种动植物浮雕图案，外有魑首滴水。大殿面阔38米，进深27米，高21米，重檐九脊歇山顶，覆以金色琉璃瓦。顶脊两端，2米高的吻兽，似张嘴吼啸。四角飞檐高挑，恢宏巍峨，脊上有兽。檐下四出廊，前置抱厦，斗拱叠叠，雕梁画栋，金碧辉煌。重檐正中有巨匾，横书"大雄宝殿"蓝底金字。殿内装裱丽致，幔幢高垂，华盖似锦。正中佛坛上供奉三尊5米高的贴金佛像，均结跏趺于须弥莲花座上。中间是婆娑世界教主释伽牟尼佛，头上蓝色螺发盘旋，脸型圆润，双眼微睁，两耳垂肩，右手掌心向下平置膝上，左手托钵，置于胸前。身披袈裟，上身祖露。衣纹简洁粗犷，线条鲜明流畅。背光有如意云环、小佛、盘龙、火焰纹。左边是东方琉璃世界教主药师佛，左手持药钵，内盛甘露，以示可医百病，延寿消灾。右手屈指作环形，呈说法状。右边是西方极乐世界教主阿弥陀佛，右掌托莲台，示能接引众生，去往西方，左臂上曲，手施无畏印。在三尊佛像背后，还供奉着三尊佛像。中间为释迦牟尼的化身毗卢遮那佛；左为骑着绿色神狮文殊菩萨，手执如意；右为骑着六齿白象的普贤菩萨，手持莲花。在大殿东西两侧，供列着十八罗汉。姿态各异，有的站，有的坐，还有说话的，侧耳细听的，静坐沉思的，合掌念佛的，趺坐修行的。从神情上看，有的嫉恶如仇，有的怒目圆睁，有的泰然自若，有的与世无争，个性鲜明，富有实感。

大雄宝殿最引人注目的是，在殿内四面八方，密密麻麻地布满了尊尊金色小佛，连同殿内大佛，共计9999尊，又称万佛殿。整个大殿佛光四射、金光熠熠，令人叹为观止。

殿前置石雕鼎式香炉，呈长方形，长4米，宽1米，高1.5米。殿前两旁，有高4米石雕灯，底座为镂空云水纹仰莲托座，圆鼓状灯柱上，雕立体二龙戏珠。灯罩上有十二属相、倒立悬狮，罩顶置雕塑卧狮。石灯雕工精湛，实为上乘之作。大殿东西两侧建有配殿，各面阔9间，东为观音殿、达摩祖师殿，西为普贤殿。大殿后面有南海观音雕像，观音一手握杨

千佛柱

柳，一手托净瓶，旁边侍立着善财童子和龙女。

大雄宝殿后，为三重檐式藏经阁楼，为全寺最高建筑。正在建设中。

崇国寺设计之新颖，雕刻之精美，装裱之奢华，规模之宏大，气势之恢宏，极为罕见，实乃当代寺庙建筑的精品之作。

第四节 金 沙 湖

位于园区南部，积水面积2.5万平方米。形似花瓶非花瓶，又像葫芦非葫芦，倒像天然而成的自然湖泊。碧水灵气，使园林万物生辉。

白玉石栏杆，银光闪闪，紧紧围绕着湖水，似在携手戏水；紧贴栏杆是彩砖铺筑的步道，一株株垂柳，轻拂枝条，探过步道，似在对着湖面梳装。分布在湖边不远处的一个个呈几何图形的花坛，一朵朵盛开的鲜花，舒展花瓣，喷发出特有的芳香。湖面上，回廊曲榭、四角小亭，玄耀着华丽的装饰、别致的形态、古朴的风韵。

雨季的天，说变就变，小雨时可来临，在湖上小亭、回廊避雨的游人，可享受难得的雨景。顶檐滴水垂落，身前身后都像珠帘高挂，像雾似的雨，像雨似的雾，丝丝缕缕，细细密密织成纱幕，呈现在眼前。蒙蒙雨丝落在湖面，溅起银珠似的水花，碎纷纷连成一片，美不可言。湖面边的荷花，依偎着硕大的荷叶，在雨丝洗涤下，格外妩媚动人。

雨过天晴，湖水清澈碧透，镜平可鉴。湛蓝的天空，牡丹花似的云朵，多彩的长虹，湖面的小亭、曲榭，与湖边怪石垒垒的假山，连同那远远近近的大山、村落殿宇、树木花草，构成一幅无边无际的风景画。人工湖不远处，有跑马场、儿童游乐园及小别墅式的宾馆。这一切都为园林锦上添花，又增加了一道靓丽的风景线。

明海湖景区

SHUOZHOU SCENERY 朔州风光

明海湖景区

明海湖生态旅游区位于平鲁区高石庄乡，南距井坪60公里，西与内蒙清水河县接壤。景区四周，群山环抱，山光水色，气象万千。界岭山立其北，元台山横其南，汤溪河水穿境而过。外长城像一条巨龙，上冲下突，蜿蜒起伏，俯卧在景区西部的镇楼山上。明海湖东岸的豪汉山，似一幅天然画屏，披锦滴翠，雄浑壮美。起伏的山峦，幽深的峡谷，苍茫的林海，如镜的湖面，飘香的果园，层叠的梯田，构成了一幅幅浓墨重彩的山水画。巍巍长城，林立墩台，沧桑古堡，险峻关隘，西口古道，窑洞毡房，集聚了悠久浑厚的边塞多元文化。鹿奔驼行，牛叫马啸，鸡鸣兔驰，百鸟争歌，展示出人与自然的和谐之美。明海湖旅游区以她那纯朴、清丽、迷人的风采，吸引着众多的游客前来观光。

第一章

沿途览胜

第一节　棋盘山景

由平鲁区井坪镇北上明海湖旅游区是一条宽阔的水泥大道。百里山路，盘谷绕峰，左旋右折，宛如龙腾虎跃。前行10公里，就到了棋盘山。山上松柏苍翠，万木争荣，野草丛生，山花遍地，呈现出一派千姿百态的山岳风光。

据传，在很久以前，有两位不知名的神仙，脚踏祥云，云游天下，一日来到棋盘山，见紫气升腾，灵光闪烁，兴致顿生。于是，按落云头，置身山巅，画地为盘，点峰为子，悠哉弈棋。直至午夜，成和告终，飘然而去。棋盘山故而得名。

顺着一条5米宽的土路驱车可盘上山顶。山顶有一座古色古香的凉亭。亭基高1.3米，直径50多米。亭高6米，顶为八角单檐歇山式，上覆金色琉璃。八脊六兽，飞檐翘角，风铃垂挂，内外彩绘，装饰精美。

登亭四望，天似穹庐，山峦连绵，群峰如浪，沟壑纵横。座座山峦披翠，条条沟壑涌绿，随风起潮，犹如海水漫卷，直达天际与卧云相衔，蔚为壮观。蹲守在山岗上数十座烽火台，毗邻相望，连成一线，展示出特有的边塞风光。西南方山梁上，风力发电架密集如林，随风转动的叶片，在阳光下闪闪发光。

棋盘山的雨天，十分迷人。当灰蒙蒙的雨云聚

棋盘山风光

满天空，浓浓的云雾在山顶上漂移，在沟谷里涌动。细雨降落，丝丝缕缕，飘飘洒洒，远峰淡抹，近岭迷蒙，山山岭岭宛如一幅幅浓淡相宜的水彩画。雨过天晴，蓝天放碧，座座高峰似出水芙蓉，浩瀚林海，苍翠欲滴。这时，从烟雾蒙蒙的深谷中，常会有一道彩虹升起，在碧蓝碧蓝的天空，架起赤、橙、黄、绿、青、蓝、紫多彩圆弧，似气势宏伟的拱桥，近在眼前，可信步往来，美妙绝伦。

方山梁风力发电场

第二节　十里长廊与西口古道

十里长廊

十里长廊　下了棋盘山，前行十公里，山道便钻进一望无际的林海。路两旁的杨树林，宽1公里，长5公里。少量的柳、榆、槐树和大片的沙棘丛混交其间，挨挨挤挤，形成密不透风的绿色屏障。

这里的春天姗姗来迟，一旦大地苏醒，似乎一夜间变了颜色。林间小草钻出地面，伸出葱心似的嫩芽。迎春花茎条上的花骨朵儿含苞待放，杨柳脱掉了枯枝残叶，枝条泛青，绽出嫩滴滴的小叶。随着春雨的降临，倾刻间满山皆绿。株株杨树沿路密列，枝枝叶叶毫无拘束地向上伸展，像一杆杆倒插的画笔，彩绘出灿烂的春景。山风轻拂，杨花飞舞，柳絮飘荡，像鹅毛大雪从天而降。落在地上，犹如卷起簇簇浪花，落在沙棘丛上，似千树万树梨花开放。

盛夏，十里长廊披锦叠翠，掩映在绿波滚滚的林海之中。两旁杨柳枝叶你拥我抱，密密麻麻。树下沙棘碎纷纷的小叶墨绿墨绿，把枝条遮盖的似有似无，阳光只能在路面洒下柔和的斑斑点点。红彤彤的山丹丹花、甘草花、石竹竹花，紫茵茵的枸杞花、地丁草花、打碗碗花，金灿灿的苦菜花、苜蓿花、白草花，雪白的野山渣、刺梅花、地蔷薇，点缀林间，盛开路旁，妖姿艳态，灿烂夺目。十里山道十里花香。

秋风萧瑟，遍地凝霜。生长在山坡上海拔高度不同的杨树林，树叶呈现出淡绿、淡黄、金黄的色彩，一层层，一片片，一方方，色彩斑斓，绚丽多彩。当树叶凋落时刻，整个杨树林变成了金叶翻飞的海洋。一片片金箔玉片般的杨树叶，纷纷扬扬，漫天飞舞。墨绿墨绿的沙棘丛，迎风傲霜，深褐色枝条的上上下下，缀满了沙棘果，串串簇簇，黄中透红，红里透黄，似无数晶莹剔透的珍珠玛瑙洒落其间。品尝酸甜香醇的沙棘果，领略十里长廊风光，惬意忘返。

西口古道 从平鲁区政府井坪镇到明海湖的路径，是一条有名的西口古道。古道可直达长城脚下景区南

白兰口、景区内大河口，景区北七墩镇边口。由三口出长城，可直达草原大漠。古道两旁，青砖红瓦，绿树掩映，一派新农村的景象。远远近近的峰火台，以外长城为边际一直辐射到内长城脚下，举目可望。它们像一个个久经风霜的老人在诉说着历史的沧桑。

历史上的晋商，由白兰口、大河口进入清水河、和林格尔、归绥六厅，可抵包头、土默川。清代，两口附近的店铺、客栈生意极为兴隆，商号有德盛泉、德盛源、德洞泉、永盛恒、德生义、福和成、德金恒、广济成、永盛昌、永盛美、厚池等。发

大河口风光

迹大户比比皆是。其中董家在清水河县城，商号铺面占有半条大街，资金达上百万两白银。侯家远上绥远包头经商，成为当时晋商帮重要名商之一。七墩镇边口是平鲁县境最北端的长城隘口，清雍正年间设镇。由此出长城，便进入蒙古地界，再向西经归绥六厅，可向古丝绸之路进发，向北经归化、绥远、越蒙古草原、库伦即进入中俄边界的买卖城—恰克图。据孔祥毅《近代史上的山西商人和商业资本》载，19世纪中叶，约在清道光、咸丰年间，晋商从这里输出的茶叶由年均4万箱增到10万箱，最高年达17.5万箱。晋商用茶叶、粮、棉花、纺织等商品，换回大量的内地稀有货物，买卖价值达1500万美元以上。昔日出雁门、经平鲁、出边口的这条古道，驼铃叮咚，马帮穿梭，络驿不绝，谱写下了商业文化的灿烂篇章。同样在这条古道上，曾有成千上万的穷苦人，沿着它外出觅生。脍炙人口的《走西口》歌谣，山里人至今仍在传唱，道尽了昔日难舍难隔的亲情，背景离乡的凄凉。苍茫的西口风情，盛名的西口商道，灿烂的西口文化，铸就了特有的塞上风光。百里山道，百里画卷，百里沧桑。

第二章

明湖风光

第一节　汤溪成湖

　　明海湖旅游区的东南端，有一座汉白玉牌楼，高6米，四柱五楼头，飞檐翘角，斗拱叠叠。横额上刻有"明海湖生态旅游区"八个大字，金光闪闪，明海湖

引人注目。四柱为方形，下有抱柱石，通体洁白银亮。横枋上有二龙戏珠、莲花等浮雕图案，线条洗练，雕工精细。整个牌楼浑然一体，古色古香，不

失宏伟之势，堪称当代上乘之作。

景区南五里处八墩村河滩，群泉喷玉，涌流成河，名曰汤溪。汤溪河由南向北，潺潺纵贯景区，由西北方大河口出长城，流入内蒙古清水河县境，归入黄河水系。1976年—1979年，在大辛窑村南河谷筑坝砌堤，拦汤溪河之水成明海湖。拦河坝东端设泄洪道，坝高14米，长

湖边垂钓

212米，顶宽4米，库容量230万立方米，水域面积40万平方米，水深6米～8米。湖东岸是海拔1547米的豪汉山，山水相连。山坡上云杉、油松、樟子松成片，茂密苍翠，四季常青。湖东西南北四面为山，山山披翠叠锦。俯视明海湖，蓝湛湛、亮晶晶，犹如一颗巨大的宝石镶嵌在天然翡翠之中。岸上的杨柳、蓝天、白云、青山、长城、墩台……映入湖中，杨柳在湖中摇曳，白云在湖底飘移，群鱼在长城漫游，清风拂过，化作一道道捉摸不定的幻影。湖里动感的图画，湖上旖旎的风光，美妙绝伦。微风乍起，湖面像揉皱了的锦缎，在阳光照耀下，浮游着斑斓的色彩，好像撒下满湖珍珠，闪闪烁烁，夺目耀眼。

湖东西两岸都筑有钓鱼台，多为长条石筑成，伸入水面4米，宽2米，设青石雕花护栏。明海湖内，主要鱼种有草鱼、鲢鱼、鲤鱼。湖面上，时而有鱼跃出水面，片片鱼鳞，闪闪发光，激起朵朵水花，荡开圆形涟漪，圈圈向外涌动。慕名前来钓鱼者，络绎不绝。每个钓鱼台总有钓鱼人，不时有垂钓者提起鱼竿，钓起活蹦乱跳的大鲤鱼，喜悦之情，溢于言表。钓台垂钓，动中有静，静中有动，舒意快慰，其乐无穷。

第二节 仙人渚与桃花岛

仙人渚 从湖西岸走下12级台阶，便来到造型别致的码头。码头宽12米，由许多长长的条石铺设而成。层层条石一级一级嵌在湖里，像一条石制的云梯挂在湖岸。码头停放着一条条小舟、游艇。从这里乘舟南行，即登上湖中央处的仙人渚。仙人渚面积0.2公顷，为圆形，中间是一座假山。山上高高低低的云朵形基石上，有一条汉白玉质的巨龙雕塑。龙体长30米，龙头、龙角、龙须、龙鳞、龙爪、龙尾，活灵活现，形态逼真，摇头摆尾地盘踞在假山之上。假山周围载植着一株株龙爪槐，好似一条条小龙，依偎在巨龙身边。假山由天然岩石堆集而成，内设左旋右转的山洞，由外可进。假山上一道宽2米的瀑布，直泻而下，似玉带轻飘，明珠飞溅。假山之上，怪石嶙峋，有的像猴，有的似鹰，有的如虎，有的如熊……山洞口两侧高低错落的人物象形石，俨然一派群仙聚会的场景。有的长须垂膝，有的似乘麒麟，有的似语似笑，有的仰卧下蹲，千姿百态，呈现出仙人渚上"有仙人"的神秘色彩。云杉、油松、白杨、垂柳、侧柏、国槐、榆树等树木疏密有致，相得益彰。丁香、连翘、刺梅、水腊等灌丛布列得体。一块块平整光滑的岩石嵌在绿草丛中，筑成蜿蜒的林间小径，展现出原生态的自然风韵。美丽的仙人渚把明海湖装点的隽秀奇妙。

桃花岛 位于湖面西南部，有一条九曲小桥把桃花岛与湖南岸相连。桥面由一块块规则的方形石板铺设，形成左折右拐的几何图案。桃花岛为椭圆形，面积0.5公顷。岛上茂密的桃树林，掩映着一座四合院。朱红大门前，有两尊汉白玉石雕狮子，毛发卷曲，张口瞪目。门外侧立柱上书五字联："精神山水萃，义理知仁咏"，字体遒劲有力，飘逸洒脱。院

岸边码头

内正房面阔五间，为二层楼阁。通高10米，单檐歇山顶。上覆琉璃瓦，五脊六兽，正脊浮雕二龙戏珠。飞檐翘角，斗拱叠加。横梁油漆彩绘，有凤凰展翅，有莲花开放，有花鸟禽鱼，有山水云天，五彩缤纷。通体装饰精美，富丽堂皇。二层楼厅陈设着名贵花卉，备有三弦琴、七弦琴、琵琶、箜篌等古典乐器。几个仕女装的窈窕少女，抚琴拨弦，悠悠琴音传向四方。一楼为棋室，游人小憩可享对弈之趣。东厢房三间厅室，三壁悬挂古今书法名作仿品。有王羲之的《兰亭序》，王献之的《洛神赋》，颜真卿的《祭侄文稿》，柳公权的《玄秘塔碑文》，欧阳洵的《张翰思鲈帖》和毛泽东的《满江红》……室内还备有文房四宝，为游人提供了难得的书法练笔场所。西厢房同为三间厅室，三壁悬挂着装裱精美的古今名画仿制品。国画、水墨画、水彩画、水粉画、油画、板画、写意画等等，种类繁多，风格迥异。室内备有笔墨、色彩颜品。游人在此可临摹名作，或挥毫作画，抒怀题词。院内用五彩的河卵石组拼成各种图案。中轴两

侧，用时令花草编织成"琴棋书画"四个大字。古香古色的四合院，营造出浓郁的文化氛围。置身其间，领受琴棋书画的熏陶，难能可得，不失高雅之举。

桃花岛上，桃树成片成林。春天，桃花盛开，一派妖娆，姹紫嫣红。朵朵桃花，瓣红蕊粉，红中透白，白中透红，一束束，一团团，一簇簇，缀满枝头。细看那袅袅娜娜的枝条上，一串串含苞待放的花骨朵儿，浅浅的，淡淡的，殷殷点红，一株桃树就是一个华盖，株株相连，形成花的海洋。千千万万只蜂蝶在花间旋转，微风吹来，花雨纷扬，流光谥彩，绚丽璀璨。桃花林似天上飘下的霞，若仙女抖落的缎。桃林间，置有彩灯装饰成的桃花树，夜晚放灯，能以假乱真，营造出桃花岛上四季桃花盛开的美景。声声翠鸟啼鸣，衬托出桃花岛的静美幽谧。倘佯在桃花鸟上，恍若置身桃源仙境之中，"度世之若兰，避世之桃源"之感油然而生。

第三节 明湖拾景

明湖晨霭 秋季，明海湖的晨霭是一大景观。当启明星还在渐渐淡起来的天幕上闪烁的时候，梦幻般的晨霭，便从明海湖、汤溪河、树丛中升起。晨霭蒸蒸腾腾、虚虚飘飘，一缕缕，一团团，一片片，如烟如棉如水，在群山环抱的景区弥漫缭绕，迷迷茫茫、混混沌沌，像一个巨大的纱罩笼罩着整个景区。周边的山峦、长城似在水中沉浮，若隐若现，亦幻亦真，一切都变的神秘莫测。住宿的游人在湖畔飘然挥剑，舒臂打拳，恍若置身蓬莱仙境。晨曦微露，似钻石般闪亮的光点在晨霭中跳跃、蹈舞、嬉戏、追逐、拥抱。当妖艳的朝阳在东边豪汉山背后露脸，冉冉升起，万缕霞光四溢，与景区蒸腾的晨霭交融，变幻，即刻形成五光十色的光环，绚丽斑斓。晨霭在阳光中，渐渐溶化、消失，朝霞给明海湖披上光亮晶莹的

盛装，使之更加妖艳动人。

明湖夕照 盛夏，夕阳西下，晚霞满天，豪汉山坡的丛林一片通红，似火焰般的燃烧。西天彩云升腾变幻，桔黄色的，血红色的，青色的，深紫色的，重重叠叠，勾勾环环，折射湖中，构成一幅幅图案，像条条彩练，像层层梯田，像绵绵群山，像孔雀开屏，像红旗招展……千姿百态，变幻万千，湖上湖下，浑然一体，瑰丽壮观。当夕阳没入地平线，夜幕像一张巨大的鱼网，随着习习凉风，漫天落下，高远的天空一片肃穆。西边纵贯南北的长城墩台，座座巍然屹立，像倒扣的铜钟，雄犷壮美。随着最后一抹霞光溶进冥冥的夜色中，宿鸟归巢，牛羊饮水，汤溪河上处处漾溢着山里人农耕归来的欢歌笑语。

明湖夜月 从春到秋，在静夜晴空，总有柔和似絮、轻匀如绢的云朵，簇拥着盈盈皓月从东山升起，像明镜如玉盘地悬挂在山顶上空。清辉把羽毛般淡淡的浮云，映成一轮彩色的光环，晕晕呼呼，若有若无。皎洁的月光泻向大地，整个景区被月色浸成了梦幻般的银色世界。湖岸上远远近近的丛林、山丘、长城、古堡都隐匿在雾一样的月辉之中，扑朔迷离，朦朦胧胧，神奇而静谧。月光从澄蓝的天空透进丛林、花圃，像细雨倾洒，像淡雾飘浮，每个松针都像银针一样闪闪发光，重重叠叠的

枝丫间，漏下了碎纷纷的隐影，在地上织成斑斑驳驳的花纹。路面如落白霜，花影扶疏。湖水轻轻拍弄堤岸，蝈蝈阵阵，蛙鸣声声，似演奏着一支小夜曲。如水如银的月光，随习习夜风撒在广阔的明海湖面，宛如无数银鱼跃出水面，晶莹闪亮。皎月映在湖中，星斗拱在周围，桃花岛上彩灯装饰的桃花树，仙人渚上汉白玉石雕长龙，还有那岸上的路灯、地灯、塔灯，一齐涌入湖中，流光放彩，绚丽斑斓，构成一个神奇的世界。赏明湖夜月，恍若身在水晶宫。

第三章

湖畔景观

第一节　西口驿站与窑洞山庄

西口驿站 位于明海湖北端西岸上。座西向东，纵列南北，呈仿古二层窑洞式建筑，上下各15间。上层前设露天走廊，置青石栏杆，栏板内外有浮雕花卉

等图案。下层前出廊，八根露明柱木制朱漆，红光熠熠，下有鼓形基石。檐下分列悬挂有大盏宫灯，上下层窗棂一色寿字图案，古色古香。楼梯设于前面正中央。从两侧登上15级台阶，再折西上9级台阶即上二层窑洞。前两侧台阶之间，筑有门洞，门洞上方浮雕"西口驿站"四字。这里依山傍水，距大河口关隘咫尺，历代为军事重地，故取其名。窑洞冬暖夏凉，电视、卫生间等现代设施一应俱全，把古老的窑洞与现代文明融为一起，给游人提供了舒适的休息场所。窑洞南北两侧，各建有3间房屋，北为厨房餐厅，南为洗手间。窑洞前是一个面积为2000平方米的停车场，其间筑有圆形花池。金灿灿的菊花，紫茵

西口驿站

茵的玫瑰花，散发着悠悠花香。紧靠湖岸，置一色的青石护栏。栏板上浮雕松、竹、梅、兰、菊、莲等花卉和鸟兽吉祥图案。护栏边，设有一排四人座桌凳，以便游人在此赏湖观光，打牌弈棋。岸边的杨树高大挺拔，生机勃勃，其中有五、六株直径达半米余，枝枝杈杈，你挨我挤，连成方圆几十米直径的硕大树冠。盛夏时分，游人坐在树下，乘凉赏景，惬意舒心。

驿站南，有一个小圆形广场，直经30米。广场以鹅卵石编织成各种图案，正中间矗立着一根伞形灯柱，高12米。一座座蒙古包分列周边，四方设有便道。便道两旁，置有金叶榆、金丝柳、红花槐、龙爪槐、铁树花坛陈列路端，呈现出不同树冠的风韵美。广场四面八方，以桧柏墙、水腊，围成一个个花圃，一池池、一方方、一坪坪，长的、圆的、半月的……布列有致。红彤彤的彩叶草、小檗，绿茵茵的北海道黄杨，金灿灿的秋菊，嫩滴滴的野罂粟，亭亭玉立的月季花，挨挨挤挤的牵牛花，红的、白的、蓝的、紫的、粉的姹紫嫣红，似朵朵彩

云烂熳绚丽，如片片锦缎艳丽斑斓。在蒙古包里大碗吃肉，大碗喝酒，品尝具有当地特色风味儿的莜面囤囤、荞麦圪坨儿、烧土豆儿，领略边塞风情，别有情趣。

窑洞山庄 坐落在明海湖北，汤溪河北岸的向阳山坡上。山庄街道宽阔，树木高大参天。一排排石砌窑洞，布列整齐，逐排递高，一色的青砖砌墙，朱红大门，分外醒目。每排窑洞中，或三间一处院落，或五间一户人家。家家窑洞面墙上垂挂的一嘟噜一嘟噜红辣椒和玉米棒，把整个院落装点的喜气洋洋。户户人家院内，栽有果树，置有花坛，辟有菜地。山里人热情好客，只要步入农家，游人就能喝到香喷喷的山茶，尝到鲜嫩嫩的水果。

山庄西北方不足1公里处，是大河口关隘。西出关口是内蒙古境域，俗称"口外"。紧靠山庄西边，是一条西口古道，站在山庄街头，能听见"口外"的鸡鸣狗叫。潺潺的汤溪河水穿村而过，日夜不息，见证了昔日的硝烟戎马、商贾马帮以及那"走西口"的悲凉。

窑洞山庄

第二节　融和云梯与长城古堡

融和云梯　紧靠西口驿站西南，有两处各有三间窑洞的小院，为景区管理服务人员所用。其西侧是演义广场，占地0.75公顷，筑有露天舞台，面积500平方米。游人在此，可看到富有地方特色，丰富多采的文艺节目。

在演义广场西边正中间，是东西向的融和云梯。云梯长800米，宽8米，设1888级台阶，直达西山长城脚下。两侧筑有多层叠水，宛如仙女舞动的两条白练，层层叠叠，由梯顶飘然而下直至梯底。叠水外侧，杨柳依依，芳草萋萋，丁香、刺梅、珍珠榆等灌

湖畔长城

朔州风光·自然风光

丛和时令花草栽植其间，构成鸟语花香、郁郁葱葱的绿色长廊。

沿云梯拾级而上，可到达长城脚下的融和广场。广场为圆形，面积1.2公顷。沿广场左右两侧，筑有民族时空长廊和长城将帅长廊。长廊上覆琉璃瓦，彩绘精美，古朴堂煌。民族时空长廊陈列着戎狄、匈奴、鲜卑、突厥、沙陀、契丹、蒙古、女真等古代北方少数民族首领塑像。长城将帅长廊陈列着李牧、郅都、卫青、霍去病、郭子仪、杨继业、麻贵等曾在边塞长城征战守边将帅塑像。有的挎刀，有的佩剑，有的持矛，有的执戟……不同时代，不同民族的人物雕像，形态各异，虎气腾腾。每个雕像基石上，配以石刻文字说明。两道长廊相辅相成，凸现出民族碰撞、民族融合的历史沧桑，闪耀着灿烂的边塞文化光辉。

长城古堡　景区西部镇楼山上，蜿蜒起伏的外长城，南北纵列，犹如一条腾飞的巨龙，气势磅礴，雄伟壮观。这一段长城，北起大河口，南到大南沟，保存较为完好。长4公里，高5米～7米，底宽8米～10米，顶宽4米～5米，体宽厚实，胜于别处。这段长城上，墩台密集，隔200米，就有一座墩台矗立在城墙上，计有18座。墩台高6米，底呈正方形，边长15米，多跨出城墙西侧，且南、北、西三面又有高3米的土墙合围。每个墩台围墙距墩台不等，长约10米～50米，形成大小不同外城，将墩台紧紧护卫。其中有6座墩台，保存十分完整，巍巍屹立，高大雄伟。

景区长城段北端大河口，距明海湖1.5公里，南北山岗相夹，崖险沟深，开口300米，距西北杀虎口30公里，为军事重要关隘。其东侧不远处山梁上，现存明代城堡一座，名大河堡。堡呈长方形，堡墙东西长200米，南北宽100米，残高7米，底宽6米，顶宽2米～3米。南堡墙正中，有拱形堡门，外口宽，内口窄。门外有瓮城，呈正方形，边长50米。瓮城西墙完好，高7米，底宽5米，顶宽1米～2米；南墙断续相接，东墙残殆少存，墙外有一石碑，上刻"龙神碑记"四字，碑高1.6米，宽0.6米，厚0.2米，为清康熙年间存碑。大河堡与大河口互为拱卫，与厚实的长城、密集的墩台，构成了完整而坚固的防御体系，见证了其当年在军事战略上的重要地位，展现出边塞军事文化的巨大魅力。

长城上，长满了野生沙棘，秋季果实缀满枝头，红光闪烁，似一道彩虹挂在空中。还有一种白枸杞串生在城墙上下，秋天枝头开满了灰白色的小花朵，成簇成团。风起花舞，雾腾腾，白茫茫，犹如朵朵白云，悠悠飘移。置身长城展望，群山连绵似海，浩瀚无际。长城与长天相连，山道与白云相系。山随绿转，绿随山移，千峰竞秀，万壑争奇。极目长城外内蒙古境地，风吹草低见牛羊；遥望长城内平鲁山区，层层梯田似登天的云梯。景区汤溪河潺潺清流，穿明海湖而过，宛如一条洁白的丝绢系着一个精美的玉佩，装扮着美如少女的旅游景区。灵秀的美、壮阔的美、绿色的美、古韵的美，道道美景动情激怀，幅幅画卷引人心醉。

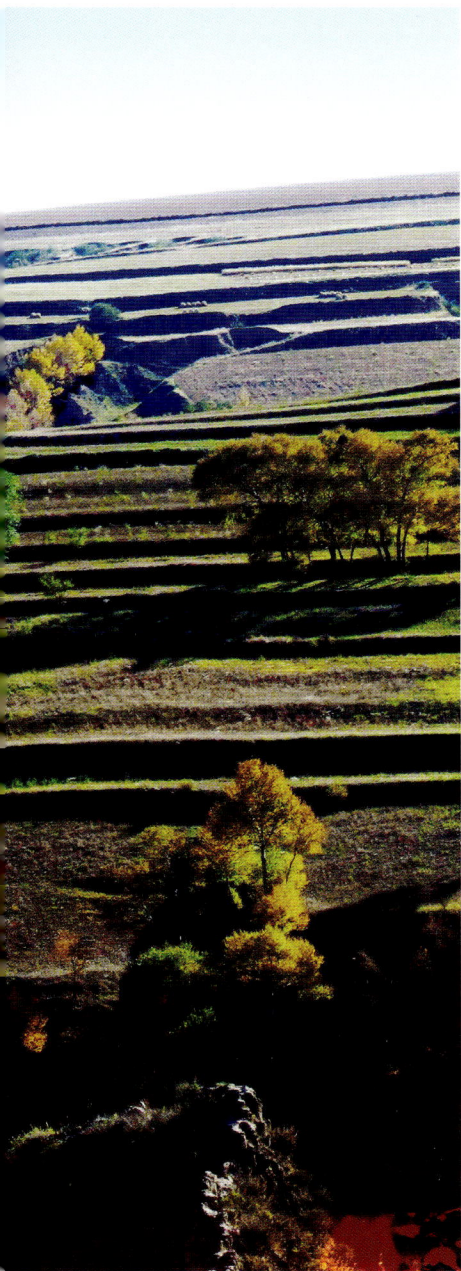

第三节 丛林放养与果木园林

丛林放养 位于景区西北部溪河畔。杨柳、松柏、榆槐等树木和怪柳等灌丛遍布其间。高大参天的树木掩映着各种放养小区。盛夏，林间绿草丰盛，山花灿烂，茂密的苜蓿开着金灿灿的小黄花儿，整个林地，像毛绒绒，绿葱葱的大地毯。绵羊、山羊在绿地上悠闲地吃草。一头头小黄牛，仿佛是青铜铸就，胸宽脯阔，在林间漫步。驴儿"啊啊"欢叫，马儿甩鬃长啸，鹿儿在汤溪河里自赏清水倒影中树杈般的美

丛林放养区

角。几峰骆驼趾高气扬，专为游人拍照。林间有餐饮设备，可供游人野外烧烤。

果木园林　在融和云梯北侧，是一大片果木园林。苹果树、桃杏树、梨树、山楂、李树等，栽植其间，一方方一个品种，一片片一个模样。当春风把翡翠般的绿色吹上枝头的时候，杏花溶入了雪霜，莹莹洁白，桃花化成了胭脂，殷殷粉红，李花嫩蕊凝珠，盈盈欲滴，梨花萃成束，滚成团，璀璨晶莹，好像要把整个世界装扮的玉洁无瑕。暖风轻拂，苹果花儿随风叮当作响，和着树叶的"沙沙"声，嘤嘤蜂啼，声声鸟鸣，似为翩翩蝶舞伴奏着轻音乐。一株树就是一个华盖，株株连成花的海洋。满山坡花雨纷纷，飘飘洒洒，流光溢彩，绚丽万状，美不胜收。秋天，累累果实压弯枝条。红彤彤的苹果，紫茵茵的李子，黄澄澄的雪梨，令人馋涎欲滴。果收落霜，层林尽染，绿的、淡绿的、黄的、淡黄的、红的、粉红的、艳红的，烂熳多彩，似晚霞落在山坡。

杂粮梯田

第四节 杂粮梯田与百鸟闹谷

杂粮梯田 融和云梯南部，沟壑纵横，坡缓地广。层层梯田，与山脊上的长城相连，直至景区南端折东伸延。梯田随山势、沟谷攀旋弯曲，右行左拐，高高低低，长长短短，层层叠叠，犹如一幅精雕细刻的版画，美不可言。这些梯田，是小杂粮试验田基地，种有莜麦、荞麦、谷子、糜黍、豌豆、扁豆、蚕豆、芸豆、绿豆、黑豆、白小豆等。从春到秋，多种稼禾色彩纷呈。到了花期，粉努努的豌豆花，蓝茵茵的黑豆花，白莹莹的扁豆花、荞麦花……一层一种色彩，一块一个颜面，相间相衬，美如画卷。秋天，白茫茫的莜麦田，像弯弯秋水，黄澄澄的谷穗，织成道道金河，红彤彤的荞麦秸秆，变成一片火焰。每年秋后，景区举办"中国小杂粮文化艺术节"。届时，五湖四海的宾客蜂拥而至，盛况空前。

百鸟闹谷 在杂粮梯田中部,有一条幽深狭长的沟谷,由东向西出长城,伸入内蒙古清水河境地。沟两侧陡坡上,长满了杨柳、松柏树和沙棘等灌丛。山里各种禽鸟云集在这里,啼鸣争歌,悦耳动听,形成了一道自然生态景观,故称百鸟谷。沟上有一拱形巨网,从高空罩下,将禽鸟囿于网笼。沟底正中是一条2米宽的硬化通道,便于游人近距离赏鸟。为便于青鸟饮水、戏水,道两旁建有狭长的池塘。罩笼东边入口处,建有南北走向三间平房,中堂坐落在通道上,穿堂门上挂有珠帘,飞鸟难以由此外出。由穿堂而进,前行约百米处,是一个直径约30米的圆形广场,中间高台上筑有六角亭,精美古朴,小巧玲珑。一个个花坛布列其上,散发着悠悠花香。广场和通道两侧,有条条小径可上沟坡。沟坡上筑满了高高低低、大大小小、各种造型的鸟禽窝舍。孔雀、驼鸟、山鸡、斑鸠、长尾鸡、鹦鹉、画眉、八哥儿、花喜鹊等禽鸟种类繁多,有的圈养,有的放养。整个谷中的沟坡上、树林里、窝舍内、池塘旁、通道边,有的饮水啄食,有的欢叫争歌,有的展翅比翼……览百鸟风采,听百鸟闹谷,游人兴致盎然。

其他自然风光

SHUOZHOU SCENERY 朔州

其他自然风光

第一章

山岳风光

第一节 黑驼山

黑驼山位于平鲁区和朔城区交界处，主峰黑驼山海拔2147.3米。景区内，山势雄浑，奇石遍布，坡陡谷深，草丰林茂，景色宜人。

站在黑驼山向北望去，重峦叠嶂中的虎头山，犹如猛虎盘踞于黑驼山的怀抱，但见庞大的虎体匍匐蜷曲，与黑驼山麓相连。绵延十数里的山脊两侧，天然植被和顺着山体条条切割的沟壑，形成活脱脱的虎斑条纹。虎的后肢隐没在靠近黑驼山的峰峦之中，而虎头前边酷似双腿的山峦则自然向北伸展开去，形成了形神兼备的黑驼卧虎自然景观。

黑驼山

从驼峰东侧过党家沟，沿弯弯曲曲的山路行1.5公里，在一处四周青峰环翠的山梁上，有一圆形封土堆，周长60米，高6米，穹窿高大完整，这就是有名的丰王墓。史载丰王为唐昭宗李晔第三子，名祁，904年（唐天祐元年）受封，曾镇守北疆，民间传说，死后葬于此地。黑驼山北侧顾北岭的山坡上，长满了茂密的火绒草。一簇簇毛绒绒的叶片，托着乳白色的花朵，黄色的花蕊散发出幽幽清香。含苞欲放的花蕾，羞答答地挤在花叶之间。远远望去，一坡接一坡、一岭连一岭的火绒草，银灰中放绿，银绿中绽白，碧波涌着白浪，铺天盖地，随风翻卷，叹为观止。

越过顾北岭火绒草坡，南行2.5公里，即到黑驼山草甸。草甸上大戟、地黄、秦艽、茼蒿、仙风、木瓜、亚麻、蒺藜等植物，方圆十里，株高齐胸，茂密无间，似碧绿的海洋。俯视花草，阔叶硕大，针叶细密，群芳盛开，多姿多态，姹紫嫣红。整个草甸，花香洋溢，沁人心脾。到了隆冬季节，大雪封山，黑驼山北侧成片的桦林，树干洁白，与白雪融为一体，难分彼此。劲风吹过，涌动的桦林如银浪翻卷。山因雪圣，树因雪洁，桦林融雪成为黑驼山一绝。早春三月，遥望皑皑插天的黑驼峰，在阳光照耀下反射着鳞鳞银光，犹如琼楼玉宇，尽显北国山川之美。

黑驼山主峰下海拔1800米～2000米间的北坡，面积8平方公里，长满了茂密的针叶松。树径小则十几公分，大则三四十公分，笔直挺天，各不相让，林翳荫天，空气湿润。密林深处有豹子、黄羊、狍子、獾、狐等野生动物。四季松柏长青，连波叠翠。在黑驼山东部黄石崖、打鹰沟之间的山坡上，原有风娘庙，供奉着七位为治理风沙而献身的女子。山坡上，伏着一条像是巨龙的石崖，相传是被七女子征服的恶龙化石。七女子勇斗恶龙的故事，在这一带广为流传，人们为了感谢七女子的功德，便在风娘坡建寺立庙。现残留七女子的石头雕像。塑像为汉唐侍女风格，站立者，高1.8米，蹲坐者高1.2米，体态丰腴，衣着线条流畅，具有极高的文物价值和观赏价值。

第二节　人马山

人马山　位于朔州市平鲁区井坪镇西部30公里处，主峰海拔1834米。山上草木葳蕤，岩石嶙峋。方

神龟下山

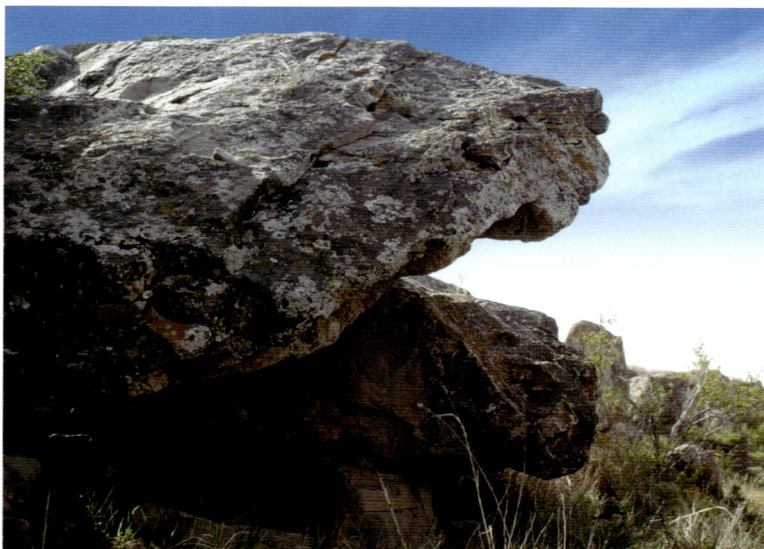

圆1公里的山顶，遍布各种象形巨石，有的像人，有的像马……故名人马山。其中两块垒叠的岩石，组成了一副神龟下山图。上边的石头，扁平宽大，上隆下凹，直径有3米，呈青褐色，布满了灰白色的苔斑，极像龟背。其下一条岩石紧贴龟壳，长1米，极像神龟伸出的头颈。头呈尖圆形，额上两侧凹陷处，各有一个凸出的圆形小石，乌黑晶亮，极像神龟炯炯有神的双眼。龟嘴、龟鼻可触可摸。龟腿外伸，意欲下山。过神龟下山石，前行百米，有七个巨大的人形山崖，远远望去，宛若一群仙女下凡，在山岚中轻盈地飘动。再往东南

折不远，两个等高20米左右的相拥着的巨大山峰突兀眼前，这就是有名的"双峰挂月"。双峰之间夹着一道几米宽的缝，阳光从缝隙射进来，在前边的地上和树上，留下一道嫩绿发白的光影。如是月夜，双峰间云霓焕彩，耀眼的光芒如千万把金梭银梭，从两峰夹缝间泻下，组成了一副美妙的双峰挂月图。在双峰挂月不远处，有一罕见的奇石景观叫作"将军看山"。巨石高7米，宽4米，侧立于危崖边。顶戴头盔，剑眉虎眼，形态威武雄壮，活生生一座天然武士雕像。

人马山上还有一组景观，颇为奇特。几块圆形巨石中间，挺立着一块巨大的方柱体岩石，棱角分明，像一石台。石台高5米，台边6米，偌大的台面，平整光滑。柱体略有倾斜，正对北极，故名天象台。夜晚，蹬台观星，灿烂星辰，近在咫尺，仿佛置身于星海之中。离天象台百步之遥，耸立着一块形似石碑的巨石。高6米，宽4米，碑额缺失一角，人称天书碑。距碑不远处有一块奇石，酷似一犬团卧。犬头、犬眼、犬身形象逼真。据传，玉皇大帝一日召集各路神仙，在御花园鉴碑。因碑文字迹难辨，众仙各抒己见，争论不休。吵闹声惹烦了卧在一旁的天狗，猛然跃起，咬掉了天书碑的一角。玉帝一怒之下，令天兵天将把天碑扔到了人马山上，并罚天狗守碑认字。

人马山上的奇石数不胜数，有一块形似巨蟒头像的扁圆体岩石。岩石顶端浑圆厚实，下部裂开的一道石缝就像蟒蛇张开的大嘴。头上白色的圆形斑纹，附着在黑色的石体上，疏密有致，极像巨蟒表皮图案。巨蟒潜伏于草丛之中，观之令人森然却步。在山东侧崖畔，还有一块不规则的圆柱体巨石，直径3米，高4.5米。巨石稳稳当当地坐于另一块更大的凌空巨石上。两块巨石，一上一下，重达数十吨，不知何力垒就，疑似天外飞来之石。

第三节　龙首山与黄花梁

龙首山　位于应县城东8公里，与北岳恒山毗邻。东北向横卧，最高海拔1400米，万亩松林郁郁葱葱，景色宜人。浑河流经龙首山，在其脚下形成人工湖，湖水面积62万平方米，湖内游艇逐波飘荡，空气

龙首山

清新，环境优雅。龙首山既有美丽的传说，也有众多的文化古迹。既有文人墨客的墨迹，也有将军侠士的传奇，既有神仙的悲剧，也有人间的欢乐。她旖旎秀丽的山水风光、自然造化的天然温泉，使其成为古往今来帝王将相、达官贵人、佛门弟子钟爱的风水宝地。

龙首山古名嶂山、龙山，自河北蔚县襄山、广灵县六棱山，经浑源北山，绵延千里，延伸至应县东北而止。最高峰大头顶海拔1650.9米。金代著名的龙山三老隐居在此。上有龙池，下为大、小山门，侧有乳泉水，水温40℃左右。北魏太武帝乳母窦氏死后葬在龙首山（今娘娘墓）。金大定二年龙首山建有龙泉寺，金元时期著名诗人元好问留下了"绕渠寒流夜潺潺，说有蛟龙在此间，可惜九天霖雨物，一泓何事伴僧闲"（明万历《应州志·艺文志》）的诗句。明清时代文昌祠（今水沟寺）、三皇庙遗址清晰可见；桃花、百叶的爱情故事，边耀山狐子成仙的民间传说等至今广泛流传。1998年7月4日，在龙潭湖发生了一次罕见的自然现象，直径约一米的水柱从莲花盆状的白雾圈中呈螺旋状升空，与黑云相接，约10分钟后与水面断开，云团带着湖水向龙首山后漂去。当地人称作"龙吸水"。

龙首山具有浓厚的传奇色彩，近年来，应县政府为开发龙首山旅游景区，作了大量的工作，坚持全面、可持续的发展观，兼顾生态、经济、社会三大效益，紧紧抓住首都水资源可持续利用、风沙源治理和退耕还林三大国家投资项目，加大投入，使龙首山初步形成了春有花、夏有荫、秋有果、冬有青的生态旅游格局。几年来龙首山开发治理面积达到2万亩，其中荒山封禁4000亩，荒山造林4000亩，退耕还林1200亩。按照因地制宜，合理布局、宜乔则乔、宜灌则灌的原则，实施了以仁用杏、山杏、沙枣、红枣为主的经济林区，以油松、樟子松、松柏、云杉为主的灌木林区。基础设施建设逐步完善，新建山门一座，望塔亭一座，蓄水池三个，提水站一处，提水管道1

公里、修建旅游道路88公里，其中水泥（油）路21公里，架设高低压线路5公里。

2006年，县委、政府围绕建设晋北旅游大县的目标，规划把龙首山建成以佛教圣地、风景园林、文化遗址展示为主，食、住、购、娱、浴服务配套的著名佛教旅游胜地。初步规划建设枫叶区、花草区、绿地区，修建龙池瀑布，缆车和栈道，修建龙池、龙泉寺、水沟寺、三皇庙、娘娘墓等佛教建筑和文物古迹，开发温泉、水上娱乐乐园，建造旅游山庄、龙潭宾馆、沙滩游泳场。主要通过招商引资进行开发。对外商投资开发，无偿提供1000亩缓坡地，做到通水、通电、通路。

2005年，非洲佛教导师、台湾佛光山星云大师弟子、非洲南华寺住持、大德高僧车慧礼法师看到龙首山山水毓秀发愿在龙首山仿建佛宫寺释迦塔，并建佛学院、孤儿院、僧人接待处等。决心把龙首山修建成一座佛教圣地、新的文化旅游景区。工程预计总投资人民币15亿元。2006年初完成设计。9月5日破土动工。2007年5月24日进行了主体工程的安基大典。现此工程正在建设中。

石柱山

山西省为支持这一项目建设，拟建设从应县城到景区的二级公路一条，建造镇子梁水库桥一座。

黄花梁 位于应县城西北15公里处，跨应县、山阴、怀仁三县。黄花梁古称黄华山、黄花堆、黄瓜堆、黄瓜阜、神堆，是著名的古战场。公元前307年，赵武灵王胡服骑射，登黄花之上；北魏穆帝六年，于灅水之阳黄瓜堆筑新平城；唐景福初，李克用伏兵神堆，大破赫连铎；北齐天保五年，高洋伏兵神堆，大破柔然，均是此地。辽以前，此山原始森林覆盖，野兽出没，是著名的狩猎场，辽兴宗曾在此山狩猎，一日获熊36只。传说应县木塔即是采此山之木建起。辽以后，原始森林采伐净尽，满山遍开黄花。明万历《应州志·地理志》称，该山每至秋天，"黄花耀金，远近起瞻，习习风来，则幽香袭人，游不厌日。""黄花秋风"是应县古八景之一。清《应州续志》："岗旁有金仙洞，悬石楼殿。秋日花耀金光。'张翰黄花句，风流五百年'，可为是山赋矣。"

现此山次生林木覆盖，亦为绿色明珠。山最高峰名庙岭，海拔1153米。山上原建有一寺，名黄花寺，今毁。山之西麓，即是著名古战场——金沙滩。山之东麓，有一湖水——薛家营水库，山光水色，渔舟荡漾，垂柳堤边，是应县一旅游胜地。

第四节　石柱山与跑马梁

石柱山　位于应县城南20公里的茹越峪内的石柱沟。此沟群山逶迤，峰回路转，沟底有一条清澈透明的山泉常年潺潺流淌。这里林木葱郁，山花烂漫，百鸟争鸣，沙棘、刺玫遍布山间沟谷，山鼠、野兔蹿跃其间。

据地质专家考证，石柱山形成于距今约4000万年～5000万年的始新世至渐新世时期。当时火山爆发，将60公里深处地幔的超基性岩浆快速喷发至地表，迅速冷却凝固成六面体柱状。后经山洪冲刷，使石柱般的玄武崖裸露在半山崖上，形成了今日的

奇特景观。

从沟底望去可见一幅长100余米，高30米的由根根石柱组成的石林悬挂在半山腰上。每根石柱均是六棱形，直径50厘米。整齐、规则地排列在一起，矗立于半山崖上，叹为观止。

石柱山的奇特景观北魏时已经发现，据《魏书》记载："太和元年冬十月，南部尚书安定候邓宗庆奏：'乡郡民要飞，太原民王显前列称，偕京南山采药，到游越谷岭下，见清碧石柱数百枚。被诏按验，称所见青山柱长者一匹，相接而上，或方一尺二寸，或方一尺，方楞悉就。其数既多，不可具数，请付作曹采用。'奏可。时人神异之。"（《魏书·灵征志下·卷一百一十二》）遗憾的是当时虽然觉得景观奇异，但没有进行景区开发，只是下令采伐石柱，在工程上使用。现应县已将这一罕见景观列入旅游规划，正开发建设。

跑马梁 位于应县城东南白马石乡境内，距县城40公里。是恒山山脉的一部分，海拔2287米，梁顶平坦，方圆20公里，可任意驰马。传说唐末李存勖据郎岭关，曾于此牧马练兵，故名。梁顶及周边松林覆盖，苍松翠柏，莽莽苍苍，绿荫蔽日，野花盛开，色彩斑斓，绿草平铺，状若锦缎。自然景观，非常秀美。且空气湿润清新，凉爽宜人，是夏日旅游避暑的胜地。

跑马梁有两大奇观，一个是看山岚云雾，另一个是观云海日出。每当清晨天刚蒙蒙亮的时候，跑马梁的云雾像蒸汽，像炊烟，像白纱，不知道从什么地方涌了出来。顷刻间将整个峰峦笼罩在烟雾飘渺之中。极目远眺，隐隐约约的群峰若隐若现，仿佛身临仙境之中。当人们正陶醉在大自然的美景中，突然在那遥远的东方，在那海浪般的层峦叠嶂之巅，有一片银白色的光线渐渐露出。一瞬间，又被一片淡红色的光线所代替，颜色由浅到深，接着，血红血红的太阳喷薄而出，由一线到半圆，由半圆到椭圆，再由椭圆到全圆，硕大如火盆，须臾间冉冉升起。太阳在爬升的过程中，由大变小，由红变白，酷似一面清亮的镜子，穿过朝霞，高悬在明净的天空之中。

跑马梁云海

第五节　茹越山与翠微山

茹越晓云

茹越山　位于应县南部，属恒山山脉。明万历《应州志》称"茹越"，也称雁门山。此山东接太行，西接管涔，许多山峰海拔都在2000米以上，为山西西北部一大屏障。山上地形多变，呈现不同的小气候带，尤其山顶、山腰、山脚景色各异甚为明显。每年夏、秋时节，山顶丽日晴天，凉爽舒服，绝无蚊叮蝇扰，可作避暑胜地。山腰云雾缭绕，人行其中飘然欲仙，并能真切品味到一种似有似无、时近时远的朦胧美。山脚酷热难耐，芳草吐绿，百花争艳，飞禽嬉戏，走兽角逐，一幅纯天然"花园"、"动物园"的美景。这里还留有久负历史盛名的胜迹佳景，如龙湾山之龙湾观、香峰寺之法王寺。游人若置身其中，则按捺不住缕缕思古之幽情。"南山晓云"色彩缤纷，美丽多姿，奇妙莫测，由此列为古代应县八景之一。小石峪的永镇寺和殊海寺虽然没有留下多少美丽神奇的传说，但其作为名胜古迹仍吸引远近游人前来观瞻。

朔州风光·自然风光

一七二

翠微山瀑布之一

翠微山 位于山阴县东南恒山余脉与代县之交界处,旧称佛宿山、复宿山、勾注山。山势呈西南东北走向,海拔1200米至1900米,沟谷切割较深。生长有华北落叶松、桦树、野玫瑰等乔灌植物。整个山脉雄浑壮阔,巍然屹立,或孤峰兀显,或群峰拱秀,或壁立千仞,或层峦叠嶂,或远山青黛,或满目葱茏,或飞石凌空,或沟壑万丈,象形石比比皆是。春天郁郁葱葱,夏日凉风习习,秋天遍山红叶,冬日坚冰悬空。尤其是夏季,松涛云海漫卷,绿茵如毡,山花烂漫,鸟鸣莺啼,山涧清泉飞流直下,形成道道瀑布,声若惊雷轰鸣,十分壮观。

神猴问天

翠微山瀑布之二

第六节 其他山岭

青杨岭 位于平鲁区西水界乡，海拔1783.4米。山上多白杨树，尤以秋季霜降，满山杨叶黄中透红，如燃烧的晚霞，十分美丽，为边塞之地秋景之最。古时高山之巅有泉流出，山下皆为沼泽湿地，南归北去的雁群多在此栖息嬉戏，煞是壮观。因此有雁过青杨岭，山有多高，树有多高，水有多深的说法。仲夏山中特产天然调味佳品贼麻、沙葱。贼麻以花为贵，采撷捣烂捏成饼状晾干，胡油炝炸烹饪佐菜，味道喷香奇特，有"名驰塞上八百里，香接云天动京华"的美誉。青杨岭山茶清脾健胃，消食败火，甘甜淳正，异香浓烈，久负盛名。

大林山 位于平鲁区双碾乡，山脉呈东西走向，东麓紧挨大有坪附近的红娘墓，西接莽莽苍苍的人马山。大林山植被茂盛，生态环境优良，是国家和山西省自然生态环境保护区。历年人工植树连片成林，落叶松、油松、樟子松、桧柏等常绿乔木和非常适宜山地生长的白杨、白桦、山榆、沙棘、柠条参差交错，四时景色各领风骚。山中多大蛇、黄羊、袍子、野兔、獾子、扫雪、雉鸡等动物。夹岸青山对出，沟谷呈阶梯式，石碛光洁，山泉从上面流过，潺潺有声。

两狼山古战场

夏天雨过，沟谷洪水暴溢，湍流从石碛涌过，飞出的浪花呈弧状落入下面潭一样的石湖，在漩了几个涡后溢出，疾速奔向下一个石湖，情景不亚于黄河壶口瀑布的壮观，着实令人惊心动魄。

八棱山 位于平鲁区东部洪涛山脉，海拔1606米，因山形呈八棱状陡峭险要而得名。与东南方海拔1666.3米的鹰嘴山、东北方海拔1686.5米的红头嘴山相媲连，重峦迭嶂，气势雄浑，晴岚飘渺，气象万千。山中有一幽深奇险的峡谷，崖壁上部裸露着长约百米的黄色危岩，极像一条巨鳄匍匐在壁上，鼓鼓的眼睛，直瞅着峡谷涧流，尖长的利齿大嘴伸向崖下，形象逼真。人称黄崖背鳄，为八棱山奇景之一。

两狼山 也称两郎山，位于怀仁县吴家窑镇。海拔高度在2000米左右。巍峨挺拔，屹立于塞上洪涛山脉一侧，壁立千仞，群峰挺秀，险峻称雄，如巨笋出土，玉龙啸天，直指苍穹。大自然的神工鬼斧，将此山顶一劈为二，造就东西两山。东西两山，风景独秀，古迹遍布，合称大南山。两山之间，幽深的峡谷纵贯南北十五公里，平均宽五六十米，平时溪水常流，碧波荡漾，雨季小洪暴发，巨石翻滚。山上草木茂盛，生机盎然，侧柏、椴木、杨、柳、榆树屹立于峰峦岩畔，玫瑰、沙棘、扑油子、圪摺椿等灌木密密麻麻，无污染的百余种药材，柴胡、黄芩、秦艽、黄精、知母、苍术、百合、甘草等漫山遍野。良好的生态环境，为动物的生长繁衍提供了有利条件。山中主要哺乳动物有狍子、獾子、狐狸、野兔、花鼠等，飞禽主要有雕鹰、野鸡、石鸡、半雉、红嘴鸟、兰细、麻雀等。

两狼山自古为一方圣地，山上依势建有雕窝寺、关帝庙、龙王庙、奶奶庙等庙宇，高低错落，雄奇壮观。

第二章

水域洞穴

第一节 水 域

　　大梁水库 位于平鲁区下称沟旧村，相距井坪镇北坪村一公里。水库三面环山，西接虎头山脉和大西梁万亩生态绿化区，北依长4公里的大梁，南界直通虎头山的古营盘梁，东临素有山间盆地之称的中牌坪和规模宏大的平鲁工业园区。自然地理位置优越，库容面积5000亩，为万家寨引黄入晋工程北干线重要的调节水库。主体大坝及其附属景点建筑物构成景区靓丽的景观带。大坝南北对接，横卧下称沟东山梁到北大梁顶，紧锁沙尘风口。枢纽工程由主坝、副坝、防护坝、放水洞、放空洞、交通桥、库岸护坡等组成。水库主坝高26米，坝顶长度1145米，为黄土、沙砾石混合坝，坚固雄伟。地下泵站位于水库右坝肩上，埋深150米。其作用是调节8、9月平朔、山阴、怀仁及大同等地的用水。北干线每年10月至次年7月从1#输水隧洞扬入大梁水库，汛期8、9月份总干线停止引水时再由放水洞将大梁水库蓄水下放供下游用水。水库设计库容积量远期为1.5亿立方米～2亿立方米，近期库容为2260.2万立方米，调节水库容量1748.20万立方米。放眼库区，仙山琼岛，巨龙卧波，鲸腾碧水，莲动渔舟，鸟翔蓝天，日月辉映，一幅大气磅礴的天然风景画。

　　龙潭湖 位于应县城东8公里处，龙首山下。

龙潭湖

1958年拦浑河水成湖，水域面积62万平方米。湖岸绿草成茵，野花斑斓。湖中水波清澈，鱼跃鸭欢。

1998年7月4日，该湖曾出现过一大奇观。当日下午2时，天气晴朗，艳阳高照。突然，一朵黑云漂至湖面上空，湖中发出一声沉闷的巨响。响声过后，湖中央，出现状似莲花盆的白雾圈，接着一股水柱从雾圈中喷出，呈螺旋状升空，与黑云相接。此种奇异现象持续10多分钟。后水柱与黑云断开，黑云向龙首山后漂去。当时，许多游人目睹了这一奇观。当地群众称其为"龙吸水"。此后，原镇子梁水库便更名为"龙潭湖"。

第二节　洞　穴

烟霞洞　位于山阴县北周庄镇燕庄村北宝峰山上。始建年代不详。据碑文载：1514年（明嘉靖

烟霞洞

二十年）、1737年（清乾隆二年）、1849年（清道光二十九年），每有修葺。碑载：宝峰山烟霞洞，尤诸神凭依之处，亦怀邑胜景之区也，山之峻极奇形巍巍乎，一如太行之突兀。洞之廖空异想渊渊乎，直拟盘谷之幽深。而且朝晖夕阴，气象万千，游其景者，有不心旷神怡其喜洋洋乎。

烟霞洞风景宝地，陡峭险峻直插云天，恰像置身于烟雾氤氲的云端。抬头仰望，洞景奇秀雄伟，陡险森严，令人敬而生畏，头晕目眩，惊心动魄。俯瞰四周，奇花芳草满山遍野，杂树怪石布满山间。山鸟呢喃，苍鹰盘旋，烟霞缭绕，犹如身临仙境一般。

朝阳洞　坐落于怀仁县碗窑村东两狼山上。当地人传说，朝阳洞为唐初所建。唐太宗李世民登基后，钦准鄂国公尉迟恭奏章，修建了朝阳洞，初名洪阳洞。坐北向南还有一洞，当地人说两洞相互贯通。洪阳洞坐西迎东，洞外设庙，庙内塑有神像。民国初年，整修了洞庙，改称朝阳洞。

相传在宋、辽交战中，杨业兵困两狼山，头碰李陵碑以身殉国，辽兵将杨业尸体存放于洪阳洞内。一日，孟良梦见杨七郎对他说：家父尸体存放在两狼山上的洪阳洞内，务请你将老人家的尸体取回。次日孟良将七郎托梦之事禀告老太君，并请求亲赴洪阳洞取尸，佘太君准了孟良的请求。孟良受命后，只身进入辽地(现雁门关外一带)。他既通"辽语"，又懂"鸟言"，先进"虎口咬牙峪"(辽语)，后到两狼山。两狼山林木茂盛，飞禽极多，孟良又不知洪阳洞具体位置，多亏飞鸟怜惜忠良，指点迷津，孟良才得以进入洪阳洞，很快找到令公尸骨，连夜携骨带回京城。史载，杨业殉难于朔城区狼牙村。

第三章

神奇古树

第一节 古 榆

安架古榆 位于平鲁区安架山村。村中央有清代乾隆年修建的河神小庙一座，被当地人称之为"神树"的奇特古榆树就扎根在小庙石砌的后墙里，看不到任何吸收水分的根须裸露盘曲地面，却出奇地枝繁叶茂，郁郁葱葱。

古榆树的奇特之处在于尽管生长了几百年却没有通天而上的主干，而是自根部生出57根苍黑的支干，从小庙顶部钻出，势如蟒蛇出洞，一律弯腰匍匐

向下，沿小庙前檐垂落到庙院后又昂起枝丫，延伸向四面围墙。整棵古树活像一只巨大的乌贼鱼一样卧于庙顶，把触须伸向四方。其树冠直径30米，高15米，树荫如网如织覆盖了整座河神庙庙址。垂落庙院中的不少支干尽管树皮脱光形似枯木，但延伸到墙头的树梢和枝丫却一派生机勃勃。

古榆树最令人称奇的是其中一较粗的支干因早年遭到雷劈自行折断，支干倒向庙西15米外的一户农

安架古榆

朔州风光·自然风光

沙洼古榆之一

家院墙，仅剩不到十分之一的树皮与根部相连维系，却依旧生机盎然。而断裂部分却凸出一截2米高的枯木直指天空，游人于庙前东南方向透过树荫枝丫端祥，活脱脱像一尊端庄的观音大士坐像，给小庙平添几分神秘与庄严。因为树形稀奇古怪，枯干绿梢异常茂盛，加之"观音菩萨"的神奇呈现，故被周边百里的人们誉为"神树"。即便是在隆冬大雪封山的季节，庙宇依旧人来人往，香客不断。

沙洼古榆　朔城区南榆林乡沙洼村有两颗古榆，枝繁叶茂，苍劲挺拔，绿盖如伞，一棵位于一户村民院中，一棵位于古城堡的旁边。两颗古榆遥相呼应，为村庄增添了古朴沧桑的色彩。

院中古榆高15米，有8条枝干向四周低垂伸展，铁杆虬枝若苍龙腾飞。有一条伸向西北的枯枝，表面光洁，长约16米，落地后又顽强上升，斜向伸出院墙。其余支干，交叉盘旋，密集繁茂，如伞成盖。树冠直径有20余米，树围4.4米，相传此树已逾300余年。

另一颗古榆，植于明代，高17米，树径5.5米，正好位于古城堡北侧的墩台之下。虬枝傲岸，向空壁立，蓊蓊郁郁，生机勃发，树冠直径约25米，形如惊天巨伞。主干四周挤出许多奇形怪状的树疙瘩，酷似十二生肖。主干底部北侧，条条树根，盘根错节，凸出地面、粗粗细细、长长短短、层层叠叠，覆盖面积达30余平方米，如龙爪紧抓大地，颇为神奇壮观。

沙洼古榆之二

第二节 其他古树

沙家寺古松 位于山阴县瑞云寺院内东北端。不知植于何年何月，得日月精华滋养，受山川气象哺育，枝叶扶疏，威风凛凛。树高10米，树径1米，树干古老苍劲，粗厚的树皮，苍黑如同片片铠甲。树枝粗大，分五六层横空平铺开来，层层而上，如腾虬横空盘错交叠。树冠极大，散平如伞，层层密实的松叶如盖。倾天阳光透射下来宛如筛金，阴天树冠如云悬顶。风过树梢呼呼作响，好似龙吟虎啸。

张崖沟古茶树 在平鲁区下面高乡张崖沟村古老的烽火台上，长着一棵罕见的巨大茶树。树高5米，树冠直径20米，如一张大伞，把一个偌大的烽火台遮盖的严严实实。

茶树在塞上，属珍贵树种，极为罕见，这样巨大的茶树，生长在干涸的石墙上，更显神奇，因此当地村民将其奉为神树。十里方圆的人们时不时来这里烧香许愿，有的还要往树上系个红布绺，意欲消灾怯病。

传说一位茶女，千里迢迢来到塞上寻找戍边的丈夫，不料走到张崖沟时，不禁塞外风寒，竟病倒在村中的烽火台旁。憨厚的村民将奄奄一息的茶女抬回家中，经数月的精心调治，茶女终于康复。为感谢村民的救命之恩，临别时，茶女将自己在武夷山上采到的一颗珍贵的茶种，埋入烽火台。从此，这座峰台上就长出了一颗枝繁叶茂的茶树。

南白庄古柳 在朔城区东南恒山脚下的南榆林乡南白庄村，有一棵数龄达500余年的古柳，虽饱经风霜，老态龙钟，但至今仍逢春泛绿，十分奇特壮美，属国家三级文物。

古柳位于村中央，树南原有一座龙王庙和戏院，树北有常年不枯的一泓水池。长久以来，村民一直把这棵古柳尊为神柳，烧香供拜，延续至今。

古柳高15米，主干树围6米，树径2米，4人方可合抱。树冠上，脱尽树皮的支杈盘盘曲曲，张牙舞爪，伸向四方。一条较粗的支干，形似蛟龙昂首、龙角、龙首、龙眼、龙爪，活灵活现。一条较为细长的分枝，如凌空飞奔的梅花鹿，鹿角、鹿首、鹿腿，动态逼真，栩栩如生。主干一侧树皮多处脱落，裸露出白色的树体；另一侧树皮厚实，凸凹斑剥，苍老朴拙。靠近主干稀疏的枝条上，绿叶丛生，生机勃勃。整个古柳历经沧桑垂而不死，给人以铮铮铁骨，顽强不屈之感。

南白庄古柳

沙家寺古松

城市园林

SHUOZHOU SCENERY 朔州

城 市 园 林

有塞上明珠之称的朔州，是一座新兴发展的城市。走进市区，举目皆绿。森林覆盖率达43%。一半森林一半城的生态格局已经形成。恢河、七里河横穿市区，为这座魅力城市带来无限灵气。三纵十二横的街道纵横交错，排列有序。座座大厦鳞次栉比，拔地而起。街道两旁，塔状的、球状的、伞状的树木、灌丛，成形成景，配植有致。临街单位，一律拆墙透绿。建花坛、辟花池、植草坪，春夏秋三季，群芳争艳，绿草如茵。办公区里，居民区内，处处花团锦簇，绿荫遮天蔽日。位于市区南部的恢河公园，31万平方米的水面上，游船荡漾，候鸟争歌；居于市区腹部七里河公园40万平方米的水面上，水光潋滟，倒影如画。人民公园、平朔公园、金沙公园、古城公园和数不清的街心公园、小游园，分布合理，镶嵌在市内的各个区域。市中心广场、体育广场、女人街广场、文化中心广场……建筑新颖别致，雕塑内涵深刻，处处呈现出城市园林的特色品位。

居民区绿树成荫

华灯初上，街道旁，高楼上，公园里，树丛中，路灯、地灯、霓虹灯、激光灯……五光十色，交相辉映，绚丽斑斓，流光溢彩，市区夜晚犹如梦幻里的精彩世界。

市区周边，西南部3000亩的金沙公园号称植物王国；东南部的薛家庄林区，无边无沿；北部万亩苗圃，芊芊茫茫；西部20万亩林海，浩瀚无际。林海连着林海，绿波涌着绿波，使整个城市荡漾在绿海之中。

市内的公园，按照规划合理地分布在市区的四面八方。在公园建设中，树立精品意识、注重特色创造，在把握总体布局的前提下，细微处精雕细刻。公园的入口环境、标志性设施、力求体现公园的个性，并结合历史的、地方的、人文的因素，给公园赋予浓厚的文化氛围。在园林景观建设中，更加注重公园的特色，以建筑单体或独特的植物景观及地形地貌来突出该公园的特色，使其具有唯一性，形成一种标志性的景观。

第一章

公 园

第一节 七里河公园

　　七里河公园 位于朔州市区中心开发路中段，公园总面积73.3万平方米，其中湖面东西长2000米，南北宽200米，水域面积40万平方米。七里河大桥飞渡湖面，纵贯南北，将公园分隔成东西两个部分。公园整体框架由"一湖四区十二景"组成，分A、B、C、D四个景区，呈"工"字型散布于七里河南北两岸。两岸共种植8000多株乔灌植物，绿化覆盖率65%。植物配置疏密相间，高低错落有致，经典罗布、汀步蜿蜒。形成了以湖面为主景的人文景观与自然景观相融一体的园林景观。

　　园内七里河大桥为三孔拱形桥设计，每孔跨度78.9米，总长度236.7米，宽40.39米。桥面两侧有与

市区一角

夕照七里河

立体绿色雕塑

桥下三孔拱形桥基对称的钢架拉力号，宛如大型竖琴，十分典雅美观。桥面设双向四车道，两侧有人行道，高台游览道，最边处置1.5米高的花岗岩栏杆。上下车道与人行道之间，植桧柏球、铁树、丁香、连翘和时令花草。站在大桥的人行道上，依花岗岩栏杆向东西眺望，宽阔碧绿的湖面上波光粼粼，轻舟穿梭荡漾，三五成群的水鸟往来游弋，悠闲自得。狭长的两岸丛林，柳绿柏翠，群芳争艳。北岸的绿色护堤渐次升高像层层梯田一直通向远处的拦河大坝。大坝上，四米见方的"美化七里河，造福朔州人"10个宋体大字，红光闪闪，赫然醒目。

七里河大桥北端东侧，为公园A景区正门，驱车可入。门内不远处，一尊龙凤呈祥的立体绿色雕塑，坐落在道路南侧。龙体缠在华表造型柱上，龙头外伸，呈腾飞之势，龙角、龙须、龙爪、龙鳞、龙尾，活灵活现。凤凰嘴衔华表，羽体线条流畅，舒展于华表旁。雕塑下部周边，是祥云造型。整个雕塑高8米、宽6米，全部用自然生长的五色草插植而成，风格独特，极有创意。雕塑外围，设有4个半圆形花池，内植红、黄两色的金娃娃草。四株龙爪和数个桧柏球，点缀在绿色草皮中，整个雕塑凸现出大自然格外诱人的韵律自然美。

穿过路两旁满是观赏性树木、花卉、草坪的水泥路，前行约200米，便到了公园A景区的主塑像前。主塑像塑的是朔州历史名人尉迟恭，坐落在边长25米，高2米的平台上，威武雄壮。塑像由碑体和铜铸像两部分组成，总高25.8米。铜站像高8米，重达13.8吨，创周边省分铜像重量之最。尉迟恭全身黝黑，左手执钢鞭，目视西南方。碑体分上下两层：上层较高，正面竖书"唐鄂国公尉迟敬德"七个大字，为中国书法家协会副会长刘炳森题写，背面阴刻数百金字，题头为"尉迟恭传略"，简略地概

尉迟恭铸像广场

括了鄂国公的生平事迹。下层较低，四周为汉白玉浮雕版面，着重再现出尉迟恭一生中最重要的功绩和品德。其中"玄武门之变"、"拒金谢婚"为正史，"擒海马"、"民间门神"为传说。两侧分别有青龙、白虎、朱雀、玄武图案。尉迟恭塑像平台东西两侧，各有对称的半圆形花池，直径50米。池外边，以桧柏绿篱墙剪裁成城墙、城堡造型。铸像台基前广场上，置铜铸3米高香炉和2.5米高的石鼎。以尉迟恭为中心的周边场景，体现出朔州灿烂悠久的历史文明。

尉迟恭铸像广场南斜坡上，是三级叠水，宽13米，每级落差1.5米，形成了一条线上的三个等宽的阶梯式瀑布。瀑布两侧设10米宽通道，有40级下坡台阶，游人顺着台阶下坡，可直抵湖边。

湖岸建有半圆形亲水平台，直径有40多米，四周置汉白玉护栏，台内以花坛造景。台正南湖中央水面上，设有大型水上音乐喷泉场。喷泉场中段为圆形，直径60多米，两侧为东西向对称的长方形，总长达220多米。自动与声控的音乐喷泉场，最高射程达80米，可营造变换出世纪彩虹、圆弧摇摆、五柱跑泉、孔雀开屏、花篮、旗帜、和平鸽等360多种造型。大面积的喷泉，随着优美的音乐旋律，高低错落，扫射回旋，造型纷呈，此隐彼现，交相辉映，五彩缤纷，十分壮观。

亲水平台东西两侧斜坡上，筑三层梯田式台阶，栽植红叶小檗、红瑞木、彩叶草、朝鲜小叶黄杨、金叶莸、沙地柏、桧柏篱等，形成红、黄、绿三种色彩造景。此景似长虹落在湖畔，与中间半圆形的亲水平台构筑成红日冉冉升起的意向景观。

A景区对岸是以游船码头为中心的D景区。景区设东西向宽阔的硬化人行道，可从七里河大桥南端出入。码头东西长约百米，高低分三个层次，低者紧贴水面，高者与岸上人行道持平。整个码头形似曲桥，伸向水面40多米，由岸上三个入口进入，互相连通。码头周边停放小舟、快艇，游人往来上下登舟随意方便。

大面积的码头兼作钓鱼台，蹲坐其上，可享垂钓之趣。清雍正《朔州志·方舆志》载：美女钓台在朔州七里河中，有洲若台，流水环绕，洪涛巨浪不少淹没。世传，樵牧者於日晡之际，常见美女垂钓。其为古八景之一。明朔州知州李邦直诗赞："谁筑层台傍水滩，娇娃曾此坐垂竿。流风余韵传千古，来往行人取次看。"今古景犹在，景美如画，风韵益然，却胜当年。

岸上人行道南侧，斜坡高地上，油松、桧柏、垂柳、白杨、丁香、连翘等，成片栽植，形成东边大坝至七里河桥头郁郁葱葱的林带。大桥下，有穿桥栈道联通东西。岸壁有浮雕夸父逐日、女娲补天、精卫填海、大禹治水、农垦养马等大型图案，给公园注入了浓郁的文化内涵。

大桥北端西侧，是公园的B景区。北部高地上，由东南向西北走向的绿色长廊，回环曲折，长300多米，掩映在高大茂密的松树林中。爬山虎、喇叭花等攀爬其上，给长廊披上美丽的盛装。高地南斜坡上，云杉、油松、馒头柳、金丝柳、黄刺梅、丁香、卫茅、爬地松等，组合栽植相宜，各显风采，与湖边人行道旁的时令花草竞相媲美。

靠湖北岸，建有长方形表演平台，面积500平方米，伸入湖中10多米。富有地方特色的文艺表演队，常在这里亮相表演。即使没有麦克风，在幽静清新的湖岸平台上演出，其说唱道白格外清晰悠远。

桥西南岸是C景区。区内以人行道南斜坡植被造景为主，设有观景台、连锁花池、阶梯树层。整个C景区垂柳依依，芳草萋萋，鲜花遍地。种类繁多的树木花草，构成各具特色的植被景观，可谓一步一景。傍晚，每当夕阳西下，万道霞光倾泻，整个公园笼罩在一片红光之中。站在观景台俯视湖面，细浪波动，金光闪烁，如锦似缎。夜间，公园斜坡上的大圆灯，丛林中的桃柳树灯，便道旁的路灯、灯柱灯，大桥上的造型灯……万家灯火，连同满天星斗一齐映入湖中，湖上湖下流光飞彩，绚丽斑斓，分不清哪是岸上，哪是湖里，扑朔迷离，蔚为壮观。

七里河公园夜景

第二节 恢河公园

恢河公园位于横贯市区南部的恢河河槽河岸地段。东起开发路南端与恢河岸衔接处，西至张辽路恢河大桥。中间马邑路大桥纵跨南北。东西长2.1公里，南北宽400米。2006年至2008年，朔城区在恢河综合治理建设中，聘请北京园林设计院设计，动土石189.86万方，筑坝围堤，将河道南北一分为二。南为恢河泄洪渠道，北边蓄恢河之水，成为广阔的人工湖。湖水面积达31万多平方米，水深4米～6米。湖北岸，以70多种观赏性乔木、灌木、花草造景，构成狭长的沿湖景观。凉亭、长廊掩映在绿树丛中，小岛、小渚、曲桥沉浮在水面之上，形成了以湖水为主景的靓丽的景点，构成美如画卷的园林风光。

由马邑路驱车南下至恢河桥头，便进入了恢河公园。园林的北围是长长的砖砌波浪式围墙。围墙与林带之间，是双车道柏油路，横贯园林东西。路两旁的国槐高大挺拔，遮天蔽日。

由桥头折西而行，路北侧是一处农家庄园。院内餐饮住宿设备齐全，富有地方特色。庄园西侧，建有一座假山，高9米，长30米。山后有高大的杨柳松柏大树，山上喷泉瀑布飞流直下，气势恢宏，犹为壮观。向南走下18级台阶斜坡，便踏上3.5宽的沿湖硬化便道。汉白玉栏杆蜿蜒围湖。路边垂柳随风轻拂。眼前一道长堤伸向湖中央，与湖中小岛相连。小岛呈圆形状，直径150米，高出水面2米，正中台上有一座仿古六角凉亭。周边桧柏墙围造花池。五颜六色的鲜花争妍斗丽，垂柳、油松、塔球状桧柏、丁香、刺梅等乔灌木分列有序。小岛两侧各有露出水面2米高的鲤鱼雕塑。鱼头向上，鱼嘴大张，体态丰满，欲跃向空中。置身小岛赏景、乘凉、观花，兴味益然。

恢河公园

亲水平台

湖中小渚

离开小岛，泛舟湖上。蓝天、白云倒映水中，轻舟似在云中穿行。穿过马邑大桥桥孔，便来到称作龙胜东园的几个小渚上。渚上装饰精美的小亭与连接几个小渚的曲桥相通。小渚之上垂柳依依，探进湖面，像少女对镜梳理长发。湖中的芦苇，茎叶绿翠，闪闪发光，临风摇曳，飒飒作响。小渚东边，奇嶙怪石堆起的假山上，几股溪水潺潺流淌，似在弄弦轻歌。

顺着小渚通往湖岸的长堤前行，便登上北岸。沿着湖岸便道漫步百余米，眼前出现了一座亲水平台。平台北靠斜坡，坡上金叶榆、金银木、塔桧、红叶小檗、一层层、一方方，组成美丽的图案。平台靠水周边，设有仿木制栏杆，呈半圆形伸入湖面。站在平台上，但见水平如镜，蓝天、白云、高楼大厦，大桥、小亭、树丛、花簇倒映湖中，湖上湖下浑然一起构成一幅难以绘作的水彩画。微风吹来，波光粼粼，倒影重叠，更添一番情趣。

在亲水平台东，越过纵贯南北的大堤，是又一宽阔的水面。湖中，到处生长着茂密的芦苇、蒲草。时有几只轻舟穿梭其间，忽隐忽现，风趣盎然。在秋天，常有鸿雁、野鸭、白天鹅落在湖面，或与鱼觅食，或拍打双翅，炫耀着美丽的羽翼，该处是禽鸟的水上乐园。

由沿湖便道拾级北上，便进入绿树林带。在边长16米，高1.5的平台上，坐落着一座四角凉亭，高8米。琉璃瓦覆顶，上有脊兽，翘角下垂有风铃。亭内藻井有二龙嬉珠、《西厢记》人物等彩绘，古色古香。依柱设座椅，四方有通道，台周置汉白玉栏杆。亭周有桧柏墙、水腊、红叶小檗围造成四个花池。池内，大朵大朵的月季花，红的、蓝的、黄的、粉的，花瓣儿层层叠叠，亭亭玉立，像一个个婀娜多姿的少女，争妍竞秀。花池外边，爬地松、沙地柏、紫叶李、金带、金叶复叶槭，展示着各自独有的风采。

西行不远处，一个高1米，直径5米的花坛中，金色的万寿菊和紫色的彩叶草，捧拥着一株年逾百年的老柳树。主干短粗，直径达1米，分枝有曲有伸形态奇特，稀疏的枝叶随风絮语，好像一个久经沧桑的老者，向游人讲述恢河畔久远的美丽传说。

走过茂密的云杉、青扦、油松打造的微型高地，眼前又是一座高大的圆顶凉亭。周边鲜花盛开，姹紫嫣红。金丝菊花瓣舒展弯曲下垂，像金色的瀑布倾泻而下。翡翠似的仙人球四周从上至下均匀的长着一道道条棱，宛如地球上的经纬线。细看那野罂粟的花蕾，昂首挺立枝头，炫耀着含苞欲放的美态。亭周内外花池之间，有10米宽的圆圈通道。在通道上漫步赏花，在凉亭内小憩乘凉，浓郁的花香扑鼻沁肺。

园亭西，一条露天长廊长50米呈东西走向。茂盛的山荞麦藤条从两边攀缠其上，构成别致的绿色隧道。山荞麦开着粉色的，雪白的花朵，碎纷纷，密麻麻点缀着绿色的长廊。

林间硬化小径四通八达，继续西行百米余，一座高大的凉亭耀眼夺目。台基高2米，亭高10米，六角重檐歇山顶式宝盖顶，覆以金光闪闪的琉璃瓦，飞檐翘角，脊上雕塑脊兽，檐下风铃发出清脆悦耳的声响。内外装饰精美，色调明快艳丽，富丽堂皇。周设汉白玉栏杆。

下了凉亭向西游去，四通八达的小径周边，绿草如茵，鲜花盛开，处处是景，美不胜收。有远有近的云松、樟子松、馒头柳、新疆杨、复叶槭、金叶榆、瑞木、胭岭、珍珠梅、山桃、山杏、丁香、刺梅等乔灌木，成行成片，高低错落，栽植有序。每间隔几米，就安装一支太阳能荧光灯。当夜幕降临，林带里的地灯和大桥、长堤、岛渚、沿湖的路灯，以及周边的万家灯火，连同天上的星星，相映成辉，映入湖中。闪烁的光，多彩的光，流动的光，使贪恋的双眼难以暇顾。身临其境，仿佛置身于梦幻的世界。

月季争妍

园中小亭

环保照明

第三节　平朔公园

平朔公园　位于山西省朔州市"全国百家文明社区示范点"——平朔煤炭公司行政生活区内。公园是集娱乐、观赏、休憩诸功能为一体的综合性园林建筑。公园始建于1996年，总面积为10万平方米。其中，绿化面积约7万多平方米，硬化面积1万多平方米，湖水面积约1万平方米。园林内有东门广场、露天长廊、人工湖、游泳池、儿童乐园、高尔夫球场、室外健身场、门球场、篮球场、茶楼、园中园、小游园等主要景点和娱乐设施，为生活区的居民提供了休闲游览的绝好地方。

从平朔南路进入生活区，宽阔的水泥路两旁是高大挺拔的新疆杨，一块块的花圃里，牡丹、芍药、月季花……姹紫嫣红，竞相开放。生活区体育馆前，黑色花岗岩石基上两尊人物雕像格外引人注目。一位是改革开放的总设计师邓小平，另一位是美国的大企业家哈默博士。两位震惊世界的名人亲切握手，揭开了中国改革开放的篇章。

从体育馆继续北行600米，向右一拐就到了平朔公园的北门。大门敞开着，四季向游人免费开放。进了公园，首先映入眼帘的是，绿色草坪上的五只浅黄色梅花鹿塑像。它们温驯地站在一起，或低头吃草，或回头张望，展现出一派闲适的田园式风光和一幅人与自然和谐相处的画面。园林的小径两旁多栽种挺拔向上的新疆杨和加拿大杨，它们一个个顶天立地、直刺苍穹，利索地将景区分割成各种几何形图案。图案中绿草如茵，花卉缤纷艳丽，各种灌木或呈球形或呈伞状或呈塔样点缀其间，美不胜收。

紧靠园林西墙有一条曲折回环的露天长廊。长廊前是一方方绿色草坪。草坪中零星地植有西安

平朔公园

桧、北京乔桧、卫茅、山桃、白皮松、梓树、皂角等乔灌木。长廊的两侧和顶端爬满了藤本植物山荞麦。山荞麦开着白色的小碎花，蓊蓊郁郁，将整个长廊遮盖的严严实实。长廊正中间的前方，矗立着两方黑色方形花岗岩石柱，高约4米，宽约0.8米。石柱上分别刻有"爱我平朔"和"美化家园"几个草书红色大字。露天长廊的南端，有一座怪石嶙峋的假山。假山上长有柳树、文竹等木本植物。山底下边有溶洞，贯穿山体前后。

穿过露天长廊，前行几步，就到了公园的人工湖。湖四周是造型精美的汉白玉围栏。围栏外侧垂柳依依，将大半个脑袋探进清澈碧绿的湖水里，仿佛一圈袅袅婷婷的仕女在对镜梳妆打扮。湖中间有一座曲曲折折的"之"字形小桥，将湖水中分为二。小桥的设计独具匠心，西边是方正曲折的水泥桥面、水泥桥墩，东边却是三孔拱形石桥。石桥上，建有一座重檐六角凉亭。凉亭飞檐翘角，雕梁画栋，美轮美奂。厅内的藻井上绘有西厢壁画。站在凉亭上向左方望去，湖内有两条长约6米的石雕青龙盘在一起，口吐两米高的水珠，似在戏水；右边湖心内高耸着的五根钢管，将20多米高的水柱喷向蓝天，然后四洒开来，像一朵巨大的盛开着的莲花。

下了凉亭，顺着小径继续游园东行，就到了"园中园"。步入园中园，迎面又是一座假山。假山前园门的两侧各有一株弯曲向上的龙桑。龙桑的两旁栽种着结着红果的西府海棠和朝鲜黄杨球。假山后几米处，建有一座通体黑色古色古香的阁楼式凉亭。凉亭的门廊上有一幅对联，上书"俊秀山峰北国情，碧通一径江南韵"，字体遒劲典雅。穿过阁楼式凉亭是一条曲曲折折的回廊，

走出回廊眼前呈现出一大片宽阔的草坪广场。草坪内每隔七八米远就有一株高大的松柏树或者柳树，将一片片阴凉洒向草坪。草坪广场右边是健身广场。里边有各种健身器材可供游人选择使用。

顺着草坪广场的西边小径左拐100米，就到了牡丹园。牡丹园四周用翠绿高大茂密的松柏树围成正方形，中间栽种牡丹的地方则呈圆形，四角镶铺了绿色的草坪。牡丹园直径100米，每当阳春四月，游人来这里，就可观赏到国色天香的牡丹花。

牡丹园南边80米处就是儿童乐园。这里的景观设计具有明显的儿童特色。草坪内的塑像有小猴子、小猪、小熊、小熊猫各种动物。儿童乐园的西边还建有大人和儿童都十分喜欢的碰碰车场地。

凉亭

儿童乐园一角

绿草如茵

栾树知秋

第四节　古城墙公园

古城墙公园　位于朔州古城外侧，依城墙南而建，故名古城公园。古城历史源远流长。前215（秦始皇三十二年），蒙恬率军北击匈奴，筑土城养马，称马邑城，置马邑县。其南、北、古城基均为1.8公里，北为1.6公里。元末明初，取古马邑城东南一角，在北齐城墙基础上修筑州城，南北长1100米，东西宽1050米，高12米。现在东西北三门和城楼、角楼、包砖不存，四周土垣和南门保存完好，为省级重点文物保护单位。2008年，古城公园建设项目列为朔州城市建设十大重点工程之一。公园规划环城墙而建，分四大功能区：东段历史变革区、南段战争展区、西段民俗区、北段现代园林景观区。总占地面积28.6公顷。现已完成东段建设，南北长200米，面积45201平方米；西北角现代园林

广场9149平方米。公园壮古城之宏伟，展文化之底蕴，融植被之旖旎，形成传统文化和现代文明，人文景观与自然风光交相辉映，和谐交融的开放性园林美景。

公园东侧与开发路相连。园内东门广场占地3000平方米。正中央园台上，雕塑一本巨形书，呈翻开状。上阴刻朔州历史沿革等内容文字。园台周边设八根大理石柱，直径30厘米，高3米。上阴刻历代达官文人盛赞朔州古八景、马邑古八景的诗文。简洁古朴的设置，营造出浓郁的文化氛围。四面八方鲜花簇拥，蝶舞蜂忙，一个个桧柏球，一道道水腊墙，一片片云杉，山桃林、一株株龙爪槐、金叶榆，把广场装饰的多姿多态，溢香流光。

南行不远处，是筑城养马展区。正中央雕塑着

筑城养马景区

秦朝三尊文武大臣骑着高头大马的塑像，像高3米余，面向正东，青铜质。中间蒙恬大将，躯体剽悍，气宇轩昂，目光炯炯，手握宝剑，身着戎装，威风凛凛。其左侧武将手执长戟，戴盔披甲，威严英武；右侧一文臣，冠袍带履，颐宽目朗，右手举展，似论文韬武略。塑像周围巽、震、艮、兑四方是良驹骏马群雕塑。群马或站或卧，或食草长啸，富有动感，活灵活现。而兑方的

雁鱼灯

母马回头亲昵小驹，形象逼真，怡闲悠然。雕塑群后，置南北走向的长壁，长50米，高2.5米，有上秦时土筑马邑古城施工情景巨幅浮雕。整个场面，再现了朔州古代重要的军事战略地位。展区北边置高台花池，池中彩叶草、串串红、秋菊等花草与南边的桧柏球、红叶小檗、水腊、交相辉映，争妍斗丽营造出自然景观和人文景观和谐之美。

筑城养马区南约百米处，是雁鱼灯展区。一盏雁鱼灯青铜雕塑坐落在高台之上，通高2米，长3米，为汉墓出土国家一级文物仿制品。雁鱼灯整体作鸿雁回首衔鱼伫立状。雁额顶有冠，眼圆睁，颈修长，体宽肥，身两侧铸出羽翼，短尾上翘，双足并立，掌有蹼。雁喙张开衔一鱼，鱼身肥短，下接灯罩盖。鸿雁衔鱼，呈吉祥富裕之兆。西侧，又有50米长壁，高2.5米，上有古代朔州人生活剪影形式组画浮雕，反映出古代朔州人追求美好生活的愿望，文化内涵深厚。周边置侧柏、桧柏绿篱和丁香、榆叶梅等灌木，给人以美的享受。

雁鱼灯展区南百余米处，是朔州大秧歌展区。中间置大秧歌《泥窑》剧照雕塑，南北各置5盏高2.5米的鼓形灯。鼓灯上绘有戏剧人物脸谱图案。展区西侧有2米高的露天舞台。大秧歌是融武术、舞蹈、戏曲于一体的综合性民间艺术形式，为历代朔州人

民喜闻乐见，被列为国家级非物质文化遗产名录。展区周边，以木制花盆诸多植被造景，汇同那河卵石铺设的各种多彩图案，漾溢着泥土的芳香。

大秧歌展区两侧，走下30级台阶，可分别进入两个对称设置的地下商场。其面积大小相同，长100米，宽30米。商场旁设长60米，宽36米的车库，有90个停车位。南侧地下商场出口处，有1200平方米的空旷地带，是集会、演出的合适地方。在地上赏景，在地下购物，不失为两全之美。

紧靠城墙是宽20多米的狭长林带。林带与上述展区之间，是纵贯南北的缓坡。坡上一池池花卉，一坪坪芳草，一片片爬地松与其间的珍珠梅、连翘、紫叶矮樱等灌丛，交相辉映，犹如天女飘落的一条锦绣彩带。坡上到城墙间狭长的林带中，胶东卫矛、金叶榆、黄杨龙爪槐、白皮松、卫矛球、条桧、金林榆、油松、栾树、香花槐、千头椿、馒头柳、碧桃、梨树、杏树、红瑞木、云杉、油松等树木，色彩纷呈，花果妖艳。每当夜幕降落，公园内城墙下、林带中、展区内，文化灯、地里灯、大小秦冕灯、鼓灯、汉韵灯、泛光灯、庭院灯等近400盏灯和LED长光管一齐放光照耀，构置成公园幽柔美妙的夜景，漫步其间，流连忘返。

第五节　市人民公园

市人民公园　位于中共朔州市委办公大楼西部，振华西街北侧，占地面积346.14亩，绿地面积169693平方米。气势恢宏的图书馆、博物馆坐落东西，高入云天的新闻大楼、朔州宾馆林立于北。公园屏周边高楼之壮美，以浩阔的广场为躯，纳自然植被之风韵灵秀，拥现代设施之豪华大气，含历史文化之浑厚底蕴，展现出了现代开放式园林景观的特色。

在公园中轴线南端，一座1米高的花台阳面

上，镌刻着"人民公园"四个金光闪闪的大字。一块高4米、长8米的雪花百吨巨石，呈璧形，坐落在花台上，横列东西。其清晰柔和的色彩纹韵，展示着大自然山河的风采。石壁阴面刻"朔州颂"，计500余字，简略地追溯了朔州灿烂的文化历史和改革开放后取得的巨大成就。从石壁到公园北界，是广阔的广场。在东西通道十字交汇广场中心，以多彩花岗岩石铺砌着朔州市行政图》案，与石壁上《朔州颂》遥相辉映，营造出浓郁的文化氛围。广

花木竞秀

场两侧，各有11根中华灯柱，间隔15米，呈南北一线排列。灯基座以一色黄漆铁皮包装，四面有花卉图案，高约1米，金光灿烂。中华灯柱外侧，两边各有6个大花坛，中间有几株高大的国槐树，为广场撑起一个个巨伞，可供游人乘凉。

公园中轴线北部广场侧，有宽15米，长30米三层叠水景观。内设红黄绿白紫彩色光源。每当夜晚，瀑布倾泻，彩灯晖映，五彩斑斓。叠水瀑布北，是旱地音乐喷泉广场，呈椭圆形，直径50米。一重重由大到小的椭圆形喷放设置内，点缀着大小不同的众多圆形、长方形等装置。中心喷泉射程高30多米。夜间，随着优美的音乐旋律和自动控制，整个喷泉广场，水柱高低错落，内外变向，左右回旋，此起彼落，组合出千变万化的造形景观。在公园地灯、路灯、彩灯的照耀下，疑是大型地面焰火喷放，流光溢彩，五光十色，玫丽万状。

围绕中轴线广场两侧，以植被造景，互为对称。最南边是相互间隔少许的一片小花池。池中是四季常绿的北海道黄杨与红叶小檗。一株株龙爪槐居于其中，褐色怪异的枝杈似外伸的龙爪，细枝下披，随风轻拂，犹如龙须，给人以奇丽的美感享受。继续往北，金叶女贞、水蜡、榆叶梅、红叶小檗、连翘、鸢尾、丁香、红叶碧桃、北海道黄杨、玫瑰、秋菊、牵牛花、串串红等灌丛花草组合有致，配植相宜，构成长方的、圆的、月牙的、三角的、凹形等各种图案。黄金槐、五角枫、白皮松、龙爪槐、油松、椿树、园槐、白蜡树、桧柏，成行成块栽植其间。丁字形、正圆形的花坛，星罗棋布，形成多姿多态，斑斓绚丽，四季满目苍翠，鸟语花香的景观。整个广场充满活力，生机勃勃。

公园东部，是一条南北走向的宽道，可驱车往来。两旁高大的国槐树冠遮天蔽日，构成天然的绿色长廊。春天，槐树花开，缀满枝头，似一个个巨大的华盖，美不胜收。

宽道东侧，一大片月季花圃，长60米，宽15米。四周等高的桧柏墙，削剪得整整齐齐，有棱有角。夏天是四季鲜花盛开的季节，里边多品种的月季花，争妍斗丽，竞相开放。红的似火，粉的似霞，白的如雪。花瓣儿重重叠叠，色彩洁纯无瑕。花蕊又密又大，在墨绿色茎叶衬托下，水灵灵，鲜嫩欲滴，似能工巧匠雕琢美玉翡翠而成。多品种的混交种植，花朵高低错落，大近碗口，小如杏壳，红的、黄的、蓝的、紫的、纷的、白的，浓淡相异，姹紫嫣红，色彩纷呈，千姿万态，烂熳绚丽，犹如多彩云霞，锦绣绫罗铺在地上。

在花圃南边，图书馆大厦北侧，是表演广场。四周松柏苍翠，白杨昂道，垂柳轻拂，桧柏似塔。丰富多彩的文娱活动，喜闻乐见的表演形成，吸引着蜂涌而来的城市居民和远方的来客，为幽雅静谧的公园，平添了热烈的气氛。

表演广场北部，月季花圃东边，是半圆形模块植被花圃，直径60多米。外围绿草皮间，栽植着一行行春黄夏绿秋红的合欢树和夏季开红、白花的栾树以及四季金黄色的黄金槐。三条半圆人行道之间，以四季常绿的北海道黄杨和干枝叶一色金灿灿的金蒎叶等低灌丛造景。半圆内中心部位，摆放着20座一色的红花槐花坛。春天，桃色的槐花在枝头簇拥，像一朵朵彩云随风飘浮。最北边，有一道50多米的造型文化长廊，掩映在苍松翠柏、金丝重柳之间。

文化长廊西侧，是大片高地、缓坡植被造景。绿油油的草坪间，紫叶李、国槐、云杉、垂柳、红叶碧桃、栾树、黄金槐、合欢树、丁香、玫瑰、连翘、珍珠梅、榆叶梅、地皮石菊、鸢尾、秋菊、水蜡及多种时令花草，展示着树冠、枝叶、花朵诱人的风采。开放性的人民公园，是市民随来随去、游览、学习、休闲、娱乐、健身等多功能、高品位的理想场所。

第六节　西山森林公园与金沙公园

西山森林公园　位于桑干河上游，市区西部。北起朔城区下团堡乡，南至窑子头乡，南北长40公里；东起市区西环路，西至黑驼山，东西宽8公里~10公里，覆盖面积20万亩。其中，10万亩为林草混交区，10万亩为森林游览区。2007年始建，由北京林业大学园林科学研究所设计，概算投资6亿元。迄今已完成投资为4.5亿元，面积为14.5万亩区域的建设项目。栽移植各种乔灌木1522万株，建成柏油、水泥林荫道路83公里。拔地而起的28座单檐、重檐歇山顶式高台凉亭，装饰精美，古色古香，遍布公园。一座以人文景观相结合，花草树木相配置、亭台雕塑相点缀、休闲娱乐相统一的城郊型森林公园已初具规模，成为市区一道靓丽的风景线。

公园东与市区万亩苗圃、面积3116亩的朔城区金沙公园相连，西南与京津沙源治理林区接壤，构成了市区西部连片面积35万亩的浩瀚林海，谱写出绿色留在朔州，清风碧水送往首都的灿烂篇章。登上公园高台凉亭眺望，茫茫林海，广阔无边，直达天际。劲风吹来，波涛起伏，汹涌澎湃，十分壮观。掩映在其间的自然村庄，若隐若现，似行舟游弋。

公园内，每个高台凉亭周围，设有各具特色的桃园、杏园、梅园、李园、百花园等。香花槐、栾树、红瑞木、千头椿、榆叶梅、樱桃、山杏、山桃、垂柳、玫瑰、金银木、爬地松、沙地柏、刺梅、连翘、丁香等各种乔灌木，营造出五彩缤纷，千姿百态的景观。叶红似火的枫树、紫叶矮樱，红果成串的卫茅球，夹果纷垂的梓树布满整个林区。金光闪闪的金叶榆、金树槐，重重叠叠的松塔塔，姿色纷呈，瑰丽万状。各种乔灌木，随着春、夏、秋、冬时季的推移，百花争相盛开，妖艳亮芳，形成了春天山花烂漫，夏天蜂飞蝶舞，秋天林茂果香，冬天松柏叠翠的林海风光。迄今为止，西山森

金沙湖

塞北人民烈士纪念塔

园内设施建设及绿化美化面积2200亩。规划园内新增水体面积67.5亩，铺装面积26万平方米。金沙公园是建设朔州园林工业城市的重点工程，也是朔城区委、区政府的"德政工程"和"民心工程"。

在金沙公园北部，建有塞北烈士陵园。占地面积108亩。原建于古城西北角文庙处，2009年迁往新址。迁建后的陵园树木遮天，草坪翠绿，鲜花灿烂，环境优美，建筑包括有松柏园、纪念塔、纪念厅、公墓等。松柏园植有松柏、洋槐、丁香、连翘等30多种乔灌木，郁郁葱葱，四季常青。纪念碑高高矗立在陵园中央，坐落在高2.6米，长38米，宽36米的基座上。碑体通高19.46米。碑正面书有毛体"塞北人民英雄纪念塔"九个金色大字，背面刻："在抗日战争解放战争和人民革命中牺牲的人民英雄们永垂不朽！"碑座为须弥座，四周有解放朔县城、马鞍山伏击战、朔县西山抗日根据地斗争、朔县民兵远征支前干部南下等浮雕图案。纪念碑北部建有塞北革命纪念馆，东西长63米，南北宽43米，高12.5米，总面积3500平方米。分上下两层。一层建筑形似烽火台，内设朔县惨案厅、朔县解放战争厅。二层外形酷似长城，内设抗日战争厅和英杰厅。英杰馆墙壁上镌刻着绥蒙军区和怀仁、山阴、朔县、平鲁、左云、右玉籍等5163名"烈士英名录"。馆内有珍贵照片800多幅，革命文物400多件。厅内还悬挂有上级首长和有关部门、单位送的匾额、挽联等。从一层到二层纪念馆，有宽10.5米的通道。通道中间是汉白玉浮雕，雕有牺盟会宣传抗日、神朔抗日委员会成立、西山民兵朔县城擒汉奸、西山民兵抗日斗争四幅图案。塞北烈士陵园自1955年始建以来，一直是革命传统教育基地，现已发展成为红色旅游基地。

林公园是华北地区面积最大的森林公园，为朔州生态文明建设，打造塞外"最宜居住、最宜发展"城市做出了重要贡献。

金沙公园 金沙公园位于朔州市区西部，距市区1公里，东临大运二级路，南靠朔州农校，北依新建鄱阳西街，西接西环路，地理位置优越。目前公园生态建设框架已初步形成，是以一个圆形观景台为中心，三个环形景区组成的圆形公园。五彩缤纷、百花簇涌的观景台是公园的制高点，观景台总高度9.9米，站在观景台上，四周美丽景观一览无余，尽收眼底。靠近观景台的内环景区设计有五颜六色、花团锦簇的花卉园和花灌园。中环景区为植物造景区，有奥运五色环、有青蛇盘龟图、有凤凰展翅画、有猛虎卧石。景居高临下，各种图案栩栩如生。

为增加园区韵味，提高园区整体观赏价值，进一步提升公园服务功能，朔城区多次请北京有关专家在原建设基础上做了更新规划，以"人文景观相结合，花草树木相配套，亭台雕塑相点缀，休闲娱乐相统一"为设计主题，将金沙公园定位为城郊大型综合性公园。更新规划园区总面积3116亩，其中鄱阳西街出口及峙庄生态路入口景观绿化面积916亩，

第二章

广场与游园

第一节 广　场

市中心广场　位于朔州市主干道开发路与市府街交汇处，1997年落成，总面积10万多平方米，投资881万元，曾被评为"全省首项城市塑形精品工程"。中心广场由国旗广场、喷泉广场、园艺广场、花卉广场四个相对称的分广场组成。它是朔州市民重要的对外窗口，也是朔州市民重要的政治、文化、休闲、娱乐场所。

喷泉广场以标志性建筑物——马踏飞燕为主题雕塑，结合大型喷泉构成广场主景。国旗广场采用中心对称式园林布局，四周布置大面积草坪并以高大落叶乔木及常绿树作背景。中央升旗台仿照天安门广场升旗台设计，旗杆高1997.71厘米，取纪念香港回归之意。花卉广场采用高低错落的布列格局，组成五彩斑斓的景观。并由展览温室、缓坡草地及主体花坛形成远、中、近，层次分明的景观序列。园艺广场布局以园林绿地为主，采用现代园林设计手法，植物造景与园林小品相结合，突出体现广场绿地的游赏性，展示植物配置优势，构成极富季节变化的四季园林景观。

体育广场　位于学苑小区东侧，民福街与开发路交叉口西南。是一个既适用于中小学体育教学，又服务于市民休闲健身的综合场所。广场西区为体育运动区，面积为60亩，建有标准的田径场、足球场、篮球场、网球场、看台及群众健身路径。东区为休憩活动区，面积为30亩，布局以园林绿化为主，采用简洁明快的抽象式园林设计手法，突出地形造景、植物造景和园林小品造景，形成了独特的园林艺术空间。该工程是朔州市创建全国文明城市的重点工程之一。

电信广场　电信广场位于开发北路与民福街东街交叉口东南侧，占地面积18000平方米，绿地面积12000平方米，绿地率为66%。建于2006年4月，由北京园林风景研究院设计，由中国网通朔州分公司

园艺广场

投资建设。该广场以大面积草坪为背景，采用彩叶植物造景手法，用红叶小檗、朝鲜黄杨、桧树绿篱植成洒脱流畅的色带。一块块绿色草坪上，点缀了13000株杉树球、油松、白皮松、侧柏、香花槐、卫茅球、云杉、紫叶矮樱、连翘、丁香、刺梅、榆叶梅、沙地柏等近二十余种乔灌园林植物，给人一种自然开放大气的感觉。绿地中安装了城市钻戒、投光灯、节节高等景观照明灯，使广场与城市的夜景交相辉映，流光溢彩，形成了朔州园林城市建设的又一道风景。

物产广场　物产广场位于开发路与民福街交叉路口西北角。南与体育广场相望，总面积4458平方米，绿化覆盖率达70%以上，植物30余种。广场以雕塑朔州之星为主题，雕塑高17米，由几块大小不一的三角形玻璃幕墙组成钻石体。广场内设跑泉、凉亭、立体景观池。三角形为主要元素，道路软质防腐木铺张。三角形的稳定象征朔州政治经济文化事业在朔州之星的照耀下稳定持续发展，与多姿的跑泉、景观植物刚柔并济、动静相融、层次分明，代表着朔州各项事业相互促进和谐发展。是市民夏季休憩、纳凉、冬季避风、观雪、游戏的绝佳环境。

女人街广场　女人街园林广场位于城市主干道民福东街南侧，南邻女人街购物市场，东西长360米，南北宽50米，总面积18000平方米，园林绿地及生态停车场面积12000平方米，是2008年朔州园林精品工程。广场以植物造景为主，配合雕塑、喷泉、凉亭等建筑小品，植物迷宫、儿童乐园、寓言故事雕塑。植物造景形状各异，层次分明，公园采用不对称组图构成，公园周围高楼林立，女人街园林广场有效地改善了周边地区的生态环境，拓展了青少年的生活空间，丰富了周边居民业余的文化生活，提高了市民生活品味和幸福指数。

火车站迎宾广场　朔州市火车站迎宾广场是体现朔州形象的标志性景观，位于迎宾街东段朔州火车站前，占地总面积30500平方米，建设投资2000万元。整个广场共分A、B、C三大区域，A区站前广场总面积18300平方米，其中绿地面积3000平方米，设计为中轴对称形式，中心景观为一块景观石、一个面积为650平方米的音乐喷泉以及以朔州历史文化为内涵的六根景观柱。音乐喷泉和六根景观柱两个圆形设计，像一组飞转的车轮，象征着朔州与时俱进的历史车轮不断向前。六根景观柱为高6米、直径1米的整石紫砂岩，由中央美术学院的著名画家设计制作。雕刻画面的内容为：史前文明、马邑风云、边塞史诗、古塔名刹、现代雄风。B区为汽车站广场，总面积5600平方米，其中绿地1400平方米，中心为一块景观石。C区为文化绿地，总面积6600平方米，其中绿地4300平方米。形成中心景观广场、候车休闲广场、缤纷休憩区、生态停车场四个区域，集城市门户、交通疏导、文化传播、迎宾游览为一体，成为朔州市对外展示形象的靓丽窗口。

电力广场　电力广场位于善阳街和开发南路的交叉口西南，毗邻电力大酒店。总面积3540平方米，绿地覆盖率35%，植有黄杨、紫叶小檗、水蜡等组成的色带以及一块200平方米的草坪。按照园林景观配景的要求，在广场内建有一座凉亭和木质的长廊，为街头增加了驻足之处，给市民提供了方便，是城区政府为了增加城市公共绿地面积的一项惠民措施，成为城市的一块亮丽的名片。

文化中心广场　建于1999年，位于市文化中心南边，开发路和北关路交叉口的西北方。占地5625平方米，绿地面积为1500平方米，绿地覆盖率为47%。广场呈对称形，中心有日晷雕塑，种有国槐19株，桧柏32株，小叶黄杨球480丛，红叶小檗球900丛，草坪2050平方米。成为市民休息、散步的场所，与市中心广场连成一片，给城市绿化建设增添了绿色。

第二节　游　园

　　万通源北侧游园　位于振华东街东北角。绿地面积4954平方米。园内有景观照明、喷灌、座椅、健身器材等设施。设计上，突出了植物造景，种植了油松、桧柏、海棠、火炬、馒头柳、国槐、白腊、垂柳、紫叶李、丁香、刺梅、沙地柏、小腊、红叶小檗、地锦等多种树木4350株。该项目工程由北京园林科技研究所设计，景观优美，功能较为完善，方便和满足了广大市民的休闲、娱乐和健身的需求。

　　北旺庄游园　北旺庄办事处小游园，地处开发路与安泰街十字路口东北角、北旺庄办事处西南侧，绿地总面积2778平方米。2006年完成铺装596平方米，汀步15平方米（50块）、草坪种植2167平方米。2007年按设计完成绿化美化建设任务，投资概算10万元。小游园中布置一块高1.8米的灰色假山石和园中一处显著标志——红色对称的挥舞双臂的雕塑，象征朔州经济欣欣向荣，人民生活蒸蒸日上。

　　工行东侧游园　地处振华西街朔州市委对面，总面积为4472平方米，绿地总面积1500平方米。园内种植了油松、海棠、火炬、馒头柳、白腊、丁香、刺梅、沙地柏、小腊、红叶小檗、地锦等观赏性乔灌树木。2007年更新游园照明设施，投资概算10万元。为朔州的绿地建设增添了光彩的一笔，成为市民纳凉休闲的又一去处。

　　静　园　位于开发北路与市委街交汇处西北侧。1998年建成，2008年开始拆墙透绿改造，绿地覆盖率达60%以上，总面积41354平方米，总投资为170万元，是一座集游览、健身、育苗为一体的多功能城市园林绿化景点。静园共分四大区域：健身区、花卉观赏区、育苗区，休闲区。绿化大苗定植30亩，主要有桧柏、云杉、国槐及珍奇花30多个品种，7万多株，栽培花卉20余种3万多株。静园是1998年为了提升城市品味，取"闹中藏幽，宁静致远"之意，建起的园林景观。形成了翠柳拂花、绿坪藏春、松柏梳风、桑槐宿鸟、香花引蝶、曲径通幽的美景，令人心旷神怡。

小游园

朔州风光

锦 绣 朔 州 风 光 无 限

SHUOZHOU SCENERY 朔州

总目录

CONTENTS

下篇目录

边塞风貌

下篇目录

二

下篇目录

名胜古迹

释迦木塔

崇福寺

下篇目录

四

下篇目录

VOLUME II CONTENTS

Frontier Style

Guangwu Military Culture Scenic Spot

Shahukou Military Culture Scenic Spot

VOLUME II CONTENTS

VOLUME II CONTENTS

Historical Sites

Sakya Wooden Pagoda

Chongfu Temple

VOLUME II CONTENTS

VOLUME II CONTENTS

边 塞 风 貌

广武军事文化景区

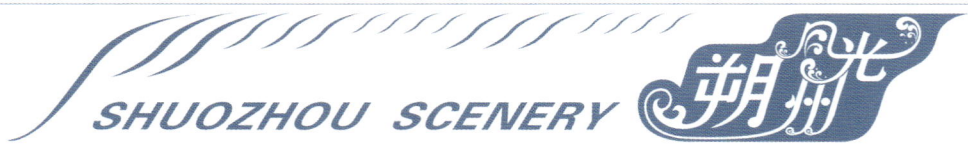

SHUOZHOU SCENERY 朔州

广武军事文化景区

广武军事文化旅游区位于山阴县西南部张家庄乡。南抵翠微山与代县相接,距"中华第一关"雁门关7公里。北距山阴县城和朔州市区均为40公里。西邻东汉雁门郡治阴馆城(今朔城区夏关城村)。面积80平方公里。景区内分布有全国最大的汉墓群,遗存有辽金时始筑的旧广武城,明代修建的新广武城,矗立着蜿蜒的明长城。其中国家级文物保护单位有广武汉墓群、旧广武城、明长城三处,县级文物保护单位有新广武城、六郎城两处。

历史上,广武是著名的兵家必争之地,而今遗存的巍巍长城,险要关隘,古老营城,圮废烽台,仍不失当年森严壁垒的气势。尤其是广武长城,像一条巨龙,左突右冲,蜿蜒起伏于群山峻岭之上。其中猴儿岭——白草口段长城筑于绝壁天险之上,像悬挂的天梯,左右无凭,上下无依;又如一道闪电,从云天划下。其陡峭,其凶险,令人惊叹,是中华长城精品中的精品。

第一章

广武古城

广武南依"鸟飞不越"的恒山山脉。山脉山势如海,山脊似浪,重峦叠嶂,异常险峻,从东北向西南绵延150公里,横亘于忻州盆地与桑干河盆地之间,山南山北景色迥异,俨然两重天。有名的山峰有夏屋山、雁门山、勾注山、紫荆山等,平均海拔2000米以上,比山北的桑干河盆地高出1000多米,形成一道难以逾越的天然屏障。

由南向北,厚度30公里左右的山体,因地质变迁和山水冲刷,天然形成了东西相邻、南北贯通的两条幽深狭窄的山谷。后整修为两条可通车马的"官道",即西陉关道和东陉关道。西陉关道从旧广武入山口峡谷,沿白草水径,经旧雁门关(铁裹门),出太和岭口至代县阳明堡;东陉关道从新广武入山口进峡谷,沿雁门水经雁门关,出南口,至代县城。古时,两道均在狭窄险要处设关卡,西为旧雁门关(西陉关),东为雁门关(东陉关)。为固守关塞,构筑纵深的防御体系,辽在白草口北部筑广武城,明在新广武口北筑新广武城。北方游牧民族铁骑南下,欲图雁门,首攻广武;中原王朝大军北御,欲固雁门,先守广武。

广武坐落于雁门关外之北山坡上,内长城脚下,傍关依塞,是防御北敌南下守卫雁门关的前沿哨所,素有北门锁钥之称。新旧广武两地相距2公里,成掎角之势,主防倚防明确,新广武扼守雁门关,旧广武扼守旧雁门关;若战事吃紧,两地可相互驰援。明《两镇三关制》载:"广武当朔州、马邑大川之冲,忻代嶂诸郡县之要,凡敌由大同左右卫入,势当首犯。"《山西旧志二种》云:"广武镇位于勾注山北麓,系通往代、忻、嶂各县的要道,自古以来,凡领有山西者,无不留意于此。"

广武是大同一线长城防线被突破之后保卫中原的前沿防线，是长城线上屏护关塞、屯驻兵马、储备粮草之地，兵家必争。立于广武之高处，北望可见二三十公里之外大军行进扬起的烟尘。南军守御雁门关，广武往往是前沿主阵地。而北军占领雁门关后，要巩固战果，广武常常是前敌指挥部。

由于广武一带重要的战略地位，历史上这里常常战火连绵。鲜卑、突厥、契丹、蒙古等北方游牧民族，与中原王朝为争夺这块战略要地，双方不惜代价，常常血流成河，尸骨遍野，空前惨烈。正如唐人李华《吊古战场文》中描述的那样："黯兮惨悴，风悲日曛。蓬断草枯，凛若霜晨。鸟飞不下，兽铤亡群……利镞穿骨，惊沙入面。主客相搏，山川震眩，声析江河，势崩雷电。"

第一节 旧广武城

广武之名源于秦末楚汉名士李左车的封号广武君。李左车是战国时期赵国守边良将李牧之孙，秦末因助赵王复国有功，被封为广武君。封地即今山阴广武一带。赵王之意即望其继承祖志，守好赵国北大门。因赵国主将陈余不听其建议，赵国灭亡。后李左车为汉谋划以声势争取燕、齐之地，韩信用其策，兵不血刃取得燕地，汉初李左车封地依旧。广武最早当为"广武君封地"之略称。《资治通鉴·汉纪三》有"汉兵三十二万北逐匈奴，逾勾注"，汉高祖刘邦"械系敬（刘敬）广武"的记载。后来西汉于此封地设置广武县是顺理成章之事。之后广武县辖域范围之大小，县治之迁徙都属正常的行政区划变更。至于广武营、广武城、广武驿、广武站之名均与广武县名有关。广武有广聚武将之意，是极具历史底蕴和文化内涵的地名。

城垣 旧广武城位于古雁门关道西陉北出口，南距白草口3公里，是固守西陉关的主要防御据点。该城是迄今保存最为完好的辽代古城，城廓、箭楼、马面等军事设施，历经千百年沧桑，仍不失当年的雄伟壮观。2006年被国务院公布为全国重点文物保护单位。电视连续剧《杨家将》的部分外境镜头，均拍摄于此地。

这座古城四围城垣保存完好，远远望去，城墙呈土黄色，近看却是完整的砖包砌面。古城平面呈长方形，东西长489米，南北长338米。城墙底宽6米，顶宽3.5米。墙高8.3米，女墙高1.7米。东西南墙各有马面4

旧广武城

座，北墙有马面5座，17座马面仍紧贴墙体，稳健雄伟。城墙上沿矮墙作垛口，上有望洞和射孔，备有滚木雷石孔。设东、南、西三座城门，未设北门。东、西城门较大，门洞宽4米，入深13米，南城门较小。东、西城门各装置厚15厘米的两扇木门，现今仍能自如开关使用。三座城门均建门楼，可惜城楼均已不存，但东城门额的砖雕依旧精美。

棋盘式街道 穿过幽深的城门洞，就看到了城内民居住宅，一家一户的院落，分布在四大街八小巷的各个部位角落。城内东门到西门的大街和南门直达北城墙真武庙下的大街构成十字街。街巷格局呈典型的古代军事城市的棋盘式格局，横三纵三，方方正正。城北端有一烽火台，首开我国古代城内建烽火台的先例，实为罕见。城内还有几处明清建筑。

古城东门上有关帝庙。北城墙中部有真武大帝庙的遗迹，残留有宏伟的基石、柱顶鼓石等。连接东西城门大街路南的靠近东城门几处院子虽破旧，但那些遗存的坚固的柱石、精美的砖雕告诉人们此地昔日的繁华。紧靠西城门内路北的门房还保存完好。城内还曾有武备衙门、校场、仓库以及文庙、火神庙、玄天庙、关帝庙等11座庙宇，并有乐楼一座，还有商铺、商号、票号等；这些旧时建筑虽已基本毁弃，但老人们仍能给游人指点"昨日星辰"的处所。这些遗迹，为研究辽金以及明代城池提供了重要实物资料。

古城内的居民过着日出而作、日落而归的农耕生活。也常见有三五村民，悠闲地坐在树荫下抽烟拉家

城头老榆树

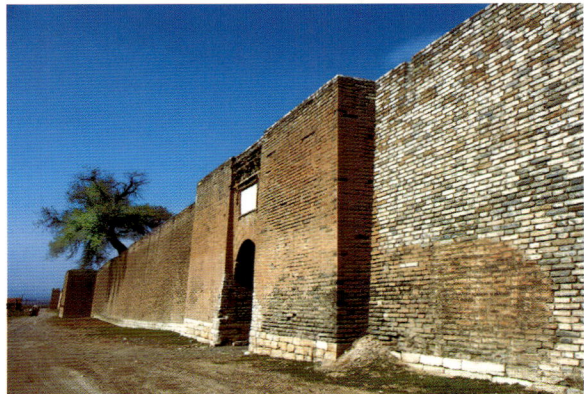

城墙马面

常。昔日硝烟弥漫屯垦戍边的军旅生活早已成了历史，但城墙、垛口、烽火台……这些古代军事设施仍在向人们诉说着冷兵器时代战争的历史。

雄雌双柏与老榆树 在城内西南角，耸立着两株挺拔茂盛的古柏树。据考证，古柏树距今已有900多年的历史，是宋仁宗年间宋辽议和后所植。两株柏树一雄一雌，相距4米，高17米，雄柏树干围长3.14米，雌柏树围长3.2米，实属罕见。雄雌双柏近千年相依并立，栉风沐雨，颇有《诗经》中"执子之手，与子偕老"的爱情意境。更令人称奇的是，在雄柏的枝桠处，有结着鲜红果实的枸杞寄身，浑然天成。西城门头北行50米，城墙上长出的一棵古榆树也颇为奇特。这棵老榆树侧身城墙外，与城墙顶平面成45度角，粗壮的树根部分裸露城墙上，城墙外体被树根挤出一个人脑袋形状的包。古榆的形象看上去酷似一位抬起脚跟，倾前身子，伸长脖子向远处张望的老人；彷佛在急不可待地张望自己出征已久尚未归来的儿子。

六郎城 在旧广武城西1公里外的小山上，有一座小城遗址，名曰"六郎城"，面积7.8万平方米，是北宋杨业之子杨延昭（杨六郎）抗辽保宋的遗迹。现存遗迹仅有西城墙和马面以及制高点烽火台。城中一些地段和城东山城下的子城部分有夯土墙。断壁残垣，破砖碎瓦，遍地草木，满目荒凉，仍在诉说着杨六郎用鲜血和生命保卫边关的悲壮历史。杨业孤军被俘、绝食而死后，杨延昭继续镇守三关，长达二十余年。他骁勇

俯视白草口

善战，号令严明，身先士卒，常为先锋，沿雁门关外修筑许多军事防御设施，屡破辽兵南犯。在一次对辽作战中，他亲率先锋军出雁门直战至朔州城下，被流矢贯

白草口子母敌楼

古雁门关道

臂。1014年（宋大中祥符七年），杨延昭卒于军，"帝嗟悼之"，河朔之人多望枢而泣。千百年来，正史记载、民间传说、戏剧编排、小说演义、影视再现的杨家将故事，受到各阶层的广泛喜爱，抗敌保国的精神在不断发扬光大。清繁峙知县周人甲写诗咏六郎城曰："断垣衰草野狐鸣，曾说六郎此驻兵。千载风烟销田垒，三军旗鼓剩荒城。雁门重镇雄西北。杨氏边雄勒兄弟。铁马不嘶烽火静，至今唯有塞云横。"（杨氏族谱·卷七）

白草口 站在六郎城的残垣上向南瞭望，偏东处有一条大峡谷，大峡谷旋了一个弯，向左拐去，而后急剧变窄，再后掩映在大山的褶皱里。顺着越来越狭窄的山谷南行，但见沟谷两岸山峰陡立，草木茂盛。狭窄的谷底，有一清泉潺潺向北流去。时见一小块一小块的农田散布于清泉两侧，禾苗长势喜人。农田两侧一行行的"子母"柳树，郁郁葱葱，搔首弄姿，随风摇曳。南行3公里，就到了西陉古关（旧雁门关）道北口白草口。眼前突兀一座高大的关楼。关楼石基砖砌，保存较好，平面呈正方形，底边长16米，高18米，雄踞于沟谷西侧。关楼西墙有一门，居两箭窗中间。门额上嵌有石匾，因风化大字已不清，小字反清晰可辨，题"万历四十二年秋吉，巡抚山西都御史吴仁度"，匾尾署"整饬雁平兵备道右布政使阎士选立"。楼北、南、东三面墙上各开

有三个箭窗。南、北、西三面墙顶各有一个龟头吐水嘴。关楼西为砖砌城墙，墙上有一砖券拱门，原为通关口道，现门洞已被土石淤死。北侧门额上仍留有一方长0.92厘米、宽70厘米的石匾，自右而左阴刻横书"容民畜众"四字，匾头题"万历甲寅秋"，匾尾署"布政使阎士选立"。紧邻关门有常胜堡，为守关屯兵之处。东部和北部城墙保存完好。明代白草口东侧长城与广武猴儿岭长城跨河相连，西侧长城过常胜堡顺山脊而去。

铁裹门 经过白草口，南行3公里，就到了铁裹门。铁裹门是古雁门关的别称，位于北纬39°9′44″与东经112°48′45″之处，海拔1625米。古雁门关气势宏大的遗迹和丰富的遗存在这里仍可以看到。此处石质地貌，鞍部地形，人工凿开一条顶宽30米、底宽3米、谷深20米，东西长50米的巨大壑口。壑口底部用石块平铺成路。铁裹门南面山岭上，延伸200米为人工修治过的平台，有战国绳纹瓦及汉以来诸多遗物。铁裹门南百米一平台地形上，有一人工圆锥形堆积物，底直径25米，高10米，砖瓦残片狼藉。民间传说，这圆锥形堆积物叫古坟，埋了死人，里面有宝。据考证，铁裹门是孔子时代修的，"穿凿以度"，出道最大坡度为20°，但可通车马。500米之外有河谷，终年山泉流淌，清洌可饮，为关上取水之地。由铁裹门远眺，群山连绵起伏，四方尽收眼底，沿分水岭一线，战国赵长城，残墙颓垣，清晰可辨。

第二节　新广武城

新广武是相对旧广武而言的，在旧广武东5公里处，建在东陉关的北山口上，相距雁门关7公里。与旧广武城互为犄角，如二虎把门，与明长城浑然一体，构成了一道坚固的防线。该城跨河而建，是雁门关整体设防御体系的重要组成部分。城周长1500多米，堡寨相连，左右与长城连为一体，名曰"狗爪莲花城"，是明代隘口军事防御作战的典型建筑。营城城墙高10米，底宽4米，石条作基，内土外砖，坚固雄伟。砖长41厘米，宽19厘米，高8厘米。远远望去，中城一半建于东南较陡的山坡上，如簸箕；另一半建在山坡下较平之地，似斗状，俗有"金斗银簸箕"之称。营城设东关、南关、大北关、小北关四座关城。关城周长各500米。大北关是营城第一道防御体系。关城与营城连为一体，设北瓮城、中城、南瓮城三道防线。关门城楼南门额上有文字"三

酷似簸箕的东部城垣

晋雄关"。该城左右连结东西长城，扼紫塞咽喉，在整个山西明长城之防御体系上，作为防守内长城主关雁门关的前沿，其军事位置尤受重视。

新广武城的残破与旧广武城的完整形成强烈反差。新广武城为县级文物保护单位，主要建于明代，是古代军事建筑经典之作。1942年（民国三十一年），一场突如其来的山洪，使新广武城遭受毁灭性灾难。中城及四座关城仅大北关保存较好。当地有"旧广武不旧，新广武不新"的说法。主要是因旧广武保存相对完好和一场大水冲毁了新广武城所致。

广武中城 立于中城北门外向南瞭望，东南半山坡上中城的"银簸箕"部分仅存一米多高圮坍的城墙，轮廓仍明显。中城山坡下的"金斗"部分，2米多高的西城墙砖体已脱落，留有50多米长的夯土墙。南墙石砌根基大部仍存，根基上存有高低不等的砖墙，总高超过一米处极少，部分石基和砖墙严重向北倾斜，那是当年巨

北关门望楼

大北关南门

大的山洪冲击形成的。北墙基本不存，痕迹难觅。"金斗"靠近"银簸箕"处，本来有中城的南北主街，连接南北城门；现南城门荡然无存，北城门仅存半个孤零零的门墩。一条小河从原南北主街呜咽北去，诉说着历史的沧桑。中城遗址内基本成为农田。仅小河东岸有几十户民居房屋和关帝庙、戏台、钟楼、乐楼等古建筑遗迹。

抚今思昔，游人不免感慨万千。中城内原来守卫边关的将士，南来北往的商旅，戏台前熙熙攘攘的观众，鳞次栉比的店铺，香火旺盛的庙宇，都已成为历史。现老年人对当时的一些店名记忆犹新，像二合店、庆泰店、全盛店、昌盛店、德恒店、义泰店、德元店、玉泉当铺、德厚昌杂货店和闻名遐迩的来圣店等，说起来如数家珍。道光时期新广武有四个当铺，而朔、代县城合起来才有四个当铺。其时，每年正月初一至初六，新广武赌场里人声鼎沸，这从侧面反映了此地的繁荣。每年七月新广武要过马王庙庙会。新广武城曾有二十四座庙宇，被称作"二十四全庙"。其香火之鼎盛，则从另一个侧面反映出此地的繁荣。

大北关 新广武中城北门遗址西北200米即是大北关关城。大北关关城南门前原有一石桥，和中城连接。城墙砖体多脱落，夯土墙仍存。南门门洞保存尚好，入深11米，宽3米，高5米。门上城楼不存。北门洞长31米，宽3米～4.5米，高2.5米～5.5米，门洞南部宽大，北部窄小。进入南门，走在大北关南北主街上，可见老宅、古水井、上马元宝石等遗存。民国时期，大北关家家都有门面店。

北关门楼也叫望楼，通体砖砌，保存较好。望楼东西长22米，南北宽12米，高7米。楼南墙上有三门，门高不足两米，宽50厘米。中门门楣上镶嵌一石额。石额为青石质，呈长方形，长150厘米，宽78厘米，中间横阴刻楷体"三晋雄关"四字，书法雄浑苍劲，凝重威严。广武城池东西连接长城，扼古道，控雁门，石额所题名副其实。石额两侧有砖雕。两石碑委于望楼门前东南角地面，均为青石质，呈长方形。一石碑，高170厘米、

宽75厘米、厚12厘米，楷书，碑文风化严重，字迹模糊难识。另一石碑，高175厘米、宽80厘米、厚13厘米，楷书，碑书剥蚀严重，字迹漫漶不清。石额、两石碑与修建广武北关望楼均为明朝遗物。望楼东西墙上各有两箭窗。楼内呈"回"字形，四周券道相通，中间为砖砌贮藏军粮、武器及休息的内室，与券道有门连通。楼顶藻井设计讲究。楼内东部有券道通向楼顶，需攀登37级石阶。楼顶上四周原有女墙、垛口、望孔等，现已不存。

登上北关望楼，向南眺望，是连绵起伏雄伟壮观的恒山山脉，广武长城由东北向西南蜿蜒而上，一直到摩天岭西折，宛若一条巨龙在群山峻岭中腾飞；靠西边的白草口峡谷幽深，外宽内窄，逐渐隐没在大山的褶皱里。向北瞭望，视野极为宽阔，东、西、北三个方向数十公里的景色尽收眼底，历历在目。向北500米处，有一圆形烽火台，像是一个顶天立地的巨人，数百年来巍然屹立在那里，守卫着内长城的大门。视线西移，新建的汉墓群广场，呈白色长方形状。广场正中高大雄伟的汉武帝和大将卫青、霍去病的一组石雕像的轮廓隐约可见。再往北，便是全国重点文物保护对象汉墓群，但见那近300个绿草覆盖的土堆，散布在广袤的山脚下，起起伏伏，酷似山区的丘陵地带。极目远眺，西北方向云天相接处，神头电厂的烟囱和凉水塔，如擎天

之柱，屹立在飘飘渺渺的云雾之中；东榆林水库呈蔚蓝色，像一弯碧玉，静静地横卧在远处的云雾里；视线东移，大运高速公路，纵贯南北。

敌楼—子母烽火台—奶奶庙　从大北关望楼向东瞭望，关城之东200多米处高高的长城残垣上有一座敌楼，几乎与北关北城墙在一线上。砖砌敌楼东西两边的长城墙体基本废圮，主楼之西还有一低矮侧楼紧紧偎依在身旁。敌楼主楼高12米，长、宽各11米；侧楼高7米，长、宽各3米。从东门入主楼内，几件内室的砖墙、北墙上的三箭窗及通向楼顶的砖梯基本完好。从砖梯爬上楼顶，有"登泰山而小天下"之感，北眺数十公里之外的烟尘隐约可见。六月伏天入楼内也是凉风习习，当年数九天将士坚守此楼，寒流裹铁衣，其艰辛难以想象。敌楼远远望去似母子相依，故称为子母烽火台。老乡们还将敌楼作为保佑自家多子多孙的奶奶庙。传说广武一带当年民众因瘟疫死亡严重，妇女难以生育，于是择地建庙，最后听信术士指点，在半山腰斜坡上的一块石头上建起了奶奶庙。此庙后被洪水冲垮，人们称庙基那块大石头为奶奶庙。到了赵武灵王筑长城时，奶奶庙基上建起了烽火台，人们又称此烽火台为奶奶庙。明朝修长城时，将烽火台扩建成敌楼，人们又将此敌楼称之为奶奶庙。直到现在，人们还来这里烧香摆供，磕

新广武子母烽火台

雁门关

头许愿，祈求早生贵子，人丁兴旺。岁月流逝，历经沧桑的敌楼仍顽强伫立。奶奶庙、烽火台、敌楼演绎着苍生对和平永恒的强烈追求和向往。

雁门关　从子母烽火台入东陉关谷口，南行7公里，就到了中外闻名的雁门关。鉴于该关处于北边中部要冲，历朝历代均视其为拱卫京都、屏护中原的重地，其得失对于中原王朝而言生死攸关，是中原王朝防御北方游牧民族南下的底线。所谓得雁门者得天下，失雁门者失中原，正是对雁门关军事地位的客观评价，因此雁门关也有"中华第一关"之称。明朝时相对于北京附近的居庸关、紫荆关、倒马关内三关而言，雁门关与宁武关、偏头关合称为京师防御的外三关。史载，关城"周长二里，墙高二丈，石座砖身，雉堞为齿"。洞口有三重，曰小北门、西门、东门。小北门未设顶楼，但砖石结构，格外雄固。门额石匾横刻"雁门关"三字。洞门两侧镶嵌砖镌楷书楹联："三关冲要无双地，九塞尊崇第一关。"西门外门额嵌石匾一方横书"地利"二字，门上筑有杨六郎庙，西门外建有关帝庙。东门外门额嵌石匾

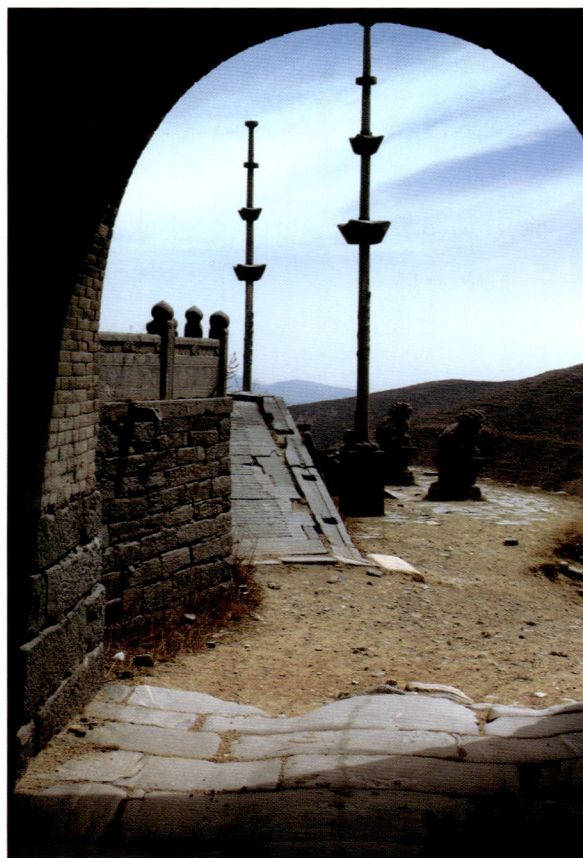

雁门关石旗杆

一方，横书"天险"，门上筑楼台，曰雁楼，楼上有联："曙色晴明残星几点雁横塞，晨曦初朗斜月孤伶门上关。"东门外有靖边寺，属明代建筑，特为战国时代军事家李牧而建。关城内置有驻军营房和练兵教场。整个关城建筑虎踞龙盘，雄伟壮观。

明朝之后，随着多民族统一国家疆域的逐渐形成和稳定，雁门雄关关城军事地位下降，逐渐演变为商贸关卡。抗日战争时期，关城又被侵华日军焚毁。1949年4月6日，中共领导人毛泽东、周恩来、任弼时等登上雁门关，放眼长城内外，远看群山迷蒙，霞走云飞；近览重峦叠嶂，峭壑阴森，两山对峙，形状犹如天造的两扇大门，扼守着山间的一条盘旋幽曲的穿城之路。毛泽东感叹道："这里是古往今来兵家必争之要地，难怪有三关之首一说哩！"

现在的关城，明朝遗物仅存东门、西门、小北门三个门洞以及门洞下被流逝的岁月侵蚀得光滑如鹅卵般的石板路。靖边寺前还遗存一对石狮，一副石旗杆，两通石碑；寺后存有数株青松。1989年雁门关东门城楼修复。现小北门门洞外东侧有毛泽东手书体"雁门关"遒劲潇洒三字。

第三节　兵事举要

据史载，发生在雁门关、广武这一带可称为大规模的战争就有1000多次，其中出塞、入塞、扼守、攻陷式的拉锯战多达27次。其中著名兵事有：

战国末年，赵将李牧就开始守代、雁门，防御匈奴。

前200年（汉高祖七年），刘邦率30万大军越勾注山，驻军广武，北出平叛，在白登被围七昼夜，后采纳陈平之计脱围。

前161年（汉后元三年），汉文帝派将军苏意"屯兵勾注"，防御匈奴南扰。

前123年（汉元朔六年），大将军卫青领公孙傲、公孙贺、赵信、苏健、李广、李沮六将军，率10万骑兵，过勾注山，北击匈奴。

122年（东汉延光元年），鲜卑进攻雁门。

235年（三国魏青龙三年），鲜卑内讧，并州刺史毕轨请求出兵，魏明帝下诏曰："只宜守雁门，不可越勾注。"诏到，毕军已出，结果被轲比能击败，退守雁门。

327年（东晋咸和二年），赵王石勒派石虎率骑兵5000攻代国，代王纥那在勾注、陉北抵抗，兵败后逃回。

396年（北魏皇始元年），道武帝拓跋珪亲率40万大军，南出马邑过勾注，大举讨伐后燕慕容宝。

563年（北齐和清二年），突厥伐北齐后，经雁门关北返，恰遇大雪，战马多死，官兵铺毡于山道得以通过。

615年（隋大业十一年），隋炀帝杨广出雁门巡塞北，突厥始毕可汗得知后率军偷袭，杨广急返雁门而去。

617年（隋大业十三年），刘武周在马邑举兵起事，过勾注，破雁门，与李唐争天下。

621年（唐武德四年），突厥颉利可汗率万余骑兵，攻雁门，被代州唐军击退。

622年（唐武德五年），并州总管刘世让驻军雁门，突厥颉利可汗与苑君璋合兵，从旧广武入西陉口南下，月余后北返。同年八月，颉利可汗又率15万骑兵，过雁门关袭击并州。

755年（唐天宝十四年），安禄山反唐，郭子仪奉命率大军征讨，收复静边军，攻下马邑，打开东陉关。

980年（辽乾亨二年），10万辽兵攻打雁门关，守将杨业率兵5000，绕到辽军背后偷袭，大获全胜。

986年（宋雍熙三年），杨业率兵出雁门大举攻辽。

994年（辽统和十二年），辽叛将率万余人，北出白草口掳掠，被辽将击退。

1126年（金天会四年），金左副都元帅粘罕过雁门伐宋，俘宋钦宗、徽宗二帝。

1369年（明洪武二年），偏将李文忠逾雁门，追击元军。

1373年（明洪武六年），为防御蒙古兵侵扰，明太祖派遣李文忠来山西主持防务，于雁门关、太和岭并武朔诸山谷间，凡七十三隘，俱设戍兵。

1374年（明洪武七年），明军筑新广武城，扼守雁门关。

1460年（明天顺四年），蒙古部鞑靼头领索来率军大举南下，破雁门关，劫忻代。

1540年（明嘉靖十九年），蒙古俺答汗领兵10万抵雁门，破宁武关，南掠太原。

1542年（明嘉靖二十一年），蒙古俺答汗带兵10万，破广武，掠太原。

1606年（明万历三十四年），山西巡抚都御史李景元指挥广武一带驻军，大修广武长城和敌楼。

1911年（清宣统三年），山西军政府北路司令张瑜带兵一营，出雁门关，驻新广武，攻取大同。

1926年（民国十五年），阎冯大战，国民军石友三部与韩复榘联合，进攻雁门阎军左翼阵地。

1927年（民国十六年），晋奉大战，阎军因无力抵挡奉军进攻，中路撤兵退守雁门关。

1935年（民国二十四年），阎锡山部队在雁门一带山坡挖洞凿壕构筑防御工事，做抗战准备。

1937年（民国二十六年）9月7日，周恩来、朱德、彭德怀、彭雪枫与阎锡山在雁门关下太和岭隘口窑洞谈判成功，至此，拉开了国共合作抗战的序幕。上旬，周恩来、彭德怀过雁门关到大同，与傅作义研究大同会战。11日，日军突破阎军防线，傅作义部退守山阴广武、雁门一线。10月18日，八路军358旅716团在雁门关南侧黑石头沟伏击日军运输车队，捣毁敌军汽车多部，毙敌100余人。21日，八路军358旅716团在雁门关再次伏击日军运输队，毙敌100余名，捣毁日军汽车10多辆。27日，驻新广武日军闯入旧广武，杀27人，烧毁民房300余间。

第四节　商贸交通

广武地处"两关两口"的咽喉之处，自古就是重要的交通要道。明代以后，边防北移，这里的商贸交通尤为发达。

早在春秋战国时期，严犹、楼烦、匈奴等少数民族不惜长途跋涉，翻山越岭，通过雁门关进入内地，与汉族通婚通商结盟。

前33年（汉竟宁元年）二月，王昭君戎服乘骑，由雁门关出塞和亲，嫁匈奴呼韩邪单于。广武一带出现了"遥城晏闭，牛马布野，三世无犬吠之警，黎庶无干戈之役"的安定局面。

魏晋南北朝时期，匈奴、鲜卑、羯、氐、羌等少数民族，经雁门关克服关山险阻，跟内地交往，既给中原带来草原的新鲜气息，也充分享受了汉族先进文化。特别是鲜卑拓跋氏建立的北魏，先都大同，后经雁门关迁都洛阳，促进了北方民族大融合的实现。

隋唐五代时期，突厥、沙陀等少数民族，宋元时期契丹、女真、蒙古等民族，先后同样经过雁门关进入中原地区，由战争到"和同为一家"，与汉民族携手共创辉煌的华夏文明。788年（唐贞元四年），德宗下嫁咸安公主于回纥可汗，回纥公主及大首领等妻妾56妇人来迎，途经雁门关。宋辽时期，广武一带边境贸易发达，辽人以铁钱换宋人的铜钱，由于辽允许一部分人自行采买食盐，和宋朝的食盐政策相矛盾，食盐走私现象也非常严重。1127年（南宋建炎元年）四月，金人劫钦宗及皇后、太子离青城，自郑州北至代州，度太和岭至云中（今大同）。

1571年（明隆庆五年），明蒙隆庆和议之后，长达近500年的"走西口"拉开了序幕，广武是走西口的必经之地。走西口者有逃难谋生的贫民，也有经营买卖的商人。"商埠经济多门路，财源如水流代州。"广武地区商贾云集，南来北往，雁门关经常发生交通堵塞。清朝时，雁门关设立交通岗"分道碑"，指引行进的车马人流分开上下路而行，还规定车马行人白天通过，驼队因为占道只能在夜间通过。每到晚上，驼铃声声，穿越寂静的夜空，伴随广武人进入梦乡。立于1898年（清光绪二十四年）、1909年（清宣统元年）、1910年（清宣统二年）的"重修雁门关道路布施碑"有六通。碑上密密麻麻地镌刻着张家口266家晋商商号的名称。此外还有包括祁县乔家、渠家、榆次常家，太谷曹家以及平定、上党、包头、萨拉齐、代州、山阴、朔州在内的数十家晋商商号或票号名称。寺院一和尚为了统计每天过关的人口，曾在关城门口放了斗和一堆黑豆，每从城门口过一个人就往斗里捏一颗黑豆，一昼夜下来，放进的黑豆整整三斗半。车水马龙、昼夜不息之况由此可见。但"路险而多峻岭，稍夷而多激湍，入冬则坚冰塞途，车马蹭蹬而不易度也"；当地一些百姓干起了"护关"的生意，保护过往车辆安全通过雁门关。雁门关自古为通商要道，而新旧广武是雁门关的必经门户。

新广武城遗址西南角一块农田，地势较高，田埂多用城砖破瓦砌成。这儿就是慈禧太后和光绪皇帝曾经"驻跸"的来圣店遗迹。1900年（清光绪二十六年）9月5日，慈禧太后携光绪皇帝出逃西安时，路经广武并在"义合栈"住了一宿。店主杨应魁招待热情周到，颇得太后好感。慈禧封杨为举人、五品官广东廉州知府，还题了"大夫第"之匾。之后"义合栈"改名为"来圣店"。广武一带战时是兵家必争地，硝烟散尽后，干戈化玉帛，成了交通要道、商贸要区，同时也成了民族融合结缘地和许多重大历史事件的见证地。

1948年（民国三十七年）2月上旬，东南野战军司令员兼政委陈毅从延安东返前线，路经新广武，曾在大北关北门内路东尹士高小屋休息一晚。适逢农历正月闹元宵，陈毅曾与群众一起看扭秧歌欢度节日。陈毅作有《过雁门关》诗二首。

1948年（民国三十七年）4月6日，解放战争大决战前夕，中共中央主席毛泽东率领中共中央撤离延安后转战西柏坡途中，在新广武停留。中午12时左右，毛泽东、周恩来、任弼时等领导到达新广武。毛泽东看完大北关城门洞外墙上农会贴出的土改布告后，深情地说：好厉害啊！毛泽东向北遥望广武脚下，感叹道：真乃千古之战场也！

第二章
广武长城

乘车由大运高速公路前往广武，数十公里之外就能望见广武两侧的明代长城。该段长城依山傍关，蜿蜒盘亘，犹如神龙腾飞，气势颇为壮观。新广武至白草口段长城，总体来看仍算外三关中保存最好的一段。其中猴岭山至白草口段锯齿型长城，属于明长城之精华，为国内所罕见。灿烂的朝阳里，长城似金碧辉煌的蜷伏巨龙；如血的残阳里，长城如古铜铸造的工艺精品。2001年，该段长城被国务院列入第五批国家级重点文物保护单位。

第一节 历史与遗存

广武长城始建于战国时期的赵国。赵国所筑长城分为三个主要部分，即赵国南界、北界和西北界。其中位于西北界的这段长城，东起古代国（治今河北蔚县），西至宁武，跨过飞狐、夏屋、勾注等山，即通过今广武一带，修筑时间当在赵肃侯时期（公元前330年左右）。赵武灵王大破林胡、楼烦，辟地千里，在勾注山北设置雁门、云中、代诸郡。秦在北方设置了两道长城，一道即北线阴山脚下的长城，为外边；另一道在今广武一带称为内边。543年（东魏武定元年），召夫五万于肆州北山筑长城。556年（北齐天保七年），"自西河总秦戍筑长城，东至海，前后所筑东西凡三千里，六里一戍，其要害处置州镇，凡二十五所"。（《北史·齐本纪·卷七》）579年（北周大象元年），下诏征伐山东诸州人修北齐所筑长城。大司徒于羿巡长城，

立亭障。"西至雁门，东至碣石，创新改旧，咸得要害。"（《周书·于翼传》）587年（隋开皇七年），"征伐丁男十万余人修长城，二旬而罢"。（《资治通鉴·卷一百七十六》）608年（隋大业四年），"秋七月辛巳，发丁男二十余万筑长城，自榆谷而东"。（《隋书·帝纪第三》）

明代重视北边防务，掀起修筑长城高潮。在重要的关隘如山海关、居庸关、雁门关一带修筑了多重长城。现存广武长城基本是明代内长城遗物。这段长城当时受辖于山西镇（太原镇）。清初《读史方舆纪要》"雁门关"条注云："关外有大石墙三道，小石墙二十五道，道北即广武站也。其隘口凡十八，东起水

峪，以迄于平型，西自太和岭，马邑县东南六十里。以迄于芦板口，皆有堡。督臣李铖复增筑土堡十一座于北口，在关东者七，关西者四；又于通衢要路，咸斩崖挑堑，间以石墙。防卫始密。"记录中的"大石墙三道"即雁门关两侧，白草口以东，以及新广武两侧的三道长城，筑于洪武初。1531年（明武宗正德八年），筑长城东起浑源，西至宁武，因山为险，凡四百零八里。清乾隆《代州志》载："明万历二十三年，巡抚李景元筑雁门关边墙，绵亘十五里，坚固精好，外护雁门，内巩省会，敌不敢窥焉。"李景元重筑的这段长城，便是雁门关外白草口至新广武段长城。1640年（明崇祯十三年），江河日下的明王朝仍对广武守备所属的白草沟口长城、冠

家梁长城进行了部分修整。这是文献记载广武长城最后的一次修筑。

广武长城以新广武为界，可分为东向长城和西向

广武东向长城

广武猴儿岭长城

长城。西向长城从新广武到代县白草口；西行经朔城区南部延伸到宁武阳方口一带，其中以猴儿岭段长城保存最为完好。东向长城由新广武经山阴南部的水峪口、沙家寺、胡峪口，过应县，达平型关一带。整个东向长城坍毁严重，仅剩断壁残垣和数座敌楼。

沿长城内外两侧广武地带，目前认定尚有27座烽火台遗存。烽火台之间距离一般在7公里~12公里。烽火台规模10米见方，高度6米~7米，平面形状主要为方梯形，少量为圆锥圆顶形。有的烽火台整体保存较好，四壁基本完整，还遗留有少量包砖，壁面布满大小不等的鸟类巢穴孔洞，壁面有雨水冲刷形成的凹槽。有的烽火台台体有局部坍塌，壁面凹凸不平，大体轮廓清晰，台下四周有台基，已成缓坡状，看不出原形状。有的烽火台约有3/5的台体及台基被河水冲垮而坍塌。有的烽火台台体有两道大裂缝，从南面看整体呈"山"字形。有的烽火台四壁基本坍塌，仅存底部面壁少许，台体基本

呈倒置漏斗状，台基轮廓基本清晰，台基之外有一周围墙，已成浅垄状。有的烽火台台体低矮，已成一土堆，仅土堆上部出露少许台体壁面。

利用烽火、烟气传递军情的烽火台的使用，最早见于《汉书》"胡骑入代勾注边，烽火通于甘泉、长安"的记载。公元37年（东汉建武十三年），王霸与杜茂"治飞狐道，堆石布土，筑起亭障，自代至平城三百余里"（《后汉书》）。广武地区的烽火台至少两汉时期已经颇具规模了。清雍正《山西通志·卷十五·关隘·代州》对广武一带烽火台有如下记述："广武墩南十三里至雁门北口，北口十里至雁塔，雁塔十里至南口，南口十里至代；广武北传烽浑源州，繇山南孤山、应州，繇山南羊脑墩、山阴县，繇山南圪塔墩，而传崞、忻州，北则由芦板，东则繇代柏林崖堆至班聂。"可见在冷兵器时代，聪明的中国人就开始运用烽火光学原理来传递信息了。

第二节　猴儿岭长城

蜿蜒起伏于猴儿岭山脊之上，雄奇险峻，气势磅礴。明代的敌楼、砖墙、烽火台历经风雨，巍然屹立。长城高6.6米，底宽6.5米，顶宽3.5米，底部用青石砌筑、外侧和顶部全部砖包。长城每隔120米~300米建有敌楼1座。敌楼多筑于长城外侧，面宽10米，进深8米，高15米左右，内可屯兵。长城下部设暗门，可内外

猴儿岭长城新广武起点

圆形烽台

相通。这段长城从新广武到白草口全长5030米，其基本走向为由东北而西南，然后西折下山达白草口。长城的最高处摩天岭海拔1750米。

登猴儿岭长城，有两个起始点可供游人选择：一是从新广武沿新开辟的旅游道，盘旋2公里，行至停车场，从北向南攀登；另一是从白草口起身，穿过大运高速公路桥洞，由南向北攀登。游人一般选择从新广武这里作为起点。

长城从广武村曲折迂回而上，墙砖已被剥去的黄土墙体，高约8米，坚硬厚实。停车场正北100米的山坡上，有一敦实高大、气势非凡的圆柱体墩台，周长48米，高15米。近1米厚的包砖已被拆除，露出黄土，夯土层为碎石和山皮土混合物。墩台北部有一暗洞，已经完全坍塌，只有幽深的洞孔，无人敢探深浅。这个暗洞有可能是通往长城的战时运输通道，也可能是烽台守军储存粮食、弹药的仓库。朔州境内烽台遍野，多为方形，圆形极为少见。这座烽台立于地势高亢的猴儿岭北坡山梁上，是广武防线上的一座非常重要的侦望台。烽台东、北、西三面为开阔平坦的桑干河盆地，展望条件非常好，站在烽火台之上，百里烽烟尽收眼底。这座烽火台位于长城外侧附近，内可由长城暗门与长城守军联系，外可作为单独作战堡垒阻击敌人。

看罢圆形烽台，沿着蜿蜒而上的长城外侧，爬行100多米长的陡坡，顺着一个长城坍塌的豁口，游人即可登上长城。沿途到处都是散落的残砖，墙体黄土裸露，斑斑驳驳。依墙而筑的座座敌楼，包砖被拆除，只剩黄土夯筑的墩台。从拆除的痕迹上可以看到，原来包砖为一纵二横的三七墙，厚80厘米。其下地基为规整的条石，约2米高，有十几层。

大约爬行900米，越过3个塌坍的墩台后，便来到了一座只残留下一个门洞的敌楼。门洞坐于高6米的城墙之上，高1.8米，宽1.7米，残墙整体东西长5米，通高20.5米。这个洞看上去是一个门，实际上是由砖楼北墙上一个箭窗不断塌落而成的，数公里之外，举目可见。站在门洞前西望，白草沟西边，道道山谷、重重山梁层次分明，紫荆山山体上下呈现两种不同颜色，下部少草木，砂石裸露，呈紫红色，上部山坡上长满了绿色植被，呈青绿色。两种颜色对比显明，颇为奇特。举目远眺东北向，建于半山腰中的新广武中城呈簸箕状，与新广武相衔的东向长城，沿着山岭逶迤东去，城墙北侧上的座座敌楼雄风犹在，箭窗依稀可见；矗立于新广武东关北部山岗上的子母敌楼，相依相偎，紧紧地守护着东陉关的北大门。转南极目，长城紧贴山脊，背驮座座敌楼，摇头摆尾，像要凌空而去。

残留门洞的敌楼

针扃敌楼

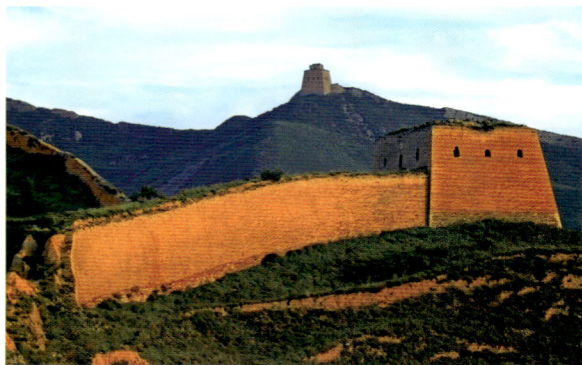
控阨敌楼

壮橹敌楼

由"门"楼前行，长城外侧高约6米，包砖有的已坍塌委地，有的完全掉落；内侧坡地较缓，长满狼茭、艾蒿等耐旱的山草。城墙顶部下面是石条铺底，上面覆以青砖。经过2座坍塌的墩台，一座高高的敌楼矗立眼前。敌楼跨建于长城外侧，一门九眼，空心，平面呈正方形。底边长13.7米，建在城墙之上的墙体高5.2米，外侧通高12米。东门拱券，门高1.7米，宽1.6米。西、南、北三面各有三个箭窗。门额上嵌有长方形石匾，高60厘米，宽90厘米，中间横刻楷书"针扃"两个大字。右侧竖刻楷书"万历丙午中秋之吉巡抚都御史李景元"16字，尾刻"兵备副使李茂春左参将陈天爵管粮通判蒲嘉轮"20字。整个石匾字迹清晰，雄浑圆润。楼内青砖拱券，四面券洞相通。洞高3.7米，宽1.7米，中间是一堵厚实的墙体，东西宽4.2米，南北长5.5米。西南角有砖阶通道，可达楼顶。回首眺望，第一座圆形墩台近在咫尺，而长城已左拐右弯，盘亘了近千米。扼守白草口的旧广武城，方方正正，完整清晰，城内青砖红瓦格外醒目。平坦的桑干河盆地分外开阔辽远。远处雾霭中的洪涛山脉朦朦胧胧。

从针扃楼前行50米，城墙出现严重坍塌，最严重的地方墙体几乎与山脊相平。再前行300米到达第二座较完整的敌楼。该楼仍跨建于城墙之上，平面呈正方形，底边长13米，高11.3米。楼开东门，门两侧有2个箭窗，南、北、西三面各开3个箭窗，为一门十一眼敌楼。门额上方嵌有长方形石匾，高60厘米，宽90厘米，中间横刻楷书"控阨"两个大字，左右小字与前楼一样。楼内结构与前一座迥然不同，券洞横三、纵三，相通相连，呈"田"字结构，十字穿心，南北东西券洞都与箭窗相对。券洞宽1.7米，高3米，当地人称此楼"九窑十八洞"。由西边箭窗向外望去，白草沟中车马行人可数可点。白草口沟东侧山梁上耸立着一座巨大的方形烽火台，可洞悉白草沟一带的风吹草动，又能与长城上的敌楼互相接应。

从控阨楼南行50米，长城下有一拱形暗门。暗门外低内高，门洞两端有安插门栓的插洞。这个暗门内外相通，为军情紧急时临时调度使用。继续前行，山势越来越高，山谷越来越深，山脊越来越窄。这时，长城变得非常险要，顶端野草没过人膝，只有一尺宽的羊肠小道，游人需揪草而行，胆小者，手脚并用。约前行500米，越过两座倒塌的砖楼，城墙渐宽，又见一座敌楼。该楼南北长20米，东西宽11米，外侧高12米，辟有南北两门。北门上书"壮橹"二字，南门上书"雄皋"二字。中间过道券洞宽2米，高3米，把敌楼分为东西两个侧楼。通道西侧北端、东侧南端各有一小门可进入侧楼。东西侧楼结构相同，中间为券洞，南北各开有一个箭窗，东西外墙各开有三个箭窗，为二门十眼楼。东半楼西南角有梯道，登18级台阶，可达楼顶。楼顶有铺房，四周有围墙垛口，开东门，南北各有一箭窗，更利于守军瞭望作战。

出壮橹楼南行50米，过一座坍塌的砖楼，继续前行100米可达另一座砖楼。这段长城外侧墙体保存最为完好，墙高8米。条石墙基高1米，其上苍苔累累。外墙砌砖有56层，从基部向上有明显的收分，比例约1/10。顶上檐砖外挑，排水石槽仍存。其下西侧沟谷幽深，为天然屏障。东侧坡度较缓，约1.5米高的灌木和7米多高的松林布满山岗，鹅黄深绿呈条状分布，相映相衬，分外好看。

走过这段较为完好的长城，可登上天山楼。该楼呈平面正方形，大小与壮橹楼基本一样。开一东门，高1.6米，宽0.8米。门额石匾上书"天山"二字。楼内中间为南北长3米、东西宽1米的实心砖墙。绕墙四面为拱形券洞，相通相连。西墙上有3个箭窗，南北墙上，各有2个箭窗。楼内东南角有台阶通道可达楼顶，楼顶有铺房。铺房开北门，东西有2个箭窗，铺房四周有围墙、垛口的遗迹。站在楼顶眺望，南北向的长城随山势突兀参差，蔚为壮观，东西群山起伏，沟壑纵横。长城外侧近处，山坡陡立，坡面开阔，清一色的绿色山坡经雨水冲刷，留下道道浅痕，从坡顶直落坡底，如条条银练。

从天山敌楼前行，长城沿山脊由低而高，两侧峭壁直立，异常险峻。幽深的山谷使人头晕目眩，通过这

敌楼门额

敌楼内部结构

敌楼箭窗

保存完好的长城外墙

天山敌楼

九眼敌楼

段狭窄的长城，须屏气凝神而行。小心爬行700多米，前面是一座倒伏的敌楼，又称分界楼，只剩1米多高的残基。长城在此分为两支：东向是一支低矮的石筑长城，沿山脊而去，这段长城是战国长城；西向长城在此转了一个漂亮的弓形大弯，弧度舒缓自然，外墙光滑平整如初。至此，长城游览，路程过半，游人大多已累得大汗淋漓，身疲力竭。真正是：不到长城非好汉。

由分界楼向西南爬行，长城随山势由高而低，再由低而高，约前行500米，直达猴儿岭峰巅的摩天楼。从残破的楼体上，仍能看到楼内空心部分的箭窗和通道。登临绝顶，四周风光一览无余。南部，群山低眉，万峰称臣，连绵无际，越过忻州盆地的远山与云天相接，青雾缭绕。近处座座呈青黑色的山峰巍峨雄壮，峰峰毗连，像军事上的沙盘模型。纵横交错的峡谷，满目苍翠。北部，桑干河盆地辽阔无垠，田畴如画，绿树掩映。北同蒲铁路复线像一根笔直的银线，光芒四射，纵贯南北，直达天际。回望北部长城，但见一条巨龙东冲西突，左盘右旋，昂首腾云驾雾而来。矗立在长城险要处的座座敌楼，遥遥相望，前后呼应，虽经岁月沧桑，雄姿依旧，如铁打铜铸一般。

由摩天楼西行，长城随山脊急速而下，坡度足有40度，登长城再度出现惊险。游人无法在长城上行走，只能下到长城内侧，沿陡坡慢行。约行600米，一座外表最为完整的砖楼矗立眼前。楼东西长9米，南北宽7米，东西各开2个箭窗，正北开3个箭窗，从南门可进入楼内。楼内中间有长方形券洞，长5米，宽3米。东南角有梯道可通楼顶。顶上铺房为砖券窑洞，保存完好，东西长4.6米，南北宽3米，高2.5米，东西各有1箭窗。从这座保存尚好的砖楼可以看出广武一带砖楼的整体结构：基座与长城相平；第一层空心，置券洞、门、箭窗、梯道；第二层为铺房，又叫楼橹，环以垛口，以便站在楼顶向四周瞭望。此楼上下共有9个箭窗，故称九眼楼。

由九眼楼西行，长城险峻异常，最窄处无人敢走。其下山坡陡立，行走须抓草攀石。前行约400米，来到一座倒塌的砖楼前。砖楼残存东墙一角，从上到下布满裂缝，看去摇摇欲坠，但几种力量咬合始终未倒。这堵残墙独立在高高的城墙上，外部整体轮廓像蹲守在长城上的一只雄鹰。双翅收拢，两爪并立，面

敌楼遥相呼应

雄鹰守谷

锯齿长城

品字型结构长城

朔州风光·边塞风貌

二三二

南向北。墙上残存的箭孔，酷像雄鹰锐利的眼睛。上部北向突出的四块青砖，上下相间，恰似弯钩状的鹰嘴。犹如人工雕琢，惟妙惟肖。

继续下行200米，有一南北相通的暗门，横穿长城。暗门南宽北窄，南高北低，保存完好。站在门口，山风南北对流，呼呼作响，倍觉爽快清凉。这道暗门石基砖碹，宽1米，高2.5米，入深10米。门洞两端有门栓窟窿。暗门南面山体陡峭，下为悬崖。暗门北面相对平缓，杂草丛生。

过暗门200米，来到最后一座砖楼。砖楼高10米，东西长8米，南北宽4米。开有南门，门宽1米，高2.1米，其上的石匾已不见，残存砖雕。内有一东西向券洞，宽1.6米，长5米，高3米，东西各开1个箭窗，北墙开3个箭窗。从东北角的狭窄梯道可登楼顶。坐在顶上向西北方向眺望，坐落在白草沟北端的旧广武城扼守着山口，其重要的战略地位一目了然。

最后的一段长城长约600米，先随山势缓慢下行，外侧城墙坐于悬崖之上，砖墙高6米～7米，内侧黄土墙体高3米，长城顶部宽度1米～2米，渐行渐

窄。外侧有断断续续的堞墙，高出城墙1.8米。堞墙之上有垛口，垛墙长3米，缺口长0.6米，墙厚0.5米。每个垛上有个望孔，孔下又有两个射孔，看上去像个品字。然后继续下行，城墙直转而西下，外侧壁立千仞，内侧是万丈悬崖，陡坡全部为岩石。站在垛口向城墙外侧望，头眩目晕。使人联想到，古代白草口河谷发现敌情后，箭飞如雨，石滚如雷惊心动魄的场面。越往下走，长城连续垂直下降，通过三次大幅降落，最后下到半山腰。这段长城，垛墙与垛墙之间高差2米，如高高的台阶。爬墙向外探望，墙下是刀劈斧削般的万丈深渊，令人心颤腿软。随山势下行百米，回望那陡立的台阶，层层台阶如锐利的锯齿砌筑在山尖上，这就是著名的广武锯齿长城。筑于绝壁天险之上的锯齿长城，像悬挂的天梯，左右无凭，上下无依；又如一道闪电，从云天划下，直落山腰。其陡峭，其凶险，其壮观，着实令人惊叹。最后，长城缓缓向下，落于高速公路的隧道上，与河谷对面白草口村边的子母敌楼相望。

第三章

汉墓群

广武汉墓群位于朔州市山阴县西南40公里，旧广武与新广武之北，南依巍峨群山，北连一望无际桑干河盆地。整个墓群，从南到北从东到西高耸连绵，其规模之大，数量之多，为全国之首。以汉墓群为依托的牌楼、广场、博物馆等建筑与之相呼应，构成了一个气势恢宏、博大精深的汉代文化园林景区。

第一节 汉墓群广场

从大运高速公路广武出口处，即可看到广武汉墓群广场的高大牌楼和汉武帝君臣雕像以及造型新颖的汉墓博物馆。广场位于山阴县张庄乡新广武村西北，大运高速公路新广武口西侧，广梵公路北侧，广武汉墓群之南。南北长800米，东西最宽处140米，南高北低，有明显高差。广场营造出浓厚的汉文化、古代军事文化氛围。

牌楼 坐北朝南，为汉阙样式。结构以混凝土框架为主，外挂雕刻石材。三门四柱，高度22米，跨度32米，中门跨16米，两边门各跨8米。上加斗拱飞檐、瑞兽祥禽等装饰总高24米，寓意汉王朝24帝。四柱雕花草纹图案，柱头为镂空二层六角莲花小亭。中门正中额枋横书楷体"廣武"两个大字，字体庄重典雅，入石三分。以中门为轴线，两端侧门之上的柱枋、花板以及图案相互对称。侧门柱枋之上各有青龙一对。连接中门主柱的横枋之上置有两根小柱，小柱顶端蹲坐石狮；小柱与主柱之间的柱枋之上各有两只白虎。连接两根小柱的横枋之上有朱雀两只。中门柱基置抱鼓。整个牌楼结构和谐，造型优美，雕刻精细，古朴自然，玲珑精巧，为现代牌楼的上乘之作。

中心广场 穿过牌楼，沿着一条宽17米的"神道"，北行260米，就进入了中心广场。神道分置有下行台阶，两侧各加2米宽的盲人通道。广场南北长260米，东西宽140米，铺设青石板路面砖，局部修饰采用磨光花岗岩板材。站在数十公里的地方，就能看到广场洁白耀眼的长方形轮廓。

广场中央是一座巨大的汉武帝君臣、"三位一体"

的灰白色花岗岩雕像。雕像背北面南，通高19.8米，矗立在状如烽火台的三层基座之上。下层基座长32米，宽24米，高4米。台基南面正中置有台阶，台阶两侧有描述汉与匈奴交战场景的浮雕。底座上第二层基座长18米，宽12米，高1.83米。第三层基座长13米，宽3米，高2.8米。立于第三层基座上的群体站式雕像，由一块天然巨石雕凿而成。汉武帝居中，卫青居右，霍去病居左。汉武帝头戴冕流，身着龙袍，胡须飘然，气宇轩昂，目光深邃，胸藏韬略，右手执剑，左手前伸，踌躇满志，指点江山。右边卫青身披铠甲，左手握拳，貌似睥睨，仿佛胜券在握。左边霍去病头戴缨盔，身着戎装，右手叉腰，双眉上扬，英气勃发。这组群雕粗犷豪放，大气磅礴，充分凸显出西汉王朝不灭匈奴誓不休的英雄气概。

广场东西两侧各有高5米、宽0.8米、厚2米汉朝文武大臣雕像10尊。每尊雕像基座长5米，宽1.2米，高1.6米。雕像均为花岗岩石材。西侧10尊武将雕塑自南而北依次为韩信、樊哙、周勃、卫青、李广、霍去病、英布、彭越、周亚夫、马援。东侧10尊文臣雕塑由南向北依次为司马迁、董仲舒、萧何、陈平、张良、曹参、张衡、蔡

广场牌楼

广场主体雕像

伦、班固、张骞。武将中的周勃，身背长剑，左拳紧握，腰系有兽头图案的战带；前196年（汉高祖十一年）随汉高祖平定叛乱，收复马邑。大元帅韩信头戴缨盔，腰挎佩剑，双手持点兵册，神情从容自若；其为西汉开国元勋，韬略超群，是历史上杰出的军事家。大将军卫青双眉如椽，二目如电，白须飘然，身着披风，腰带紧锁，右手叉腰，左手紧握剑柄，浑身散发着英武之气；前123年，率十万骑兵，过西陉关，渡兔毛河，北击匈奴，大获全胜。飞将军李广头戴缨盔，身着战袍，两臂微张，神情冷峻；其驻守雁门郡，前后与匈奴作战70余次，以能打硬仗而著称。骠骑将军霍去病，身披鱼鳞铠甲，左掌朝天，拇指掐中指，似在掐算出征的良机；他六次远征匈奴，屡建奇功，诠释了"匈奴不灭，无以为家"的豪

言壮语……文臣中著名史学家、文学家司马迁身着朝服，发髻高挽，脸颊瘦长，目光犀利，鼻梁高挺，右手持书，彰显出东方史学之父的大家风范；他究天人之际，通古今之变，成一家之言，完成了中国第一部纪传体通史《史记》。东汉史学家、文学家班固身着朝服，头戴纶巾，宽衣博带，一脸严谨；这位祖籍朔州的史学家曾奉诏修史，修撰了中国第一部断代纪传体史书《汉书》……

这些不同的人物艺术造型，经工匠的精心雕琢打磨，与主人公的身份、思想、品格和情趣保持了一致。蓝天之上，白云舒卷，巨人们沐浴在阳光清风里，穿越茫茫时空，相聚这里，看望那些长眠于汉墓群的将士，同时也集体走入游人心中。

第二节　汉墓博物馆

从广场北行160米，即是汉墓博物馆。"神道"宽17米，分段置有上行台阶，两侧各加2米宽盲人通道。总占地面积8730平方米。博物馆外形呈长城式样，分上下两

层，一层高6.6米，二层高6米，建筑面积2840平方米。该馆展品主要为汉代文物，并配有汉代墓葬规制文字介绍等，是了解历史文化、广武边塞文化和山阴县风土

人情的最佳场所。同时它还担负着山阴县文物保护、征集、管理、收藏、展览以及科学研究等任务。

2002年因修建大运高速公路，清理发掘了汉墓群中11座古墓，3座为竖穴木椁墓，6座双室或多室砖墓，另两座砖墓则破坏严重。3座木椁墓中的随葬品以青铜器、古钱币和漆器为主，出土的草叶纹铜镜和星云纹铜镜更是西汉流行的铜镜类型，古钱币为汉武帝时的五铢钱。这3座墓是西汉中期墓葬，墓室主人为县城中级官吏。6座砖墓的出土文物则以完整的陶器和带有花纹的地砖为特色。这种多室墓的格局符合东汉家族数代人合葬于一墓的习俗，当为东汉中晚期墓葬。但也有的墓只有一具骨骸，据考古人员推断，这与东汉晚期雁门关外战争频繁有关。争城之战，杀人盈城，争地之战，杀人盈野。

残酷的杀戮造成百姓全家暴尸荒野，无人埋葬。一些已挖掘好的墓穴只好由先前入土的先辈独居了。广武汉墓群此次进行的清理发掘，出土了大批汉代文物，对广武汉墓群墓葬形制和器物的断代提供了可靠的标尺。

汉墓群广场东200米是广武边塞文化旅游区游客接待中心。中心总占地面积46亩，主楼为仿汉四层结构建筑，附楼为二层砖混结构，建筑面积4370平方米，另有1300平方米的混凝土停车场。2008年开工建设。中心能为游客提供满意、舒适、便利、安全、快捷的服务，满足中外游客在广武边塞文化旅游区域内的"食、住、行、游、购、娱"等方面的需求。

第三节　汉 墓 群

汉墓群南北长8千米，东西宽4千米，占地面积32平方千米，共有封土堆298座。封土堆连绵起伏，状若

丘陵，星罗棋布，面积辽阔，雄伟壮观。封土堆分为大、中、小三种。最大的236号封土堆高20米，占地面积3250平方米。1988年广武汉墓群被国务院公布为全国重点文物保护单位，1993年被列为亚洲最大墓群。

汉墓群四周设置保护围栏5371米，南围栏正中有阙门，中部建有管理房。步入阙门有数条小径供游人进入汉墓群游览。封土堆由南向北排列成行，由东向西错落有序。葱茏的松柏与高大的杨柳间植其间，清风吹来，杨柳摇曳，似在凭吊阵亡将士。封土堆与封土堆之间的距离，最近的不超过2米，最远的也只有十多米。硕大的封土堆上覆满了野草沙石。每座的顶端都竖有标号牌。其中东北端有一座封土堆，周长130米，其上矗立着一座高8米的烽火台，格外引人注目，好像一位忠实的守墓人，历尽风霜，不弃不离。黄昏时分，残阳如血，置身其中，倍感静谧肃穆，不禁令人联想起，在邈远的历史长河中，戍边将士征战沙场的惨烈和悲壮。

"身既死兮神以灵，魂魄毅兮为鬼雄。"（屈原《国殇》）"醉卧沙场君莫笑，古来征战几人回。"（唐王翰《从军行》）

秦汉之际，中国北方少数民族匈奴迅速兴起，严重威胁着中原王朝的北边安全，汉朝政权抗击匈奴，雁门关外成为双方争夺要塞和进行战略决战的辽阔战场。汉朝近百年的战争以及尔后的屯兵设防，使无数从征壮士、驻守官吏和当地豪门贵族、土著百姓一起骨撒沙场，长眠塞外。斗转星移，沧海桑田，汉代坯坯黄土仍沐风而立，成为现在封土如丘的汉墓群。据传封土堆的高低大小依死者生前的官阶、军衔而定，等级森严。墓冢越大，显示出墓冢主人官职越大，军衔越高，这也反映了当时的封建等级制度。广武汉墓群可以说是当时边塞将领的陵园。整个墓群保存有珍贵的地下文物，对研究中国汉代的政治、经济、文化都具有重要的价值。

坟上筑烽

汉墓群

杀虎口军事文化景区

SHUOZHOU SCENERY 朔州光

杀虎口军事文化景区

杀虎口军事文化景区以驰名中外的杀虎口冠名，范围涵盖右玉全境。

杀虎口位于山西北部右玉县境内的外长城脚下，北扼大漠，南屏中原，势踞天下之巅，界控中外之咽，自古为直北第一要冲。巍巍关楼，恢宏壮观，穿河卧波，封山锁谷。明王朝在此连环筑堡，重兵扼守，使之成为一代雄关。"刀戈沉沙边城带血，关山度月古堡含悲"、"大漠高天汗马追云，西口长歌征驼伴月"……关楼楹联高度概括出杀虎口悲壮辉煌的历史。以杀虎口为轴心，沿长城一线，东有残虎堡、马堡、破虎堡；西南有铁山堡、云石堡；南有右卫城、威远城、马营河堡、红土堡、黄土堡、牛心堡、云阳堡、祁河堡、威坪堡等屯军城堡。重重设施，龙盘虎踞，构成了中原阻挡北方少数民族的第一道军事防线，大有"不教胡马度阴山"之势。杀虎口以军事重镇闻名遐迩，又以通商要道著称于世。古老的茶道，繁荣的马市，奏出了民族团结的和谐乐章。一曲"走西口"，道尽了昔日离乡背井的凄凉。如今的杀虎口，将边塞军事文化、晋商文化、西口文化、生态文化融为一体，交相辉映，形成了特色鲜明的边塞旅游品牌。

第一章

杀 虎 口

杀虎口位于今右玉县城西北35公里，坐落在明万里长城中端脚下山西与内蒙古两省区三县（右玉、和林格尔、清水河）交界处。北距凉城县30公里，经和林县到内蒙古首府呼和浩特市80公里。自古为著名的军事隘口，又是名播四海的西口古道。

第一节 地理形势

杀虎口历史悠久。春秋战国时有参合陉、参合口之称，秦、汉、隋时沿用此名，唐更名白狼关，宋改叫牙狼关，明改称杀胡口，清御赐更名为杀虎口。

杀虎口内外，数水交汇，绾毂南北，为"宣大以西，宁朔以北，归绥以南之首冲"。（光绪《山西通志·朔平边》）因其特殊的地理条件，历史上战略地位十分重要。据《史记·匈奴传》载，赵襄子"逾勾注，登夏层……遂兴兵灭代，以临北貉"。当时的杀虎口一带既是"以临北貉"的战略要地，又是"破林胡、楼烦"的前沿阵地。

秦统一中原后，为有效防御匈奴，开通了途经杀虎口的"驰道"。时至西汉，杀虎口成为雁门郡治所在地（今右玉城）北部驻兵设防的重要关隘。当时天下的形势是"雁门宁，天下安"，汉遣将卫青、霍去病等多次出杀虎口北击匈奴，朝廷更是派李广、冯敬、郅都等重臣把守。郅都在任期间，雁门民庶兵强，匈奴虽十分强悍，但不敢轻易进犯。据传郅都临终前，让人把自己的雕像立在杀虎口一带，一次匈奴南下，远远望见郅都威武地站在山岗之上，十分畏惧，扬长北返。北魏定都盛乐后，杀虎口系盛乐的南大门，迁都平城后，为"兴龙之地"、"畿内之地"。唐时在今右玉城置静边军，把守白狼关（杀虎

口），以防突厥南侵。明王朝立国之始，元人北归，屡谋兴复，边事日棘。为加强北部的防御，明初在北魏、隋长城的基础进行修缮，增筑烽堠、戍堡、堑壕，局部地段改土垣为石墙，重点是京城西北至山西大同的外边长城、山海关至居庸关的沿边关隘。明成化、弘治、正德年间，鞑靼、瓦剌等经常兴兵犯境，大肆掳掠，边防日紧，于是加修长城，增设边墩，添置墩口等成了当务之急。1472年—1477年（明成化八年至十三年），大同东、西、中三路"计修边墙、壕堑、墩台九万三千七百七十九丈"。其时，杀虎口已筑有"墙堞一座"。1485年（明成化二十一年），户部尚书兼左副都御史余子俊总督大同、宣府军务时，

上疏请修大同路起西至偏关接界处止的六百里长城。疏中称"敌犯山西必自大同，入紫荆必自宣府，未有不经外边能入内者……大同至偏关，地势平坦，无险可据，应调集中、西二路征操马步官军并屯种官军舍余人等做与墩样……"明王朝认识到大同沿边防御的重要性，在1560年（明嘉靖二十九年）重点营建了山西北部至河北宣化一段的长城。从此，雄伟壮观的长城像母亲怀抱婴儿那样，将杀虎口揽入怀中。这样一来，凡途经杀虎口内外的蒙汉各族，必须要经过杀虎口的关卡，历史上杀虎关举足轻重的地位，由此正式确立。

杀虎口从地域上来讲，由杀虎关、杀虎堡和栅子外三部分组成，占地约4平方公里。北依雷公山，南对咽喉梁，东挽塘子山，西携大堡山。外长城沿山岭由东北向西南蜿蜒而来，似半月围墙将其环抱怀中。东西两山坡陡壁立，相向对峙，苍头河由南向北纵贯其中，形成一条长3200米、宽250米、高220米的狭长走廊，构成天然关隘，地势十分险要。清雍正《朔平府志·序》载："长城以外，蒙古诸蕃，部落数百，种分为四十九旗……而杀虎口乃县直北之要冲也。其地在云中之西，扼三关而控五原，自古称为险要。"周伐猃狁（北方游牧民族）、秦汉击匈奴、隋唐征突厥、宋抵契丹、明御蒙古等多次战役，凡此种种，不论是当时的封建王朝出兵，还是北方的游牧民

杀虎口

族南侵，多将杀虎口选为进出口。尤其是到了明清两代，杀虎口先以军事重镇名闻遐迩，后以重要的交通位置和兴隆的商贸著称于世。在这里，残垣断壁有了灵魂，枯竭衰草有了光彩，古道小桥有了生命，山山水水有了神韵。这一切，都是因为这里文化底蕴深厚博大，历史源远久长。

第二节　杀虎关

杀虎关

出县城沿虎山公路向北行至堰侯梁，但见长城逶迤，关楼巍峨，双堡连环，虎踞龙盘，大有"不教胡马度阴山"之势。行至关前，举头仰望，新筑的关城雄伟壮观，气势恢宏。关门宽11米，进深17米，高9米。门两侧墙基由长条石砌筑，高0.7米，墙体由青砖砌筑，门顶由钢筋混凝土浇筑。门额上有一个长4.8米、宽2.2米的牌匾，上书中国长城协会会长罗哲文题写的"杀虎口"三个黄漆大字，字体刚劲有力，洒脱飘逸。在关门东西两侧，建有两座高大的城头堡。城头堡底宽20米，高9.7米，顶上四周围有女墙垛口。两桥头堡中央均建有关楼。

东西两座关楼都为二层建筑，第一层高4.8米，第二层高3米，通高7.8米。雕梁画栋，飞檐挑角，上覆琉璃，流光溢彩。四角脊上，各种脊兽栩栩如生，形象逼真。东关楼正面明柱上书对联："大漠高天汗马追云，西口长歌征驼伴月"，门楣横书"严疆锁钥"。楼内四壁墙上，挂有右玉长城、古堡分布图，还有右玉古代名将肖像及文字说明，图文并茂，内容翔实。北墙下，置有万泉河桥复原模型。西关楼距东关楼15米，中间为过桥，其下是新关门，虎山线南北穿越。正面明柱右书"刀戈沉沙边城带血"，左书"关山度月古堡含悲"，门额书"紫塞金汤"。字体遒劲有力，如刀飞剑舞，字里行间漫溢出浓浓的血腥味，令人想起守边将士身着铁甲寒衣厮杀疆场的悲壮。仁立两关楼之间，北望天似穹庐，笼盖四野，山谷幽深，沟崖壁立，苍头河滔滔北去，天险杀虎口名不虚传。南望仿古一条街，青堂瓦舍，布列道路两旁，整整齐齐，十分壮观。东望杀虎口博物馆雄居一隅，设计新颖，造型独特；馆前广场康熙骑马铜像，雄姿勃发，腾空欲飞。西望万泉河桥墩残存河心，长城沿着群山峻岭西南而去。

关门两侧长城砖包一新，墙上垛口密集，状如锯齿。东侧有宽大的登城台阶，台阶筑有3层，共20级。拾级登上长城，新筑的长城内宽9.1米，两侧有1.8米高的女墙。从垛口上可以看到长城内外景象。东行100米，可到达与旧长城衔接的一座砖楼。此砖楼比长城高出5米，登39级台阶，可达楼顶。砖楼中央置方台，边长6米，高2米。站在台上举目四望，边塞风光尽收眼底。

关门东侧是杀虎口旧关遗址。铁护栏内长城下有一门洞，为杀虎口旧关门，高1.74米，宽1.67米。关门上方有石匾一方，书有"杀胡口"三字，字迹模糊可辨。门洞内两边，均建有孔道，为戍守士兵登城暗道。因河床地面抬升，这个旧门洞后来被深深埋在长城墙体之下。

今日杀虎关是在昔日的旧址上新建的。据史料记载，明代的关楼，是一座高大的骑墙跨楼，东西两侧与长城连为一体，南北突出，中建四道关门。现存的旧门洞仅是关城的头道关门。关楼高大，置有瞭望孔、射击孔，具有防御和进攻的双重功能，是关口的重要军事设施。蒙汉通市后，该楼又成为瞭望台，因而人们又称其为马市关楼。1694年（清康熙三十三年），因设右卫将军建造营房，从内蒙古大青山运来的木料无法从关门通过，遂在长城紧连关楼处，拆开一个四米宽的大口子，另设关门，并置千斤大闸，上下开启，谓之大关，俗称"大栅子"。据传大关曾有柏木巨匾，上有虎气腾腾令人生畏的"杀虎口"三个烫金大字。栅子门常设官兵驻守，白天开放，夜间宵禁，一夫当关，万夫莫开。沿关门东西两侧的长城均石砌砖包，并筑有女墙、垛口。蜿蜒向东的长城在经过塘子山顶时，曾建有一座有16个箭窗的砖楼，可通过洞穴上到楼顶，人称"十六"砖楼。该楼为关口守备军队的军火库，同时也是附近长城一线的制高点。南望30公里可及贺兰山，北望40公里可及蛮汉山，东控残虎堡、破虎堡两哨所，西控铁山堡、云石堡两哨所。

西向长城在跨越苍头河（兔毛河）处建有万全河桥，明代称水上长城第一桥，系杀虎关军事防御体系的重要组成部分。正如明兵备道张维枢上疏云："杀虎堡当西北极边，最称隘要，而兔毛河桥直通塞外，夏秋之交，波流汹涌，势奔力猛，岁修岁溃，固由工费之半虚，实属水势之易啮。然此桥一断，数百里之垣皆废……夷骑长驱，多从此入。"（清雍正《朔平府志·奏议》）该桥建于1573年—1619年（明万历元年至四十七年），长290米以上，宽10米～15米，高9.2米～11.2米。共有桥孔27个，中间9个较大，孔径为7米左右，其余东西两面各9个，孔道较小，最小孔径不小于4米。建桥者为克制河水泛滥，取孔数为三个九，其用意为以阳克阴，用心颇为良苦。为使桥墩坚厚刚劲，一孔倒塌，不涉及邻孔，在施工中运用了多孔固单孔的建筑技巧，真可谓匠心独具。为便于守御，桥上南北两面建有女墙，设有垛口。桥的东西两头各建敌楼一座。据传大桥竣工后，桥下波涛汹涌，桥上旌旗猎猎，十分壮观，可惜1896年（清光绪二十二）的一场特大洪水将桥梁冲毁，仅留下7个孔洞。1936年（民国二十五年），国民军某部在长城修筑工事时拆毁其中4个孔洞。后遭人拆水冲，现仅存下2个桥墩。据《中国石桥》记载，当时修这座桥曾"用军工和石匠五十余万工日"，用米"十多万石"。

出关门（栅子外）紧靠长城，明代筑有一座小城，名为八十家街。明朝在杀虎口设立马市后，这里成为通贡互市的场所。据说，当时盛况空前，人如蚁

杀虎关旧关门

通顺桥

聚，货如山积。现在只有为数不多的几户人家在此居住。街道上到处散落着残砖断瓦和一些石制的门鼓、石狮、拴马桩等。

古关东南是杀虎口博物馆，在博物馆南侧通向古堡的路口处，立有一块巨石，上书"西口古道"四个红漆大字，字体苍劲潇洒，引人注目。紧靠巨石的

南侧，有一条东西向的水沟，名曰十七沟，沟上建有一座小桥，名曰通顺桥。桥长14米，宽4.3米，高3.5米，桥孔净宽2.5米，拱顶至桥面净高0.67米。整个桥身全部用青石条砌成，系单孔等跨石桥，属于圆弧形结构。它的矢跨比为2：1和3：1。因跨径小，加上设计好，给人以娇巧玲珑之感。桥面石、桥孔石以及内外八字墙石，均是锤錾加工出来的十分规格的黑色条石。条石长1.8米，宽0.3米，厚0.2米。条石与条石的缝隙之间，全用石灰浆灌注。桥体南端和青石铺成的敞路坡连接，看上去像一个石制的整体。每当夕阳西斜时，阳光映得桥体油黑闪亮，精美壮观。"小桥夕照"是杀虎口的一处景观。通顺桥建于何年，无籍可考。现拱圈正上方存一石匾，书有"通顺桥"三字，并刻有"光绪戊戌重修"字样。该桥虽经数百年的风雨侵蚀，但时至今日仍坚如磐石。每年大年初一日，附近居民扶老携幼都要从桥上过一次，意在取其一年通顺之意。

第三节　杀虎堡

过了小桥，有条通向杀虎堡中关的古道，据传由杀虎口大商贾秦瑞之祖父捐资，于清顺治年间动工兴建。当地群众惯称敞路坡。道长达360米，宽2丈余，全部由当地产的大青石铺就，两边各用365块石条砌边加固，取一年天数之意。顺古道可直抵中关西门，此门是古代堡内官员出入之主门，现按照原样修复一新。门基由长条石砌筑，洞壁由青砖拱碹，宽4米，进深12米，高7米。进入西门是一个长方形的堡城，俗称中关。这里过去曾是八大衙门聚居之地，现到处可见精美的砖雕和破砖烂瓦。在南墙处有一古乐楼，坐南向北，单檐硬山顶。乐楼分前后台，前台宽11米，进深5米，后台宽11米，进深2米，东西各设一门。前台置有4根明柱，东西墙上各镶嵌有一个宽110厘米、高90厘米的砖雕框，内为花草鸟兽，雕工十分精致。中关路北是杀虎堡，现

堡门不存，瓮城墙体尚残存10米多高。进入堡内，城堡轮廓清晰，西墙、北墙残存有6米高，东墙毁坏严重，墙高只有3米。堡内建筑皆毁，变为耕地。此堡1544年（明嘉靖二十三年）始筑，1574年（明万历三年）砖包，周长2里，高3丈5尺。当时只有南门，东、西、北三面无门。在堡西墙上原放有将军铁炮3门，南门城头上也放有铁炮3门，是镇守古关、古堡的重要武器。

过中关南门便进入平集堡。堡四墙残存，西墙、南墙保存比较完整，残高10米左右，东墙、北墙残高6米~7米。堡内留有少数几座古民居，屋檐、屋脊雕刻精细，具有很高的观赏价值和艺术价值。零散分布的拴马桩、门鼓、石狮，更是雕刻讲究，做工精细，尽显古堡深厚的文化底蕴。古堡的南墙中间，设有南门，保存较好。门额上书"平集堡"三

个大字，其上有精美的砖雕。修筑此堡的目的是为了蒙汉交易。《建造杀胡新堡详议》中称："杀胡堡本开市要地，防御须宜严密，出入要宜盘诘。今查得夷人入市，每日蜂聚城堡，任意流连，长宿不去。彼存心悍恶，一有滋蔓，便至难图。合宜摘近关墙外，另筑一土堡，中建商店。凡夷人俱在此中交易，不得闯入杀胡城。"（清雍正《朔平府志·新堡详议》）于是，1615年（明万历四十三年）在杀胡堡城南另筑一新堡，名曰平集堡，周长2里，其规模、大小与旧堡相同。两堡中间东西筑墙，将新旧两堡连环为一，前后左右设门，东西南北四通，中建商店，内外交易。新旧两堡形成唇齿相依、犄角互援之势。这个"目"字形城堡，在国内独一无二。如今看似破旧不堪的古堡，却有着昔日的辉煌。

据史载，当年随着明代马市的开放、清代税关的设立，杀虎堡、平集堡大街小巷呈"非"字排开。堡外还有城壕沿、独虎寨、大庙沟等17处居民区。堡内堡外商贾云集，店铺林立，日杂百货、副食糕点、钱行当铺、酒楼饭馆，鳞次栉比，白酒、陈醋、金银、木器、皮行、米面加工等手工作坊应有尽有，盛况空前，成为驰名天下的边堡。极盛时，杀虎口住户

杀虎旧堡

平集堡南门

多达5000户，人口突破5万人。时至十九世纪初年，据马达汉（芬兰）西域考察日记载，还有住户2000多家。清代有人戏称此地居民为"两家半人家"。在公署衙门做事的共称"一家"，经商于蒙古库仑（俗称走营子）的共称"一家"，在绿营兵中从军吃粮的称"半家"。第一家地位显贵，富可敌国，其起居习俗多有京中官僚之风。第二家是经商于蒙古的大盛魁、

天义德、元盛德三大号，盈利丰厚，每年约有三五千两白银投寄于杀虎口，至于珍贵皮毛、药材、金银首饰更是不计其数。绿营兵收入远逊于上述两家，故称半家。其他居民虽称不上"家"，但也有不少殷实富户。由于这里往来客商甚多，大小客店分别接待不同商客。其中元胜泰、进泰泉、王泉常、晋泰店专门迎送著名商号大盛魁和新疆的客商。明玉泉、玉泉堂、同和茂、常胜生、同合泉、明玉常、兴隆店、万荣店主要接待前后营、达茂、四子王旗的蒙古客商。至于丰盛和、德兴和、德庆盛、天义德、天胜德、聚义昌、三合义、福全店、福义店、福隆店等则来者不拒，随客自便。

出了平集堡向南，有一条通向咽喉梁的古道。道长500米，宽7米，全部由当地青石铺垫。古道在跨越南小河时，建有一座二心圆单孔尖石拱桥，人称广义桥。桥长24.4米，宽6.75米，跨径4米，桥下净高6米，全部以深灰色石灰岩粗料石砌成。该桥最大的看点是雕刻装饰部分。在桥面左右两侧的栏杆分别由栏板、望柱、抱鼓三部分构成，每侧各有22根望柱、22块栏板和2个抱鼓。望柱高1.55米，宽阔见方0.26米，

底部凿以0.15米的榫头入于侧墙石条之中。每个望柱柱头，有的雕刻成猴头，有的刻成狮头，有的刻成仙桃，有的刻成石榴，有的刻成木瓜，有的刻成卜吊状。做工考究，形象逼真。在望柱与望柱之间，均夹嵌着用石制成的栏板。栏板通高0.74米，宽0.93米，厚0.13米；底部以0.12米的榫头隐于侧墙之中。上沿磨棱呈侧梯形。中间刻以见方0.72米长的云线，线内原有各式华丽的图案，经风雨剥蚀，现已脱落得不可辨认。抱鼓位于桥的四角，其轮廓为行云状，中间錾凸心阳圆，刻有犀牛望月的图案。位于桥侧面上的拱圈阔0.5米，弧长13米，上面曾刻有精美浮雕，现已无法看清。抱鼓、望柱、栏板与单孔不等跨的拱圈和柔和优美的桥面曲线相结合，使桥体的正面造型显得既秀丽又别致，给人一种赏心悦目之感。此外在拱圈与桥面之间镶有兽头，又叫龙头，双目怒睁，口张须炸，似有挣脱羁绊腾空而去之势。另一侧的龙尾则呈现自然蜷伏状，显得舒适和谐。广义桥建成于何时，无可考证，但承载历史的车辙却深深地印在桥面上，似乎向人们倾诉着古堡昔日的辉煌。

过广义桥南行300米，在咽喉梁的东西两侧，建

广义桥

朔州风光·边塞风貌

有两座魁星楼。东面的魁星楼高高矗立在山岗之巅，见方七步，高三丈，砖包，上建方形穿心砖亭一座，亭现已毁，包砖拆除，人称武曲星楼。西楼雄居古道路畔，呈圆形，直径十步，高三丈，砖包，建六角亭，隔扇飞檐，宛如一盏宫灯，又名文曲星楼。明清两代杀虎口治学之风为时人所重，小小边陲小城竟出了7名翰林学士。"南有绍兴府，北有杀虎口"一时传为美谈。直到民国年间，杀虎口还出了6名大学生，有留学日本和英国的，有考入黄埔军校的，可谓人才荟萃，英才辈出。人们传说与建此楼有关。

沿咽喉梁前行1公里，有条一年四季都流淌着泉水的二道沟，沟上有一座桥，名曰平丰桥，又叫二道沟桥。该桥为单孔尖石拱桥，长50米，宽7米，高12米，桥孔跨径4米。桥体为砖石混合结构。每块砖长50厘米，宽20厘米，厚7厘米，比一般城砖长10厘米。平丰桥的栏杆简单，仅仅是用砖砌了60厘米高的两道矮墙。每隔七步留一水道。桥面随两旁地势筑成一字平型，全用长1米、宽0.5米左右的石板铺就。两块石板之间錾成卜吊型的凹体，再用生铁水灌注，使其更为坚固。这种施工法在古桥建筑中尚不多见。据《中国公路交通史》记载："在清代山西新建的桥梁中，平丰桥是比较重要的桥梁之一。"该桥建于晋蒙交通咽喉要道之上，古代为陕、晋、绥等省商货流通之孔道，历经280多年，现仍为晋蒙南北通道上的一座重要桥梁。

第四节　驻军兵事

杀虎口地处雁门之北，五原之冲，地势险要，军事战略地位十分重要，一直是明代驻防的军事重镇。

明廷为严守此地，设守备1员，旧堡把总1员，新堡团总1员。新旧两堡共有步兵1047名、骑兵152名。清初，结束了内地同北部民族割据对峙局面，政权归于一统。大同镇沿长城各城堡所驻官兵多数裁减，杀虎口仍有驻军1000余名。1691年（清康熙三十年）山西巡抚上疏称"大同为邻边重地，重地之中唯杀虎口最为重要"。调宁武关副将1员移驻杀虎口，设中军守备1员、千总2员、把总2员，同时抽调偏关营千总1员、宁武营把总2员，驻防杀虎口。有骑兵2营，步兵8营，兵力增到5000人。1693年（清康熙三十二年），将步兵800改为骑兵，加强了机动能力。1694年（清康熙三十三年），增设满汉官兵即章京2员、笔帖式2员、披甲40名，协助原营兵巡防镇守。1697年（清康熙三十六年），添设副将1员，管辖宁武、平鲁、偏关、老营、河堡、水泉等六路官兵。此时，设骑兵1200名、步兵500名、守兵300名。同年五月，又将骑兵裁减为500名，步兵裁减为350名，守兵裁减为150名。

1729年（清雍正七年），增设外委千总2员，外委把总4员。1731年（清雍正九年）增设骑兵242名、步兵362名，有驻军共计1600名，改中军守备为中军都司。其次，还设有营防汛三铺，每铺设兵5名，营房10间。1732年（清雍正十年），增设右营守备1员、千总2员、把总4员、外委千总2员、外委把总4员、骑兵498名、步兵350名、守兵148名，总兵力达到2608人。光绪后期，国库空虚，军费不济，驻防营兵只剩600名。

杀虎口驻军分管长城18.5公里，东至破虎堡边界，长11公里；西至右卫城边界，长7.5公里。明管辖边墩28座，清管辖边墩42座，每座边兵4名，每名给赡军地一顷。设防汛3铺。即南路有三边桥铺，窑子湾铺，每铺驻兵5名，各有营房10间。东路设井儿沟铺，有营房6间，驻军3名。

此外在堡西北建有营房数百间，在西南面建有操练部队的校杨。校场周长约1公里，内建演武厅3间，卷棚3间，东西两侧各建有廊房一间，点将台一座，场内建有云梯架和跑道。校场是日常训练士兵的场所，每月要举行一次月试，训练的科目比较复杂，内容包括练胆、练艺、练阵等法。每年秋季在此要举行大规模的演武比赛，山西提督或大同总兵亲临校场检阅部队。

为适应驻军的需要和管理，清代先后在杀虎口建立了守备、都司、协镇、驿传署部等衙门。都司衙门位于杀虎口西的苍头河东岸，是绿营军的长官官邸。都司位于游击之下千总之上，相当四品官员。协镇衙门位于平集堡财神庙巷内，是驻守杀虎口军事副长官的衙署。驿传道署也称通司衙门，设在长城栅子内的关口路旁。为了"尊朝廷之体统，肃外藩之瞻视"，通司衙门不仅规模宏大，而且还建有"内以正体统，外以肃观瞻"高大宽宏的仪门。主管驿站、邮传的官员为正四品。守备衙门设在杀虎口校场沟南，管辖绿营兵；长官称营守备，其职位在都司之下，为正五品武官。

杀虎口因其地理位置特殊，历代成为兵家必争之地。据史载，围绕此口发生的大大小小战争不下数百次。

前265年(赵孝成王元年)，赵国大将李牧带领重兵，驻守雁门郡（今右玉）一带，防御匈奴南下。李牧曾多次出兵杀虎口，进击匈奴，边境安宁。

前142年（西汉后元二年），匈奴入杀虎口进攻雁门郡，太守冯敬带兵抵抗，兵败被杀，汉王朝又派兵驻守雁门郡。

前123年（西汉元朔六年），大将军卫青率6将军，统10万骑兵，过雁门关，渡兔毛河，出杀虎口，杀死匈奴3000余人。

前98年（西汉天汉三年），匈奴从杀虎口入雁门郡（郡治今右卫城），太守害怕逃跑，被汉武帝下令处决。

122年（东汉延光元年）冬，鲜卑攻入杀虎口，攻下定襄郡（郡治今右卫镇）过雁门关，南下掠太原。

600年（隋开皇二十年），隋朝太平公史万岁从朔州出兵，经杀虎口在大芹山（今内蒙大青山）与突厥相遇，达头可汗带兵退走，史万岁追赶百余里，大破突厥兵。

755年（唐天宝十四年），安禄山反。朔方节度使郭子仪奉命带兵东进，入杀虎关击败高秀严叛军，收复静边城（右卫城），并乘胜攻下云中马邑，开辟东陉关。

843年（唐会昌三年），唐振武节度使刘沔与天德行营副使石雄，率劲骑抵御追击回鹘乌介可汗的南侵。乌介军刚逼近振武城，石雄率骑攻入，乌介慌忙逃走。石雄追至杀虎口，将其数万军队和物资俘获。

1527年（明嘉靖六年）鞑靼攻入杀虎口，杀死民众多人。

1557年（明嘉靖三十六年），俺答辛爱从杀虎口大举南下，包围了右卫城，多次攻城。守城军民浴血奋战，伤亡严重，守将王德战死。在家休息的武将尚表，自愿担任临时指挥，组织军民修缮城堡，守城六月之久。次年农历四月，兵部侍郎江东、大同巡抚杨选和总兵杨承勋，率先遣部队前来解围，鞑靼闻讯退兵。

1648年（清顺治五年），大同总兵姜瓖倒戈反清，并派兵占领雁北多处城镇。右卫参将彭有德及清兵溃不成军，弃城而逃，被赶出杀虎口。

1696年（清康熙三十五年），建威将军费扬古，奉命统帅西路满汉官兵，由杀虎口出兵，登天山，过瀚海，直达昭莫多（今乌兰巴托东），与西逃的噶尔丹叛军经过血战，大获全胜。此次平叛战役，康熙亲征，历史上颇为有名。平叛结束后，康熙帝过杀虎口驻右卫城，嘉奖了参战将士。

第五节 边贸关税

边贸 杀虎口俗称西口，作为通商口岸，始起于明，兴盛于清。蒙古族散处漠北，人不耕织，地不它产，以畜牧为业，无城廓之居，逐水草而上，日用之布帛、茶叶、粮盐等依赖汉族地区供应。而汉族所需之马、毛、皮也依赖于蒙族地区供给。游牧经济与农耕经济的互补性，导致蒙汉人民都厌恶战乱，渴望和平，进行贸易往来。明代诗人方日乾的《行边》诗就描写了这一景象："关城西望路迢迢，玉鬃嘶风铁马骄。日逐年来常款塞，雁门新出霍嫖姚。"（《朔平府志•艺文志•卷三十二》）

为顺应民意，1438年（明正统三年），明政府正式在杀虎口中设立马市。当时"一牛易米豆石余，一羊易杂粮数斗，无畜者或驮盐数斗，易米豆一二斗，挑柴一担易米二三升，或解脱皮衣，或执皮张马尾，各易杂粮充食。"（《明经世文编•卷三一六》）杀虎口马市，明代起伏较大，马市从性质上来说不是完全意义上的自由贸易，而仍属一种官方经营限制的有朝贡贸易范畴，难以满足蒙古贵族的需求。加之规模不大，军事纠纷不断，故处于时开时停的状态。1571年（明隆庆五年），宣大总督王崇古上疏，提出处理封贡互市的八项建议。朝廷经过一番争论后，决定复开杀虎口马市。

"封贡互市"实施后，杀虎口市场繁荣，购销两旺，成为云中五座边堡市场中第一繁盛要地，并且很快在万历后期步入第一次发展高峰。当时的杀虎口市场分为官市、私市两类。官市又分为大市和小市两

西口古道

种，大市每年一次，小市每月一次。开市的日子商贾鳞次，店铺栉比，长达四五里，按行交易，价格随行就市。这种限制在一定场合期限的官方交易，满足不了蒙汉人民的需求，于是又在杀虎口周围产生了一种不定期无固定铺面方便灵活的地摊式民间交易。从此出入杀虎口的货物激增。到万历后期，贸易量约居山西首位，号称云中第一要冲。出现了"汉夷贸迁，蚁聚城市，日不下五六百骑"（《明世宗实录·卷五百五十八》）的繁华热闹盛况。每年过往交易驼马骡驴牛羊达二十多万匹（头只），而且商营占80%，官营只占20%。据明代《卢象升疏牍》载："谨照杀虎马市，虽在云镇，而边马匹，自当通融市买以供垛伐之需……近日传府山西、蓟辽、山海、通昌等处，无不委官赴买，差使鳞尔辐辏。"从这些记述中，足见杀虎口马市的繁荣。

关 税 清王朝统一蒙古地区后，长城不再是汉蒙往来的屏障，马市随之失去了存在的价值。由于晋商从杀虎口尾随康熙西征平叛，为清军购买粮秣，运送辎重，甚得将士赞赏，因此清政府给予种种特权，允许晋商到新疆从事贸易，在蒙古伐木出售，为晋商的发展奠定了基础。特别是随着以山西、河北为枢纽，北越长城，贯穿蒙古，经西伯利亚通往欧洲腹地之一国际商路的开辟，山西经杀虎口北上西向者日见增多，以致"恰克图贸易商人皆晋省也"。每天途经杀虎口运载货物的驼队络绎不绝，牛马车队长可里计，迤逦行进，驼铃交响，回荡旷野，数里可闻，蔚然壮观。据《绥远通志稿》载："绥为山西辖境，故经商于此者多晋籍，其时贩运货物，经过杀虎口或运往新疆、兰州，或运往库伦、恰克图，甚至深入俄国。返程时又将哈喇、呢子、毛毯、钟表、金砂、皮毛、五金、鹿茸、葡萄干、杏瓜等运回内地。每年仅卖给京羊庄的绵羊即达20余万只。每年鹿茸开市时，交易量日约20万两白银，甘草约50万银元。"由此一斑，足见杀虎口贸易量之大。好似清代诗人洪亮吉描绘的草原风光那样："谁跨明驼天半回，传呼布鲁特人来，牛羊十万鞭驱至，三日城西路不开。"（清《伊利纪事诗》）

清王朝入主中原，内地与口外的经贸交往在明代后期已有的基础上更加频繁。1650年（清顺治七年）清廷在杀虎口专门设立了税收机构即户部抽分署。后改称钦差督理杀虎口税务监督署，因衙署门额上有"户部钦差"的大匾，当地老百姓惯称"户部衙门"。衙署设在堡内中关路北的黄金地段，门前有青砖砌成的大照壁。照壁长10米，顶、边都用水磨砖雕，中间刻有构思精妙、寓意深刻的立体浮雕。浮雕中的花草鱼虫、飞禽走兽形象逼真，精美绝伦。在浮雕的两侧镌刻着"此地有崇山峻岭""其人如霁月光风"的壁联，字体雄浑遒劲，气势磅礴，浮雕与楹联珠联璧合，给人一种气势不凡之感。照壁与庄严肃穆的仪门相映衬，更进一步彰显出衙门内的主人所拥有的权势和地位。税务监督署内设科房、班房两科。下辖杀虎口局、得胜局（大同）、河堡局（河曲）、归化城局（托克托）、包头局、宁鲁口卡（左云）、黄甫川卡（陕西府谷）、府南分卡（右卫城南门）等局卡。负责征收山西东起天镇新平堡，西至陕西神木一线二百多里的边口出入税。税收直接归中央财政。这些局卡中尤以杀虎局的税收最多。朝廷规定张家口以西骆驼例须直赴杀虎口输税，不许绕避别口走私。骆驼是当时商旅货物运输的主要工具，加上杀虎口是往返蒙地孔道咽喉，税收高出其他局卡许多，于是税务监督署就有了"日进斗金斗银"之说。

民国成立后，杀虎口税务监督署由北洋军阀政府财政部直管，改称杀虎口税务监督公署。1913年（民国二年），右玉归察哈尔省，原公署又改称杀虎口税务征收局。1914年（民国三年），将征收局迁往内蒙古丰镇。1915年（民国四年），仍称杀虎口税务监督公署。1925年（民国十四年），冯玉祥在张家口成立了一个张虎多税务公署。1926年（民国十五年），山西财政厅在大同成立了一个杀虎口税务监督公署。1929年（民国十八年）1月，将杀虎口税署与归绥的塞北关署合并。杀虎口关税衙门从成立到结束，一共存在了将近180年。

杀虎口税务监督由于税收丰厚，都由满族宗亲，即所谓的"黄带子"和"红带子"来充当。监督十二个月一任，即使遇到闰月年也不能多当一月，立即交印，一天不误。督监上任时，总要带一大帮子家人、奴仆来充当司事（亦称总办）和单谕（亦称委员）。监督之下设置的科房和班房，分别由40名房缺和60名班缺组成，是钦定的100个名额。最初，房缺出3600两保证金，班缺出1800两保证金，便可买到名额，以后不愿干还可以将保证金如数卖掉。科房领导叫经承，下设稿书（相当于总文书兼总会计）和数名帖书；班房的领导叫头役，下设数名巡役。一般情况，大局大卡设一名经承，数名帖书，数名巡役；小卡也最低设一名帖书，一名巡役，来轮值收税。各局卡的房缺、班缺按轮值表定时轮值换班，不能老待在一个地方，以免出现人情和贪污现象。经承执掌着杀虎口大栅门上的三把钥匙中的一把（另两把各由本地的满洲旗兵和绿营兵掌管），每天早晨，经承坐着驼呢大轿从堡内出来，才能打典开栅。住在大栅内外旅店的商人早已守候在大栅处，等待检验盖印放行。大栅里大街两边面对面排列着六个厅子，头两个是满洲兵厅，他们只负责检验军政官员和蒙古官兵的护照，不检验货品。其次两个是绿营厅，他们只注意商货里是否夹带军火，也不检验货物。最后两个厅子，路西是通事房，内有认识蒙文会说蒙语的翻译，专替旗兵、绿营兵、税厅和驿传道司验看蒙文护照，并为前往五台山敬香的蒙古旅客办理手续。路东的厅子就是杀虎局的查验所，查验各种货物，专管收税。

杀虎口征收的都是边口出入税，商税按物价比例抽取，牲畜税按头数计算。征收又分"过税"和"坐税"两种。"过税"，即货物经过关口时课之以税。"坐税"即货物到店发卖时课税，税收项目主要有盐茶烟税、米面糖税、荤腥腌腊海菜香料税、干鲜果品税、冠履靴袜棉毛丝麻税、皮毛骨角税、器物税、铜铁锡税、牲畜交易税等十余类上百种。除了口外的贡品、驾辕的骡马、运回口内的灵柩不纳税外，其余一切过往商品基本上都要照章纳税。1661年（清顺治十八年）农历六月，户部确定杀胡口关税起征定额为年13000两白银，比张家口还多了3000两。

康熙中期，政策进一步放开，允许山西雁北一带边民去口外归化城（今呼和浩特）种地做生意，俗称"走西口"。1699年（康熙三十八年），又批准山西大同朔州等殷实商人去大青山伐木售卖。1736年（乾隆元年），归化城、杀虎口开征木材税。前三年，每年税收自300余两至600余两，1739年（清乾隆四年）酌定每年征收446两白银。

由于内地特别是大批山西人出口外谋生，消费物品需求增加，进而又带动了山西大同等地煤炭、汾酒、胡麻油、烟叶等物资的出口贸易。油、烟、酒开始在杀胡口并不征税，后来因出口数量越来越多，户部奏准于1761年（清乾隆二十六）开征烟酒、油税。

杀虎口自顺治年间设关至乾隆中期的100年间，市场日益兴盛，关税不断增长。到乾隆中期，每年征收的正额关税由13000两增加为32300余两。增长1.48倍，盈余12100两，两项合计高达44400余两。同期，朔平府实征地丁银14684两，右玉县实征地丁银1724两，两项相加不及杀虎口关税的一半。而杀虎口关税分别是朔平府田赋丁税的3倍、右玉县田赋丁税的25倍。

自乾隆中期以后，税收逐渐走向衰落。据史料记载，1842年（清道光二十一年）实征正额16919两，1893年（清光绪十九年）实征正额16847两。税额未减，实征严重不足，只有乾隆中期税额的一半多一点。杀虎口税关的衰落有诸多原因。一是归化关的开设，使原有归杀虎口征的关税归归化同知征收。二是随着山西人走口外带动内蒙经济的发展，过去靠内地供应的粮食、油、酒等，也就部分做到了自给，减少了进口。三是北京—张家口—归化—库伦—恰克图商路的大盛，张家口成为北方一商埠，原从杀虎口出口的部分商品转到了张家口。四是俄国十月革命及外蒙独立，旧币废止，晋商遭到毁灭性打击；从山海关、杀虎口逃回山西旅俄、旅蒙商民多达十万，损失财产无数，商号大批破产，贸源顿失，税收自减。五是京包铁路开通后，大批货物通过火车运送，导致了杀虎口由盛而衰。

历史上杀虎口从金戈铁马的军事门户，变成商贾云集的贸易口岸，书写了它在中国近代金融贸易史上辉煌的一页，闻名中外。拥有金融半壁江山的晋商多达一半是由杀虎口踏着漫漫戈壁，茫茫草原，走出了中国北部的又一条"丝绸之路"。在这条西口古道上，不知有多少人背井离乡，客死他乡，魂断戈壁。如今，沿着古道，跨过一座座古桥，穿过一户户破败的院落，仍然能看到昔日商旅驼队和他们所创下的一代商业辉煌的影子。

第六节　寺观庙会

随着商贸的空前繁荣，居住在杀虎口的人达数万之众。多种民族文化在此交汇，形成了独特的西口文化。以杀虎口为中心的寺观庙宇比比皆是，而且香火旺盛。这里既有佛教、道教的庙宇，又有喇嘛教的召庙，可谓五花八门。据统计，共有各种庙宇51座，故民间有全庙之称。可惜这些庙宇都成了历史的遗迹。

杀虎口有新旧两堡之分。旧堡有玉皇阁、真武庙、吕祖庙、火神庙、观音庙、三清阁、白衣寺、奶奶庙、财神庙、十王庙等16座。从旧堡的北城墙数起，中间建有玉皇阁。玉皇阁前面建有真武庙，是每年一度"黄箓会"的举行地。真武庙西边有吕祖庙，东边有火神庙、观音庙、三清阁、白衣寺、奶奶庙（院内有财神庙），前面有十王庙，再前面有城隍

朔州风光·边塞风貌

杀虎口度假村

庙，往南至瓮城门有三皇庙、文庙、关帝庙、天王庙、马王庙、岳王庙、二郎庙等。其中玉皇阁最为壮观，阁居高台之上，筑72个台阶。阁高三层，五彩琉璃覆顶，规模宏大，富丽堂皇。阁前有门楼一座，飞檐挑出，翼角高翘，斗拱铺作，华丽精致。门柱上，右书"由是门上达九霄天光云影"，左书"到此地俯罗万象山媚川辉"。门楼左右两侧，有旗杆一对，青石狮一双。石狮前置牌楼三座，错落有致，气宇轩昂，古朴典雅。

新堡有文昌阁、观音庙、五道庙、土地庙、花庙、财神庙、大仙庙、佛殿、增圣殿。此外东门外有水泉庙、东岳庙、河神庙、山神庙。南梁有茶坊庙、龙王庙、海岳寺、大仙庙。营坊街有北岳庙、五道庙。敞路坡有勒马庙。教场沟有三贤庙、大仙庙、观音庙。大栅外有喇嘛召庙、天王殿、奶奶庙、关帝庙、佛殿庙等。每座庙前都立有碑记。

杀虎口的庙多，自然而然庙会也多，几乎是月月有会，日日有戏，但最负有盛名的是黄箓会和城隍

出府。

黄箓会 相传是庆祝康熙皇帝西征平叛胜利和超度阵亡将士而特设。所需费用不须地方筹集，由户部直拨。每年农历七月二十五日起会，会期十天。会前一天，举办地真武庙内外装饰一新。为表示气派吉祥，旗、营、帐、幔、旌、旄、伞，一律用黄绫、黄缎、绵帛、哈喇制成，就连人们朝拜上香所用1米高的八卦鼎，也是用黄铜铸成。更让人惊叹的是庙内正殿悬挂有一盏九瓣莲花宝灯，由黄铜制作，直径有2米大。夜幕降临，莲花宝灯上的九支牛油大蜡烛同时点燃，像一朵莲花在夜色里婀娜开放，明艳美丽。庙会的首日，八副对子马、八副挠阁、八位僧人、八位道士云集在伞盖旗之下，在锣鼓、佛号声中，簇拥着地方长官出东门到距杀虎堡2.5公里远的混元峰下拜泉取水，并将取回的"圣水"用铜盆供奉在大殿上，寓意着国泰民安、五谷丰登。庙会期间，举办人要穿黄衣服，钱庄字号要披黄吃素，上市的瓜果也得黄皮黄瓤，唱戏剧目也要含一"黄"字，如《黄鹤楼》《黄金台》《黄艳秋》等，说书老人也要有黄字，如"昔人已乘黄鹤去，此地空余黄鹤楼"，"黄橙秋阳平分日，一曲凡骚吹绿黄"等。这些各尽所能的"黄"的体现，意在表明万民万物都沐浴在皇天皇土之下，不乏对当朝皇帝的颂扬。届时，各庙宇都要筹集资金请戏班助兴，同时规定凡路过杀虎口的杂耍艺班，都得无偿献艺。一时间，魔术、杂技、相术等竞相登台表演，南来北往的客商云集堡内，使本来就人口密集的集镇更显得熙熙攘攘、热闹非凡。因杀虎口黄箓会盛况空前，影响很大，为此当地老百姓中流传着一种说法，"曲阜的水陆会天下驰名，杀虎口的黄箓会名扬四海"。

城隍出府 杀虎堡的城隍庙供奉着两尊城隍，一尊为泥质彩塑，一尊为木雕活架。据民间传说，城隍是城市的保护神，除守护地方外，还兼管地方治安、水旱吉凶、冥间事物等，是直接向玉皇大帝负责的"地方行政长官"。当地人讲，杀虎口的城隍，系康

熙皇帝御封，有镇边灵应侯之称。每年的清明节、七月十五、十月初一早上，木雕城隍均要盛装出府巡视，人称"三出府"。为表示对城隍的敬重，出府那天，地方官吏绅士均到庙前送行。随着惊天动地的三声炮响，城隍头戴纱帽，身穿蟒袍，腰扎玉带，脚踏朝靴，白脸长鬓，坐着八抬大轿，架着万民伞动身出府。霎时，前来许愿、还原的人纷纷争先拉纤，在人们的簇拥下，绕街过巷，最后把城隍抬到北岳庙内的"行宫"，摆供祭祀。入夜沿原路将城隍爷再请回城隍庙内。凡经过的地方，人们都要在自己的家门口点灯烧香，摆供敬纸，以祈城隍爷保佑日后平安吉祥。杀虎口城隍出府仪式庄严隆重，而且每次都有压轴庙会，前来观看热闹的人摩肩接踵，数以万计。

斗转星移，时过境迁。昔日的庙会盛况在人们的生活视野中渐渐淡去。西口古道战马的嘶鸣声、刀枪的搏击声、大炮的轰鸣声，以及悠扬悦耳的驼铃声，早已销声匿迹；但它那异常深厚的历史文化底蕴和丰富的文化遗产，令今人骄傲自豪。进入21世纪，右玉县积极筹措资金，加大开发力度，按照因地制宜、统一规划、集中连片、规模开发、分步实施的原则，运用林业、水利、农业、科技等综合措施，实行了古遗址建筑修复和山、水、田、林等综合建设。规划总投资1.3亿元，分8年进行，开发13个景区，分别是：古长城景区、古商贸街、民俗文化区、地方特色食品街、畜牧养殖区、农副产品加工区、自然风景区、晋北风情文化林、游牧民族度假村、生态景园、长城博物馆、旅游新村、万壑层林景观区。届时，杀虎口会成为一个集旅游观光、休闲、娱乐、购物于一体的文化旅游区，以全新的姿态面对国内外游人。

第二章
右 卫 城

出县城沿虎山公路北行，过辛堡子梁，远远地就可以看见一座气势恢宏的古城盘踞在苍头河谷中，四周群山起伏，绿树环绕，这就是昔日朔平府所在地右卫古城。

右卫城位于今右玉县境北部。东靠烟洞山、卧羊山，西傍苍头河、雷公山，北有马营河，南临欧村河。山环水绕，易守难攻。北行10公里出杀虎口可直通呼和浩特市，南行20公里可达右玉县城（梁家油坊）。右卫城自古以来为南来北往的重要通道，是明清时期的军事重镇。

右卫城地处边冲，地理位置十分重要。正如《朔平府志·城垣碑记》所云："朔郡为畿辅右臂，晋阳肩背，势踞天下之巅，界扼中外之吭，地利之成，险矣哉！"据史料记载，早在战国时期，赵武灵王就在此筑城，设立雁门郡，由大将李牧率兵驻守。秦统一六国，分天下为三十六郡，此地仍为边防重镇雁门郡治所。西汉沿袭秦制，置善无县与雁门郡同治一城。东汉雁门郡南迁阴馆（今朔城区东南），又为定襄郡治所。东汉末郡县俱废，为少数民族所居。北魏拓跋部兴起，初为畿内之地，后为善无郡、善无县治所。唐为静边军治所。宋辽时期，地归大同西京路。明击败元军势力，又在此设卫，另筑城，先后为定边卫、大同右卫、右玉林卫治所。清设朔平府与右玉县同治一城。民国时期，撤销朔平府留右玉县，此地为县政府所在地。1972年县党政机关迁到新城镇（梁家油坊村），右卫城为镇政府所在地。

第一节　城池府邸

右卫城池　建于明代，城墙有9米多高。墙体包砖已被拆去，裸露出的墙体在阳光的照耀下呈金黄色。夯过的土层，层层清晰可辨，每层约有四五寸厚，均匀而结实。平整的城墙上多是苍褐色的苔藓，看上去斑斑驳驳，尽显沧桑岁月留下的印迹，体现出古城所具有的凝重深厚的历史文化底蕴。

城墙南北有1100米，东西有1110米，占地面积为1.2平方公里，是一座基本上呈正方形的古城。新修复的四座规制相同的城门，居于四墙正中，气势雄伟，古朴庄严。城门洞两侧，修有马道，长40米，宽3米多，坡度为30度。沿马道拾阶而上，可登上城墙。城墙上顶宽6米多，长满了荒草野藤，间或有平铺的大方砖，镶嵌其中，砖与砖的缝隙间，野草长得格外茂盛。举目四望，群山环绕，右卫城雄踞其中。南望，贺兰山峰青翠如黛，雾霭氤氲；善无川阡陌纵横，平畴千里；苍头河似嫦娥舞练，飘逸而来。北望，雄关扼塞，长城拱卫。东望，山川苍郁，欧村河流域郁郁葱葱，生机勃勃。西望，群山起伏，长城逶迤，林海茫茫。

城廓四边，南北遥遥相望，东西隐隐相对，漫漫远远，气势恢宏。城内四条宽阔笔直的大街，将整座偌大的城池均匀地分割成四块。每块又有南北东西的街巷相通，形成网格状的街道格局。街道两旁，一排排一座座的现代建筑，青砖红瓦，分外靓丽。商铺、酒店林立，顾客游人川流不息。随处可见的明清商铺和民居，面貌剥蚀，色彩淡褪，但从残存的砖雕和木雕上仍能看到昔日的繁华。置身古城，既能感受到现代城市的文明气息，又能领略到古城淳朴自然的魅力。

右卫城始筑于1392年（明洪武二十五年），为定边卫治所，1409（明永乐七年）大同右卫移置于此，同年修建右卫城完工。周九里十三步，高三丈五尺，壕深三丈。设四门，东曰阅武，西曰怀来，北曰镇远，南曰永宁。门上建有城楼，门外各有瓮城，城上建有窝铺五十座。1449年（明正统十四年）边外玉林卫并入右卫城，城东属右卫，城西属玉林卫，两卫实行分治。1536年（明嘉靖十五年）城墙重修。1575（明万历三年）外侧城墙石砌砖包。康熙年间两次重修。1725年（清雍正三年）设立朔平府，成为晋北的一个政治、经济、文化中心。

从1726年（清雍正四年）起，右卫城开始大兴土木，修造府署、县署、粮仓、监狱、军营、寺庙等。雍正七年至九年，连续三年对城垣进行大修，新修城楼四座，新建角楼三座，及敌台28个、垛口564个、砖面66处、土面72处，总共用工11949个，用银1885两。重修后的右卫城很有特色。高高矗立在城门之上的城楼，为重檐九脊歇山顶。城楼外有廊柱围绕，上各悬挂有巨幅木匾，南城楼书"紫塞金汤"，北城楼书"严疆锁月"，东城楼书"拱获燕云"，

右卫城南门

右卫城

西城楼书"屏藩河朔"。同时改北门为"镇朔"、东门为"和阳"、西门为"武定"、南门仍为"永宁"。楼门匾额，既体现右卫城重要的战略地位，又寄托了固若金汤的防守愿望。城墙的东北、西北、东南三角，雄峙着三座俊秀精巧的角楼（西南角，因呈半圆形，未建），战时既能观察敌情和打击敌人，平时又可供游人欣赏塞上的雄伟气象和秀丽景色，两者得以巧妙地结合。右卫城墙坚固高大，城墙一律以规整有制的石条、石板、石方、石柱等为基，墙体用"三合土"逐段逐层夯成，外砌青砖。青砖分大、中、小三种，根据部位不同分别选用。据实地考察，中等型号的城砖一般长40厘米，宽20厘米，厚10厘米，重18斤，相当于现代常用砖重的4倍。为保证城墙的坚固，城墙外轮廓并未采用通常的平直做法，而是按照一定距离筑有许多墙墩子（称"马面"），远远看去，凸凹相间，像齿轮一样。城墙上的垛墙一律用砖砌成，高2米。垛墙之上又砌以砖垛，高0.8米，厚0.5米，长5米。垛间距离为0.5米。垛与垛之间称为垛口，这是守御将士的瞭望孔和射击口，借此可以较好地隐蔽自己，打击敌方。总

之，经过重修后的右卫城，楼台相望，垛口密布，城上城下遥相呼应，城防功能进一步完善。

朔平府衙　位于城内西南角，苍街路北。由南城门北行200米西折便可到达府衙遗址。大门两侧的八字墙依然存在，基石整齐，砖雕精美，门前的一对石狮威风犹存。步入院内，道路两边尽是改建的民房和仓库，墙壁材料几乎都是明清砖瓦。北端有一堵残存的墙壁，足有6米多高，像一位孤独的老者，守望着逝去的岁月。

据史载，府衙坐北向南，最前边的为照壁，照壁两边有对称的木栅栏。过了照壁走20米左右，是府衙大门。门额上书"朔平府"三个烫金大字。大门有三间房大小，硬山顶，中间一间为过道，两边起台为门厅；门厅两边设八字墙，八字墙内侧前各置一尊石狮。大门与照壁间设东西辕门。大门两边为府衙围墙，东西长150米，与左右围墙相连，直通后院围墙，形成府衙完整的外围墙。进入大门前行10米，是府衙的仪门，仪门为硬山顶，两侧起墙，并在墙上设东西角门。仪门一般不开，官员进出走东西角门，遇有重大事情或重大庆典才开启仪门。

进入仪门，正面是府衙大堂。大堂面阔9间，进深3间，单檐悬山顶，栏额橡檐及檩柱彩绘，古朴典雅，庄重大方。这里是府署官员处理政务、审理各种重大刑事案件及举行重大庆典、祭祀、科考、发兵等活动的地方。大堂东西两侧各设对称厢房两排，每排5间。

大堂后为过厅。过厅面宽3间，进深3间，硬山顶。过厅东西设墙，与东西内围墙相连，前接仪门两侧之墙，形成了以大堂为中心前后左右拱护一体的格局，是清代典型的地方府署建筑。

进入过厅，正面是府衙二堂。面阔5间，进深3间，硬山顶。是府署官员议事的地方。过厅与二堂之间设东西厢房。二堂后为府衙内署，面宽五间，进深三间，硬山顶，两旁各设耳室二间，是官员们休息、生活的地方。府署的照壁、大门、仪门、大堂、过厅、二堂、内署同处一条中轴线上，中轴线东西两侧，建筑物互为对称，布局合理，规模宏大。

1725年（清雍正三年）农历二月，山西巡抚诺岷上奏雍正皇帝，在右玉撤卫设府，同年二月二十三日得到批准，正式成立朔平府。翌年四月，第一任知府徐劳畴开始动工兴建府署，到十月竣工，历时七个月，"建造瓦房百余间，实用银四千六百余两"。府衙完工后，徐荣畴又捐资盖造土地祠和迎宾馆。

土地祠在府衙东侧内外围墙之间，与仪门平行，起大门3间，后堂5间，设东西厢房各3间，形成一个小四合院。出土地祠后角门，是迎宾馆，建有5间房，亦为一个独立的院落。1728年（清雍正六年），又在府衙西侧内外墙之间建造经历司署，置大门3间，与仪门平行。大门北面30米处，又建二门3间。院内有正房5间，东西厢房各5间，形成一个小四合院。

1912年（民国元年），撤销朔平府，府署改成了县衙。1948年（民国三十七年），成了右玉县政府所在地。1970年拆毁了大堂。1994年，残存的二堂也被拆毁。

此外，在右卫城西大街，清代还置有将军府，统辖右卫、绥远一带的满蒙汉八旗官兵及地方驻军。将军为一品大员。府邸极为壮观，可惜今日荡然无存。

第二节　城防驻军

右卫"孤悬西北，向来寇骑突犯，辄当其中"。（《读史方舆纪要·卷四十四》）明代为防止蒙古大军南下，环右卫城北部和西部的山岭上修筑了长城。右卫城驻军分管长城20.5公里，北自杀虎堡分管边界起，南至铁山堡分管边界止。著名的桦林山长城属此段长城的一部分，逶迤于右卫城西部群山峻岭之间。在桦林山南部脚下，长城一分为二，向两个方向延伸，一支向西南，另一支向南。

为进一步加强右卫城的防御能力，在距城东北不远处的山岗上（风神台），建有戍楼。楼由砖石砌筑，坚固高大，雄踞山岗之巅，近可俯视城内的每个角落，远可眺数十公里远的地方。它与右卫城互为表里，是重要的外围防御工事。上面储有武器弹药，攻防自如，是右卫城的护卫神。

在风神台戍楼周围，还建有古城墩、双城墩、旧烟墩、石山墩、平恒山墩、太虎石墩、兔毛河墩、界牌墩、双山墩、红墙墩、芹菜沟墩、天儿墩、东鹰圪塔墩、小水口墩、黑嘴子墩、金山墩、边家山墩、肖家沟墩、松树儿墩、圣山儿墩、边家山墩等数十座墩台。墩台底座呈方形，底边长18米，高10米。依据地势高低，墩台与墩台之间，距离远近不等，近则一里，远则三五里。形成了城堡相依、烽台相望、守兵密布、南北东西四面拱卫之势。一旦军情紧急，都可及时驰援。

右卫城作为指挥中心，明清时期一直有重兵把守。明朝前期，设营守备1员，指挥使1员，指挥同知

13员，指挥佥事29员，经历司1员，前、后、中、左、右5所千百户，镇抚总旗76员，统兵6477名。正统年间，国家财政拮据，国库空虚，在军事防御上采取收缩政策，将驻守在边外的卫所一律裁撤，并入内地。据明史记载，1449年（明正统十四年）将长城外的玉林卫迁入右卫城，设玉林卫掌印守备1员，指挥使4员，指挥同知6员，指挥佥事13员，经历司1员，前、后、中、左、右五所千百户，镇抚总旗共37员，统兵6050名。此时两卫驻军达12520名。

1533年（明嘉靖三十二年），左卫参将移驻右卫城，统辖右卫、左卫、杀虎口、破虎堡、铁山堡、三屯堡等13城堡。加上援兵营、老家营军队和守城杂役，共有驻军9920名，马骡1883匹。

1649年（清顺治六年），右卫设副将1员，中军守备1员，有骑兵490名，步兵332名，守兵178名，马490匹。1659年（清顺治十六年）改卫守备为城守备，有骑兵12名，守兵95名，长夫40名，站军40名，站马60匹。后改骑兵为25名。康熙中期，随着噶尔丹蒙古部落的兴起和平定三藩之乱后的局势转化，清朝的军事重心开始由南向西北部转移。为防噶尔丹的入侵和准备征剿噶尔丹，于1693年（清康熙三十二年）在右卫设置八旗驻防部队，驻有蒙古披甲兵3615名。翌年，又增派满、蒙、汉护军2299人，领催马兵2604人，铁匠112人驻防右卫，并设建威将军1员。总兵力

烽火台

增加到8631人。

1696年（清康熙三十五年），康熙皇帝亲征噶尔丹。命驻右玉抚远大将军费杨古率西路大军北出杀虎口远征平叛，大获全胜。后因供给粮秣，转运维艰，将满洲兵丁大半撤回。

1710年（清康熙四十九年），因右卫撤军后营房大部空闲，且对厄鲁特蒙古部的用兵未结束，遂又在右卫增设八旗骁骑2400名，汉军火器营兵600名。雍正年间，出于噶尔丹策凌对清朝威胁的考虑，仍在右卫设立建威将军1员，左、右翼副都统各1员，协领各6员，佐领各30员，防御各32员，骁骑校各33员，统兵3504名。同时还在右卫设有驻地方的营汛官兵，设协镇朔平杀虎口等处副将1员，协标中军都司1员，千总2员，把总4员，外委千总2员，外委把总4员，统领骑兵740名，步兵712名。另在朔平府城（右卫城）设城守参将1员，千总2员，把总4员，外委千总2员，外委把总5员，统骑兵385名，守兵578名。此时驻右卫八旗官兵、营汛官兵、守城部队计有5919名。1737年（清乾隆二年），因右卫远离西北，不便对西北地区的控制，便在绥远城（今呼和浩特市）设立了将军，将驻右卫将军和1名副都统撤销，仅留1名副都统管理部队。1769年（清乾隆二十九年），将右卫马甲500名、步军150名移驻绥远城，右卫城仅置城守尉1名，隶于巡抚，降至最低一级八旗驻防之列。直到光绪年间，右卫城虽有驻军，但为数不多，只起维护地方商贸通道的作用。

第三节　寺庙书院

宝宁寺　位于东街路北，俗称大寺庙。由东门西

行300米北折是右卫中学，穿过教学楼便可以看见宝

宁寺的配殿和大雄宝殿。大雄宝殿高大雄伟，平面呈长方形，单檐歇山九脊顶，坐北向南，面阔7间，进深3间，是晋北现存明代大殿间数最多的一座。大殿内梁柱结构为"切上露明造"，做法简单利落，疏朗古雅。柱头有卷杀、砍杀两种。其支柱排列纵横成行，断面有方形抹棱，也有圆形的，用材粗细不等。从构架用料比较研究，宝宁寺大殿很可能是使用早期建筑构件相配而成，形成了自己独有的特点。大殿檐柱上均施古朴典雅的五踩双下昂计心造斗拱，两山面不用昂，皆出两跳。前檐明间平身科斗拱做法别具特色，使45度斜昂两层，和其他明代建筑形成强烈的对比，对研究山西明代建筑艺术提供了实例。据清雍正《朔平府志》和殿内梁架题记记载，宝宁寺始建于明成化年间，清康熙年间重修。原占地面积为15000平方米。东西宽100米，南北长150米。在中轴线上的主要建筑原有四进院落，五座殿宇，依次为牌楼、配殿、前殿、天王殿、大雄宝殿。遗憾的是该寺在解放前后和"文化大革命"当中遭到严重破坏，除大雄宝殿和配殿外，其他建筑均不存。

宝宁寺原保存有水陆画一堂，是寺中之精华，为中国现存明清绘画当中不可多得的艺术珍品，于1953年调藏山西省博物馆。水陆画主要描绘佛教为超度水陆一切鬼魂，普济六道四生的一种法会——水陆斋仪。画面儒、释、道三教人物同堂，布局合理精妙，色泽鲜艳逼真，人物生动传神。史载，1557年（明嘉靖三十六年）秋，鞑靼首领掩答率二万骑兵，从杀虎口进犯，攻陷七十余堡，并包围了右玉城。右玉军民进行了顽强的抵御，历时6个月不陷。消息传到京城，嘉靖帝立即派兵部尚书杨博前来解围。杨博率大同镇各路兵马浩浩荡荡杀奔而来。俺答闻讯，率众仓皇逃走。杨博奏捷于朝廷。嘉靖帝大喜，嘉奖右玉军民，并将宫内一套水陆画共136幅，赐与右玉宝宁寺，赐名曰"定边水陆神帧"。

过去，每年农历四月初八，宝宁寺都要举行庙会，称"水陆会"。会期三天。第一天，宝守寺东西两侧廊房要按时挂起水陆画，让善男信女从画中接受教义。第二天，要举行隆重的取水仪式。主会首手托盘子和净瓶，在20名12岁以下男童的簇拥下，前去城南门外土地庙的石井取水，然后将取回的水，供于寺内大佛面前，以祈风调雨顺。第三天是祭祀活动。将馍馍插上五色小旗，撒放者站在房顶上向人群抛掷。这些馍馍是给那些没有进庙里的孤魂野鬼准备的，可往往在抛撒中，小孩子们一哄而上，抢食一空。据说，凡是抢得馍馍的孩子一年内百病远离，平安健康。

清真寺　位于官厅街与南大街交汇处，原占地2100平方米，颇具规模。现大多建筑已毁，还留有

清真寺

较为完整的砖碹拱形大门。大门门洞高2.6米，宽1.6米，两边门柱与左右八字形影壁相连。右边的门柱上有"真主造化万物"五个竖排的宋体黑字。影壁四角有明代精美花卉浮雕图案。影壁顶脊上两端有吻兽，檐下有垂花仿木砖雕斗拱，做工华丽，古朴典雅，美轮美奂，为明代影壁类的经典之作。此外院内还有部分明清房屋和石碑三通。

该寺建于1513年（明正德八年），1754年（清乾隆十九年）修葺扩建。1947年（民国三十六年）又进行过维修，为右卫城颇具特色的建筑。

历史上的清真寺由外院内院组成。外院进入内院之间有一座小拱门，门楼结构精巧，做工细腻。门额正方悬有一匾，上书"独一无二"四个金色大字。进入拱门便是清真寺内院。院内建有南北讲堂各3间，对称相望，前廊遮阴，方砖铺地。

内院正西是清真寺大殿。大殿是清真寺主体建筑，造型高雅，庄严肃穆，占地约700平方米。大殿面宽5间，进深3间，单檐歇山顶。殿门面东，上挂清康熙皇帝御书"古今正教"大金匾。殿内南侧有万岁牌位1个，高1米，宽30厘米，上书"皇帝万岁万万岁"。相传，康熙皇帝巡边路经右玉，至清真寺观赏，御书"古今正教"大匾。为报答皇帝尊礼赞教宏恩，右玉回民立此牌位以资纪念。殿内西北处置小木楼一座，专作礼拜阿訇赞圣时用。

出大殿前行四十米处，是挺拔俊秀的省心楼，也叫望月楼。楼分上下两层。楼上四面各置一门，门外有木栏围廊，可供人们登楼眺望。每逢入斋、开斋时，教民们都要登楼望月。进入斋月，望见月牙儿，初日即为封斋；下月初日望见月牙儿，次日即为开斋时日。开斋节是伊斯兰教一年一度的重大节日，每到这一天，男女老少都要换新衣，洗大净，男人们都要到清真寺聚礼"尔丹"拜。家家都要炸"香油"，互相赠送。

省心楼南北两侧，各设有牌楼一座，木栏环围，内立有石碑一通。碑文刻有明洪武皇帝御制回回百字、回教教义、重修清真寺的经过和回民举义银两的人名及数额。省心楼正东，筑有砖磨大影壁一座，上雕刻有"古今共由"四个大字。影壁中间有砖磨圆框，内刻阿拉伯文。影壁北侧有供沐浴用水井一眼。水井北侧有耳房两间，是过圣诞节时的厨房。

清真寺内外院通道，均用大小不等的砾石铺筑，组成各种不同图案，远望成纹，近看似花，典雅大方，别具一格。

出内院拱门向西拐处有一小门，进入小门是阿訇家眷居住的院落。内有正房七间，西厅三间，东厢房两间。

右玉清真寺是右玉伊斯兰教民的活动中心。明清以来，寺内的宗教活动极为兴盛，其影响远及内蒙古的呼和浩特市、托克托县、河口镇和山西的大同市。随着社会的变迁，一部分建筑被拆毁，另一部分被民用。

玉林书院 在右卫城内东北角后学巷路北，曾有过赫赫有名的玉林书院。这座书院在咸丰年间更名为衡阳书院，光绪年间改名为朔平中学堂，1919年（民国八年），又成为山西省立第七中学校址。从创建到停办，前后整整一百年，为晋蒙地区培养了一大批人才。其影响之深，远非一般书院学堂可比。清代的且不说（因无资料考查），就省立第七中学而言，培养出的学生中，先后考入黄埔军校的有朱耀武、王国相、郭英、郭岑、王叔、马霖跃等；留学海外的有苏挺、耿耀张、赵连登、张永恒、朱木美、耿耀西、段模、张伯友等；考入全国各大学也有三百余名。这些人有的从军，有的从政，有的当了教授，有的当了专家，还有的走向人民的反面，如应县的乔日成等人。

这座书院是清道光年间朔平府知府张集馨主持修建的。书院坐北向南，建造别致壮观。最前面是一座三丈多高的牌楼，过牌楼便是书院街门。门楼正中悬挂一块五尺见方的横匾，上书"玉林书院"四个大字。大门门楣上，左刻"昆山片玉"，右刻"桂林一枝"，对联取"玉林"二字趣成。

书院内，迎面是一座正厅。正厅建在数级石阶之上，青瓦脊岭，飞檐拱券，高大明敞。正厅的红油漆明柱上刻写着"灵秀蕴山川，看此间岭复溪回，定生人物；科名关德行，愿多士金贞玉粹，不仅文章"的楹联。正厅两边是东西厢房，花格窗棂，双扇红门，一样的结构，一样的色调，整齐对应。正厅后面还有过厅，正厅与过厅之间，设有泮池，池内引入城外风神台柳林沟泉水，池上架有青石栏杆拱形金水桥。桥下卵石鳞鳞，流水潺潺，鱼翔浅底。石桥旁边，栽花植树，每到春夏落英缤纷，树木成荫，幽静清雅。

如今，玉林书院已不复存在，而玉林书院的创建及其历史功绩，却永远载入史册。

第三章

威 远 城

威远城位于县城西10公里处，四面环山，三面临水，地势平坦，视野开阔，自古以来就是筑城设堡的风水宝地。明清时期，成为右玉南部的一座繁华集镇。如今，这座古城的大多建筑已被拆毁，从残存的遗迹上和历史的记载中仍能寻觅到昔日的影子。

第一节 驻军布防

威远地理位置特殊，军事地位重要。西控长城，南接平鲁，北护右卫，东扼左云。早在汉代，在此筑雁门郡中陵城，抵御匈奴南下；北齐置威远县，防止柔然进攻；明代设卫筑城，其军事价值不亚于右卫城。

登上五侯山向北远远望去，一座雄宏博大的城池静静地卧在净水坪中央。在四周绿树的映衬下，显得苍劲、古朴、宁静。伫立城下，但见城门已毁，城墙上的包砖已被拆去，裸露出黄土夯筑的墙体，坑坑洼洼、斑斑驳驳。南北城墙，保存尚好，墙体高度有8米左右；东西城墙的北段毁坏严重，残高仅剩3米左右。

1439年（明正统三年）置威远卫治所，始筑城。城周长2000米，城墙高11米多，宽8米，城壕深6米。筑东西南北四门，门上均建有城楼。东门曰宣阳，南门曰崇化，西门曰宁远，北门曰靖朔。门外各有月城，城墙上建楼铺32座。1575年（明万历三年）扩修后，周长增到2900米，高增到19米，城墙内土外砖。据《重修威远城垣记》载："这次重修，计拆修六百余丈，覆以雉堞，高四丈余，周围延袤一千五百丈有余，帮修里口大墙五百九十余丈，俱用砖砌。门楼、穿廊、券洞、水道，各极壮丽。"重修后的威远城，城池更为高大坚固，军事设施颇为完善。

为进一步加强威远城的军事防御力量，明正统年间，设营守备1员，领军752名，马骡116匹。设掌印卫守备1员，指挥使3员，指挥同知3员，指挥佥事6员，经历司1员。设前、后、中、左、右五所千百户。设镇抚总旗22员，驻军5240名。1560年（明嘉靖三十九年）改设参将1员，中军守备1员，辖威远、云石、威虎、威坪、祁河五堡。加上援兵营、老家营和守城杂役兵共有兵5308名。还有马骡857匹，其中站骡80头。清初裁撤。

清初，设参将1员，中军守备1员，马兵90名，步兵60名，守兵共150名。1653年（清顺治十年）撤销参将。翌年，撤销中军守备，改设把总1员，守兵9名，长夫40名，站军40名，站马40匹。1722年（清康熙六十一年）改设千总1员，马兵6名，守兵115名，马6匹。1729年（清雍正七年）改设千总1员，外委把总1员，马兵8名，守兵115名，步兵4名。1732年（清雍正十年）马兵增至10名，步兵增至8名，守兵原额不变，到光绪年间驻城军队全部裁撤。

威远城驻军分管长城15.5里，北自云石堡边界起，南至威虎堡边界止。明管辖边墩16座，清管辖5座，每座设边军5名，每名给赡军地1顷。明管辖火路墩45座，清裁并。清设防汛5铺：东路有王景元铺、九座坟铺，北路有北草场铺，西南路有常毛毛铺、鹿角湾铺，每铺均设兵5名。

历史上围绕这座古城发生过许多重要战事。

威远古城

1500年（明弘治十三年）四月，蒙古部鞑靼将军和硕率骑兵7000余人围攻威远卫，驻城游击将军王皋与都指挥邓洪带兵迎战，900多名官兵，全部战死，十分惨烈。1564年（明嘉靖四十三年）俺答汗数万骑兵进扰威远卫，参将崔世荣率兵出城奋战，守城官兵万众一心，以一当百，城池得以保全。

第二节　城内设置

明清时威远城是一座集军事、商贸、宗教、教育于一体的重要古城。城内有四大街八小巷。四大街直通东西南北四座城门，八小巷沿南北大街两侧依次排列。四大街的十字中心建有鼓楼，为城内最高建筑。东街路北建有威远卫所、参将衙门、神机库，东北角为草场；东街路建有广备仓；西街路北建有中察院，路南建有守备衙门；西南角为监狱。1781年（清雍正九年），在城东街路北新建巡检司署，千总署、参将署、中军署均在司署内。

当时城内有很多庙宇。三官庙、岳王庙、龙王庙、北岳庙、玄帝庙分别建在城四门月城中。南街有财神庙、三灵侯庙、十五庙。西街有朝阳寺、城隍庙、后土庙、圣母庙、土地祠、三教庙。北街有文庙、马神庙。东街有武庙、真武庙、白衣殿、宝善寺、双音寺。关帝庙有二座，一在城西南，一在南门外。龙王庙有四座，一在东关，一在西关，一在南门外，一在北门外。城外还建有社稷坛、历坛、风云雷雨山川坛等。城东门外设漏泽园，收养寡孤无依之人。

文庙在所有庙宇中规模最大。最早建在城西路北，1526年（明嘉靖五年）移建于城东街路北。内有正殿5间，东西厢房各5间，戟门3间，伴池石桥3架，棂星门3间，东牌楼文章祖，西牌楼帝王师，戟门左右有名宦、乡贤祠。崇圣祠位于文庙东北，魁星楼祠文庙东南建有文昌阁，文庙之后有尊经阁。1725年（清雍正三年），设立朔平府后，由于府城建筑不完备，全县大型的谒庙、致祭、行礼都在文庙举行。

威远从历史上就有重教兴学的传统。1437年（明正统二年），朝廷将10名进士出身的官员贬至威远。这些官员从此开始在威远地区设立学校，教授学生，极大地提高了当地的教育水平，培养出一大批杰出人才。如明乙丑科进士孙祥就是这些被贬官员培养出的右玉第一名进士。其后还出了郭子麟、何廷魁、郭传芳、徐钦、沈鲲、徐应麟、王尚贤、曹汉臣、范鸣珂等朝廷文武大员。1526年（明嘉靖五年），威远卫正式设立卫学，在文庙后建立讲堂，招收文武童生。1725年（清雍正三年），右卫城设立在朔平府后，将威远卫学改为府学。据记载，从明正统十年到清末（包括右卫）共出举人25名，进士7名，武进士11名，另外选贡生283名，例

贡生40人。1900年（清光绪三十一年）威远义学改为威远初等小学堂。民国初期，威远城内有官办小学2所，私塾多所。新中国成立之后，威远小学为全县七所高级小学的重点之一。1958年设立中学，为县直重点学校。1971年开始招收高中学生。该校自设立以来，为右玉培养出大量的人才，是省内外一所知名度较高的学校。

第三节　周边遗址

威远周围古遗迹、古遗址较多。南面有中陵古城遗址、五侯山汉墓群及南堡遗址；西北面有扇形古城遗址，据说为北齐威远县城遗址；北面和东面亦有汉墓零星分布。其中以中陵古城遗址和五侯山汉墓群最为著名，均为山西省重点文物保护单位。

中陵故城遗址位于威远城西南2公里处的黑台坪。四周群山环绕，中间地势平坦，北距右玉城35公里，东距左云城32公里，南距平鲁城25公里，西距长城20公里。发源于平鲁区郭家窑等地的沧头河，流经古城南折北而去。古城平面呈长方形，中有一墙，将城分为东西二城。南北二墙各长1500米，东西二墙各长900米，古城占地面积135万平方米。东西南北四

道城墙和中段城墙的城门遗址明显，东南城墙被沧头河冲去一角。断崖上有1米～1.5米文化层，通过清理，有灰坑和大量的汉代陶片。古城墙体为黄花土夯筑，夯土层厚7厘米～10厘米，夯层明显，土质坚硬。城墙底宽12米，残高2米～4米。地表文化遗物十分丰富，有云纹瓦当、方格纹瓦、五铢钱、半两钱及大量的残陶片。专家考察后认定为汉代雁门郡中陵古城。

古城4公里范围内有大量的汉墓群和汉代遗物。古城东南2公里处有乱圪塔坡（五侯山）汉墓群，西南1.5公里处有南八里汉墓群，西北3公里处有进士湾汉墓群，北2公里处有威远城周围汉墓群。这些汉墓群的墓葬大部分存有封土堆，最高10米以上，周长50米～160米，类似这样的封土堆大约有一百多座。1973年右玉县博物馆在南八里发掘墓葬3座，均为竖穴土坑墓，木椁式结构。出土的文物有铜器、铁器、陶器、漆器、玻璃器等有一百多件，均为西汉早期文物，为研究汉代手工业生产提供了珍贵的实物资料。其中漆奁盒、鸭形熏炉属国家一级文物。

威远汉墓

第四章

古堡与长城

第一节　古　堡

右玉县自明代修筑外长城以来，全境筑有大小堡寨九十余座，整个右玉大地古堡交错，星罗棋布，烽台林立，构成了严密的军事防护网。2006年8月，右玉县被中国民间艺术协会授予"中国古堡之乡"称号。

铁山堡　位于右卫城西南6.2公里处，南北两面临河，西控长城，东扼河谷。出县城沿虎山公路北行，跨越苍头河，西行不远即到了铁山堡。远远望去，一座孤兀、古朴、壮美的古堡呈现在眼前。城墙巍然屹立，墙体呈褐红色。堡墙四周，被一圈圈一浪浪的细黄沙紧紧包围，置身其中，仿佛走进戈壁沙滩；夕阳西下，古堡沉浸在夕阳的余晖里，黑中透红，血染般的惨烈，令人不由想起楼兰古城的凄美苍凉。

虽历经风雨剥蚀，堡墙保存仍比较完整。四角台与墙台高高矗立。东门残存，砖面被拆除。东墙最高处10米～11米，上宽2.6米～3米。西墙北段与东

铁山堡

墙相同，南段有40米长墙体被破坏，只有4米～5米高。北墙最为完整，墙高9米～10米，从外望去雄伟壮观。墙体为黄花土夯筑，夯层厚10厘米～20厘米，夯层明显，土质较硬。残存的墙砖长40厘米，宽17厘米，厚10厘米。堡东关厢四墙依然存在，砖面无存，最高处8米～9米，最低处4米～5米，关门遗迹明显。

铁山堡建于1559年（明嘉靖三十八年），1574年（明万历二年）砖包。周长500多米，墙高12米。堡开东门，门额上书"保障镇鲁"四字。门外有关，旁立石碑一通，刻"铁赛金汤"四字。明设操守1员，旗军534名，马48匹，管辖边墩22座，管火路墩10座。分管边墙5公里，北自右卫城边界起，南至云石堡边界止，其中三台旱口最为险要，由右卫统辖，属大同中路。清初裁撤。1732年（清雍正十年）又派兵驻防，内驻把总1员，管辖边墩8座，每座设边军5名，每名给赡军地1顷。

破虎堡 位于右卫城东北30公里处，北部500米处是横亘东西的万里长城。东与左云县宁鲁堡相顾，西与残虎堡相衔，南北两廊山峰高耸陡峭，中间河谷狭窄，河水湍急，是扼守右玉东部山口的咽喉重地。

破虎堡南门

该堡城保存基本完整。四城墙尚存，四角台和中间墙台规整，只是包砖已被拆除。北墙残高9米～11米，上宽2米～3米，下宽6米～7米。东西墙高9米～10米，上宽2米～3米，下宽6米～7米。墙体均为黄土夯筑，夯土层厚15厘米～20厘米，夯层明显。东、西、北墙外城壕，被多年沙土掩埋，基本填平。现保存最完整的是堡城南门，砖石面完好。门额有石匾一方，长1.9米，宽1米，上刻"破虎堡"三字，现已模糊不清。石匾左右两侧有精美的垂花砖雕。门洞高4米，宽3米，深15米。堡门下部为黑基石所砌，高2米，基石统长68厘米，宽20厘米，厚32厘米；上部呈扇形，由三层砖拱碹而成，曲线优美，层次分明。

距堡门南27米处保存照壁一座。基座长11.15米，宽95厘米，由5层黑石灰砌。照壁宽10.75米，高6米。东西两侧是砖砌的竖柱，中间为土坯砌筑，青砖覆顶。壁面剥蚀严重。

破虎堡筑于1544年（明嘉靖二十三年），1574年（明万历二年）砖包。周长1000多米，墙高12米。堡内又筑一墙，与东西堡墙连接，将堡分为南北两部分，中间开门，南部为关厢。关厢又设南门一座。明代，破虎堡驻军最多时达700余名，有战马100多匹，由右卫管辖。清代，驻军逐渐减少，最少时为69名，有马两匹。分管边墙30公里，东自左云宁鲁堡边界起，西至杀虎口边界止，辖边墩68座，火路墩18座。每座边墩设守兵3名，火路墩设守兵2名，每名给赡军地一顷。

云石堡 明代筑新旧两堡。旧堡距县城15公里，位于丁家窑乡张二窑村西，雄居高山之上，数十里之外就能望见，在阳光照射下，发出金子般的光亮。堡呈长方形，周长800余米，保存较好，墙高12米，开一西门。堡内中央建有一圆形墩台，底周60米，高18米，粗壮高大，擎天而立，是周边城堡古寨的制高点。登台眺望，周边数十里的城邑村庄尽收眼底。这种堡内设墩的构筑非常独特，较为罕见。1582年（明万历十年），因山高无水，离长城较远，又在此堡北

云石新堡

云石旧堡

部5公里处另筑新堡，旧堡遗弃。

新堡位于王石匠河南的高坡上，东距县城20公里，西距长城1公里，是控制王石匠河水口的重要城堡。周边绿树环绕，山花烂漫，梯田层层，河水潺潺，鸟语花香。王石匠河穿长城流出内蒙古，是右玉境内长城上的第二大水口。水口东侧的长城上筑有砖楼，为戍守士兵的哨楼。在砖楼东南不远处，建有一座小堡，为蒙汉人民互市场所。现砖楼与小堡均已不存，但破砖烂瓦到处可见，遗迹明显。新堡建于1582年（明万历十年），周长1300米，高14米，墙体石砌砖包，设东门一座。门外筑关城，名"永安重关"。此堡保存较好，南墙残留有80米～90米长的砖包面，高约6米。砖面底部是5层红石条石砌筑的墙基，高1.2米～1.5米。红条石长1米，宽45厘米，厚15厘米。城砖长43厘米，宽22厘米，厚10厘米。东、西、北三面堡墙砖面拆除，黄土墙体裸露，夯土层厚15厘米～20厘米。东墙残高10.4米，上宽5.2米，下宽6米～7米；西墙与北墙残高8米～10米。原关城门额"永安"石刻残存，长80厘米，宽65厘米。堡内无人居住。东关正南的交梁山上，有石包空心箭楼一座，底边宽18米，高16米，雄伟高大，与谷口的砖楼遥相呼应。

马营河乐楼

明代，设驻堡守备1员，驻军543名，军马27匹。属大同威远路，由威远卫管辖。清初改设操守1员，守兵100名，1662年—1722年（清康熙年间），又改设把总1员，守兵83名，后又添马兵2名，改守兵为75名，直到清朝垮台，驻军全部撤销。清代，分管边墙14.3里，北自铁山堡边界起，南至威远堡边界止。明管辖边墩22座，互市砖楼1座；清管辖边墩7座，每座设边军5名。

马营河堡　位于右卫城北5公里处，东临北岭梁，西傍苍头河，北距杀虎口5公里，是苍头河谷重要的军事防守要地。今堡城四墙清晰，砖面拆除，局部墙体倒塌。南墙东段尚存，西段倒塌，南门遗址明显。东墙较完整，残高10米～12米，下宽6米～7米，上宽2米～3米，中间墙台完整。西墙北段尚存，残高8米～10米，南段已倒塌。东北角台尚存，其余3角台均已倒塌。堡墙墙体为黄花土夯筑，夯层厚15厘米～20厘米。堡内被村民耕种，无人居住。该堡筑于1573年（明万历元年），周长1400米，高12米。五龙沟泉水穿堡北而过，汇入苍头河。周边树木茂密，郁郁葱葱。在马营河堡外的西南角，紧邻堡墙处，建

有武圣庙大殿和乐楼。五圣庙正殿面阔五间，进深三间，单檐硬山顶，五脊六兽；殿内原关公塑像不存，但澡井仍存精美图案。

马营河乐楼坐南面北，置于一个高1.3米、长10.3米、宽11.3米的台基上。面宽、进深各三间，前后台中间隔墙，后台呈长方形。墙上留有两门，顶部造型奇特，顶前部为单檐卷棚顶，后部为歇山顶，板瓦布顶，飞檐挑角，外观十分好看。前台前沿及左右三面设台栏，台栏上望柱与望柱之间插有栏板，望柱和栏板上有精美雕刻。台栏外用长方形石条围砌。后檐墙壁呈须弥座式，通体都有精致的砖雕，上刻各种花卉与几何图案。

马营河乐楼共有檐柱12根，内柱6根，围廊斗拱布列四周。斗拱上设正心枋、里外拽枋、挑檐枋、檐枋上承挑檐檩。柱身上施有穿插枋，单步梁与衬方头一材制成，正心枋与里外拽枋十字相交。前台顶椽下施月梁，梁头各交在瓜柱下，横向置檩枋垫托。瓜柱下用角背，放在四架梁上。下六架通檐，后尾交在通柱上，前端出挑尖梁头放在斗拱上，后台脊檩下施瓜柱，放于三架梁上，不用叉手。上五架梁前端与前台

四架梁相对，中间施一通柱互交，成为一个完整的构架。

马营河乐楼构架独特精巧，木雕、砖雕、石雕玲珑剔透，素雅大方，具有浓郁的生活气息。无论建筑艺术还是雕刻艺术，都达到了较高水平。是研究晋北古代建筑艺术和雕刻艺术不可多得的实物资料。是朔州地区现保存最为完好的一座明代乐楼。

威坪堡　位于威远西南10公里处，坐落在苍头河上游峡谷中，西临平鲁三层洞，东接净水坪威远城，是右玉西南防守重地。出县城顺新威公路西行，便可到达。该堡保存基本完整。角台与墙台（马面）残存，石面大部拆除，只剩墙体，南门遗迹明显。旧堡墙四墙完整，墙高10米～12米，上宽4米～5米，底宽7米～8米。北墙有3米～5米不规则的石面残存。墙体为黄花土夯筑，夯土层厚25厘米～26厘米，夯层明显，土质较硬。新堡四墙也较完整，墙高9米～11米，上宽2米～4米，下宽7米～8米。东门遗迹明显。新堡西墙与旧堡相连，原设有门洞，现成为一个20米～30米宽的豁口，供行人与车辆行走。残砖长47厘米，宽20厘米，厚6厘米。残石条长56厘米，宽29厘米，厚14厘米。堡内住满了村民。此堡建于1566年（明嘉靖四十五年），1574年（明万历二年）石包，周长700米，高12米。1595年（万历二十三年）在旧堡东又创建土堡一座，与旧堡连接。因离长城较远，无分管边墙，只管辖火路墩一座。明设操守1员，旗军279名，马12匹。属大同威远路，由威远卫管辖。清初裁撤，改为民堡。

祁河堡　位于右玉县城东北角，是扼守东西要道的重要堡城。现堡城轮廓清晰，石面无存，部分墙体倒塌，南门遗迹明显。堡门墩南北长10.6米，残高8.4米。南墙较完整，最高处7米，最低处4米，下宽6米～7米，上宽5米～6米，西段底部有石墙残存，长约7米，

宽约1米，高约1米，向阳面均被村民依墙盖房。东墙北段倒塌，局部残存，残高2米～3米。西墙南段残存长约30米左右，残高3米～4米，北段拆毁，被村民住房所占。北墙最高处7米，最低处3米，中段有20多米被拆毁，作为行人与车辆的通道。墙体均为黄花土夯筑，夯土层厚7厘米～8厘米，夯层明显，土质较硬。堡内外盖满了住房。该堡建于1562年（明嘉靖四十一年），1573年（明万历元年）石包。周长700米，高12米。因离长城较远，无分管边墙，只管辖火路墩1座。属威远路管辖。明设操守1名，旗军215名，马12匹。清初裁撤，改为民堡。

牛心堡　位于右玉县城东北10公里处，坐落在云阳谷中心地带。北依卧羊山、老龙山，南对牛心山、曹家梁。河谷狭窄，沟壑纵横，是右玉东西要冲上的重要堡城。现堡城轮廓清晰，南门遗迹明显，墙体石砖全无，土墙残存。土墙最高处10米以上，最低处6米～7米，底宽7米～8米，上宽5米～6米，墙体为黄花土夯筑，夯土层厚7厘米～8厘米，夯层明显，土质较硬。西墙南段底部有石墙面残存，长约10米，宽约1米。东、西、北墙各拆开一个豁口，作为行人和车辆的通道。南、北、西墙上有村民挖的窑洞。堡内盖满房屋，为村民居住。

该堡建于1558年（明嘉靖三十七年），1572年

牛心堡

（明隆庆六年）石包。周长1250米，高11米。设南门一座，因离长城较远，无分管边墙，只管辖火路墩18座。明设守备1员，后改设操守1员，旗军434名，马骡37匹。清初裁撤，改为民堡。

云阳堡 位于右玉县城东北15公里处，西邻牛心堡，东近左云城，是扼守云阳谷出口处的重要堡城。云阳堡自古为官马御道。现堡四墙基本完整，角台与墙台（马面）矗立，瓮城残存，砖面被拆除；东门与护城壕遗迹明显。东墙被拆毁，北段残高4米～5米，南段残高5米～7米，南角与北角角台倒塌。瓮城墙高10米～12米，底宽6米～7米，上宽2米～3米。南墙与西墙墙体壁立，墙台高矗，墙高10米～13米，底宽7米～8米，上宽2米～3米。北墙东段拆毁，长约30米，残高4米～6米。墙体为黄花土与红粘土混合夯筑，夯土层厚10厘米～15厘米，夯层明显。根基黑石长67厘米，宽50厘米，厚17厘米。墙砖长46厘米，宽19厘米，厚9厘米。堡内居民搬迁至堡北1里处居住，现堡内荒芜。

该堡建于1558年（明嘉靖三十七年），1596年（明万历二十四年）砖包，周长800米，高13.2米。设东门一座，离长城较远，无分管边墙，只管辖火路墩14座。明设操守1员，旗军313名，马23匹。清撤销驻军，改为民堡。

黄土堡 位于右卫城东南30里处，西傍大山，东临大路，是右卫城通往左云通道上的重要堡城。现堡墙残存，北墙与南墙的角台与墙台残存，砖面拆除，东门及瓮城遗迹明显。南墙较完整，最高处7米～8米，最低处6米～7米，底宽6米～7米，上宽4米～5米。墙体为黄花土夯筑，夯土层厚7厘米～8厘米，夯层明显，土质较硬。北墙也较完整，最高处9米～10米，最低处7米～8米。东墙南段夷为平地，村民在上边耕种。西墙北段拆开一道30米宽的豁口，作为行人与车辆通道。原堡城门上石匾残存，长1.5米，宽1.1米，上刻"黄土堡"三个大字。残存的墙砖与墙基石随处可见。砖长43厘米，宽20厘米，厚10厘米。基

石长58厘米，宽29厘米，厚15厘米。堡内北半部村民居住，南半部耕种。

该堡建于1558年（明嘉靖三十七年），1584年（明万历十二年）砖包。周长800米，高13.8米。因离长城较远，无分管边墙，只管辖火路墩7座。明设操守1员，旗军321名，马41匹。清初驻军撤销，改为民堡。

红土堡 位于右卫城东南7公里处，是右卫城通往左云城要道上的一座重要堡城。现堡墙残存，石面无存，南门已无遗迹。东墙较完整，最高处7米～8米，最低处4米～5米，上宽4米～5米，底宽7米～8米。南墙东段较好，残高10米，底宽7米～8米，上宽5米～6米。西墙北段被沙土掩埋。北墙较完整，但半截被沙土淹埋，残高4米～5米。墙体为黄花土与红粘土混合夯筑，夯土层5厘米—6厘米，夯层明显。堡墙石条，大者长90厘米，宽54厘米，厚20厘米；小者长70厘米，宽43厘米，厚18厘米。堡内无人居住。

该堡建于1558年（明嘉靖三十七年），1574年（明万历二年）石包。周长900米，高10.2米。因离长城较远，无分管长城，只管辖火路墩7座。明设操守1员，旗军275名，马39匹。清初撤销驻军，改为民堡。

马堡 由破虎堡西行5公里处，又有一处古堡名叫马堡。据载该堡建于1564年（明嘉靖二十五年），1573年（明万历元年）石包。周长600米，高10.2米。原分管边墙5.2公里，管辖边墩15座，火路墩4座。明设操守1员，旗军364名，马34匹。清初撤销，改为民堡。现堡仅存残墙，遗迹明显。

新城堡 位于县城西侧0.5公里处。因修建宾馆破坏严重，只有部分残墙存在。原堡规模不大，周长650米，墙高8.3米。建有窝铺12座，为右卫驻军所居，现已不存。

大柳树堡 位于右卫城南30里处。东靠贺兰山，西傍苍头河，是苍头河中段的屯军堡。现保存较整，墙体基本没有倒塌。高约8米左右，周长650余

大柳树堡

米。原四周挖堡壕，壕深5米，现基本被黄土填平。原建有窝铺12座，为右卫驻军所居，现已不存。

残虎堡 位于破虎堡西10公里处。东临马头山，西接五台山，北控九墩大水口，是长城防线上的重要堡城。顺马左公路东行至李达窑村北折，再行5公里便可到达。现堡城四墙清晰，砖面已拆除，墙体局部拆毁。南墙西段完整，残高9米～10米，底宽7米～8米，上宽2米～3米，东段拆毁，残留半截墙台。南门遗迹无存。东墙北段较完整，残高7米～8米，中间墙台完整；南段人工破坏严重，残高3米～4米；西段残高8米～10米，东段残高5米～6米。西墙残高7米～8米，中间墙台完整，北部拆开一个豁口，作为行人与车辆的通道。瓮城遗迹明显，面积有堡城的1/4。堡墙墙体为黄花土夯筑，夯土层厚10厘米～15厘米，夯层明显，土质较硬。西墙与墙外城壕遗迹明显，宽5米～6米，深2米～3米。包墙残存的黑石，大者长1.4米，宽40厘米，厚18厘米；小者长46厘米，宽27厘米，厚23厘米。残砖长37厘米，宽18厘米，厚10厘米。堡内住满了村民。

据史料记载，该堡筑于1544年（明嘉靖二十三年），1572年（明隆庆六年）石包。周长560米，高12米。原分管边墙7.6公里，管辖边墩24座，火路墩9座。清顺治年间裁并，分属破虎堡、杀虎堡管辖。此堡改为民堡。

其余堡寨 建筑年代多无记载。据明《大同府志》载，还有以下堡寨：东花石堡、沙家堡、张画堡、窑子头堡、观音堂堡（现属山阴）、张家堡、新屯堡、白指挥堡、杂不喇堡、双山堡、北花园堡、金家窑子堡、草沟堡、蔡家堡、蒋家堡、十里铺堡、西碾子堡、小段子堡、麻黄头堡、偏岭堡（现属山阴）、南花园堡、梁信堡、沟儿李堡、喇鸡屯堡、东油坊头堡、胡指挥堡、马莲滩堡、金家屯堡、西油坊头堡、东碾子头堡、老幼屯堡、大狮子堡、八里庄堡、占官人屯堡、知土岭堡、善家堡、张浩堡、缑家堡、偏岭堡（现属山阴）、骆驼山堡、破庙儿堡、浦州营堡、破房儿堡、下泥沟堡、玉井堡（现属山阴）、酸刺河堡（现属左云）、南祖堡（现属山阴）、下石井堡（现属左云）、崔家堡、马营儿堡、范官人堡、彭家堡、双河堡、叶家堡、白头李堡、刘家堡、石头马营堡、顾家堡、黄旗堡、破堡子堡、油房张堡、十百户营堡、姜家窑子堡、郁见官人堡、高罕屯堡、盘石岭堡、老墙框堡、秦昶堡、宣阳堡、三岔堡、史家屯堡（现属山阴）、郝官人屯堡、郝二官人屯堡、钱官人屯堡、善家沟堡、榆树墩堡、后所铺堡。以上这77座堡寨大多存在，但毁坏严重，成为大土圪愣。

第二节　长　城

长城遗存　筑于明代的长城，在右玉县境内总长85公里。由左云县二十边西北2公里处入右玉县庄窝村，然后由东向西经由破虎堡、残虎堡、杀虎口，跨越苍头河转西南方向经二分关，过海拔1747米桦林山与海拔1798米黄华山抵云石堡，再继续向西南过芦子沟、大沙口入平鲁县界。

整个右玉境内长城保存基本完好，个别墙段塌毁严重，遗迹明显。一般墙段，基宽7米～10米，顶宽3米～5米，残高3米～8米。长城上边墩林立，墩与墩之间，距离不等，一般为200米～500米。墩台平面呈方形，底边长10米～20米，残高5米～10米。沿长城两侧筑有烽火台，大部分为方锥形台体，底边长10

右玉境内明长城

米～15米，残高5米～12米。

左云县与右玉县交界段残毁严重，只剩不足1米高的土石残基。

从交界处至破虎堡东1.5公里的地段筑于山脊上，整体较好，墙体高3米～5米不等，高大坚固的黄土夯筑墩台也多保存完好，但里侧火路墩残毁严重。

长城从破虎堡村北顺山脚蜿蜒向西延伸到二三墩村。此段长城墙体残高2米～4米，个别地段被水冲毁。在破虎堡村北的长城上，明代建有3座相距30多米的砖楼，现仅存基础。

长城由二三墩村向西北而去，翻过海拔1767米的马头山，进入大坡村后转向西南至西十五沟村。这段黄土夯筑城墙虽有残圮，但基本连贯，保存较好，

长城分界碑

存高4米左右。

长城由十五沟村转向西南，翻过海拔1666米的五台山，过四台沟村北经樊家窑下至海拔1260米的杀虎口。这段城墙从大坡至十五沟东段残存土墙高3米左右，西段几乎已毁坏无存，只有一溜土筑墩台尚存；十五沟至四台沟段，土筑城墙坍塌严重，仅见一溜隆起的土垅；过四台沟后长城渐有所存，至杀虎口墙体高3米～5米不等。塘子山上建有一座"十六砖楼"，仅见基础。

长城由杀虎口跨越苍头河时，河床上原建有桥式跨河城墙，称水上长城，清代被山洪冲毁，现在河西岸仅残存两个3米高的桥墩。近年来将杀虎关东西两侧长城重新砖包，长达500米。上有关楼垛口。东段建有瞭望塔，与残高5米的明代土筑长城相连。

长城过苍头河向西南伸展，大约有1公里地段长城遗迹依稀可见。其后经二十五弯村、北辛窑村，一直沿海拔1400多米的山岗爬行，然后从北辛窑下行至沧头河谷支流上的二分关。此段长城毁坏严重，残无墙样。二分关有一水口，是晋蒙通道，战略地位十分重要。

长城从二分关沿苍头河支流北岸山坡西行，跨

过支流，沿着山脊直奔海拔1747米的桦林山。

翻过桦林山，长城一分为二，一支向西南迂回而行，另一支向南蜿蜒而去。到十三边村西，合二为一。此两端长城，保存完好，雄风犹在。

由十三边村继续西南行，过井沟，至云石堡段，沟谷纵横，长城起伏较大。黄土夯筑的墙体，圮残严重，一些地段只剩痕迹。出十三边后不远的一条沟口两侧山坡之上，南北相对，立有两块石碑。北侧碑高2.15米，宽0.87米，厚0.25米，阴刻楷书"大同中路分属西界"竖写大字。大字左侧有一行竖写小字为"万历三十七年秋吉日立"。南侧石碑与北侧规模相同，阴刻"威远路分属东界"，小字为"万历三十七年"。这是目前发现万里长城上仅存的两块长城分守界碑。

长城由云石堡往南经楼沟继续向南西行，过大沙口出右玉县境入平鲁县阻虎堡。这段长城圮坦十分严重。楼沟附近存有一座破坏严重的砖楼。

桦林山长城　桦林山位于右玉县城西北部晋蒙交界处，东距右卫城10公里，海拔1747米，方圆5公里，山岭连绵起伏，山势高大雄伟。长城利用天险，沿着山脊伸展，是右玉县境内长城最有气势、最具特色的地段。其南坡缓长、崎岖，怪石遍野；北坡陡峭壁立，如刀劈斧削，荆棘丛生。

通向桦林山山巅有南北两条道路，一条出右卫镇，过沧头河，沿西岸北行，经中园村、黑洲湾村，到北辛窑村前西折，顺河谷西南行，途经二分关、羊塔、马家洼、元山子，翻山越岭抵桦林山北部长城景区。另一条出右卫镇西行过西大桥，从西窑沟背后爬山西北行，沿着山梁绕过海拔1710米的团山，经一个叫三十二村的偏僻小村，便到达桦林山南部长城景区。

站在桦林山脚下，抬头仰望，山巅东西两座烽火台，像两把利剑直插霄汉，整个山坡像一块巨大的瀑布，奔腾咆哮，倾泻而下。

桦林山坡南，别有洞天，许多象形石令人诧异。乌龟驮石，巨蟒匍匐，雄狮俯谷，鳄鱼群聚，蟾蜍欲跃，蜥蜴翘首，群猴嬉戏，大象饮水……千姿百态，令人目不暇接。山坡中部，有一块3米高的巨石，远望酷似人形，面南而立，像一位守山老人；近看，发髻高挽，脸盘圆润，体态丰腴，像唐代宫廷贵妇。快到山顶时，有一块不规则的长方形百吨巨

桦林山长城

石，搁置在3块直立的岩石上。巨石下部向里凹陷，形成一个可容5个人的石窟。巨石看上去极不稳定，似乎大风即可吹倒，但千百年来岿然不动。大自然的神奇魅力，令人惊叹。巨石的东侧，有两块并列的巨石，一块巨石像匍匐在长城脚下的妇人，臀部高高隆起，形象逼真，传说是孟姜女的化身，在面北祭拜丈夫范喜良。另一块巨石像传说中的没尾巴猛兽貔貅，向北遥望。百吨巨石的北面，还有一块连在山体上的巨石，倾斜向上，远远望去，如一条巨大的鲤鱼，头上扬，口大开，跃跃欲跳龙门。

桦林山脊上，有一条长200米的石砌长城，残高一米多。东端是最高大的方形墩台，边长18米，高10米。西端墩台残留北部一角，高8米。两座墩台遥遥相对，如二龙聚首。

环顾四望，远山如黛，近峰俯首，从东北翻山越岭奔涌而来的长城连绵起伏，犹如一条巨龙在桦林山顶昂首。雄伟高大的长城在山南分为两支，一支向南绵延，一支向西爬伸。向南的那支长城，沿桦林山山脊顺势下到谷底，又昂首向上蜿蜒攀升、曲折回环，穿云破雾而去。这支长城的烽火台保存完好，显得比别处更有气势。矗立山巅西端的那座烽火台是连接南长城的起点，它与山南密聚的7个烽火台，组成了八个顶天立地的巨人，雄视、护卫着北疆防线。极目之处，渐去渐远的长城，隐没在苍莽的群山峻岭之中。而西向的长城把内蒙古的和林县与山西的右玉县截然分开。这支长城是明代早期修筑的一段长城，仍依山势而走，墙体有多处坍圮。在这段长城的内侧，有一条景色秀丽的山谷，人称神龙谷。神龙谷山势险峻，峡谷狭窄幽深。沟谷两侧山体呈V字形向上扩张。峡谷内灌木丛生，野草茂密。几场秋霜过后，满谷成了一个色彩斑斓的世界，从上到下，从里到外，铺天盖地，满眼金黄。葳蕤苗壮的胡榛、山丁、蔷薇等灌木，一片片、一簇簇、一团团呈浅红、深红、紫红夹杂其间，色彩绚丽，层次分明，景色醉人。

西向长城与南向长城在十三边村交汇。距长城数步之遥，有一座浑圆的山体，这就是远近闻名的圣山。据说，修筑长城时，多次都把圣山圈到长城内侧，但奇怪的是，隔夜圣山又跳出长城外，前后尝试了13次，终以失败告终。

圣山奇峰突兀，怪石峥嵘，远远望去，像一根巨大的圆形石柱，支撑穹苍。近观，圣山拔地而起，无倚无托，孤然矗立，自得天成。

圣山四周陡峭壁立，为一整块巨石，东南角岩石松散，石缝间草木茂盛，有石阶可攀。顺着台阶，爬上布满青苔的山顶，只见山顶较为平坦，有40平方米。中央靠东，有一长七八寸，宽三四寸的水坑。坑内积水清澈如镜，饮之甘醇爽口，当地人称为圣水，饮之能医百病，因而常有人来此取水。此水雨不外溢，旱不枯竭，舀之不少，确实令人称奇。据传，王母娘娘一日闲暇无事，信步走到瑶池，赏花观景，忽见灵芝仙草奄奄欲枯，便动了恻隐之心，提水来浇。岂料，未行几步，脚下一个踉跄，桶内之水溅出数点，直落凡尘。其中一点正好落在圣山山顶，顿时岩石崩裂，遂成水坑。从此，圣山成为名山，朝山取水者，络绎不绝。

飞来石

孟姜女化身

神龟问天

河蚌石

蟾蜍石

海狮石

朔州风光·边塞风貌

擎天柱

桦林山将军岭长城

桦林山神龙谷

第五章

杀虎口博物馆

杀虎口博物馆位于关内东侧，占地18000平方米，由馆前广场和主体建筑展览馆组成。展览馆雄踞台基之上，坐东面西，中间高，两头低，呈半月状。馆前广场置有草坪、花卉、棋子、石球、古井等景物。构思精妙，设计独特，既体现出现代园林的时代气息，又彰显出深厚凝重的历史色彩。

广场南至古道敞路坡，北至长城脚下，南北宽100米，东西长120米，总面积12000平方米。广场中央铸有康熙大帝铜像，高居台基之上。台基底宽6米，顶宽4.2米，高3.5米，呈梯形状。台基西壁上，刻有康熙大帝平定噶尔丹，凯旋杀虎口的碑记。黑底白字，刚劲醒目，引人驻足。碑文载：康熙三十五年，御驾亲征，三临绝塞，平定噶尔丹叛乱，凯旋而归，驻跸右卫城，犒劳西征将士。今忆其功业，立碑塑像。康熙大帝骑马雕像，长4.5米，高3.5米，通体黑亮。坐骑项挂金铃，低首奋蹄前行，马尾卷曲高翘。康熙帝，头戴缨盔，身穿铠甲，披风招展，表情庄重，目视前方，左手提缰，右手执鞭，肩挎弯弓，威武雄壮。

东行30多米，再登三层32级台阶，就能看到展览馆西门南北两侧墙壁上的精美浮雕。南墙雕有"魏绛和戎"、"拓跋兴魏"图；北墙雕有"康熙西征"、"西口古道"图。整个浮雕以古战场、长城、古堡、烽火台、民族融合、商贸等为主题，充分展示

杀虎口博物馆

出右玉古老厚重的历史文化底蕴。

博物馆占地面积4000平方米，建筑面积2200平方米，内设三厅。进入大门是中厅，中厅东墙下，置有一个长5米、宽3米的巨大沙盘，盘内镶嵌着右玉的山川、河流、古城、古堡，田野村庄。由中厅往北便是北厅，即右玉通史馆，南厅为杀虎口专题馆。

第一节　北　大　厅

北大厅橱窗里陈列着石器、骨器、陶器、瓷器、青铜器、铁器、金银器等文物，采用实物和照片相结合的形式，分为文明曙光、朔方古韵、汉魏雄风、雄关沉浮、晋商古道五个板块，展示了右玉大地古老的文明。

文明曙光　展出的实物主要有石刀、石斧、泥质红陶片和泥质灰陶片。石刀、石斧等石器采集于古人类活动遗址张家山，锤击为主，打击法为辅，比较原始，由此，判定"张家山人"与朔城区峙峪人为同时期的人类。陶片采集于丁家村古人类活动遗址，陶片上留有清晰的纹饰，说明"丁家村人"能从事简单的农耕生产和手工制作。从人类繁衍和地缘上看，"丁家村人"为"张家山人"的后裔。这些实物反映了右玉远古时期人类活动情况。

朔方古韵　夏商周春秋时期，右玉属于朔方。战国时期属于赵国的版图。赵国在此设立了雁门郡，派李牧大将率兵驻守。出土的文物主要有铜簋、铜戈、铜箭簇和多种钱币。（除楚国的蚁鼻钱没有发现，其余六国的货币都有。）

乳钉铜簋　1973年出土于大川村，为商代青铜制品，属国家一级文物。通高16.3厘米，口径25厘米，底径16.8厘米。器形为圆形，圈足圆腹，侈口。口沿下设2.5厘米宽的夔纹一周，夔纹上有浮雕兽头3个，每两个兽中间设3个圆形的旋纹浮雕图案；腹部通体设方格云雷乳钉纹；圈足上设有3.2厘米宽的饕餮纹一周。为商周时期人们用以盛物的礼器。解放以来雁北地区出土的唯一的一件商代晚期青铜器，对于研究晋北地区商代文化提供了宝贵的实物资料。

汉魏雄风　右玉从秦汉至北魏时期，始终是汉族

镶贝鎏金铜鹿镇

乳钉铜簋

与少数民族争夺的地盘。秦统一全国，沿袭赵制，仍在右玉设雁门郡。汉代，把雁门郡管辖的地域进一步扩大，包括善无、中陵、沃阳、武州、平城、埒县、娄烦、马邑、汪陶、剧阳、崞县、繁峙等14县，其中善无、中陵、沃阳三县均在今右玉县境内。作为北方政治、经济、军事、文化中心的雁门郡留下了众多绚丽多彩的文物。主要有：

镶贝鎏金铜鹿镇　鹿是吉祥之物，与禄同音。古人时兴铺苇席和竹席，或跪或坐，这个鹿镇就是用来压席四角的。镇为官宦人家常用之物，有虎镇、龟镇、熊镇等，鹿镇为其中的一种。共出土四件，每件重0.5公斤，现馆内藏两件，另两件藏山西省博物馆内。造型优美，寓意深刻。

朱雀玄武博山炉　柄为朱雀，底足为玄武，盖为博山。博山代表的是道教向往的仙境。汉初实行"无

铜戟

铜镜

处铸立着头向外、尾向内、高高耸立的三只凤凰。酒樽内壁朱红髹漆，色泽鲜艳，光彩夺目。盖的子母扣沿上铸刻有汉隶"中陵胡傅铜温酒樽重二十四斤河平三年造二"铭文。此樽用于温酒，是古代宫廷或贵族在大型宴会上祭祀时所用的礼器。

铜 戟 为西汉主要青铜兵器，属国家一级文物。1972年出土于常门铺水库工地。其各部位的名称及长度是："刺"，戟的直刺部分，像一把剑，用以直刺或啄刺敌人，长37.3厘米，宽3厘米。"援"，戟的横钩部分，位于"刺"的中间，与刺形成"–1"形，像宽刃大匕首，用以钩啄敌人，长15.3厘米，宽3厘米。"胡"，"刺"的直下部分，其上有4个小孔，用以贯索，缚于柄上，长19.5厘米，宽3厘米。"胡"上的小孔又叫"穿"，用皮条穿过横于木柄上端，使戟不致活动。戟的木柄叫"柲"。最短者1.3米～1.4米，最长者达3米以上。此铜戟口刃现在仍然锋利，在山西省出土的兵器中实属罕见。说明西汉时期军队的武器装备已经达到了非常精良的地步，为今天研究汉代兵器制造和冶炼技术提供了宝贵的实物资料。

鎏金银铜温酒樽 汉代为青铜制品，属国家特级文物。1962年出土于大川村，现珍藏于山西省博物馆。馆内为照片。器物通高34.7厘米，口径65.5厘米。器形为圆形，直腹，腹部有四道旋纹，旋纹处设浮雕铺首衔环三处，底部为圆球形，设虎形足三个；通体彩绘各种动物图形；酒樽内壁朱红髹漆，口沿向外平折。口外折处铸有汉隶"剧阳阴城胡傅铜温酒樽重百二十四河平三年造"铭文。此樽与"鎏金铜温酒樽"用途相同。它的出土对研究汉代青铜文化、冶炼技术及当时的礼仪制度，具有十分重要的价值。

鸭形铜熏炉 为汉代青铜制品，属国家一级文物。1975年修建常门铺水库时出土，现珍藏于山西省博物馆。馆内仅为照片。器物通高15厘米，盘径18.5厘米，身长17.5厘米。器物底部为一铜盘，盘内站立铜鸭一只，鸭背为熏炉炉盖，呈镂空缠枝草叶纹图案；鸭首高昂远眺，曲颈向天，造型优美，栩栩如

为而治"，使饱经战乱的人民得到了休养生息，史称"文景之治"。道教备受尊崇。此物体现的正是黄老追求的仙境和人民渴望的长治久安。

铜 镜 为西汉制物，呈银白色，上隶书"家常富贵"四字，造形优美，相当珍贵。

弩 机 是古代的一种兵器。馆内展出一对，一只腐烂不能使用，另一只弩机因扳机上缠有一层兽皮，保存完好。

鎏金铜温酒樽 通体鎏金，汉代青铜制品。属国家特级文物。1962年出土于大川村，现存于山西省博物馆。馆内仅为照片。高24.6厘米，口径23.3厘米。器形为圆形，直腹。腹的上、中、下三部均设有浮雕带状纹，腹中部带状纹上设对称铺前环两个，腹部上下两层通体设浮雕狩猎纹，雕刻多种动物，形象逼真，栩栩如生，堪称一绝。器物圆底，设猴形足三个；盖为子母扣，顶部隆起，设三道旋纹，旋纹之间设浮雕云气纹，中心设扭及提环，中部旋纹上三等分

生。熏炉的用途是熏香和取暖，这个铜熏炉为罕见的汉墓随葬品，其工艺精湛，制作灵巧，具有较高的艺术价值。

铜鍑 1990年出土于善家堡鲜卑墓葬中，共有三件，均为青铜制品，属国家二级文物。是古代北方游牧民族日常生活中蒸煮食物所用的炊具，与汉民族的铁锅作用相似。其一，器形圆筒状，平底，双耳，侈口，腹微外鼓，口上有两个对称的桥状耳，弦纹之下饰4组弧形纹。口径11.2厘米，腹径12.4厘米，底径8.2厘米，通高17厘米；其二，器物短宽，方形，大口，卷沿，圈唇，鼓腹，平底。口外侧立有两个扁平的纽状耳，其中一耳已残，与口沿平行处也有一道凸弦纹，口径16.8厘米，腹径19.8厘米，底径12厘米，通高21厘米；其三，器形为圆筒状，平底，双耳。口沿呈带状，敞口，圆唇，体瘦而高。口外侧立两个纽状耳，口径15.5厘米，腹径17.4厘米，底径9.3厘米，通高22.5厘米。

铜罐 青铜制品，鲜卑早期遗物，1990年出土于善家堡墓地。侈口，圆唇，短颈，鼓腹近球形，下腹近底处内凹，肩部横置一桥形纽。器体锈蚀严重，腹部有两个圆形铆钉，一大一小，为当时修补痕迹。口径3.8厘米，腹径5.5厘米，底径3.3厘米，通高6.4厘米。此罐是古代北方游牧民族用以盛舀食物的器具。

铁刃铜铲 为鲜卑早期青铜制品，刃部为铁质，属国家二级文物。1990年出土于善家堡墓地。器形为半圆形，两侧有凸起的边部，上部为扁方形銎，銎口为梯形，下部背面用4个铁铆钉连接长方形铁刃。刃长3.9厘米，宽9厘米，铲通长10.1厘米。鲜卑族到处游牧，经常迁徙，此铲就是他们搬迁时挖坑搭帐篷所用的工具。

鹿首铜饰 为鲜卑早期青铜制品，属国家二级文物。1988年出土于右玉县善家堡墓地。器物用青铜铸成鹿头形，中空壁厚约0.15厘米。在鹿耳和腮部有两个小孔，为缝缀和管绾时所用。此物是人身上或头上的装饰品。造型优美，工艺精湛，具有很高的艺术

价值。

永乐铜火铳 为明代青铜火器，属国家二级文物。1962年出土于右卫镇。器物为圆柱体，长35.3厘米，上口外径2.3厘米，内径1.5厘米，上口沿厚0.8厘米，底外径4.4厘米，内径3.2厘米；铳内大膛深27.5厘米。底内腹深6.2厘米，为安装木制托柄之处。铳底部外有5厘米长的准星。底部外铸有"天字壹万贰千叁佰伍拾号，永乐柒年九月造"铭文。

鎏金菩萨像 为明代铜质鎏金佛像，属国家一级文物。1958年收集于民间。像通高20厘米，身高14.7厘米，须弥座高5.3厘米，内空，菩萨上身裸露端坐于须弥座上，发髻高耸，额前戴五佛冠，上嵌5颗红蓝宝石，肩披璎珞，双腿作结跏趺坐，降魔坐式；右手向上曲举，呈莲花状，右手反掌置于右膝上。须弥座两侧各设一朵宝相花，缠枝向上与菩萨胳膊相连，寓意吉祥如意。从制作工艺上看，没有沿用传统的铸造法，而用手工打制而成。造型优美，形象逼真，比例适当，做工精细，具有很高的艺术价值。

景泰铜火铳 为明代青铜火器，属国家二级文

鎏金菩萨像

灯 山

因造于景泰之年，故称"景泰火铳"。《明史》关于此类火铳曾有这样的记载："大者发用车，次及小者用架纯，用桩，用托。"

金刚三圣 为明代鎏金铜铸佛像，属国家一级文物。中为释迦牟尼佛，两边为文殊和普贤菩萨。佛像面容秀丽，作讲法状，做工精细，纹饰精美。脱沙工艺，表面刷金。三尊佛像合成一组，在佛教界称为金刚三圣。

灯 山 为一座保存比较完整的明代木艺术品，原置于右卫镇西街菩萨庙内。为六角二层木塔式结构，单檐尖顶，通高7米，周长13.5米。下层为基座，由6根立柱支撑，柱头设圈梁固定，柱间用横梁连接。四周为挂面栏杆。第二层为主体部分，6根立柱及圈梁，做法与基座相同，6个面，每面有12个空格，共72格，外有望栏。上设六角顶，脊上雕刻吉兽。整个灯山由210多个零部件组成，每逢元宵节，72格内挂72幅绢画，燃72支蜡烛，置于通衢大道供人观赏。其设计精巧，雕刻精美，装卸自如，搬运方便，是右玉县明清时代集，雕刻艺术和绘画艺术于一体的艺术珍品。

物。1962年出土于右卫镇。器物圆柱体，长26厘米。上口外径9.8厘米，内经7.4厘米，上口沿厚2.4厘米；铳内火膛深19厘米；铳外铸有两圆环，将铳体箍束。两个圆环之间铸有"景泰元年造天威叁百肆号"铭文。铳底内腹5.3厘米，是安装木制托柄之处。此铳

第二节　其他展厅

南大厅 为杀虎口文化陈列馆，展览从"军事家的舞台"、"商业家的摇篮"、"老百姓的生活"三个部分，详细地介绍了杀虎口的历史地位、军事价值和商贸关税以及民风民俗情况，看后使人们对杀虎口有了一个全面的认识和了解。长期以来，杀虎口作为中原农耕文化和草原游牧文化的交融地，民族战争的碰撞地，九州客商的集散地，走西口的出发地，自然而然地形成一种博大精深的杀虎口文化。展厅从衣食住行、岁时节令、民风民俗等方面，展示了杀虎口的塞上风情。展品有铁铧木犁、耧耙斗合、风箱风车、饭盒礼盒、石碾石磨、灯盏漏斗等生活用品，原汁原味地展示了长期以来右玉人民的生产状况和生活习

俗。展览馆背后还有水陆画展厅和碑厅。

水陆画展厅 出博物馆中厅东门，便可到达馆后东北角宝宁寺水陆画展厅。厅内悬挂水陆画复制件全套136幅（原件存于山西省博物馆），为明代珍品，具有极高的艺术价值。

水陆画原藏于右卫镇宝宁寺内，为宝宁寺举行水陆道场时悬挂的一种宗教画。过去每逢农历四月初八日，宝宁寺庙会举行水陆道场，将此画悬挂三天，供人们礼拜观瞻。原水陆画，除几幅大佛像外，均高约120厘米，宽60厘米。以细绢为画布，用淡红和黄色花绫装裱。大部分画面清晰，保存完好，少数因受潮或烟熏，绢色较暗或稍有裂纹。画面主要为描写神

佛鬼魅、天堂地狱、因果报应的作品，共计道释人物画112幅，各种世俗人物画12幅，反映当时社会生活的画12幅。各种世俗人物有帝王、妃子、孝子、贤妇、烈女等。反映社会生活的有雇典奴婢、饥荒饿殍、弃离妻子、枉滥无辜、赴刑都市、幽死狴牢、反戈盗贼、军阵伤残、水漂荡灭等。

这些画的作者现已无考。从绘画的内容、服饰和技艺上来看，绝大部分为明代宫廷内画师所作，另一部分则是民间画师的作品。

据清康熙乙酉年重裱题记载，这堂水陆画是从宫廷内"敕赐"给宝宁寺的，但具体年代不详。明代右玉为西北边陲重地，被推翻了的元朝鞑靼残余势力经常进犯。1557年（明嘉靖三十六年），鞑靼首领俺答率2万骑兵包围了右卫城，右卫军民奋力抵抗，坚持了8个月才得以解围。之后，嘉靖帝嘉奖了右卫军民，将宫内的一套水陆画敕赐给右玉宝宁寺，作为镇边之物，以企减少战乱，保边安民。

碑亭 出博物馆后排中门，便是碑厅。碑厅建筑面积700平方米，收藏有古碑200余通。多为出土的右玉名人墓碑。有出土于右卫镇二分关的唐代静边军大将王液墓碑，有明代著名将领麻贵、樊谦、郭瑞伍等墓碑，其余为右玉古建筑修建碑记，如大南显明寺碑等。这些石碑为人们了解右玉、研究右玉提供了大量的文字资料。

水陆画

民间居室

平鲁军事文化景区

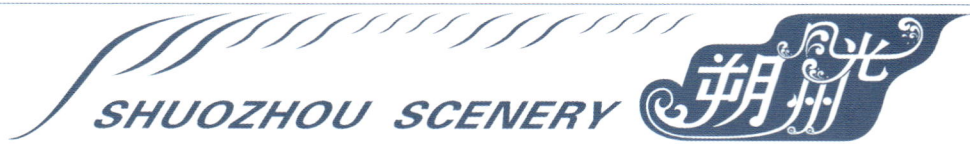

SHUOZHOU SCENERY 朔州

平鲁军事文化景区

平鲁地处晋西北边陲，西望黄河、北控大漠、南屏三关、东护云朔。境内群山连绵，丘陵起伏，沟壑纵横。外长城如一条苍黄色巨龙，腾峰跃谷，盘旋逶迤，横亘于蒙晋边界，长达37.07公里。穿越长城的白兰口、大河口、七墩口等隘口，自古为边塞军事要冲和通衢商道。守护长城的少家堡、大河堡、将军会堡、乃河堡等8座军堡，龙盘虎踞，壁垒森严。座座峰台，或立于山岗，或屹于平地，星罗棋布，纵横成线，一直延伸到内长城脚下。北部的"平虏卫"城，依山而筑，易守难攻。南部的井坪所城攻守兼备，固若金汤。卫城、所城，互为犄角，遥相呼应，与长城、边墩、边堡、峰台构成了严密纵深的防御体系。

历史上，以汉族为主体的中原政权同猃狁、林胡、北狄、匈奴、鲜卑、突厥、契丹等少数民族，在这里迭相攻守，狼烟不绝。特别是明王朝与蒙古诸部落，军事对峙状态几乎持续了二百多年。抗日战争时期，这里又成为前沿阵地和革命老区，无数优秀儿女血染疆场，为国捐躯。上下几千年，民族碰撞、民族融合以及抵御外侵，给平鲁留下了一笔丰厚的军事文化遗产，形成了独具特色的边塞军事文化旅游区。

第一章

长城与边堡

长城纵贯平鲁西境，跨山岭，过隘口，左冲右突，起伏盘旋，似蛟龙腾飞，雄伟壮观。长城脚下古老的军堡，斑驳沧桑，雄风犹在。驰名天下的败虎堡拉开了"隆庆和议"的帷幕，促成了蒙汉互市，结束了明代在长城沿线燃烧了二百多年的战火，谱写下民族融合的灿烂篇章

第一节　长　城

为了防止已退居大漠的元蒙东山再起，明朝不断加强北部边防，在北疆边陲修筑长城，凭人造天险阻挡蒙骑南下掳掠。史籍记载，全国较大规模修筑长城达20余次，最终构筑起一条横贯东西数十省、长达8851.8公里的北部防线。其中平鲁段全长37.07公里，居于中部，为其重要组成部分。平鲁长城筑于成化、弘治年间，其后不断整修、加固、维护，直至明末。按照分区防守的原则，平鲁长城属九边之首的大同镇领辖。其中北部有一段属威远路参将负责，北中部属西路平鲁卫参将驻守，南部属井坪路参将守御。

长城走向　长城北与右玉县长城相接，总体呈东北—西南走向。从平鲁区高石庄乡税家窑西北1.5公

里处入境后，经七敦、新墩、少家堡、九墩沟、大河堡、大新窑、八墩、二墩、小六墩，穿过109国道，又经阻虎乡二道梁、掌柜窑、寺怀、红山、正沟、头墩、小七墩、六墩、九墩等村，在亥子峁西北2公里处出境，西向入内蒙古自治区清水河县北堡乡。长城在九墩沟村西，墙体分为两道，走向基本一致，至少家堡又合而为一，长2.5公里。这两段长城相距较近，如二龙并行，形成双重防御工事。

大水口长城

墙体遗存 长城墙体均为黄土夯筑，截面呈梯形，上小下大。除部分墙体塌毁圮残外，绝大多数地段保存较好。基宽7米～9米，顶宽3米～5米，高5米～7米。有些地段墙体直立，还保持原样。其中墙体保存最为完整的有大新窑地段，小七墩至六墩之间地段，二道梁地段，红山附近地段。这些地段的长城，盘踞平鲁西境，高大雄伟，气势磅礴，穿沟跃谷，翻山越岭，如苍龙蟠曲。在蓝天白云，野草绿树的映衬下，愈显沧桑壮美。长城在一些地段毁坏严重，如七墩村南河口、新墩村南河口、大河堡西汤溪河谷、怀寺南沟口等地，形成长100米～200米的缺口。

掌柜窑长城

边墩隘口 长城上现存边墩151座，间距140米～500米。除个别砖石空心敌楼外，大部分是夯筑实心边墩。边墩平面呈正方形，基部边长9米～16米，残高6米～14米，绝大部分有夯土围墙。其中二道梁村南村北各有一座保存完好的黄土边墩，平面呈正方形，底边长16米，高18米，立面墙体虽然斑痕累累，但棱角分明，高入云天，四周有方圆40米的围墙，壮观雄伟。

长城沿线有200余座烽火台，形制有方锥体和圆锥体两种，少数烽台筑有围墙。近边有8座屯军城堡，沿边排布。沿长城的重要隘口有七墩口、大河口、白兰口、将军会口。这些隘口，明代为重兵把守冲要，清代成为晋蒙通商要道和西口之路。

敌楼 七墩西南有两座保存完好的砖石敌楼，一座名徐氏楼，另一座名箭牌楼，两楼相距1公里。徐氏楼坐落在海拔1700余米的山冈平缓处，内侧有50米见方的黄土小围城。楼底条石坐基，上为砖砌，底边周长48米，高18米。东向开有一石碹拱门，门额上嵌有一方石匾，阴刻楷书"洞门"二字。门内有两扇石板门，一扇敞开，一扇关闭，底部均被流土淤死，只能从拱门顶部空隙爬进楼内。楼内有砖碹门洞，顺洞内石砌台阶可登上楼顶。楼顶坍塌，看不到原来的铺屋。四围筑有垛口。垛口下四面均有三个箭窗，中间拱形箭窗较大，两侧较小，南北两面箭窗已毁圮。徐氏楼坐落于山冈险要处，卓然屹立，气势威严，为外长城上保存较好的砖石敌楼。

箭牌楼的建筑规模与徐氏楼相当。上修垛口，中间为瞭望台，四面各有4个方形箭孔。基座东向有登楼梯门，现已掩埋于黄土之中，无法登上楼顶。

怀寺村西南的沟谷中，从北向南有8座石砌敌

长城烽台

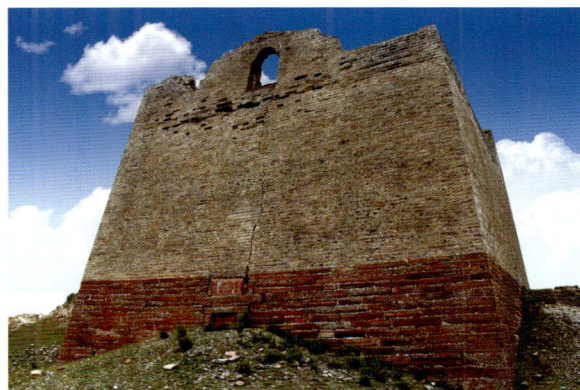

长城箭楼

楼。专为防守沟口冲要而筑，可惜破坏严重，仅剩石砌座基。

长城作为中华民族的象征，是劳动人民智慧和血汗的结晶。平鲁长城，历经500多年沧桑变化，如巨龙卧岗，雄踞晋蒙边塞，至今环护着平鲁这块神奇的土地。

第二节 边 堡

少家堡 原名威虎堡，位于平鲁区高石庄乡少家堡村，坐落在南北两山相夹的石湾子河谷，背山面谷，西距长城3公里。据《朔平府志》载，明嘉靖年间，蒙古族小王子部将阿尔秃斯，破堡南犯，明廷派

邵姓少年将军统兵击败蒙古大军，收复失地，夺回被掠财产。为纪念这位邵将军，将堡更名为邵将堡，后演变为少家堡。

堡呈方形，边长180米，底宽6米，顶宽3米，残高10米。东墙、北墙基本完整，其中东墙南段存有包砖和基石。城墙外挂马面3座。堡正东开有一门并有瓮城，门洞砖碹。瓮城长60米，宽30米。堡内有角台两座，西南角立有红石碑刻一通。

史载，1544年（明嘉靖二十三年）筑堡，1581年（明万历九年）砖包。堡周长1350米，设东门。堡内明清时建有军营马铺，分管长城北起威远堡头墩，南至大水口堡墩界，长5.15公里，辖边墩13座。明代驻扎守备一员，守军467名，马11匹。清改设操守1员，守兵100名，辖边墩5座，火路墩9座。明代为威远卫所辖。顺治年间裁撤，归并于败虎堡，雍正十年重新设置。

大河堡 坐落在大河堡村东高山之巅，西距长城约1公里，扼汤溪河谷口，为平鲁边塞极冲要地。美丽的汤溪河自堡前流过，由大水口穿长城出境。两岸群山连绵，河滩平阔，草木茂盛，鸟语花香。边墙、边堡、边口、边村和淙淙清流相映成景，自然风光十分优美。大河堡南约2公里的大新窑村西，建有明海湖水库，现已开发成明海湖旅游区。

该堡平面呈方形，边长180米，墙残高8米，底宽6米，顶宽2米～3米。现已无人居住，遗为农田。堡南正中设有堡门，门外有瓮城，亦呈方形，边长50米。瓮城西墙完好，高达7米，底宽5米，顶宽1米～2米；南墙断续相接，东墙残殆少存。墙外

有一石碑，高1.6米，宽0.6米，厚0.2米，上刻"龙神碑记"四字，碑为清康熙年间存碑。碑文还可辨出"大同平虏路"，"大水口堡"等字样。堡内另有一块石匾，阴刻楷书"汤永固"三个大字。

该堡筑于1640年（明崇祯十三年），由平鲁卫指挥郑一元筑堡并砖包。"周长一里六十步，高三丈五尺，门上有楼"，为平鲁地区距长城最近的边堡。

堡内建有军营、马铺，分管长城10公里。清光绪《山西通志》载："大水口堡营分管边，自威虎堡界起，至败虎堡十六墩止。" 明设守备1员，座堡1员，把总1员。驻军辖边墩25座，火路墩17座，每边墩派守兵5名。清改设操守1员，守兵100名，改设边墩8座。康熙年间改设把总1员，守兵69名。

败虎堡 位于平鲁区高石庄乡败虎村，紧依109国道，距长城约3.5公里。该堡南北长250米，东西宽220米。北墙、南墙基本完整；西墙、东墙塌毁严重，底宽6米，顶宽2米，残高8米。堡墙现存角台3座，马面2座。原东门筑有翁城。败虎堡为明代边塞长城线上位置重要的屯军堡，于1572年（明隆庆六年）砖包。堡内建有军营、马铺，分管长城4.15公里，北起大河堡二十墩界，南至迎恩堡界。明设操守1员，座堡1员，把总1员，守军432名，马46匹。辖边墩51座，火路墩19座，每边墩派守兵5人。清初改设操守1员，把总1员，守兵100名；康熙年间改设把总1员，守兵82名，马兵2名。《读史方舆纪要》载："败虎堡在平鲁西四十里，嘉靖二十三年筑，隆庆六年增修，周一里有奇，分边八里零。内镇川墩、泉儿沟最冲，边外灰河一带及长胜墩迤北，俱是寇境。嘉靖中寇由此犯朔州一带，为冲险之地。"

明朝历史上著名的"隆庆和议"就在这里拉开序幕。因蒙古首领俺答汗将其孙子巴汉那吉心爱的女子，赠与另一部落首领，于是巴汉那吉在败虎堡向明廷投诚。时为宣大总督的王崇古等接受其投降，并速报明廷。明王朝借机与俺答达成了"通贡和议"，俺答被封为顺义王。至此蒙汉之间基本结束了长达二百年的军事对抗，化干戈为玉帛。后在败虎设市，除规定贡市外，还有月集一二次，市场空前繁荣。

迎恩堡 位于平鲁区阻虎乡迎恩堡村，距长城4公里。基本呈方形，南北长250，东西宽240米。墙体保存完整，包砖不存，底宽18米，顶宽3米～4米，残高11米。东门外有长25米、宽15米的瓮城遗迹。堡有角台4座、马面4座。堡内原建有的衙门院、戏楼、粮

仓以及龙王庙、魁星庙、城隍庙、马王庙、奶奶庙、三圣母庙、纸房庙、黑虎庙、五道庙、土地庙等，遗址犹存。

迎恩堡筑于1544年（明嘉靖二十三年），1572年（明隆庆六年）砖包。围长1000米，高12米，占地100亩左右。只设东门，置瓮城，留小城门。内门阔绰，上建楼，门外有关。堡内建有军营、马铺，分管长城5.25公里，北起败虎堡16墩界，南至阻虎堡头墩界。该堡明代为难守之地，常驻操守1员，坐堡把总1名，守军369名，马65匹，为平鲁境内长城线上重要边堡。清顺治年间改设操守，守兵100名；雍正年间，改驻把总1员统领。直到清末，常驻兵士36人，配有守城火炮。

堡内遗存一石刻匾额，长120厘米，宽60厘米，中间上方刻"迎恩堡"三个大字。起首右刻："钦差总督宣大山西等处地方兼理粮饷太子太保兼都察院右副都御史王崇古，钦差巡抚大同地方赞理军务都察院右佥事御史刘应箕……"等字样。

阻虎堡 位于平鲁区阻虎乡所在地，西距长城5.5公里。东西长170米，南北宽150米。墙体大部分塌毁，遗存残墙基宽8米，高5米。存角台1座。堡内住满民居。

阻虎堡筑于1544年（明嘉靖二十三年），1572年（明隆庆六年）砖包。该堡只设南门，门上建楼。建堡伊始，属平房路参将辖。堡内建有军营、马铺，分管长城4.25公里，北起迎恩堡界，南至阻堡界。明设操守1员，座堡1员，把总1员，守兵369名，马65匹。辖边墩51座，火路墩19座，每边墩派守兵5名。清改设操守1员，守兵100名。该堡为明代重要边堡，因其地土丘绵延，山势平缓，属易攻难守之地。史载："山无险阻可恃，利戎马展足，非强兵勇将莫能固守"。清朝末期，撤军堡改为民堡。

阻虎堡现存有一块明代石碑，高1.65米、宽0.45米、厚0.18米，碑体完整。此碑为1590年（明万历十八年）所立，碑文为《官习粮草碑记》，记载了戍

边军队向商贩收买粮草的有关规定，为研究明朝中后期军屯向商屯转变的历史，提供了真实可靠的材料。

阻堡 原名灭胡堡，位于平鲁区阻虎堡阻堡村，距长城3.5公里，为长城线上重要的驻军边堡。该堡长224米，宽125米，呈长方形。四周岗峦起伏，南连将军会堡，北接迎恩堡。"隆庆和议"之后，沿边设市，阻堡成为蒙汉人民日常生活余缺物品交易的小市。清代后，为缓和明朝时期形成的蒙汉对立，回避原来民族歧视的称谓，将灭胡堡更名为阻堡。由于明代堡内驻军众多，遂扩堡筑营，和原城堡连在一体，互为支撑，形成了内外结合的防御体系。因该堡"地形漫衍，土性浮脆"，所有建筑和围墙全部用石头砌成，成为一座边塞石头城。如今堡墙坍塌严重，但堡门上的"灭胡"石匾保存完好，堡内原明代把总署门前的石狮子依然威风凛凛，守候着这座历经沧桑的古堡。堡外有一座二层古乐楼，为研究明清乐楼，提供了珍贵的实物资料。

该堡筑于1544年（明嘉靖二十三年），1573年（明万历元年）砖包。堡围长750米，墙高12米。筑东门，门外有关。堡内建有军营、马铺，分管长城6.75公里，北起阻虎堡界，南至将军会堡界。明设守备1员，守兵537名，马20匹。辖边墩37座，火路墩7座，每边墩派守兵5名。清改设把总1员，守兵失考。

将军会堡 原名白草坪堡，位于阻虎乡将军会村，坐落在黑青山、长梁山之间，与清水河县北堡、

灭胡堡门额

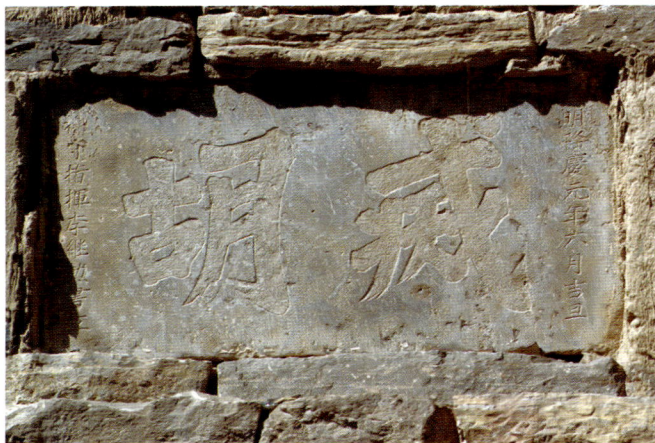

将军会堡门

将军会堡堡墙

将军会堡门额砖雕

乃河堡石砌烽台

偏关县水泉营堡相望，战略地位十分重要。《读史方舆纪要》记载："将军会堡在井坪所西北五十里（90里），旧名白草坪，寇往往由此偷掠。万历九年始建土城，二十四年改筑，周一里有奇。分边十七里零。内曹家洼、白羊林、响石沟俱极冲。……堡据三城之中，边为两镇之要地。"1596年（明万历二十四年）堡墙砖包。堡周长0.6公里，高12米，建有西门，门外置瓮城。堡门经三次整修加固，门洞内穹依次缩小。堡门嵌有长2米，宽1.2米石匾，书有"安攘门"三个大字。堡内设军营、马铺，分管长城8.5公里，北起阻堡界南至乃河堡界。明设守备1员，守兵610名，马22匹。辖边墩32座，火路墩7座，每边墩配守兵5名。清初改设操守1员，守兵100名。顺治末年，奉旨裁为民堡。在平鲁边堡中，将军会堡是保存最为完好的古堡。呈正方形，边长200米，底宽12米，顶宽5米～10米，高12米。堡门保存较好，门高4.8米，宽6米，内门向西，外门向南，外壁、堞口、门檐皆存。关门上砖雕精美，花卉图案逼真，为平鲁区目前最具观赏性的关门建筑，是研究明代建筑艺术的宝贵实物遗存。

乃河堡 位于平鲁区井坪镇西25公里处的下水头乡下乃河村，居于大同与山西两镇防务之交界地，西距老营堡20公里。老营堡之兵负责西界防务，乃河堡之兵专管东界防御。明嘉隆年间蒙古骑兵多次由此南犯，掠石州、崞县，进扰山西全境。《读史方舆纪要》载，乃河堡为"两镇之利害所关也"，属于西路边防要冲。该堡筑于1566年（明嘉靖四十五年），1573年（明万历元年）增修砖包，堡周长700米，高12米。设南门，门上有楼，门外有关。堡内建有军营、马铺。明设守备1员，守兵341名，骡马79匹。清改设操守1员，守兵100名，新增边墩19座。该堡现为自然村，墙体保存比较完整，砖碹南门尚存。

第二章

平鲁卫城

平鲁卫城，今称凤凰城，位于平鲁区北中部，西距长城20公里。四周群山环拱，绿树掩映。东连魁星山，西接北岳山，北依北固山，三山鼎峙，易守难攻，历史上为防御北方少数民族南下的军事冲要和驻军重地，同时也是民族交融、通商的交通枢纽。其中位于城北的北固山突兀挺拔，半山伸进城内，为古城增添了雄奇壮观的山岳风采。山上楼阁高耸，殿宇宏阔，层递布列，气势磅礴，融儒、佛、道三教为一体，凸显出浓郁的边塞文化特色，自古为平鲁古八景之首。

第一节　城　池

城垣　历史上的平鲁卫城为明代所筑。明王朝建立后，军事重心北移，平鲁一带成为明蒙对抗的前沿。明初开始在这里筑堡设营，称老军营。1481年（明成化十七年）营建卫城，称平房卫，清代改名为"平鲁卫"。《朔平府志》载："明成化十七年，巡抚郭镗、总兵范瑾、太监陈政以地极冲要，始题设平鲁房卫。指挥王升筑城。弘治十一年，守备关祥，指挥燕瑛砖包东西二面。隆庆六年，参将袁世杰、赵宗璧砖包南北二面。万历三年，告竣。周六里三分，高连女墙三丈六尺。……二十七年，参将贾邦直新筑南关土墙，周二百五十丈，高二丈。"经过历次整修后的卫城，城墙条石座基，砖包墙面，高厚结实，雄居塞上，巍峨壮观。

平鲁卫城整体上呈方形，东西略短，南北稍长。历经500年风雨沧桑，虽城砖不存，但坚硬的夯土墙体仍然挺拔壁立。底宽9米，顶宽3米～6米，高10米。整个城墙依山顺势，沿着北固山、东南城角、西南城角三处制高点修筑，下行上冲，凹凸相间，气势非凡。

现存城墙的南墙和西墙有3处缺口。南城墙上的

后栲栳

凤眼井

缺口，原为水门。水门为石
碹拱形排水洞，建在城墙底
部。洞口有铁栅栏封闭内
外。均被洪水冲毁。西城门
南的缺口，是后来破墙修筑
的排洪水口；西城门北的缺
口，亦为古城水门，中陵水
由此穿城而过。南城、西城
两水门之间原有水道相通，
全长825米，宽6.6米，深3.3
米。水道两边筑有石筑堤
岸，西城门附近有小桥。明
朝末年，随着封贡互市，城
内商业逐渐兴隆，人口骤
增，遂在南城门外扩建南
关。关城土垣三围长1000余
米，高6米。南墙中部辟有
坝门通道。

北部城垣筑于北固山
上，高出山下五环广场70余
米。东西两墙沿山而上，北
墙横卧山顶。峰顶原有玄帝
庙和后栝檐，为全城制高
点。后栝檐与城墙相连，向
外侧突出，构成了一个巨大的"凸"字形墙台。台上
正中筑有数层高的戍楼。站在戍楼俯瞰，整个城廓尽
收眼底，南关似凤头，南关的两眼水井似凤眼，东南
山坡和西南山坡似双翼；北固山上的后栝梁似凤尾。
整个城廓就像一只展翅欲飞的凤凰，故自古就有凤凰
城之美称。

城 门 平鲁卫城辟有三门，东称东作，西称西
成，南称南讹。三门内原均建有门坊，东门坊上书
"中外雄镇"，西门坊上书"锁钥封疆"，南门坊上
书"薰风时来"。城门上各建有城楼，门外各有瓮
城。西门、南门位于城墙中部，东门略显偏北。三座

西城门

南城门

城门和瓮城都保存较好。

三座城门规制基本相同，皆为条石座基，上为
砖碹拱门，内为大拱门，外为小拱门。大拱门通高9
米，宽5米，小拱门通高7米，宽4米。样式为大拱门
套小拱门，通深18米。大小拱门之间有木构过梁式的
两扇厚重木质城门和锁门用的木石器具。城门外是方
形瓮城，边长30米。城墙与瓮城连在一起，平面均呈
凸字形。瓮城墙上又开有一个侧门，基本与正门大小
相当，其上曾设有多箭窗的箭楼。依靠瓮城城垣，构
筑双重城门，增强了重镇要塞门洞的防御能力。

城墙东、南、西三面城门上，原有高大宏伟的

校军场

砖木结构城楼。城垣四角曾设有角楼。城楼和角楼之间又建有凸出城墙的墙台（又称马面，当地人称"斗子"），上建铺屋。四堵城墙上共有12个稳重厚实的墙台（北城墙上有4个，其余为2个），一方面起稳固墙体的作用，另一方作为防守作战的特殊设施。城墙上，外侧原有2米多高的垛口，上有望孔，下有射洞，用于守兵隐身作战。内侧有1米多高的女墙，防止士兵掉落。城墙中间，平铺宽大的石板供骑兵快速行动。石板下有通往城门、角楼和墙台的深壕通道，供步兵秘密暗行，利于快速隐蔽作战。城门内侧旁边，有上下城墙的马步兵通道。一旦遇警，马步弓弩、滚擂矢石各行其道，顷刻间严阵以待准备就绪。

近年来，平鲁区不惜投入巨资，对原明清时代的城门、城楼、翁城、城墙，进行了恢复修建，并复原了南关坝门。到时，游人便能登上城墙，站在雄伟壮阔的城楼上，森严壁垒的古城风貌，一览无余。

教 场 东城门外北侧有一处保存较为完好的明代教场。它是训练士卒，阅兵、演练、排兵布阵，展示军威的重要军事场所。教场南北长，东西窄，呈长方形，以卫城东城墙为西墙，其余三面为夯筑土墙。东西长约100米，南北长约300米，在东城门附近，开有一南门洞为进出口。如今门洞已坍塌为一个大豁口，看不出当年的样式。三面土墙残高6米，顶部宽窄不一。教场的北中部原有一个高大的点将台，是指挥员发号施令的平台。点将台后面有5间房屋的演武厅，是室内格斗场地和将帅观看演练的地方。据记载，朔平边郡，历来为用武之地，大小城堡遍设教场，演练战阵攻守之法。金鼓以练耳，旌旗以练目，坐卧进退、摸爬滚打以练手足，务使每个士卒有胆、艺精、熟知阵法。遥想当年，将台指挥员身披铠甲，舞动旌旗，台下手执长矛大刀的士卒，随令左右前后而动，杀声惊天动地，场面十分威武壮观。

第二节　驻军防卫

平鲁城地处中原农耕民族与草原游牧民族的接壤地带。周边群山平缓，丘陵遍布。一方面便于骑兵大规模突袭，另一方面又利于筑城固守。因而这里既是中原王朝阻挡游牧民族南下的北疆军事重地，又是游牧民族打破封闭南下的前沿阵地。历史上，常常是金戈铁马，刀光剑影。平鲁城一带，水源充足，土地肥沃，大量守边将士家眷聚集屯居，屯兵守御，逐渐形成亦军亦农的边城，时人称老军营。1481年（明成化十七年）筑城设平房卫，作为近边傍关的军事重镇。城内设营守备，负责卫城防卫，配置官军1666人，马骡145匹，官军平时屯田生产，战时登城作战。城内设有卫指挥署，置掌印卫守备，指挥使、指挥同知等官，领左、右、前、后、中五个千户所，指挥所属守兵3313人，骑操军马1694匹。后来随着战事吃紧，又设西路参将坐镇卫城，统一指挥调度平鲁卫及周边城堡守军协同作战。

清代蒙汉一家，内外皆臣。但由于其特殊的战略和交通地位，仍设平鲁路参将，城内驻扎马兵、步兵、守兵共300余人，同时节制周边城堡驻军。民国前期军阀混战，土匪横行，政局动荡，曾为阎锡山晋军、冯玉祥国民军、张作霖奉军驻地。抗日战争时期，平鲁城沦陷，曾驻扎大量日伪军。解放战争时期，平鲁城回到人民手中，为晋绥解放军驻地。

第三节　街道府邸

街道　平鲁城筑城建堡历史悠久，从考古发掘可知，早在秦汉时代就有城池遗迹。明代出于军事战略需要，大兴土木筑城设防，城内设立卫署、守备署、参将署等重要军事机构。清代，边疆北移，长城内外蒙汉一家，平鲁的军事地位下降，1725年（清雍正三年）撤卫设县。城内设有县衙，参将署等机构。边塞要冲逐步演变为边塞商贸城镇。城内主要街道两

古巷道门洞

侧，店铺林立，商贾云集，祠堂、庙宇星罗棋布，亭台楼阁栉比鳞次，街道上车水马龙，熙熙攘攘，热闹非凡。

平鲁城的现有街道，基本保持了明清时的十字街棋盘式格局。南城门、西城门直通十字街。以十字街为中心，将城内划分为四大块，十字街南为南大街，西为西大街，东为东大街，北为北大街。通东门的东西街称钟楼街，与北大街交汇于北固山脚下。明清时，城内巷道主要分布在西大街南和钟楼街南。顺着南大街，两侧有七条东西巷道，连同钟楼街城内共8道小巷；因而当地人习惯上称平鲁城有"四大街八小巷"。旧时十字街四面有四座牌楼。东牌楼上书"东护神京"，西牌楼上书"西瞻汾秀"，南牌楼上书"南通全晋"，北牌楼上书"北镇天山"。牌楼附近是全城最为繁华的地段，过牌楼可通向四面八方。东大街北部原有卫署，后改为县衙，有仪门、大

门、大堂通向署内。东北角西大街北部设参将署，置辕门、大门、大堂，再往北建有军营、马铺、操场。南大街东有将军府邸，西有杨家大院。东门附近，钟楼街北侧有守备署，设有仪门、大门、大堂，其后为粮仓。城西南角建有草料场。可惜这些建筑大多没有保存下来。庙宇集中建在北固山阳坡，顶部有突出城墙的后垛檐。北固山下，新建的明清风格民居房舍，古朴典雅，美观大方，为游人体验边塞民俗风情，提供了重要的窗口。

镇国将军府 凤凰城南街东侧东五道巷和东七道巷之间，有一处规模宏大的明代将军府宅，主楼保存完好，十分珍贵。是朔州境内现存最古老，最完整的将军府邸。府邸占据南北两道巷，长约70余米，东西宽约60余米，现分割为大小不等，前后相错的十几处院落。从残存的地基上推断，将军府原为两进院落。东七道巷东边有将军府大门。穿过高大气派的门楼，为一进院落，院落正中铺有宽敞、平整的碎石通道，远看成纹，近看成花。沿通道东西两侧建有会客厅、书屋等房屋。东西均建有跨院，西为西花园，是将军休憩赏花之处。东为厨房和家奴雇工居屋。再过门楼，就进入二进院落，为将军起居宅院。宅院宽敞方整，正面为五间二层楼房，两旁各有2间耳房，占地9间，共有14间房屋。

二层古楼是府宅的主楼，为砖木结构建筑。外观面阔5间，高约12米，入深约8米。楼前原有上下贯通的五根廊柱，支撑着跳出约3米的楼檐。檐下分上下两层，上层有3米多宽的望台，外围雕花木质栏杆，下层为回廊。檐下两层房屋门窗梁坊皆为木结构，不施砖石。西边廊柱下，原有木楼梯，可惜后来住户整修古楼时，拆除了前檐楼梯和廊柱。楼檐两边山墙向前突出，柱头由八层雕花砖砌成须弥座。座上镶嵌"麒麟卧松"、"鹿衔灵芝"、"犀牛望月"等精美砖雕。古楼底层为一进两开门，东边两间连为一体，西边两间用门连接，地面用明代大型方砖斜墁，虽有磨损，但为原貌。屋顶天花为木质"井"字结

将军府影壁

构，古朴典雅。堂间后部有木楼梯，可以登上二楼。二楼整体为后廊前屋，为了采光，后墙上精工砌出一左一右两个满月形的窗口，从楼后看，如同一双向北直视的眼睛。二层前廊原有望台，在望台上可览全府。二楼地面原为木板，如今新主人加铺了地砖。顶部的原装饰已经看不到，露出明代屋顶的梁柱结构，为研究古代建筑结构提供了实物材料。整个古楼古色古香，巍然耸立，在古城中如鹤立鸡群，十分气派雄壮。

主楼东西两侧建有耳房。西耳房保存非常完好，结构与主楼大致相同，为出檐过廊两居间。门额上方有一木匾，同门窗衔接在一体，匾中浮雕楷书"伫月"二字，笔力雄建端庄。东耳房门窗结构已经改变，砖木结构建筑基本保持原样。

主楼南部存有一座精美砖雕影壁，长5.16米，高2.6米。阴面基座为八层砖雕须弥座。壁身以八棱形水磨砖和三角砖精砌成龟背图，中央嵌着由9块雕砖组成1米见方的"一瓶万福"图，四周为不同图案的盘花、鸟兽砖雕图案。壁顶最上部的瓦檐已脱落，可以看到砖雕的斗拱梁枋等。阳面壁身中央用雕砖砌出"富贵花卉"图案。整个影壁雍荣华贵，美观大方。

主楼院内还存有一块已断为两截的方形石匾。石匾边长约57厘米，边框刻流水花纹。中间纵向阴刻三行篆书"明故诰赠镇国将军常公之府"，字体匀称

流畅，文雅古朴。此匾原来应放置在门楼的显著位置上，出入府门便可一目了然。按明代诰封之制，诰是对五品以上功臣特旨颁发的封号，可见大将军曾多次立功，因而受封，敕赐建造豪华的府邸。

第四节　北固山寺庙群

北固山

北固山寺庙群依山而建，沿中轴线，山门前有东西对称的钟鼓楼，山门后有坐于半山腰左右呼应的千佛洞和聚仙岩，顶部有飞檐翘角，彩绘一新的显圣阁。整个寺庙群集儒、佛、道三教于一山，融不同建筑艺术与自然分光为一体。

山　门　坐于台阶之上，四柱三门，中间为大门，两边为侧门。大门宽2.5米，高3米，木质朱漆，门额高2米，上有四角重檐。门额正中篆书"固山巍焕"，背楷书"眠云听泉"。山门前两旁立有石狮、石龟碑头。

钟鼓楼　山门左右为新建的钟楼和鼓楼，钢筋水泥结构，气势宏阔。外观三层，内为两层。重檐翘角，五脊六兽，顶覆琉璃，流光溢彩，富丽堂皇。四面檐下，仿木斗拱叠加，蓝绿彩绘，绚丽多彩。斗拱下为三重横枋，其上均为蓝底金龙彩绘图案，色彩鲜明，庄重典雅。内置巨钟大鼓。

牌　坊　位于千佛洞寺庙西边入口处，两柱三楼头，由水泥钢筋浇注而成。高8米，宽4.5米，横额西向镌刻"佛光普照"四个鎏金大字，东向镌刻"瑞气呈祥"四个朱漆大字。两根红色楹柱前，有3米高的石雕立像，左为哼将，右为哈将。二将横眉竖目，手持兵器，脚蹬战靴，守护着佛门净地。

静心亭　牌坊右前方3米处，有一重檐六角凉亭，名曰静心亭。亭高8.5米，宽4米，仿木结构。亭内藻井绘有山水人物画，色调和谐，形象逼真。

牌　坊　位于千佛洞寺庙西边入口处，两柱三楼头，由水泥钢筋浇筑而成。高8米，宽4.5米，横额西向镌刻"佛光普照"四个鎏金大字，东向镌刻"瑞气呈祥"四个朱漆大字。两根红色楹柱前，有3米高的石雕立像，左为哼将，右为哈将。二将横眉竖目，手持兵器，脚蹬战靴，守护着佛门净地。

千佛洞　坐落在北固山东部半山腰上。殿宇长52.8米，宽11米，建筑总面积584平方米。门前为依山而建的平台，外围石栏杆，其下为怪石嶙峋绝壁。

大殿外观二层，实为一层，重檐歇山顶。脊上正中，置有龙形吻兽，灵动欲飞。两端垂脊和戗脊上置有麒麟、大象等吉兽，对称分布。檐下七层斗拱叠加，呈莲花状，精美奇妙。横梁彩绘一新，绮丽华美。上下门窗均为仿古木雕夹扇门窗，庄重典雅。门额正中有一巨匾，上书"千佛洞"三个金色大字。

大殿正中，塑有5米高的三尊大佛。中间为释迦牟尼，左为药师佛，右为阿弥陀佛，均结跏趺于0.8米高的莲花座上。莲花座下置佛坛，佛坛下有佛台。

释迦牟尼身披袈裟，双手叠放于胸前，掌心向上，左手拇指弯曲，持无畏印。面颊圆润，两耳垂肩，双目垂视，眼神睿智慈祥，嘴角似笑而未笑，欲言而未语。佛像身体各部匀称适度，衣饰褶纹明快流畅，远观近瞻都十分相宜。佛像两旁，侍立着释迦的两个弟子，一个是迦叶，另一个是阿难。迦叶表情凝肃，老成持重。阿难姿态潇洒、聪明睿智、神情自信，一副年轻僧侣的形象。

释迦牟尼左边是药师佛，左手做说法印，右手端放于胸前。右边的阿弥陀佛，右手作说法印，左手置放于腿上。二佛面容慈祥，一派普济众生之态。正殿门口塑四大天王站像，像高3米，分别为北方多闻天王，南方增长天王，东方持国天王和西方广目天王。

东西配殿均为单檐歇山顶，檐上彩绘装裱典雅华丽，与正殿高低错落，连为一体，三殿东西贯通，一气呵成。东配殿正面莲花座上，塑有三尊4.5米高的佛像，中为文殊菩萨，左为普贤菩萨，右为地藏菩萨。文殊菩萨半跏趺坐于狻猊背上，头戴五佛冠，身披袈裟，右手执如意，左手作说法印，右腿盘屈，左脚垂踏莲花座，双目平视，神情庄重。狻猊高1.2

千佛洞山门

米，四蹄蹬地，尾巴上翘，昂首竖耳，双眼圆睁，跃跃欲驰。文殊左右两侧，侍立着道明和尚与闵公长老。普贤身骑白象，面带笑容，体态秀丽，肢体圆润，富丽堂皇的衣饰与洁白细腻的肌肤形成了鲜明的对比。白象高1.2米，六牙向外，两耳垂地，一副温和驯顺的样子。地藏结跏趺坐与莲花座上，头戴花冠，表情严肃，双手相合，食指并拢向上，似在超度亡灵。

西配殿佛坛上塑有5米高的观音菩萨、韦陀菩萨、大势至菩萨立像。中间观音身披袈裟，左手掌心向上，自然抬起，右手做招引状，双眼微闭，沉于禅定境界。左下方为善财童子，呈合掌礼佛状；右下方为小龙女，双手捧法器。观音右边的韦陀，手执降魔杵，二目圆睁，剽悍威武。左边的大势至菩萨，手执如意，面目慈祥。

东西配殿两侧塑有十八罗汉。有的参禅念经，有的掐珠打坐，有的挥拳，有的伸臂，骨相奇特，姿态各异。

海岛观音悬塑　在三大殿佛像背后和东西向岩壁上，有以海岛观音为题材的五百罗汉过江悬塑。正中塑5.5米高的海岛观音立像。观音身披袈裟，头戴香云冠，眉毛细弯，面带微笑，右手做说法状，左手持杨柳净瓶，脚下水波澎湃，浪花卷涌，双脚赤裸，下踩鳄鱼。在观音周围，塑有五百罗汉。有的踏在浪尖，有的淌在水中，有的蹲于悬崖，有的立于岸边，有的坐于岩上，高低错落，层层叠叠，挨挨挤挤，密集如织。这些罗汉，或合掌坐禅，或讲经说法，或抬头眺望，或低头沉思，或捧腹大笑，或窃窃私语……神情迥异，千姿百态。整个悬塑比例协调，气势恢宏，成功地运用了平面与立体相结合的造型艺术手法，使人物造型栩栩如生，大有乘风凌波之势。

卧观音雕像

千佛石洞　在悬塑墙壁下面，有3个天然岩石洞窟。里面供奉着阿弥陀佛等众多佛像，人称"千佛洞"。洞内的佛像众多，各自组成了一个庞大的佛像悬塑群。

中间的石窟为原千佛洞石窟，洞口向南敞开，呈不规则矩形。洞深6米，高2.8米，旧时为住持长老参禅打坐修炼之处。石窟内石壁光洁平整，地面平展。洞窟正面1米高的佛台上，供奉着一尊长3.5米的阿弥陀佛汉白玉卧式雕像，洁白晶莹。卧佛螺旋发髻，面部丰满，两耳垂肩，右手弯曲扶头，左手贴身伸直，身披袈裟。卧佛两侧岩石上，悬塑着众多佛像，参差林立，一派佛国世界。

东边石岩洞窟，洞口仍向南敞开，洞深8米左右，宽3米左右，呈不规则矩形。正面1米高的佛坛上，塑燃灯坐佛一尊，高1.5米，结跏趺坐于莲花座上。鼻隆唇丰，体态丰腴，面貌安祥。燃灯佛在辈分上是释迦的老师，属过去佛，与释迦佛、弥勒佛代表过去、现在、未来三世，因而称三世佛。

西边岩洞石窟，洞深8米多，宽6米。正面佛坛上，塑有弥勒坐佛一尊。佛坛高1米左右，弥勒坐像高1.5米。弥勒左腿弯曲，右腿平放，双脚裸露，袒胸露腹，颈项挂佛珠一串，右手随意搭于右膝上，左手搭于左膝上，手中持钵，一副悠然自得之态。弥勒佛的前后左右，悬塑了五十多尊立式佛像，面目清秀圆润，神情端庄娴雅。

聚仙岩　位于北固山寺庙群的西部，与东部的千佛洞处于同一水平线上，一右一左，遥相对称呼应，建筑面积达4000平方米，是一处宏伟壮丽的道教宫观。宫殿楼阁坐于半山腰，劈山修宫，展基筑台，下为百尺悬崖。

大殿坐北向南，门厅开阔，飞檐斗拱张迭，顶覆琉璃瓦，脊上鸱吻脊兽俱全，檐角风铃高悬，规模宏大，气势壮观。殿内供奉道教尊神、俗神和各路神仙，壁上彩绘《钟吕论道图》、《八仙过海图》等大型壁画，殿外长廊碑刻《道德经》五千字全文。

大殿正中神龛供奉三清尊神，左右有配殿。道教认为：宇宙始为一元气，一元气又分为玄、元、始三气，三气形成三清境，即玉清、上清、太清。玉清为原始天尊，至高无上。上清为灵宝天尊。太清为道德天尊。原始天尊居中，面阔耳垂，八字须髯，头耸神髻，身披红袍，一手上扬，一手下垂，端坐神台。左为灵宝天尊，右为道德天尊，两尊神面容清癯，须发皆白，长髯落胸，身着道袍，举止得体。

墙上壁画色彩浓艳，独具特色。《钟吕论道图》成功地塑造了八仙中两个人物钟离权和吕洞宾的形象。两人坐在深山大石之上身后有苍松古柏，飞瀑群山，钟离权祖胸露腹，足着芒鞋，倾身向前，侃侃而谈，吕洞宾拱手稳坐，敬听老师指导。画面构图完整，布局严谨、古朴典雅。《八仙过海图》画面云气沸腾，波浪翻滚，钟离权、吕洞宾、铁拐李、曹国舅、张果老、蓝采和、徐仙翁、韩湘子神态各异，依次排列，构成完整的八仙过海图。

显圣阁 从山门登300余级台阶，可直达显圣阁。显圣阁雄踞北固山之巅，挺拔独秀，辉煌瑰丽。采用钢筋混凝土框架仿木结构，整体呈正方形折角重檐式，最外正方形边长20.8米，内正方形边长14.8米。外围穿廊抱柱，每面两对4根，每根直径0.4米，每面内边结构为6根抱柱，每根直径0.5米。楼阁基座平台高1米，汉白玉雕栏围绕主体建筑，东西南北正中砌石阶，宽7.6米，拾阶而上为3米宽的楼阁四门。

楼阁为五层折角造型，在东南、东北、西北、西南四个方位分别以正三角形出檐，别致新颖，洋洋大观，远望酷似黄鹤楼天外飞来。楼阁总高33米，底层角楼起脊出檐宽5米，二层以上逐层出檐1.6米，单檐歇山顶高5米，琉璃瓦脊正中置塔形宝顶，鎏金溢彩，脊两端正吻宏大，歇山顶底部合角吻和仙人走兽动静相宜，虚实相生。每层置汉白玉围栏，楼阁内设楼梯，不锈钢栏杆环绕而上。整个建筑四望如一，翘角飞举，交错重叠，宛如凤凰展翅欲飞，雄浑中不失精巧，变化中富于美感。

楼内供奉中华民族发展历史上，有杰出贡献和深远影响的100名历史人物，有思想家孔子、孟子、荀子、董仲舒、朱熹等，政治家张良、诸葛亮、魏征、林则徐等，军事家李牧、蒙恬、霍去病、郭子仪、岳飞等，史学家司马迁、班固、司马光等，文学家李白、杜甫、白居易、曹雪芹等。艺术家王羲之、颜真卿、柳公权等……塑像、壁画、文字有机配合，多角度、多侧面、全方位突出中华文化的悠远历史和辉煌成就。楼阁顶层为瞭望台，登楼远眺，顿觉山川之小，天空之阔，远近山峦、长城、古堡、烽火台尽收眼底，伸手可掬白云，探手可摘星辰，给人飘飘欲仙之感。

显圣阁

第三章
井坪所城

第一节　城池驻军

城　池　井坪所位于平鲁区中南部，南距朔州古城30公里，北距平鲁卫城30公里。南扼朔州，北护边塞，自古为军事战略要地。1485年（明成化二十一年），始设井坪守御千户所，筑城池。城墙原为土筑，1572年（明隆庆六年）展筑南城并砖包。整个城池，斜卧山岗，北高南低，北窄南宽，呈"凸"字形，城墙周长2250米，高12米。辟有南北两门，南称"朔北雄城"，北称"塞外天险"。城门之上建有门楼，外围瓮城，四角设有角楼，门

禁森严，凛然壮阔。明代以边塞重镇著称，清代以商业发达闻名。城内南北向的大街两侧店铺林立，较大的商号有长春当、万长店、永盛源、全兴店、元庆店、恒泰源、广盛永、合盛通、广胜成、春生永、恒兴顺、永和德等。尤其是六月六庙会期间，人潮如海，商业贸易空前繁盛。城内的真武庙、城隍庙、圣母庙、财神庙、文庙、龙王庙等20余座，山门大开，祈愿还愿的香客，络绎不绝。

历经500多年的风雨沧桑，如今古城墙包砖不存。东西城墙留有残垣断壁，北城墙基本完整，高8米，基宽8米～10米，顶宽4米～2米。北城门呈缺口，瓮城存黄土城墙。南城墙、南城门遗存无几。

近年对东、西、北三面城墙修复砖包，恢复南、北城门原貌，并进行绿化、美化。在北城门上，筑三层重檐城楼。城墙四角，各筑一座重檐角楼，中间城墙突出的马面上置铺屋。在北城墙外侧，设置各类运动健身器材，建成运动休闲区。在东城墙外建有公园，内有民

城楼

俗墙、民俗观览广场、商店，成为民俗商务区。在西城墙外侧建景观墙、浮雕墙、商店，形成历史人文区。在城墙东北角外围，围包原烽火台台基，形成观景台。台基双层高10米，与烽火台通高17米。

修复后的古城，昔日风采再现。游人登城，可看到紫塞雄城那高阔的城垣，密集的垛口，耸立的烽台，壮观的城楼，倍感古城边塞军事文化内涵的深厚。

驻军 明初井坪守御千户所设指挥同知1员，正千户3员，副千户5员，百户15员，镇抚2员。全所原额官军1984名。骑操马1514匹。城内设有巡抚司、都司署、粮仓、草场、教场等。后来随着战事日趋吃紧，明朝后期又设营守备1员，专门负责所城的防卫，统辖官军550名，马骡77匹。为了调度协调作战，1576年（明万历四年），又设参将1员，中军守备1员。辖井坪、朔州、马邑、山阴、怀仁、应州6城及西安、灭虎、乃河、将军会4堡。统辖防守兵7280名，马骡1633匹。此时为井坪所辖防地域最大、统领兵将最多的时期。

护城敌台

清初仍设参将1员，中军守备1员，绿营马兵90名，步兵60名，守兵150名，营马90匹。1656年（清顺治十三年）改设都司，驻守备1员。1725年（清雍正三年）撤所改镇，设分防平鲁县井坪城都司1员，属平鲁路参将辖，后改为都司，统辖马步兵159名。

民国初期为晋军驻防地，阎冯、晋奉混战中一度为冯玉祥国民军和张作霖奉军占据。"七七"事变后日军侵占井坪，驻有大量日伪军。抗战胜利后，属晋绥革命根据地。

第二节 外围景观

紫晨广场 位于平鲁区政府路南，为区内规模最大的现代休闲娱乐广场。东西宽365米，南北长220米，总面积8.58万平方米。中轴线北入口处，立有一块高2米、长8米的假山巨石。其上刻有著名画家刘春华题写的行书"紫晨广场"四个鎏金大字。字体张弛有度，深深镌刻于略呈青蓝色的巨石之内，大方雅观。径直前行，旗帜招展，花圃吐蕊，垂柳拂面，"和谐平鲁"雕塑迎面而立。主体为方柱形，高12米，边长5米。顶上铆直径4米的巨形不锈钢球，闪光夺目，寓意平鲁为塞上明珠。柱体四面有浮雕图案，

北面浮雕篆书"和"字，象征和谐平鲁；南面镌刻平鲁历史沿革；西侧浮雕雄伟的长城；东侧浮雕鹿鹤同春。过主雕塑是大戏台广场，呈圆形，可容纳上万人。大戏台东侧有大屏幕彩电，西侧有"凤鸣平鲁"等园林雕塑。大戏台南是广场健身区，设有足球场、篮球场、网球场、门球场和各种健身器材。广场南端又有镜湖，水光潋滟，回廊曲径，景色迷人。湖西南岸有煤炭巨型雕塑，上刻"共生"，寓意煤炭与平鲁息息相关，共兴共荣。整个广场芳草茵茵，杨柳轻扬，湖水绕带，喷泉如瀑，美景如画。

文昌塔

壁彩绘"十八学士图",壁画艳丽夺目,盛唐十八学士神情怡然,雅颂经史,道骨仙风,风姿绰约。再上台阶,是一处可容纳千余人观看演出的戏院。中间是卷棚歇山顶式戏台,两厢是硬山顶式二层看楼。东厢楹联草刻:事能知足心常惬,人到无求品自高;西厢楹联草刻:诗堪入画方称妙,官到能贫乃是清。正中北向为"春秋苑"大戏台,匾额高悬,金光闪闪。前檐壁柱挂深蓝底金字楹联:天下奇观看尽不如书本,世闻滋味尝来无过草根。戏台背壁建出檐照壁,浮雕圆形麒麟献瑞图案,别致精美。整个戏院十分宽敞,青石漫地,18级坐台呈弧形逐层升高,和塔区相接。

从戏院登18级台阶,就来到钟灵毓秀的文昌塔下。塔前置巨型石鼎和铜铸香炉。石鼎古朴庄重,背刻:"文昌帝君俗称文曲星,主管文运,掌科考命运,主宰士子功名利禄。农历二月初三为文曲星诞期。" 香炉铜铸,工艺精湛,造型考究。文昌塔耸立于南山之巅,南瞻沃畴连山,北瞰高楼鳞栉。塔由塔基、塔身、塔刹三部分组成,钢筋混凝仿木结构。塔基高出地面3米,外围汉白玉石栏杆。塔身呈正八边形,外观砖石结构,九层密檐楼阁式。底层开东西南北四门,往上各塔层之间以砖雕椽、飞、斗拱组成檐。青灰色布瓦覆顶,孔雀蓝琉璃瓦剪边,上设吻兽,下悬铜铃,顶置葫芦塔刹。塔高25米,通高28米,巍峨灿然。塔正南门额雕"文昌塔",东门额雕"圣泽",西门额雕"崇文"。塔中底层塑文昌帝君像,全身鎏金,帝君两旁是"天聋"、"地哑"侍童像,意为"言者不能听,听者不能言"。文昌原是天上六星总称,宋代皇帝敕封为文昌帝君,赋予文神、忠勇、慈孝品德,劝人行善积德。四层塑有魁星神像,金身青面,赤发环眼,头上长角,面目狰狞。左手持墨斗,右手握朱笔,意

南山公园 南山公园坐落于井坪东南1公里处的山梁,东临平朔露天矿区,西接紫晨广场,依势修建,宏伟壮观。公园占地面积约600亩,分广场区、演艺区、文昌塔区、汉墓保护区、文物展览区等。

广场面积1200平方米,开阔平整,供游客停车小憩。北部石阶上,建有富丽堂皇的牌楼,四柱三门,朱漆描金,斗拱榫楔,层递张迭,中嵌"南山公园"鎏金匾额。西侧有巨石功德碑,东侧是公园示意图和肇建碑记。

穿过牌楼,拾级而上为公园正门,朱漆抱柱楷书木雕楹联:翼翼汉亭阁尽烽烟千古事,巍巍宝塔写来和谐万年春。正中镶嵌"天阁文运"匾额。门墙两

为圈点考生姓名。左脚下踩大鳌鱼的头部，意为"独占鳌头"。

塔区东西跨院门壁上有"老子出关"和"孔子问道"等浮雕，为整个公园增添了浓厚的文化氛围。

东跨院外有汉墓保护区，有两冢保存完好的秦汉墓葬，出土了大量陶器、青铜器皿等文物，是研究当地社会历史演变的重要实物遗存。墓区旁又建有碑林，有墓志铭、功德碑、建筑纪事碑、重修庙宇碑记、碑碣题额、门楼石匾、经幢、浮雕等。各种不同风格的碑刻是研习书法和雕刻的珍品。

园区的东侧，建有博物馆，建筑面积5370平方米，仿汉唐建筑风格，古色古香。博物馆内展出石器、兵器等各种文物，是展现平鲁悠久历史和灿烂边塞文化的见证。

李林烈士陵园 位于井坪镇陵园路北，占地面积10930平方米。始建于1964年，初为烈士公墓。后多次扩建增修，现成为"山西省青少年革命传统教育基地"、"国防教育基地"、"中国侨联爱国主义教育基地"、"山西省爱国主义教育示范基地"、"山西省德育基地"和"红色旅游景区"。

陵园坐北朝南，四周围墙，重檐楼阁式门楼和一字排开的18间配楼，宏伟庄重。琉璃飞檐下悬挂草书"李林烈士陵园"六个烫金大字。大门前左右两侧为高2米的汉白玉石狮。进入大门是二重台阶，台阶两侧松柏常青。拾阶而上是李林烈士塑像，高2.25米。李林骑在腾空而起的马背上，一手挽缰、一手提枪，双目远视，英姿飒爽。再现了李林当年为民族解放事业横刀立马、骁勇杀敌的英雄气概。

塑像后为广场，广场中央高台上矗立着烈士纪念碑。碑高17.5米，平面呈正方形。砖石结构白瓷砖镶面装饰。碑身正面雕刻着毛泽东主席题词："为国牺牲，永垂不朽"，背面阴刻"死难烈士万岁"和纪念碑文。碑座四面为汉白玉浮雕，周围砌以栏墙。整个塔碑高大庄严，直插云霄。纪念碑后为白色半圆球型砖券墓室，存有李林及平鲁张崖沟惨案中牺牲的36名英烈的遗骨。广场东、西两面建烈士纪念室。西室

李林烈士陵园

是民族女英雄李林烈士的纪念室，室内陈列着李林的生平、照片和遗物等。两厢挂有薄一波、康克清、张国基等为李林烈士的题词。

李林（1916—1940）原名李秀若，著名的抗日民族女英雄，印度尼西亚归国华侨。"九一八"事变后，以"甘愿征战血染衣，不平倭寇誓不朽"的壮举，积极参加抗日救亡运动，长期活动在平鲁、左云、右玉、朔县、山阴、怀仁交界的洪涛山区。历任雁北工委宣传部长，雁北游击队六支队政委，八路军120师六支队骑兵营教导员，晋绥边区十一专署秘书主任，晋西北行政公署委员等职。为开辟和巩固晋绥抗日根据地做出了重要贡献。1940年4月26日，为掩护专署机关和群众转移，带领骑兵，吸引尾追的敌人，几进几出包围圈，只身陷入重围，在平鲁东平太壮烈殉国，时年24岁。

金国寺　位于井坪西梁最高处，寺院坐北向南，占地面积6000平方米。主要建筑有天王殿、念佛堂、露天观音像、大雄宝殿、鼓楼、钟楼等建筑。

山门与天王殿合二为一，殿深8米，宽12米，高9米。建筑外观红墙碧瓦，飞檐斗拱，檐角悬风铃。

殿内雕梁画栋，正中塑有弥勒佛，连台基通高3米。殿门东西两侧为哼哈二将和四大天王立像。弥勒佛高坐佛台，袒胸露腹，笑口常开，背后为仗剑站立的韦陀菩萨护法像。殿内四面墙上，皆为巨型壁画，总高达到4米。东西两边为观音菩萨三十二应（变化）图。南北为"无量寿经"图。整个壁画，色彩艳丽，线条流畅，人物形象栩栩如生。

穿过山门（天王殿）进入寺内前院，正面是念佛堂。主建筑为九间"八海"式石碹窑洞，十分奇特。窑洞外面罩以仿古砖瓦出檐，檐下置10柱穿廊。木质门窗，雕刻精细。进入殿堂，迎面为金佛像，东西两侧为东方三圣和西方三圣。与殿门相对的是院中5米高的塔式宝盖香炉。

念佛堂的殿顶中央，置有高10.8米的露天观音像。观音手执杨柳净瓶，瓶口正对井坪城。玉青色的观音雕像，在蓝天白云映衬下愈显端庄、慈悲、神圣。

露天菩萨东西两侧，西为鼓楼，东为钟楼。钟楼悬2.5吨重大铁钟，朝响暮鸣，声闻四方。

金国寺山门

第四章

兵 事

前403年（周威烈王二十三年）赵武灵王开拓疆土，大败活动于今忻州、朔州一带的林胡、楼烦，夺得大片土地，置云中郡、雁门郡和代郡。

前196年（汉高祖十一年），韩王信余部不断由漠北南下犯汉。汉将周勃大破韩王信残部，平定了雁门郡17县。

前130年（汉建武三年），卢芳与匈奴联兵，占据雁门等5郡作乱，后经数年征战，汉军收复雁门郡。

526年（北魏孝昌元年）刘蠡升在右玉起义称帝，高欢从太原起兵讨伐，在今平鲁大败起义军。

619年（唐武德二年），刘武周起兵后，进占今平鲁。

629年（唐贞观三年），并州总督李世勣出兵北征突厥，首战于今平鲁一带，获胜后继续北伐。

755年（唐天宝十四年）安禄山判唐，其部将高秀岩朔州一带，后郭子仪击败叛军，收复失地。1117年（辽天祚七年），宋将董才率兵万余反抗辽军，多次战于今平鲁境内。

1461年（明天顺五年），蒙古部鞑靼头领孛来率兵入今平鲁境，被明指挥徐颙伏击，大部被歼，余部北逃。

1474年（明成化十年），蒙古族部将满鲁都渡河袭左卫、右卫和今平鲁一带。

1506年（明正德元年），蒙将也先发兵南犯，遭大将白玉在平房南伏击，蒙军大败。

1513年（明正德八年）秋，蒙古将领达延汉率军南犯，被宁武关守将击败，追至平房卫大部被歼。

1529年（明嘉靖八年），蒙古部鞑靼头领俺答犯平房卫、井坪所，后占朔、应两州月余。

1537年（明嘉靖十六年）鞑靼头领俺答又犯平房卫，大肆掳掠。

1540年（明嘉靖十九年）八月，鞑靼头领俺答汗领10万余众，由井坪、朔州抵雁门，破宁武关而南，掠太原等地。十二月又由井坪入掠朔州、马邑、山阴、应州、怀仁等地。

1542年（明嘉靖二十一年）秋，俺答汗集兵复入朔州抢掠，由平房卫退出。

1544年（明嘉靖二十三年）十二月，俺答汗率兵入犯井坪，所到之处，大肆掳掠。

1551年（明嘉靖三十年）俺答汗联合其兄发兵，经平房南下，直抵太原，大肆掠劫。

1567年（明隆庆元年）六月，俺答汗带兵进攻朔州，参将麻锦将其击退。秋，俺答汗又率众数万，分三路入井坪、朔州、偏关、老营，各处边防将领不能抵御。后深入山西腹地，大掠孝义、介休、平遥、文水、交城、太谷，直至平阳府之隰州，杀戮男女数万，三旬之后大掠而去。

1634年（明崇祯七年）七月，后金大贝勒代善和硕贝勒萨哈廉、硕讬等，领西路兵入边。代善、哈萨廉进兵大同。硕讬进兵朔州，击败朔州骑兵，又围攻井坪城，不克。不久，代善、萨哈廉兵及右翼固山额真阿代兵继至，三旗兵合力攻之，仍不克。乃驻营朔州。

1635年（明崇祯八年）八月，后金兵自应州赴平虏卫。卫内明军马步兵500人出城列阵，三贝勒即令右翼主帅正黄旗固山额真纳穆泰、图尔格率兵破其阵，追击至城壕。明军死者百余人。

1648年（清顺治五年），姜瓖据大同起兵抗清，发兵夜袭井坪城，清守城参将佟国仕战死，佟妻登楼发矢，矢尽跳楼自杀。姜瓖继而占据井坪城。翌年八月，大同兵民杀姜瓖投清，井坪参将周世德拒降，后城陷周死。

1915年（民国四年），忻州人卢占魁，原为孔庚师班长，包头兵变时从部队逃出，收集变兵数百，并利用在哥老会内当舵把的影响，啸聚1000多人，从右玉杀虎口进入山西，先犯右玉，后犯平虏，企图进犯大同。大同镇守使孔庚派兵阻击于大同以西山区。卢折返平虏，扰朔县、山阴、应县、阳高、天镇等县，至12月底退出山西。雁北各县几乎全被蹂躏。

1927年（民国十六年）秋，晋奉军阀混战，晋军退守雁门。奉军窦连芳率众进攻平虏，以重炮轰击后入城。所到之处，奸淫掳掠，百姓深受其害。

1937年（民国二十六年）9月27日，日军在白羊洼一带突破东北军何柱国部防线，入侵井坪。10月1日，雁北支队收复平鲁城。2日，攻占井坪城，捣毁日军汽车、坦克多辆。

1938年（民国二十七年）5月23日，八路军120师358旅716团约700余人，在平鲁县马鞍山伏击日军教导团。经一个多小时的战斗，歼敌61人，击毁汽车6辆，并缴获辎重车6辆。

6月，国民党傅作义部在内蒙与日军交战失利，被日军追击至平鲁、朔县与偏关交界处。八路军716团、警备六团与傅部协同作战，毙伤日军300余名。

1940年（民国二十九年）3月20日，独立六支队骑兵营和步二营在平鲁县程坰村的南山地带伏击井坪、朔县进犯抗日根据地的日伪军。经过两小时激战，毙伤敌人近百名。

4月26日，晋绥边地委、十一专署、群众团体和六支队三营500余人，被日军包围于东太平村。经激烈战斗，大部分人员突出重围。但有72名党政军干部、战士和群众牺牲。年仅24岁的华侨抗日民族女英雄李林，为掩护军民突围，壮烈殉国。

8月下旬，独立六支队三营在虎头山设伏，袭击进犯偏关的日伪军，毙伤敌140余人，击毁汽车14辆。

1942年（民国三十一年）4月，日军集结平、朔、右、左、怀、山等6县兵力，分7路向平鲁城以东、井坪以北地区"扫荡"。当地军民积极反击，毙伤敌120多人，俘14人。

1944年（民国三十三年）10月，日伪军集结1200多兵力，对朔平抗日根据地进行了一次长达40天的疯狂大"扫荡"。根据地党政军民齐心协力，密切配合，展开了一场大规模反"扫荡"斗争。先后毙伤日伪军161名，生俘1名，抓捕汉奸15名。

1945年（民国三十四年）5月，警备六团步二营包围窜入祝马会村一带抢劫的日伪军，毙伤敌23人。同期，在人马山毙敌30余人，在九坪梁山毙敌40余人。

1946年三月（民国三十五年），国民党绥远郭长青部甘如义骑兵团进犯平鲁城，被清平支队围攻，歼其一部。后甘如义率部逃至败虎，被围全歼。

1947年（民国三十六年）23日，国民党傅作义部35军17师3000余人和驻清水河县地方武装1000余人，沿清平公路进犯平鲁。正在平鲁休整的绥蒙军区3个团，约3000余人，闻讯北上阻敌于十七沟、二道梁一带。此役，毙敌400余人。

重大战事

第一章
古代战事

第一节　战国至元代战事

　　李牧守边　战国末年，匈奴部落逐渐强大起来，经常南下骚扰赵境。为确保北部边境的安定，赵孝成王命李牧驻守代（治所在今河北蔚县东北）、雁门（治所在今右玉县右卫镇）。李牧到任后，按边防需要调整官吏，要求官兵日习骑射，加强烽火报警。为保持实力，在对匈奴的作战中，他采用坚壁自守，示弱避战，养精蓄锐，伺机反击的作战方针。如此数年，赵国北部边境得以巩固。昏庸的赵王误认李牧此举为怯战，遂召回李牧。新任守边大将每遇匈奴进犯，则仓促迎敌，赵军屡屡失利，致使赵境北部举目荒凉，民不聊生。赵王只好再三请李牧戍边，边境局势才得到重新控制。

　　随着赵国军事实力的提高，反击匈奴的条件日趋成熟。前244年（赵悼襄王元年），李牧精选战车1300辆，骑兵1.3万人，步兵5万人，弓弩兵10万人，组建了一支20万之众的诸兵种混合兵团。以布满山野的牛羊诱惑敌人，佯装失败，诱敌深入。匈奴单于不知是计，亲率骑兵10万深入赵境。李牧用战车从正面阻挡敌骑行动，令弓弩兵轮番射击配合作战。当匈奴冲击受挫时，李牧的机动精锐部队由两翼乘势出击，形成钳形攻势。此战除单于率少量亲卫部队突围外，进犯的10万骑兵全部被歼。李牧率军乘胜追击，灭襜褴、破东胡、降林胡，声威大振。此后匈奴不敢轻易进扰赵国边境。

　　刘邦定边　秦末汉初，中原大乱，匈奴杰出的军事首领冒顿统一各部，有"控弦之士"30余万。为扩充地盘，他经常联合西汉北部云中（郡治云中，今内蒙古托克托县境内）、雁门、代等边郡反汉势力，南下掳掠。

　　前201年（汉高祖六年）春，刘邦以太原为韩国，迁徙韩王信都晋阳（今太原市境内）。韩王信以"国被边，匈奴数入，晋阳去塞远"为由，迁都马邑（今朔城区城内），筑城备边。同年秋，冒顿单于率大军南下围马邑，韩王信自知不敌匈奴，多次派人向匈奴致信。刘邦获悉此事后，责备韩王信。韩王信惧诛，以马邑降匈奴，并助匈奴越勾注（今雁门关）

南下太原等地掳掠。前200年（汉高祖七年），刘邦亲率夏侯婴、灌婴、周勃、樊哙等部32万大军北上反击，败韩王信和匈奴联军于山西中部。车骑将军灌婴至马邑，先后攻占神池以北6县，并在内蒙古境内大败匈奴，韩王信被迫逃往匈奴。此战适逢"大寒雨雪，卒之坠指者十之二三"，汉军伤亡严重。但接连的胜利，增强了西汉王朝与冒顿决战的决心和信心。刘邦亲率大军越勾注贸然北上，结果在平城白登山（大同市阳高县境内）被匈奴围困七昼夜，用陈平计才得以脱险。后用娄敬之策与匈奴和亲，以缓和匈奴的进扰。

前197年（汉高祖十年），刘邦立子如意为代王，以陈豨为代相，监督北部边郡军事，以防匈奴。翌年，陈豨自立为代王与已降匈奴的韩王信、赵王利联合，割据山西北部、河北西北部，举兵反汉。刘邦分兵两路，东路由自己亲自指挥收复赵地，西路由张良、周勃率汉军经太原郡入雁门郡，围马邑。因马邑城久攻不下，破城后，周勃下令屠马邑，遂乘胜收复云中郡。前195年（汉高祖十二年），周勃率汉军转攻代郡，斩杀韩王信，又于当城（河北蔚县东北）俘斩陈豨。至此，汉军平定雁门17县、云中12县、代郡9县的叛乱，晋北城邑皆为其收复。

马邑之谋 前133年（汉元光二年），雁门郡马邑县富豪聂翁壹通过王恢向汉武帝刘彻建议，诱匈奴单于至马邑，予以伏击歼灭。汉武帝认为，经过休养生息，汉国力充实，军力强盛，遂决定放弃和亲政策，由战略防御转入战略反击。根据预先安排，聂翁壹奉旨密见匈奴军臣单于，诡称："吾能斩马邑令丞，以城降，财物可尽得。"并约定，以令丞头颅悬挂于城门作为攻城信号。军臣单于信以为真。六月，军臣单于亲率10万骑兵入塞。武帝密发兵30万，以御史大夫韩安国为护军将军，卫尉李广为骁骑将军，太仆公孙贺为轻骑将军，埋伏在马邑附近山谷中，准备消灭匈奴主力；以太行王恢为将屯将军，太中大夫李息为材官将军，率3万人埋伏于代郡准备截击匈奴辎重。军臣单于进至距马邑百余里处，见牛羊遍野，无人看管，顿生疑心，派兵夺取汉亭塞，从俘获的雁门尉史口中得知，汉重兵埋伏于马邑四周山谷中，遂急引兵退走。伏于代郡之王恢部，见匈奴兵多，未敢出击。马邑伏击之谋，虽功败垂成，但此役揭开了西汉大规模反击匈奴的序幕。此后，李广、卫青多次出雁门北击匈奴。

拓跋珪夺马邑 十六国时期，北方出现了许多少数民族政权，你争我夺，处于混战状态。匈奴人刘显以马邑为基地，四处扩展，凭借地广兵强，雄踞北方，遂引起北魏和后燕的不满。北魏长史张衮向魏王拓跋珪建议，利用刘显内部的纷争，联合后燕，共同打击刘显，夺取马邑。387年（北魏登国二年）拓跋珪联合后燕慕容麟进攻刘显，一败刘显于马邑，刘显残部逃往马邑西山；再败刘显于弥泽（朔城区南），刘显逃亡西燕。慕容麟尽收其部众，获牛马千万。拓跋珪占据马邑，实力大增，为北魏统一黄河流域奠定了基础。

黄瓜堆之战 553年（北齐天保四年），突厥攻柔然（蠕蠕），柔然举国奔北齐。北齐文宣帝高洋自晋阳北讨突厥，迎纳柔然，置之马邑川。次年柔然叛北齐，南攻肆州。高洋亲率大军讨伐，追至恒州黄瓜堆（今黄花梁，在山阴县和怀仁县交界处），柔然避其锋芒，以退为进，等北齐大军南返时，突袭高洋。高洋率麾下千余骑勇猛突围，大败柔然。此战柔然兵死伤无数，3万余被俘。

李渊退突厥 隋朝初年，突厥控制着长城以北的广大地区，拥有骑兵数十万，不断兴兵南犯，严重威胁着隋的统治。隋文帝采纳奉车都尉长孙晟建议，实行"远交而近攻，离强而合弱"的政策，控制突厥。李渊、杨谅、史万岁等多次在朔州败突厥，有效地阻挡了突厥南下掳掠。616年（隋大业十二年），突厥始毕可汗率数万骑大举南犯马邑郡（郡治善阳，在今朔城区），隋炀帝命晋阳留守李渊、马邑太守王仁恭率兵抗击。时突厥兵强马壮，而李渊、王仁恭合兵不足5000人，正面交锋恐难以取胜。于是，他们挑选善于骑射的士卒2000人，组成突击队，乔装打扮成突厥人，伺机袭击突厥，斩首数千级。突厥闻风丧胆，一时不敢轻易南下。

刘武周起事 随朝末年，天下大乱。617年（隋义宁元年），马邑校尉刘武周起事，杀马邑太守王仁恭，开仓赈济饥民，众皆归顺，收得兵马万余，自称太守，遣使归附突厥，起兵反隋。雁门郡丞陈孝意与虎贲郎将王智辩合兵讨伐刘武周，将其围于桑干镇（今山阴县东南）。刘武周与突厥兵合击隋军，杀死王智辩，陈孝意率残部逃回雁门郡被杀。义军趁势南下，势如破竹，破楼烦郡，占领汾阳宫（在今宁武西南管涔山上），接着北陷定襄郡（治大利，今内蒙古和林格尔西北土城子）。刘武周在马邑自称皇帝，建元天兴。不久，接纳宋金刚、尉迟恭，兵势更甚，遂南下太原，与李唐争天下。后尉迟恭降唐，刘武周兵败身亡。

唐收复马邑 刘武周兵败后，其部下苑君璋受突厥庇护，仍驻守马邑。622年（唐武德五年），代州总管李大恩上奏称突厥饥荒，可谋马邑。高祖李渊诏令李大恩与殿内少监独孤晟率师讨伐苑君璋，约二月在马邑会师，独孤晟误期未到，李大恩不能独进，遂屯兵新城（朔城区南梵王寺村）。四月，颉利可汗遣数万骑与刘黑闼联军将李大恩军包围，高祖派右武侯大将军李高迁救之不及，李大恩战死，唐军死伤数千人。

苑君璋依附突厥，马邑士民多为反对。623年（唐武德六年）六月，其部将高满政劝降不成，发动兵变，率众归唐，苑君璋亡奔突厥。七月，苑君璋引突厥攻马邑，唐遣右武侯大将军李高迁及朔州总管高满政抵御，败突厥于腊河谷（朔城区北腊壑口）。九月，为加强防务，李渊令李高迁协助高满政驻守马邑。苑君璋引突厥万余骑至城下，被高满政杀退。颉利可汗闻讯大怒，亲率大军攻打马邑。李高迁怯阵，率所部2000人撤走，被突厥追杀，死伤过半。颉利可

汗抓住战机，制造攻城器具，加紧攻城。十月，城中粮尽，救兵未至，高满政带兵突围。其部将杜士远恐突围不成，于是将高满政杀害，献马邑降突厥。不久，突厥请求与唐和亲，交还马邑。

裴行俭奇袭东突厥 680年（唐调露二年），东突厥酋长阿史德温傅、阿史那奉职率部反唐。高宗李治以裴行俭为定襄道行军大总管，率兵18万北上平叛。裴行俭下令把300辆兵车伪装成粮车，每辆车内暗藏精兵5人，各持大刀劲弩，并挑选数百老弱士兵充作护粮队伍。接着，他又命令精锐部队埋伏在险要地带。突厥不知是计，果然前来断道劫粮。当他们卸车取粮之时，暗藏在粮车内的唐军将士如从天降，突厥兵惊恐奔逃，又遭伏兵截击，死伤殆尽。

静边大捷 775年（唐天宝十四年），安禄山、史思明在范阳起兵反唐。唐玄宗任命朔方右厢兵马使、九原太守郭子仪为朔方节度使，率领朔方军东进，讨伐安禄山。朔方军东出，不仅能及时声援河东唐军抗击叛军，免使河东落入叛军之手，还可东出井陉口（今河北获鹿西南），进攻河北，切断叛军归路，威胁其后方。安禄山在南下之前，就任命别将高秀岩为大同军使，直赴大同军（朔城区东北马邑村），阻挡朔方军东出。又命其部将安忠志率精兵屯于土门（今河北获鹿西南），以防河东和朔方军进入河北。十二月，正当安禄山进攻洛阳时，高秀岩在北边也展开攻势，进攻朔方的振武军（今内蒙古和林格尔西北）。郭子仪率军驰援，将来犯的高秀岩部击败，并乘胜追击，收复河东道的静边军（今右玉县右卫镇）。安禄山大同兵马使薛忠义率军前来救援，企图夺回静边军。郭子仪命左兵马使李光弼、右兵马使高睿、左武锋使仆固怀恩、右武锋使浑释之等率部迎战，大败薛忠义，坑杀叛军骑兵7000人，斩叛将周万顷。后郭子仪又在河曲大败高秀岩，进而围攻云中（今大同），又命别将公孙琼岩率骑兵2000人，一举攻克军事要地马邑，打开了东陉关，攻占马邑，解除了叛军对河东太原的军事威胁，使朔方军与河东唐军

联为一体，为李光弼扫清了东出井陉进入河北的障碍。

契丹占领朔州 五代十国时期，中原藩镇林立，割据混战，日益强盛的契丹国兴兵边地，袭掠中原。916年（辽神册元年）农历八月，契丹帝耶律阿保机率30万兵马进攻朔州（今朔城区），后唐节度使李嗣本据城抵抗。契丹军昼夜强攻。由于城中缺乏援助，李嗣本战死，朔州被契丹攻陷。后，晋王李存勖赴援北方，契丹退兵。936年（后唐清泰三年），后唐末帝李从珂怀疑河东节度使石敬瑭拥兵自重，便下令调石敬瑭为天平节度使（治山东郓州）。石敬瑭拒不赴任，在晋阳发动政变，采纳掌书记桑维翰的建议，上书耶律德光，以割让燕云十六州为条件（包括整个朔州市），乞求契丹救援。耶律德光急带5万骑兵，号称30万，出兵晋阳，为石敬瑭解围，并于当年十一月在晋阳立石敬瑭为大晋皇帝。石敬瑭臣服契丹，拜耶律阿保机为父，同时把燕云十六州奉献给契丹，并答应每年给契丹岁币30万。941年（后晋天福六年），契丹振武节度副使赵崇赶走节度使耶律画里，献朔州归附后晋。契丹派宣慰使袅古只带兵围攻朔州城，袅古只虽战死，但契丹军最终攻下了朔州城。从此，朔州地区属于契丹建立的辽国。

宋辽之战 宋辽在山西基本以内长城为界，北部为辽，其南为宋。辽以燕云十六州为跳板，不断袭掠中原。宋欲收复十六州，多次北伐。980年（辽乾亨二年），辽遣大军攻雁门。潘美率部由正面阻击，杨业领麾下数千骑自西陉出，沿小径迂回至雁门北口，从背后袭击，大败辽军于雁门北岭，斩杀其节度使驸马侍中萧咄李，生擒马步军都指挥使李重海，缴获铠甲、马革甚众。986年（宋雍熙三年），宋分三路大举出兵，企图夺燕云十六州。西路以潘美为云、应、朔路行营马步军都部署，杨业为副都部署，率军自代州越恒山，出雁门关西口北上，连克寰、朔二州后，转破应州，北取云州，进展非常顺利。但由于东路宋军大败，整个战场形势急转直下，驻浑源、应州宋军被迫弃城。六月辽军攻下寰州，宋军西线动摇。七月宋廷下令西路军由潘美、杨业带兵保护，将云、应、朔、寰四州之民迁往内地。面对辽军咄咄逼人之势，杨业向潘美建议采用"示形于东，而务于西"的办法，即领兵出大石路（今应县大石口），向北奔应州，虚张声势，将辽兵主力引向东边，使云州、朔州军民乘机南出石碣谷（今朔州南），避开辽军的袭击，安全撤退。但蔚州刺史、监军王侁竭力反对，主张从雁门关北上，出击马邑，从正面阻击辽军。辽军统帅耶律斜轸早已料到宋军意图，命先锋萧达揽在必经之路设伏。翌日晨，杨业与耶律斜轸在朔县东边相遇，双方交战中，耶律斜轸佯败，将杨业引入埋伏圈。杨业拼力苦战，杀出重围，黄昏时分，到达陈家峪口（今宁武县阳方口）。陈家峪为一口袋形狭长谷地，东西崖岭壁立，如此时由潘美、王侁率军两侧夹攻，尾随追击的辽兵就成了瓮中之鳖。但潘美、王侁误信杨业兵败逃走，擅自改变原定计划，领兵离开峪口。杨业原以为到了陈家峪可转败为胜，谁知峪口两边人影空空，气得捶胸痛哭。他带领仅剩的一百多士卒继续力战，老将军王贵、杨业之子杨延玉和其余士卒全部战死。杨业砍杀辽兵上百人后，因伤重不能行进，又在树林中了辽将耶律奚达一箭，从马上摔下被俘。后绝食而亡。

第二节 明清战事

白杨门之战 1369年（明洪武二年）二月，明征虏大将军徐达平定山西后，率大军转攻陕甘，围困庆阳（今属甘肃）。八月，元顺帝为牵制明军，解庆阳之危，派脱列伯、孔兴反攻大同。时大同明军兵力薄弱，情势危急。奉命增援庆阳的偏将军李文忠行至太原，闻知消息，决定先救大同，遂由代州（今代县出雁门关。兵至马邑，遇元游骑数千，将其击败，擒元平章刘帖木儿。李文忠率大军前行至马邑白杨门，突遭雨雪，遂在高地扎营。脱列伯得悉后，立即率领全部精锐兵马趁夜偷袭。李文忠派两营诱敌，督令死战，命其余将士养精蓄锐，闭营不战。待元军精疲力竭之时，突然从左右两翼包抄进攻，大获全胜，活捉脱列伯，擒俘官兵万余人，获马匹辎重甚众。白杨门之战，给残元势力以沉重打击，使徐达大军得以集中全力围攻庆阳。

瓦剌犯朔州 明初，蒙古分裂为兀良哈、鞑靼、瓦剌三部，后瓦剌部吞并鞑靼部强盛起来，其首领也先多次兴兵南下。1450年（明景泰元年）春，瓦剌军从平鲁区乃河堡犯明边，明偏头关守将都督金事杜忠率轻骑3000阻击，两军激战于荞麦川（今朔城区利民堡一带）。明军击败瓦剌军，斩首百."余级，夺回被掳百姓1800余人。清明节，瓦剌军又犯朔城区，杀掳400余人，掠夺牛马1200余匹，指挥周宁率军贸然追击，伤660余人，死数千人，瓦剌军大掠而去。不久，瓦剌军数万人入境至广武营，分兵进攻雁门关，明署都指挥李端率军反击，将其击退。

鞑靼犯朔州 1457年（明天顺元年），鞑靼孛来遣军3000余骑，犯威远卫，明守备李英率军反击，鞑靼溃逃。

1457年—1464年（明天顺年间），鞑靼部驱逐瓦剌部，占据蒙古高原，并入居河套地区，连年攻掠明边。明廷加强防御，修筑长城，但仍无法阻挡鞑靼南下掳掠。

1460年（明天顺四年），鞑靼孛来、玛拉噶等分三道犯威远，总兵官李文畏敌不敢出击，鞑靼大掠而退。

1483年（明成化十九年），鞑靼小王子率13万骑自大同入境，明军在桑干河一线，节节抵御。左参将刘宁、游击将军董升在怀仁毛家皂遇伏。前锋都指挥张钺、杨彪与小王子战于恢河一带。小王子见明援军大至，乃退去。此役，明军阵亡586人，伤1101

人，损失战马1070匹。

1483年（明成化十九年），鞑靼小王子深入朔州境内，于马邑设营，分兵攻掠朔州、应州、雁门关北口等地。

1484年（明成化二十年），鞑靼小王子一部抄掠大同西路（今朔州境内），西路分守右参将张玺在玉林山墩抵御，小王子转而南下代州，抢掠后退去。

1500年（明弘治十三年），鞑靼火筛率7000余骑进犯威远卫，明右参将秦恭、副总兵马升闻讯，各率所部进至威远城附近，计划约游击将军王杲协同阻击。由于王杲贸然出击被围，明军1200余人战死，600余人负伤，战马、兵器丧失甚多，附近40村被洗劫一空。

1513年（明正德八年）正月，鞑靼小王子掠平虏卫、井坪等地，又攻朔州，围马邑。明军全力拼杀，小王子部方退。其后，小王子又率5万余人，分兵数路大举犯境，攻到繁峙、灵丘，威胁京师。明军顽强抵御，小王部四散杀掠后退去。

1517年（明正德十二年），鞑靼小王子拥众5万分路南下，进犯阳和、应州。大同总兵官王勋抵御，宣府总兵朱振前来增援，明军与小王子在应州展开激战。正在大同巡游的明武宗闻讯，也随军赴应州督战，小王子见势不妙西撤，武宗与众将追至朔州边，方才收兵。

1528年（明嘉靖七年），鞑靼小王子进扰大同，大掠阳和、天成、平虏三卫及云州、朔州。明军分兵抵御，损失甚大，指挥赵源战死，鞑靼兵掳掠而去。

1531年（明嘉靖十年），鞑靼小王子部由大同入边，攻掠怀仁、山阴，直抵广武，遇明援军大至，乃退。几个月后又出兵6万余骑犯大同，逼近朔州、应州。明军全力抵御，小王子掳掠财物而退。

1541年（明嘉靖二十年），鞑靼首领俺答兵分数路南攻，直趋太原，吉囊率数万骑自平虏卫南下，攻掠到平定、寿阳等地，对太原形成包围态势。明廷调集援军，俺答、吉囊劫掠财物牲畜后退去。

1542年（明嘉靖二十一年），俺答从左卫入境，避开明军重兵，掠朔州而南下，破雁门关，攻掠太原。明廷从山东、河南调集援军，俺答复掠大同镇各地，从平虏卫退去。此战，俺答攻掠10卫、38州县，掠牛马羊猪200万头，烧毁房屋8万多间，毁田禾数十万顷，俘杀军民20余万人。

1549年（明嘉靖二十八年）农历八月，俺答掘墙坏长城而入，围攻右卫，并乘胜南下，攻掠威远、平虏等地，毁村寨50余处，俘杀明军3500余人，旋即快速撤去。

1552年（明嘉靖三十一年）农历八月，明军出塞欲袭俺答大营，俺答闻报调兵反击，明军败溃。继而俺答自率一路2万余骑攻入平虏卫，击败守军，旋分兵深入朔州、应州、山阴、马邑等地，杀掠数千人。另一路3万骑从大同北进攻左卫、右卫及安东中屯卫等地。不久，鞑靼兵万骑又从威远、灭胡等堡入明边境，攻掠平虏卫，再次骚扰朔州、马邑、山阴、应县诸地，获胜而去。

1557年（明嘉靖三十六年），俺答子辛爱率数万骑进攻大同右卫、应州、朔州，破堡寨70余处，继而围右卫。明军调集援军而至，辛爱退出右卫。

右卫城保卫战 1557年（明嘉靖三十六年），鞑靼军队从杀虎口大举南下，包围了右卫城。当时，右卫城远离内地，孤悬边境，兵少粮缺，又无援军，在鞑靼军队的多次围攻下，伤亡严重。右卫守将王德阵亡，群龙无首，形势岌岌可危。在家休息的武将尚表，毛遂自荐担任了右卫城的临时指挥，积极组织军民修缮城堡，坚守阵地，多次打退了鞑靼军队的进攻，还相机出城偷袭敌营，俘虏了俺答的一个孙子、一个女婿及其部将，有力地打击了鞑靼的嚣张气焰。但是，鞑靼兵围而不退，一直围困到翌年农历四月，

长达八个月之久。由于长时间被困，城内军民粮断柴缺，只得杀牛马充饥，拆屋取柴。后来，凡能吃的东西几乎都吃光了，士兵们只好煮皮革充饥。但城内军民"无变志"，"悉力捍御"，誓与城池共存亡。正值右卫城危若累卵之时，明廷决定让兵部侍郎江东代替大同总督杨顺的职务，与大同巡抚杨选、总兵张承勋率领先遣部队向右卫进军，又命兵部尚书杨博调集各镇兵马，筹备粮饷，统率大军随后增援。鞑靼得知城内援军即将到来，随即从杀虎口撤退而去。明军一入城，马上用炒食救济城内军民，使许多濒于死亡的人得救。随后，又运来大批粮食，安定了城内军民。城内军民欢呼雀跃，共同庆贺右卫保卫战的胜利。

朔州抗清斗争 1648年（清顺治五年），大同总兵姜瓖举兵反清，朔州各地纷纷响应，山阴杀典史施帮举义，右玉杀彭有得家属举义，平鲁杀参将佟国仕举义，怀仁、应州亦响应。姜瓖派部将姚举攻朔州，朔州守备张楹暗中与姜瓖联系，被兵道宋之玉发觉下狱，城内居民聚集到衙署门外，中军康某带刀入内，被宋之玉杀死，激起兵变。康某之子执刀率众砍倒护卫士兵直奔署内，宋之玉自知有变自杀。通判杨逵逃至崇福寺佛像背后，被搜出后杀死。兵民杀进监狱救出张楹，奉为总兵，随即冲入州衙，处死知州王家珍，然后放姚举入城。为平息叛乱，清廷令摄政王多尔衮急赴大同劝降、围攻。1649年（清顺治三年）农历三月，应州参将张祖寿、山阴知县颜永锡降清。八月，征西大将满达海进攻朔州，张楹父子率城内军民与清军激战，清军以炮火摧毁3座城楼，轰塌北城墙百余米，火焚南门城楼，攻入城内。雍正《朔州志》载："城破悉遭屠戮"，"王师致讨，大兵临城，玉石俱焚，家破人亡，子女被掠，荡然一空，真可哀也"。

第二章
近现代战事

第一节 军阀混战

阎冯混战 1924年（民国十三年）10月，冯玉祥发动北京政变，所部改称为国民军。1926年（民国十五年）春，张作霖、吴佩孚、阎锡山合力反冯的战争拉开序幕。4月6日，三方下达了总攻击令，倒冯战争全面铺开。国民军为摆脱三面受敌的困境，取得军事上有利的地位，决定对直奉采取守势，对晋军采取攻势。国民军以宋哲元为总司令，以重兵六路共8万人进攻雁门关以北的朔州、大同地区。4月18日，国民军宋哲元部从杀虎口、得胜口数路分进。晋军溃不成军，第七旅团长杨成祥阵亡，第五旅旅长丰玉玺被擒，士兵伤亡惨重。阎锡山为了保存实力，主动撤兵退到雁门关，把主力部队配备在平型关、阳方口防线上，依险布防，委派强将死守应县、右玉、朔县等地。5月上旬，国民军赵守钰部占领杀虎口，围攻右玉城。右玉城防司令晋军骑兵二团团长孙祥麟率众死守。国民军调来谷良友炮兵团，重炮猛轰，城内守军弹尽粮绝，伤亡严重，孙祥麟派代表同赵守钰和谈，晋军于7月20日撤出，谷良友部进驻右玉。接着，赵守钰联合老西军首领马廷贤南下攻占平鲁，围攻朔县。朔县晋军城防司令魏德新与赵守钰有师生之谊，赵守钰围城虽达三个月之久，但一直未用重兵强攻，朔县城得以幸免。宋哲元指挥的国民军占领怀仁、山阴后，前锋直指雁门关。战争初期，国民军向正南新广武和西老沟猛攻猛打，晋军第七旅伤亡惨重，阵地险失。之后，国民军多次进攻雁门关，其中最激烈的一次是国民军石友三部以数千精锐部队，由察罕铺南灰沟向雁门关右翼小馒头山夜袭，遭晋军商震部杨士元团以大号手榴弹重击，国民军死伤惨重。6月1日，方振武指挥的国民军进入应县境内，围攻县城。晋军守城指挥部设在木塔上，凭借坚固城池苦守24天后，终因寡不敌众，于6月25日弃城突围。之后，双方又反复争夺小石口内龙王堂。8月11日，乘国民军和阎锡山争夺雁门关之机，奉军、直军联合猛攻国民军阵地。国民军终因直、奉、晋军阀联手打击，全线失利。15日，占领雁北的国民军向绥远撤退，晋军趁势反攻，收复朔州。

晋奉混战 1927年（民国十六年）6月6日，阎锡山改旗易帜，自任北伐革命军总司令，悬挂青天白日旗。占据北京的奉系军阀张作霖对此极为不满。阎锡山抢在奉军之前，发表讨张通电，并兵分两路，进攻奉军。10月1日，晋奉之战正式拉开战幕。在平汉线和平绥线上，晋绥军进展顺利，攻克了石家庄、宣化，但不久两线同时败北。为保存实力，阎锡山急令商震放弃雁北，把部队全部集结在雁门关一线。晋绥军退到雁门关后，大同、朔州各县相继失守。奉军窦连芳部占领平鲁，张作相部占领怀仁，汤玉麟、高维岳部占领山阴。朔县在孤城受围的情况下，公推刘懋赏、吴殿卿、熊佐周登城与奉军师长董怀清谈判，最后达成协议，以约束军士、保护人民为条件，允许奉军入城。至此，奉军对晋绥军雁门关阵地形成包围之势。整整一个冬天，奉军向茹越口的铁吉岭、小石口、内长城等晋绥军阵地展开猛烈攻击，商震、李生达部队伤亡惨重。但晋绥军凭险固守，奉军终未过关。1928年（民国十七年）4月，蒋介石、李宗仁、冯玉祥率兵北上，阎锡山在张家口傅作义的策应下，转守为攻，由雁门关、平型关分兵出击。奉军大败，退回关外。经过半年多的军阀混战，朔州、大同各县遍遭蹂躏，疮痍满目。

第二节　抗日战争

茹越口阻击战　1937年（民国二十六年）9月20日，日军侵占应县城，中国军队沿恒山一线布防。防守应县城南山的是中央军刘茂恩和晋军杨澄源34军。由于日军第五师团在平型关一带受阻，在东条英机的指挥下，日军又以蒙疆兵团混成第2旅团、独立混成第15旅团为主力，于26日开始进攻位于平型关西侧的应县茹越口。中国守军第34军第203旅427团坚决抵抗，战斗激烈，伤亡惨重，激战竟日，打退了日军的攻击。27日，第203旅调整部署，以第427团第1、3营布防茹越口右侧阵地，第406团及第427团第2营布防茹越口左侧阵地，第405团为预备队，旅部驻孙家窑。是日晚，旅长梁鉴堂曾令第405团赵团长带一个营去王宜庄袭扰敌人。28日晨，日军先用猛烈炮火轰击晋军阵地，接着驱伪蒙骑兵发起冲锋。晋军居高临下，以轻重机枪及手榴弹猛烈还击，伪蒙军死伤累累。后在日军的轮番冲锋下，茹越口前的一个山头阵地丢失，形势非常危急，旅长梁鉴堂亲率警卫排督战，壮烈殉国。守军义愤填膺，奋起拼杀，战至13时，203旅守军伤亡过半，连长、营长大部分牺牲，被迫撤下战场。茹越口失守，余部及预备队退守铁吉岭阵地。29日，日军再次向铁吉岭阵地猛攻，守军后继无援，铁吉岭亦于当日11时失守。至此，日军突破恒山防线，进入繁峙川。

白羊洼阻击战　1937年（民国二十六年）9月26日晚7时左右，东北军何柱国部大队人马分两路结集在井坪镇北面的小白羊洼村，阻击日军南侵。27日黎明时分，日军先头部队的坦克、摩托、装甲车、汽车连成一串，从平鲁城的大有坪、大沙河向井坪镇的大、小白羊洼村方向开来。东北军侦察排首先与敌接火。接着，坚守在高家峁山、钟楼洼山、雀儿庙山、烽火台梁、羊奶坡等地的东北军炮兵，立即向日军猛烈开火。埋伏在大白羊洼村和小白羊洼村的千余名东北军，居高临下，向大沙河一带运动的日军猛烈射击。装备精良的日军尽管多次冲锋，但始终未能前进。其后，日军在担子山上架起山炮，对东北军坚守的烽火台以南阵地展开猛烈轰击。日军步兵大队乘着重炮的威力，冲上了小白洼村西北伯夷庙山坨旦上，与东北军展开白刃格斗。由于投入激战的日军愈来愈多，且火力又十分猛烈，东北军伤亡惨重，只好向乱榆卜村方向撤退。

南辛庄伏击战　1937年（民国二十六年）9月下旬，八路军120师716团，在团长宋时轮的率领下，在洪涛山山区组建了雁北支队，开展抗日游击战争。10月1日，支队进攻平鲁县的井坪镇，打了第一个胜仗。10月3日，部队进至岱岳镇附近，袭击了马邑、安荣桥，击溃守敌一部；同时另一路进攻岱岳，给以重创。4日，收复平鲁县城。时值忻口战役，日军从大同出动车队，不停地向忻口地区运送武器弹药、给养物资。为支援友军前线作战，雁北支队根据群众提供的情况和实地侦察，决定在南辛庄一带伏击日军。南辛庄位于怀仁、岱岳之间的交通要道上，公路上有一座木桥，桥北几里长的路段两侧是二三十米高的土坎子。支队长宋时将5、6、8连由南到北，部署在长达1.5公里路的高坎上，并让枪炮连在后边山下进行策应和支援。为把敌车队堵歼在设伏地段内，战前派5连长杨树元带领一个班潜至大桥，撬掉了桥上的一部分木板，并进行了伪装。10月10日傍晚，日军百余辆汽车满载武器弹药朝大桥开来，第1辆汽车刚上大桥便陷下去抛了锚，后边的汽车堵塞在伏击圈内。雁北支队抓住有利战机，在1.5公里长的战线上一齐开火。顿时，汽车着火，弹药爆炸，日军还没反应过来，便被打得落花流水。当日军组织坦克、装甲车反攻时，雁北支队主动撤出了战斗。这次伏击战共击毁敌汽车18辆，毙伤日军200余人，同时炸毁了桥梁，截断了怀仁至朔县的公路，沉重地打击了日军的嚣张气焰。

北周庄伏击战 1937年（民国二十六年）10月16日黄昏时，为配合忻口战役，八路军120师雁北支队一营营长唐加礼率领一支由30余名连长、排长、班长组成的突击队，设伏于山阴县北周庄村西同太公路两侧，伺机攻击敌运输队。晚8时许，日军10余辆满载弹药的汽车由北驶来，闯入伏击圈。此战仅用20分钟，毁敌汽车10余辆，歼敌20余名，活捉日军3名。突击队无一伤亡。

马鞍山伏击战 1938年（民国二十七年）5月22日，八路军716团获知，朔县城的日军军官教导团将于第二天上午到平鲁城慰问日军。是夜，团长贺炳炎率700人，由两名熟悉地形的老乡带路，火速从只泥泉村赶到距朔县15公里的马鞍山公路两侧，破坏公路，修筑工事，准备伏击敌人。23日晨，朔县日军军官教导团62人分乘7辆汽车，满载着猪肉、大米、白面、罐头等食品，向平鲁方向驶去。一进入刘家口，日军就向两侧的山上射击，见无动静，便将车直开到马鞍山下。这时，敌人发现前面的公路已被挖断。日指挥官急忙跳下车来，指挥日军准备战斗。还没等日军全部跳下车，只听一声枪响，敌军官应声倒下。接着八路军向进入伏击圈的敌人猛烈开火，枪声、手榴弹爆炸声响成一片，四散逃命的日军乱作一团。团长贺炳炎率队乘胜发起冲锋，与敌人展开了短兵相接的肉搏战。经过一个多小时的战斗，击毙日军61人，炸毁汽车6辆，缴获步枪50多支，机枪两挺，迫击炮两

门，白面和大米近千袋。

台子村伏击战 台子村位于右玉县城西南25华里的苍头河北岸，村南有一条与苍头河并行的大沟，是大同、左云、右玉等地达平鲁城的必经之路。自1938年（民国二十七年）5月7日，日军第3次侵占平鲁城后，这条大道每天都有日军的汽车运输队给驻扎在平鲁的日军据点运输给养和武器弹药。八路军358旅察看地形后，决定在台子村伏击日军汽车运输队。1938年6月14日晚上10时左右，358旅第715团一部，在旅长张宗逊、团长王尚荣的指挥下，从平鲁西山到达右玉的台子村。第二天凌晨3点左右，部队按指定位置埋伏在台子村南大沟的两旁。为了确保这次伏击战的全胜，部队还在威坪堡西大湾、燕家堡村等地埋伏，准备歼灭逃跑之敌。16日早晨8时左右，日军5辆汽车沿着苍头河北岸的大路，向台子村南的大沟驶来，车上载着各种军用物资和武器弹药，每辆车上有10多名日军押车。当5辆汽车全部驶入大沟，指挥员一声令下，手榴弹、排子枪雨点般地落在日军汽车上，沟里顿时变成一片火海。接着八路军战士冒着大火冲上汽车与敌人展开了肉搏战。经过半小时的战斗，第715团指战员全歼了日军汽车运输小分队，打死日军51人，生俘4人，烧毁汽车5辆，缴获了各种枪支40余支（挺），92式电话单机3部。

血战王老沟 1939年（民国二十八年）6月22日清晨，岱岳、水头、右玉曾子坊日伪军300余名，由东西两侧向王老沟方向"扫荡"，企图消灭晋绥边区特委和牺盟会晋绥边区委员会机关。负责保卫特委和边委机关的第6支队骑兵营，掩护大批机关人员且战且退，形势十分危急。驻扎在右玉县的八路军警备6团得悉后，火速驰援王老沟。为全歼敌人，警备6团从左右两翼向敌人发起进攻。右翼分队在距村西2公里与敌遭遇后，敌人撤到地形较高的马家梁山顶上。连续攻占敌人两个山头后，日军利用地形负隅顽抗，右翼分队前进受阻，双方形成对峙。左翼分队接敌后，敌人后撤占领了村东南高地，居高临下，用重机

枪封锁了上坡的攻击道路。至此，六团左、右攻击分队与敌展开拉锯战，双方争夺长达8个多小时。此役八路军以伤亡145人的代价，毙敌200多人。天黑后，敌人向岱岳方向逃去。

奇袭岱岳镇 1939年（民国二十八年）10月下旬，日军集中2000余人兵分7路，由井坪、神头、曾子坊、马邑、吴家窑、岱岳等地对晋绥根据地进行第七次"围剿"，企图将驻扎在黑龙池一带和平鲁孟山的牺盟边委会、特委机关和第120师第6支队主力一举剿灭。面对强敌，边委会屈健、柏玉生、李林等人研究，决定乘敌后方空虚之机，主动出击日军在山阴的老巢岱岳，迫敌回援，以解根据地之围。按作战方案，屈健率一部插入岱岳以北，破坏铁路，以防大同援敌；李林、柏玉生率一部包围岱岳镇日军城堡。25日下午4时，李林等人率牺盟四纵队第11团第2营，巧妙地钻出敌人包围圈，急行军30余公里，直抵岱岳镇西娘娘山。次日凌晨1时，完成破路的屈健部发出战斗信号，李林与柏玉生指挥部队开始攻城，顷刻间枪声、喊声、手榴弹爆炸声四起。从睡梦中惊醒的守敌惊恐万状，边抵抗边向大同求援。3时许，敌一装甲车队从大同方向开来，遭屈健部迎头痛击，慌忙退回。天亮时，敌出动两架飞机，在岱岳上空盘旋几圈后，急飞西山，传递"后院失火"情报。至此，李林等已达到预期目的，率部撤出战斗。这次战斗，毙伤敌10余名，缴获部分枪支、马匹。26日，日军由岱岳出动的"围剿"部队急速返回，其他各路日军匆匆撤回据点，根据地之围遂解。

东平太突围战 1940年（民国二十九年）2月29日，日军2000余人从左云、平鲁、井坪、朔县、代县分六路向洪涛山抗日根据地实施大"扫荡"。3月20日，八路军第6支队特兵营和步二营在王零余、张生瑞、黄士霄带领下，于平鲁县程猴村的南山地带伏击了从井坪、朔县进犯根据地的日伪军。经过两小时的激战，打死打伤敌近百名，缴获了大批枪支弹药。4月25日，日军集中4000余兵力，继续向洪涛山根据地进行大"扫荡"。次日拂晓，中共晋绥边地委、第十一专署机关、第6支队第3营、各群众团体创办的各种训练班近千人，转移至小峰山时与敌遭遇。3营经过战斗突出重围，而地委、专署、各群众团体及各训练班的大部分人员在东平太村被敌包围。晋绥第十一行政督察专员公署秘书主任李林，为分散敌人的兵力，掩护机关人员冲出重围，她率骑兵连向东冲杀，并令军事部长姜胜带领政卫连、警卫排向西北出击。当敌发现一支骑兵队伍向东冲杀过去，便向东追去。这时，姜胜带领的政卫连、警卫排迅速掩护一部分机关人员向西北方向突出重围；同时地委组织部长郑林，也带领另一部分机关人员向西突出重围。此时，李林带领的骑兵杀出一条血路，冲出了东大沟敌人的第一道包围圈。当李林率领剩余的骑兵战士继续向东冲杀时，迎面又遇到来自马家河、前后榆岭方向敌人的疯狂阻击。富有战斗经验的李林临危不惧，指挥骑兵战士与敌血战在一起，毙敌多人，冲出了第二道包围圈。冲出重围的李林，听到东平太方向的枪声仍很激烈，误认为地委、专署的领导和大部机关人员仍在敌人包围圈内，便当机立断，指挥骑兵战士又调转马头与敌人展开血战。当她身边只剩下两名战士时，仍继续向西冲杀。途中两名战士中弹牺牲，李林身负重伤，战马倒地。她隐蔽在王家坟地垴下，双手持枪继续向敌人射击，使众多围上来的敌人不敢靠近。最后，李林把最后的一颗子弹留给了自己，壮烈殉国，时年24岁。

虎头山伏击战 1940年（民国二十九年）8月间，在晋西北扫荡的日伪军汽车，经常往来于偏朔公路，往朔县运送抢劫的物资。时活动在虎头山一带的八路军第120师独立第6支队3营决定伏击日军车队。战前，3营营长康庄带领部分指战员化装成农民，上山察看地形后，决定以8连和9连一个排袭击车队，7连为预备队，9连进行警戒，防止朔县、井坪的敌人增援。一日下午，由42辆汽车组成的日军车队进入伏击圈。8连机枪班长唐承德首先用机枪猛烈扫射前边三辆汽车，封住了车队前行的道路。8连连长周永柏乘势带领两个排冲下公路，纷纷向汽车投掷手榴弹，顷刻，14辆载人的汽车燃起了熊熊大火。双方展开激战，日军伤亡惨重。驻井坪日军获悉后，乘20多辆汽车赶来增援，遭到了7连和9连的迎头痛击。日军组织了四次疯狂进攻，均被击退。此战，毙伤日伪军140余人，击毁汽车14辆。

乔日成部抗日　抗战初期，应县乔日成的地方武装被日军收编为伪军，但乔拥兵自重，不服日军辖制，双方矛盾激化。1941年（民国三十年）2月间，日军从伪蒙疆地区抽调一个机械化旅团，共六千多人，集结于大同，组成"讨伐乔匪军团"，由驻大同黑田师团长任总指挥官，企图速战速决消灭乔军。18日夜，黑田率日军到达应县城北二十里的桑干河韩家坊木桥，待割断通往乔司令部的电话线后，日军一枪未响就解决了乔军驻防的桥头据点，接着兵分四路包围乔军。黑田亲自指挥日军主力，以两个联队附坦克二十多辆和炮兵大队包围下社新堡；以一个联队包围小石口；以伪军骑兵旅两个团，包围乔军的罗庄据点；以伪军步兵师三个团，包围南泉据点，对乔军形成了分割包围合击之势。第二天拂晓，乔军发现被围，即作仓促布防。日军派人到下社新堡向乔日成劝降，遭到乔的拒绝，战事顿开。日军首先用大炮、迫击炮轰击下社新堡。随后，日军步兵在二十多辆坦克掩护下，连续发起冲锋，但均被静伏在堡墙内外掩蔽工事内的乔军击退。双方激战三个多小时，日军两个联队的步兵死伤过半，未能攻克新堡。时至中午，四架敌机前来增援，在新堡上空狂轰乱炸，恼羞成怒的黑田师团长，乘机又组织约1400人的兵力和炮兵大队发起攻击，企图孤注一掷攻克新堡。但乔军不畏强敌，英勇作战，迫敌退出堡外。激战到天黑时，乔军自知难守，遂趁夜突围。与下社新堡之战同日，驻小石口、南泉、罗庄的乔军均与日军激战。其中驻小石口的乔军一营兵力，300余人全部战死。驻南泉、罗庄的乔军激战后，均成功突围。日军占领乔部据点

后，对无辜群众血腥屠杀，其罪行罄竹难书。此战日军死伤4000余名。

贾家窑阻击战　1944年（民国三十三年）7月5日拂晓，八路军晋察冀军区第4团第3连获悉，驻山阴县日伪军160余人出动来犯，第3连遂抢占贾家窑附近高地。上午8时，日伪军进至村边，八路军用各种火器同时射击，发起进攻，另一部迂回到日伪军侧翼发动攻击。激战2小时后，日伪军节节败退，死伤40余人。此时朔县方向日军80余人来援，第3连遂撤出战斗。

东乡寨伏击战　1945年（民国三十四年）春季，奉冀晋区党委和冀晋军区之命，由团长陈信忠、政委张华率第30团来到雁北，活动在浑源、应县、大同一带。应县东乡寨在应浑公路中段南边，是应浑两县的交通要道。第30团获得敌人5月17日要从此经过的情报后，立即派一部分部队包围北楼口敌据点，又派一个连埋伏在罗庄到北楼口的路上，准备伏击罗庄增援北楼口之敌。陈信忠亲率第2连埋伏在东乡寨村正面，各排分别占据了村北几处高地，机枪阵地设在村北的小庙上。17日下午，一小队日军和一个伪军中队全部进入了第30团的伏击圈。团长陈忠信一声令下，子弹、手榴弹在毫无戒备的日伪军群中开花。日伪军试图抢占村西高地进行反扑，陈团长一面指挥部队迎击敌人，坚守阵地，一面令3排率先抢占领村西高地，控制了制高点，并派一个排兵力截断了敌人的退路。东乡寨伏击战，全歼日军一个小队和伪军中队大部，缴获了大量的武器弹药。

智取南泉　南泉据点是日伪军在应县最大的一个据点，人多武器好，日军委任贺玺臣为警察队长，驻守南泉，管周围几个据点的伪军。时任6区区委书记，后任县委敌工部副部长的周希祺与贺较熟，县委决定让周希祺去做贺玺臣的反正投诚工作。1945年（民国三十四年）春，争取贺玺臣的工作已经成熟，伪军愿意配合八路军解放南泉据点。5月30日夜12点左右，由雁北军分区首长刘苏亲自指挥，除派出伏击

部队准备打从应县城出来的援敌外，由张一波率领1个步兵连、1个步兵排和1个侦察排共约200人，将南泉据点包围。联络员以划火柴为号，贺玺臣把据点6个哨兵撤掉。待吊桥一放下，副连长王嘉祥带领侦察排31人就冲了进去，活捉日本指导官原野，包围3个炮楼，控制了武器室，收复了南泉据点。八路军随即换上伪警察的服装，由贺玺臣带路先后夺取了东安峪据点和胡峪口据点哨所，俘房日本指导官木田。由伪警副队长纪福带路，王嘉祥带1个排解决了茹越口哨所。

雁北支队和应县支队在一夜间，没费一颗子弹，没流一滴血，拔掉了应县西南的两个据点，两个哨所，活捉两个日本指导官，收编伪军100多人，缴获重机枪4挺，步枪80余支，弹药7万发。

第三节　解放战争

朔县城得而复失　1945年（民国三十四年）8月11日，八路军朱德总司令命各解放区武装展开积极进攻，迫使日军投降。13日，朔县游击三大队和一、四区民兵包围了仓房坪敌据点；二区民兵100余人包围了窝窝会敌据点；朔县县委书记石磊等军政人员到露明村、瓦窑头、梨园头敌据点通牒伪军投降。第二天，利民堡日伪军逃回县城。15日，日本天皇宣布无条件投降，朔县日军逃往大同，在游击三大队和各区武工队包围下，仓房坪、窝窝会、陶卜洼据点伪军相继缴械投降，共缴步枪96支、机枪8挺、子弹数万发、战马11匹。与此同时，露明村、瓦窑头、杏园、乱道沟、大涂皋、南榆林等据点伪军也全部投降。17日，八路军晋绥军区第2军分区神武支队在参谋长林岳率领下，于下午进入朔县城。同时石磊率领部分武工队及城外投降后未缴械的伪军进入城内。当日晚，原驻城内已投降的伪警察头子王谋、杜玉堂等，察觉朔县三大队主力尚未进城，遂策动胁迫已投降的伪军倒戈叛变。18日晨，叛军公然向八路军军政工作人员开枪，军政工作人员被迫撤出城外。伪军旋即与从大同返回的日伪军合流占据县城，使县城得而复失。

解放朔县城　1946年（民国三十五年）6月至8月间，由周士第、贺炳炎指挥的晋察冀、晋绥野战军在地方部队及民兵配合下，发起了晋北战役。首战，进行了解放朔县城的战斗。城内驻有王达山组织的政保团300人，第38师第3团3营250人，警察、挺进支队100余人，"爱乡团"600余人，共1250余人。武器装备配有轻重机枪50余挺，步枪500余支，迫击炮2门。山西军政府北岳区总指挥楚溪春派中将张文龙坐镇朔县。城外有山西军政府省防第5军第15师第45团千余人，由团长殷成玉带领，驻守在北邵庄至朔县火车站一线，负责铁路和朔县城的外围防务。解放军主攻部队是晋绥军区独立第2旅的第36团、雁门军区第1团、晋绥军区第5军分区独立第3团和骑兵大队、偏清支队。总指挥是第2旅旅长唐金龙，副总指挥是雁门军区第5军分区司令员王赤军。前线指挥部设在北邢家河村。6月16日下午，人民解放军以迅雷不及掩耳之势、把敌人分割包围在城内和铁路沿线。第36团、第3团、第1团分别由刘家口、上泉观、寇庄出发，晚12时迫近城郊。17日零时30分，在炮火掩护下开始攻城。第3团第2营4连唐钧带领投弹组，掩护突击队长贾世仁和其他3名突击队员，从城东北角登云梯首先爬上城头，点燃了解放朔县城的第一把火焰信号。第6连从东面登城成功，第4、5连与第2连紧随其后攻入城内。第5连与第2连于1时30分攻下了县公署。第4连、第6连夹击南城楼敌军，经数次冲锋，形成对峙局面。第2连专攻公安局，并于3时将其占领。第36团从城西发起进攻，第2营从西北角登城攻入城内。第5连、第6连于3时占领文庙及敌指挥所两处制高点，攻击西门的第4连受阻。第3营第8连从西北角登城向北门攻击。第2营第2连班长张八带爆破组，先用35公斤黄色炸药将北城门炸开一个口子，接着又用90公斤炸药将用沙包堵着的瓮城门炸开，第2营、第3营随之攻入城内，击退敌军，控制了北城墙。在解放军强大火力攻击下，敌军收缩兵力，集中在西城楼、南门十字街、文昌阁、鼓楼和东城楼负隅顽抗。文昌阁居高临下，火力猛烈，对入城部队造成了很大威胁。第36团神炮手、战斗英雄刘海山在北城门洞架起迫击炮，凭借月光，连放三发，全部命中目标。第3营战士一阵猛攻，歼敌50余人，于4时占领文昌阁。第1团第2营绕至西北角登城，协同第36团第4连，在山炮掩护下，向西城楼发起进攻，于5时攻克，而后又向南门攻击。在炮火轰击下，南门守敌退至东门，南门亦被解放军占领。被迫当兵的"爱乡团"纷纷缴械投降。17日晨，第36团第3营和第3团4个连开始向守城敌军临时指挥部东城门展开攻击，先将两座炮楼摧毁，并于8时占领了东门。张文龙率残部向东城外逃跑，被第3团第3连阻击，大部俘获。最后张文龙只带20多人逃往大同。至此，城内守敌全部被歼，朔县城获得解放。此役，共击毙阎军300余名，俘敌600余名，活捉敌专员王达山、团长丁堂、副团长李常仁及杜玉堂等；缴获大炮2门，轻重机枪50余挺，步枪500余支，子弹数万发，汽车2辆，电台2部。

解放岱岳镇 1946年（民国三十五年）6月中旬朔县解放后，解放军晋绥军区第5军分区第2团、第3团和冀晋军区第1军分区第11团、第12团，分别由司令员王赤军和副司令员刘苏率领相继开进山阴，直逼岱岳。21日，盘踞在岱岳的国民党第38师第3团逃往大同。留守岱岳的敌挺进支队、民众自卫团及国民党县政府1000余人，以日军修筑的防御工事为依托，企图据守。23日夜，解放军完成对岱岳的包围。以第12、13团环东、南、西布开，第2团和第3团在镇北警戒大同、怀仁援敌，县大队与千余民兵警戒外围逃敌，指挥部设在岱岳村。24日拂晓，解放岱岳的战斗打响，在解放军炮火的猛烈轰击下，岱岳土围墙多处被炸塌，四周碉堡变成废墟，敌军乱作一团。第13团

从东、南两方迅速攻入山水巷和南大道。第12团分两部由西北、东南方向相继攻克县政府、堡子巷，俘民众自卫团、县政府人员500余人。上午8时许，残敌挺进支队400余人向北逃窜，在北周庄村南，遭到县大队和民兵的迎头痛击。经两小时激战，敌死伤30余人，其余全部被俘。岱岳镇遂告解放。

三攻应县城 1946年（民国三十五年），解放军为争取战略上的有利地位，积极组织发动了大同战役。到7月，雁北只剩下应县、怀仁两个据点与大同遥相呼应。为此，中央军委几次电令晋察冀军区在大同战役前，将应县这颗钉子拔掉。时应县城守军为乔日成的第二战区雁北挺进纵队，所部编为3个团约3000余人，战斗力较强。7月15日，晋察冀军区所属第4纵队，决定以第10旅(缺2个营)为主力，附3个炮兵连及第33团2营2个连，冀晋军区第1军分区第12团、第13团和怀、应大队，统一由第10旅旅长邱蔚、政委傅崇碧指挥，向应县进攻。第10旅担任主攻，冀晋第12团及怀、应大队在南晏庄、毛家皂南负责打援，第13团控制韩家坊，准备歼应县突围之乔军。15日晚至16日，第10旅陆续由阳高聚乐堡、马官屯出发，于19日拂晓前隐蔽运动到应县城东北的郭家寨，东、西辉耀，南、北马庄地区。同日，其余部队也进入指定位置。20日下午4点半，解放军以猛烈炮火开始轰击城外东关东南角乔军堡垒，步兵随即发起冲锋。7时许，将其占领。在继续向前推进中，被乔军东关街内之地堡及两侧火力点所阻，冲锋数次未果。同时，攻打西关的第29团迅速将乔军击溃，6时，占领西关。是日午夜，东西两面再次向守军发起总攻。第29团攻西门，激战3小时未克。21日晨在炮火掩护下，第28团始将东关全部占领。10时，解放军从东西两面同时发起登城战斗。突击队战士数次冲到城墙根，均遭到守军强大火力的严密封锁，攻击受阻，伤亡很大，指挥部遂下令撤出战斗。23日、24日，攻城部队又将乔军城外东北角两座堡垒攻克，至此，城外之乔军全部退守城内。28日8时30分，第二次总攻开

始。东面攻城部队首先挖坑道至东门用炸药爆破城门，但因测量失准，没有炸开城门，只炸到瓮圈，未起决定作用。同时，在引爆时攻城部队距离太远，没有乘守军混乱及时冲锋，待突击队冲到城墙根时，敌军已整顿就绪并以猛烈火力还击，登城部队数次登梯爬城，均被守城乔军的手榴弹、滚雷所阻，伤亡较大，于是撤出战斗。西部的攻城部队，首先以猛烈的炮火在西门南侧轰开一个缺口，突击队在炮火掩护下猛冲登城，但遭到城墙突出部两侧守军火力的夹击，突击队员大部伤亡。10时，再次组织冲锋，在解放军猛烈火力压制下，守军火力稍弱，突击队乘机爬上城头。这时，乔日成见城防危及，亲率卫队上城督战，不料中弹身亡，顿时，乔军大乱。攻城部队正准备猛扑城头，恰有5架敌机飞来助战，向登城部队狂轰滥炸，乔军得以喘息，重新组织起兵力，进行反冲锋。登城部队前进受阻，第二次总攻未果。8月11日零时30分开始第三次总攻。在各种火力掩护下，攻城部队从东、西、南三面攻城。爆破队首先炸开了东门，突击队正向城内冲锋时，城内守军用猛烈的火力封锁了攻城部队前进的道路。继而敌人又将东门封死。突击队数次冲锋，均因守军的滚雷、枪弹火力太猛而未能奏效，直至第二天凌晨3时半仍未攻上城头。攻城部队遂奉令于拂晓前撤出战斗，除留少数部队担任警戒外，主力撤至城西铺、范寨、城下庄等地休整。8月下旬，野战部队调往大同前线，围困应县的任务交由地方兵团担任。9月初，围城部队利用县城低凹的地形特点，从镇子梁挖渠至东关，拟以水淹城的办法逼迫乔军投降。5日早晨，浑河水入城，乔军惶恐。6日拂晓，守军500余人突袭南关、西关围城部队驻地，围城部队失利，遂向南撤至北河种。至此，三攻应县城的战斗结束。

首次解放怀仁城 1946年（民国三十五年）7月9日，雁门军区部队2个团集结鹅毛口，开始做攻打怀仁县城准备。11日晨，首次攻打县城未克。15日，冀晋军区第12团攻占郝家寨、薛家店、冯庄等村；绥蒙军区第2团及大怀支队攻占磨道河、宋家庄等村。27日，解放军第3旅一部攻占清泉、郑庄等村。28日，冀晋军区第13团攻占石庄、下湿庄等村。同日，绥蒙军区一部攻占管庄、秀女村，8月1日攻占毛皂村。至此，完成对怀仁县城的包围，扫清了外围阎军。8月2日晚8时，由雁门军区第5军分区司令员王赤军指挥，向县城发起总攻。绥蒙军区2团在城西担任主攻，冀晋军区第12团在城东担任主攻。9时许，第12团率先攻克东门。驻守县城的第38师一部从西门突围，企图逃往大同，在西小寨、南窑村一带被第2团及大怀支队分割围歼，怀仁城首次获得解放。

攻打右玉城 1947年（民国三十六年）3月底，国民政府军第12战区第101师、骑兵第4师及暂编第38师相继占领左云、右玉、平鲁、怀仁。集结在右玉城东的解放军绥蒙军区独立第3旅奉命收复右玉县城(今右卫城)。4月8日，绥蒙军区独3旅在代旅长辛忠的指挥下，开始攻打右玉城之敌。参战部队有独3旅所辖的第9团、第27团、特务团和绥蒙第5军分区的第4团。7日，参战部队从威远堡出发向右玉城附近集结，旅指挥所设在三里庄村。8日凌晨1时许，发起了总攻。第9团攻打西北城角，第27团攻打封神台、东门，特务团、第4团攻打南门。战斗打响后，辛忠根据战局变化，又调第9团第2营的4连、6连加入了攻打东门的战斗。凌晨3时许，第2营在营长黄光福的指挥下，攻破东门。进城后，沿东街直逼四牌楼，与右玉守军展开激战。后来，由于整个战局不利，指挥部决定撤出战斗。由于担任掩护的第27团2营提前撤退，使攻入城内的第9团2营140名指战员陷入孤军作战的境地。战到天亮，除11人被俘外，其余官兵壮烈牺牲。

盘石岭战斗 1947年（民国三十六年）5月24日，驻右玉城的国民政府军补训11师(亦称补训101师)第1团2营窜到盘石岭村进行抢粮。该村民兵郑通、王小唐等人立即向解放军丰凉骑兵大队侦察员作了汇报。在左云县焦家窑村活动的丰凉骑兵大队队长鲁平(原名贺德胜)得此情报后，决定全歼抢粮之敌。第1、2骑兵连在民兵的带领下，沿烟洞山、欧家村河分两路迂回到盘石岭村二道沟，第3连在鲁平的指挥下，由东向西向盘石岭村发起了猛攻。敌人慌忙向西撤退，退至村西开阔地时，遭到丰凉骑兵大队第1、2连的迎头痛击。此次战斗骑兵大队与敌激战不到1小时，毙敌10人，俘敌372人。缴获重机枪7挺，步枪230支，子弹3万余发。

解放应县之战　应县守军自1946年（民国三十五年）解放军10旅攻击后，更加警惕，经常研究改进城防工事和战法，由高工事改为低工事。工事以城防为重点，以城墙之突出部和城门、城角为支撑点。工事大多有掩盖，厚度约有1.5米（可防迫击炮弹），而且很隐蔽。城墙内沿筑有射击孔，可侧射和卧射。城墙工事分城上、腰部、城下三部分，连同城墙下的明碉暗堡、横墙、沟堑等，形成复杂的平面与立体相结合的防御体系。城墙四周建有暗道7条，可直通外壕地堡工事，又与有掩盖的交通壕连通，便于出击。城防工事错综复杂，守军火力又强，所以攻城难度很大。应县城守军为乔日成旧部，即国民党政府军暂编第1团和保安第23团，下属5个营，22个工作队，总兵力5000余人。察南绥东战役结束后，晋察冀野战军左翼兵团东返晋北，攻歼应县之国民党政府军。解放军鉴于应县守军拼死顽抗，城防工事复杂坚固，雁北尚有大同守军的暂编38师与之呼应，于是决定以一个纵队的优势兵力攻打应县。攻城主力为晋察冀军区所属北岳军区第1纵队全部(司令员唐延杰、政委王平，辖3个旅)和第6纵队之一部，共1万余人。北岳军区第1军分区新编第1团、应县大队、绥蒙军区山阴独立营配合作战。1948年4月15日，第1纵队包围应县城，第6纵队在大同以南阻援。21日，第一次攻城战斗正式开始。第2旅在东南角主攻，第3旅在西南角助攻，1旅在城北担任警戒。下午5时，第2旅第4团第2营在教导员魏志新和副教导员丁春伙的指挥下，顺利攻占了东关。经过一夜激战，扫清了城外守军的据点。22日

16时，在炮火的掩护下，第2旅4团组织突击队连续3次登城，均未奏效。同时，第3旅也在西南角展开攻城激战，由于守军工事坚固，火力密集，突击队也未能登上城头。5月3日18时，第二次攻城开始，主攻由第1旅担任，地点为西南角，第2旅在东南角助攻。攻击炮火先对突击点猛烈轰击。"保架队"冒着炮火烟尘，越过外壕，把铁丝网斩断。之后，埋伏在突击道路的左右两侧，以阻击由城墙暗道冲出来的守军。紧接着，突击队冒着炮火迅速运梯靠城，很快将梯子架好，突击队员李玉成、李殿成、李春林、宋存来等8人迅速冲上城头。但是，由于没有有效的压制守军的侧射火力，后续部队伤亡过大，未能及时接应，登上城头的突击队员受到数倍守军的反击，大部伤亡。接着又组织了两次突击，均未成功。5月17日，第三次攻城战斗打响。第1旅仍在西南角担任主攻，第2旅在东南角及南门由助攻转入强攻。第1旅攻城部队的强大炮火首先将城墙突击点轰开一个豁口，接着爆破组长马双喜冒着炮火，在数次负伤的情况下，将炸药送到城墙根，突击点的城墙被炸塌成了斜坡。19时20分，第1、2两团的突击队登上城头，与城上守军展开猛烈拼杀，战斗至半夜，突击队在西南角夺取了3个突出部，并由这几个突出部逐渐向南、北两侧扩展。这时，城头暗堡工事的守军向登城突击队射击，突击队腹背受敌，伤亡很大。于是纵队司令部命令第二梯队第3旅第7团和第2旅第4团接替第1旅，继续向城内攻击。18日凌晨，登城部队手榴弹已经用尽，部队伤亡太大，城下又为水塘所阻，继续攻击困难。于是解放军部队撤出战斗，到城周围村庄休整。正在解放军准备发动第4次攻城之际，绥远董其武亲自率领第7师、第8师及第35军的1个师来接应应县守军，张朴率应县残部于24日黄昏弃城向大同仓皇逃窜。围城部队发现后，马上组织追击，俘百余人，缴获汽车1辆。25日上午，部队进入城内，应县城宣告解放。

名 胜 古 迹

释迦木塔

爱 我 木

SHUOZHOU SCENERY 朔州风光

释迦木塔

释迦木塔坐落于应县城内，位于东经103°11′，北纬39°23′，原名佛宫寺释迦塔，是中国乃至世界现存最为古老、最为宏大的纯木结构建筑，它与法国的埃菲尔铁塔、意大利的比萨斜塔齐名，被世人称为世界三大奇塔之一，堪称国宝中的国宝。1961年3月被列为国家首批重点文物保护单位。

木塔建于1056年（辽清宁二年）。高67.31米，底层直径30.27米，平面呈八角形，网柱纯木构造。结构上没使用一颗铁钉，全部为卯榫咬合。其卯榫形式，多达62种，真可谓鬼斧神工。斗拱形式多达54种，技艺精湛，巧夺天工。全塔共使用木材3000多立方米，总重量达7430多吨。木塔雄踞于4米多高的台基上，六檐五层，高耸入云，巍峨壮观。悬挂在层层塔檐上的铃铎，不分昼夜地随风吟唱，仿佛在赞美木塔的千年不老，青春永驻。

木塔全景

第一章

佛 宫 寺

第一节　历史沿革

释迦木塔位于佛宫寺内。佛宫寺原名宝宫禅寺，因寺院藏有佛家至宝佛牙舍利而改名。据《古今图书集成·神异典》卷一〇八载："寺在应州治西南隅，初名宝宫寺，五代晋天福年间建，辽清宁二年重建，金明昌四年重修。明洪武间置神正司，并法王寺入焉。有木塔五层，额书释迦塔，高达三十六丈，周围如之。"据此推断，这座寺院建成于公元936年（后晋天福元年），距今已有1076年的历史。

宝宫禅寺，元时规模宏大，占地40公顷。极盛时，有寺僧四百余人。元末逢战乱，规模缩小。明洪武年间，应州知州陈立诚因旧城占地面积大，人口稀少，随将州城缩小。在缩城时将寺院的一半割于城外，因而寺院规模也由此缩小。明清时，寺院占地六十余亩，后来，一直维持这个规模，直到现今。

据明万历《应州志》上说："元延祐二年避御讳，敕改宝宫为佛宫。"此说后来遭到质疑。近代人推测，并不是为了"避御讳"，而是因为寺院藏有佛家至宝佛牙舍利，随改称佛宫寺。寺中木塔亦称为释迦塔。

第二节　总体布局

应县佛宫寺的建筑布局不同于其他寺院，一般寺院是以大雄宝殿为中心，其余山门、配殿为附属建筑物。佛宫寺的建筑布局是以佛塔为中心，其他建筑都服从于寺中心的大佛塔——释迦塔。

塔院三个主要建筑，山门、塔、大殿都在南北一条中轴线上。塔是全组建筑的重心，处于南北轴线中点上。前面的山门是全组建筑的正面入口，但体积最小，为了建筑上的整体协调，在塔与山门之间设计了长达55.5米的空旷庭院。寺内大殿建于塔后，体量大小仅次于塔。塔与大殿之间的距离有34米，因塔台占去了大量面积，这样就形成了塔前开阔，塔后紧凑的格局。

塔院基址的总长度，在设计的时候，颇具匠心。从山门后檐柱到塔中心的距离70.63米，为塔副阶直径的两倍多。它恰好是站在山门后檐柱中线上，能看到塔全貌的最短距离，若再近，就看不到塔刹。可以说塔与山门的距离，是根据塔的高度、进山门后视线的自然角度来确定的。塔建在寺院轴线中点上，塔与大殿基址的总长，是塔与山门距离的两倍。

大殿砖台，是整个建筑基址的最后部分。前砖台至塔后檐柱约为22米，这段距离本不算小，但由于塔下阶基月台占去了约一半地方，这样由北月台至砖台的距离仅剩10米多一点。于是就在其间建一高甬道相连，而不是分别建踏道。这样，既免去一下一上的不便，又较建踏道节省工料。同时为了阶基下东西通行方便，在甬道下留出一个券洞门，成为桥的样子。就殿台关系说，按照设想的大殿原状，殿前台上仅余12米距离，较为局促，而一经用高甬道使台与塔阶基相连，就将殿前塔后的全部空间连为一片，起到了扩大空间的效果。这种设计极为科学合理。

大殿与木塔的距离是自塔后副阶檐柱中，能够看到大殿全貌的最短距离。这种经济科学的设计方案，是设计者根据大殿的高度，视线的角度来确定的。在塔与大殿的关系上，则是先有大殿与塔的距离，然后根据所要求的视线角度，决定大殿的高。大殿的高度一当确立，塔阶基的高度也就可以根据视线的需要灵活掌握。实际情况是，塔阶基高4.40米。

第三节　寺内建筑

大雄宝殿　大雄宝殿是一般寺院的主体建筑，但在应县佛宫寺内，由于寺中的释迦塔形体过分高大，成了主体，大雄宝殿只好让位，屈居第二。佛宫寺的大雄宝殿位于全寺的最后边（北边），建在一个高3.3米的砖砌台阶上。筑台所用的砖薄而长，经专家考证是辽代砖。台呈长方形，东西长60.41米，南北宽41.61米。大雄宝殿坐北朝南，并置配殿，东西两侧建有厢房，周有围墙，是一个自成格局的四合院。

大雄宝殿经历过多次的毁了建，建了又毁，毁了再建的过程。按明万历《应州志》记载，原来的大雄宝殿是"塔后有大雄宝殿9间，旧记谓通一酸茨梁，东西方丈相对"。就是说原来的大殿面阔9间，进深应为4间，形状及规制应与大同华严寺相同。可惜的是这座雄伟的大殿后来毁掉了。现在的这座大殿是1866年（清同治五年）重建的，面阔仍是9间，进深5间，即宽30米，深15米，为单檐庑殿顶。大雄殿中原塑佛像，民国年间在"搬倒佛像建学校"的风潮中，佛像被毁，佛殿变成了大寺小学。解放后，又改为粮仓。1998年，又将其改建成寺院，重新整修了大殿及东西配殿，并由应县民间艺人重塑了佛像，重作了彩绘壁画。

钟鼓楼与山门

佛宫寺牌楼

配殿 佛宫寺原来配殿设在木塔的前边（南边），解放后拆毁。1998年，重新整修了大雄宝殿院内原作库房的东西下房，并重塑佛像，作为配殿。配殿东、西房均面阔三间，进深一间，东房为观音殿，西房为地藏殿。配殿中塑像，由省内著名雕塑艺术家所塑，神态逼真，有很高的艺术欣赏价值。

钟鼓楼 钟鼓楼位于进入山门的东西两侧，东西相对，相距29米，均为两层楼式建筑。底层有廊柱，四方砖砌，留有东西相对的门，上层为四柱支撑的中空歇山顶式建筑，斗拱四铺作出一下昂。东为钟楼，悬有明天启二年铸的一口古钟，重达3600斤。

2008年，对钟楼进行了加固维修。西为鼓楼，鼓为1998年新置。

山门 佛宫寺的山门在木塔的南边，距塔55.5米。山门约建于明代，毁于抗日战争时期。解放后，只剩基座。山门内的四大天王塑像，于20世纪50年代被清除。后在此建铁栅门。1996年铁栅换成水泥墙。1998在原址上重建山门，面阔5间（19.81米），进深2间（6.37米）。全部为木结构歇山顶。山门内塑四大天王及弥勒、韦驮像。山门上，高悬赵朴初题写的"佛宫寺"三个金光闪闪的大字。字体古朴雄健，苍劲有力。

牌坊 距佛宫寺山门外107米处，有1863年（清同治二年）重修的四柱木牌坊一座。牌坊正面匾题"浮图宝刹"，背面题"千仞玲珑"。字体超凡脱俗，入木三分。因年久失修，牌坊歪斜，岌岌可危。1999年，对其进行了扶正维修，并将其整体吊移在新筑的台阶上。牌坊由原来的位置向北移5.2米，向西移4.7米，提高0.76米。移位后，与新建的辽代街牌坊、佛宫寺山门及木塔同处一条中轴线上。

第四节　寺藏文物

1974年秋维修木塔时，先后从第四层和第二层主像内发现一批辽代文物。这批文物极为珍贵，国内罕见。在此以前，辽藏被称为"虚幻的大藏经"，因为它在世间向无传本。这批文物的发现，使世界没有辽藏传本的历史宣告结束。看到这批稀世之宝，全国政协副主席、中国佛教协会会长赵朴初高兴地吟唱道："塔开多宝现神通，木德参天未有终。辽藏千年衰灭尽，不期鳞爪示金龙。"这批文物共93件(组)，其中，二、四层主像所出的七珍与舍利佛牙以两组计，如按件计，两组共68件，则总计为158件，可分为6类。

辽藏单卷　共计12卷。辽藏全是卷子本，依千字文编号，都是1003年（辽统和二十一年）在燕京（今北京）雕刻的。12单卷皆与石晋可洪《新集藏经音义随函录》相合，与《房山云居寺石经》的辽金两代刻经相合。

刻经　共计35卷。刻经中最早的是990年（辽统和八年）雕印的《上生经疏科文》。最长的是《涅磐义纪第八》，总长33.3米。当时，辽在燕京设印经院，专门从事刻经。这批辽刻藏经后面，署有参加雕刻工匠姓名45人之多，刻坊亦有多家。可见当时燕京印刷业的兴旺发达。从中也可以进一步研究当时燕京

辽文物·妙法莲华经第四卷首画

的政治、经济形势。

写 经 共计8卷。写经是佛教徒为传播教义而做的一种功德，木塔发现的这批写经亦有很高的研究价值。如辽代名僧守臻、孝思抄写的经本，字体隽秀，足称精品。此经本均不见于著录，都是孤本，尤属难得。

杂刻杂抄 共计28件。这批刻书最引人注目的是世所仅有的辽版书籍《蒙求》。《蒙求》一书是封建社会儿童教育的启蒙读物，唐代李瀚编撰，以历史典故为主要内容，采用对偶押韵的句子，四字一句，以宣讲历史故事的方式对儿童进行识字和道德教育。《蒙求》一书在敦煌石窟曾发现唐人写本残卷，现存法国巴黎国家图书馆。此书的发现对研究《蒙求》正文原貌，有重要价值。

1041年（辽重熙十年）抄写的《法华经手记第七》，计四十余纸，书写整齐，未避辽讳。杂抄中有戒仪、借贷、辩状、习字等，内容十分丰富。更有一部通俗文学写本，既有劝人信奉佛教的通俗唱词，还有类似后来通俗小说的佛教感应的故事。这对研究辽代文学创作，增添了新的史料。

图画像 共计7副。计有《神农采药图》一件。图中彩绘人物，面形丰满，赤足

辽文物·佛说相

辽文物·采药图

袒腹，披兽皮，围叶裳，负竹篓，举灵芝，行于山石之间。《炽盛光九曜图》一件，刻工精细，线条遒劲，为古代木刻立轴的优秀作品。还有《药师琉璃光佛》（同版两幅）、《释迦说法像》（同版三幅），成于辽代，构图简明清晰，在中国还是首次发现，对研究雕版印刷史有重要意义。这批文物初发现时大部已鼠蛀损坏，有的成为碎片，北京荣宝斋的技师们用了两年多的时间，方才修复出来。

云汉石 立于塔基南月台前，系辽建塔时掘基所得。石青碧色，中有白线横贯其间，形肖云汉。金、元时，寺僧曾建亭保护，亭匾"天河景"。明万历时，州人田中颖篆刻"云汉石"三字于其上，现仍保存完好。

透玲碑 断碑嵌在木塔底层东墙壁上。相传原为李克用墓上石碑，似玉非玉，光明如镜。民间传说，此碑可以北照呼市，南照雁门。元末兵燹，此碑断为数截，后人将二尺许一截置塔壁上。明正德年间，飞扬跋扈的太监将歪诗刻于其上，使碑失去光明如镜的原貌。

佛牙舍利 1966年和1974年，释迦木塔二、四层佛像内各发现一枚佛牙舍利。木塔二层所出佛牙，

辽文物·舍利佛牙

高8.3厘米，重76克，牙形骨质，色微黄，牙根部纵沟内有白色细珠，即舍利子。木塔四层所出佛牙，高6.3厘米，重49.8克，牙形骨质，色微黄，牙根凹处有赭色细珠，即舍利子。佛牙舍利出土后，经傅振伦、史树青等专家鉴定后，由荣宝斋颁发了鉴定证书，确定为国家级文物。2006年，非洲佛教导师南非南华寺住持慧礼瞻礼后，认为是佛家至宝，因而发愿重新建塔供奉。此后，经新闻媒体宣传，这一双佛牙轰动海内外，每天都有大批海内外人士前来瞻礼，形成了木塔旅

木塔牌匾

游景区一个新的亮点。

牌匾楹联 木塔自建成始，历代有人挂匾题联。匾联寓意深刻，笔力遒劲，为壮观的木塔增色不少，惜年深日久，明以前的匾联大多已不复见。就是明代的匾联历经风雨侵蚀，也绝大部分字迹漫漶，或者已经损坏。现存54面牌匾和6副楹联，较早者有1194年（金明昌五年）"释迦塔"匾，明世祖朱棣题"峻极神工"匾，明武宗朱厚照题"天下奇观"匾。其余清代、民国各匾亦均保存完好。

七珍 佛教七珍也称七宝，象征佛释七珍物，即金、银、琉璃、砗磲、水晶、赤珠和玛瑙。木塔四层主像发现琥珀珠、铜币、金币、水晶珠、沉香木、香泥饼、银箔；二层主像发现水晶葫芦、水晶珠、沉香泥和珠串、沉香木、水晶、琥珀珠、香泥饼。这些文物的入藏年代，据考是在木塔塑像时，最晚是在金初。

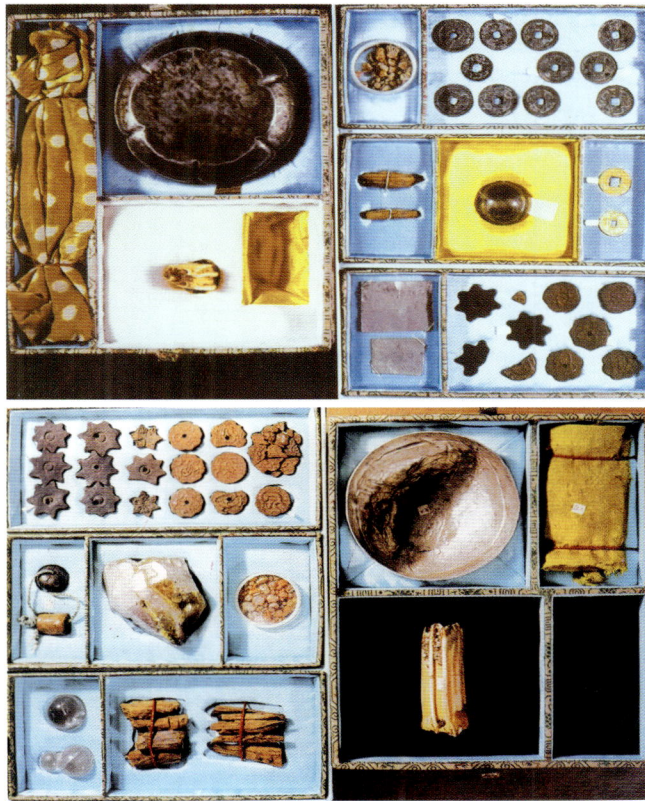

辽文物·七珍八宝

第二章

释迦木塔

第一节 创建维修

释迦木塔已存世954年。自然界近千年的风雨，没有侵蚀掉它瑰丽的英姿；历史上多次大的地震，没有损伤宝塔的筋骨；近代多次战争，颗颗炮弹穿塔而过，却未在塔中爆炸，释迦木塔以其科学合理的结构，经受住一次又一次的考验，至今岿然不动。

据明《应州志》记载：木塔建于1056年（辽清宁二年），由田和尚奉敕募建，又据木塔匾载："先王辽清宁二年特建宝塔，大金明昌五年增修益完。"木塔从辽代始建，至金代完工，前后历时140余年。金统治者特派中书省官员忽木哈赤明里前来监修。对损坏的柱、枋进行维修，现在看到的塔内后加方柱，平座内后加枝樘，就是这次增修的。此次增修，历时四年，大大提高了木塔的结构强度。

1305年（元大德九年），大同路地震，响声如雷，震毁房屋5800余间，压死1400余人。据考，这次地震，震中在怀仁与大同之间，震级为6.5级，木塔距震中仅40公里，却稳如泰山。1320年（元延祐七年），元皇室特派一品大员荣禄大夫、平章政事阿里伯任监造官，进行了大规模的维修。1323年（元至治三年），工程告竣，元英宗皇帝硕德八剌又从五台山到应州登塔游赏，大宴群臣，并命令彰国军节度使重妆佛像。为庆祝这次盛典，英宗还赦免释放了应州的在押囚徒。可见元统治者对木塔的重视及这次维修的工程浩大。

第二次大规模维修是明朝正德年间，这次也是皇帝亲自下令，而且与武宗皇帝来应州有关。武宗来应州不仅给塔题了"天下奇观"匾，而且命令镇守太监周善督工修塔。由国库拨款，重砌了塔基，翻修了一层的围墙，增补了第一层华拱头下的柱子，重塑了佛像。

第三次维修是1722年（清朝康熙六十一年），由应州知州章弘主持。这次维修距上次维修已有二百余年，塔基的低凹处由于水浸，垣墙坍塌，钟鼓楼倾颓，塔也有好几处损坏。于是，章弘在全县乡绅中集资，并且自己带头捐资。雇工匠夫役千余人，历时五个月，补修了六层木塔，重塑了佛像，新建了东西禅堂、钟鼓楼，周围新增八十余丈围墙，防止了水患浸蚀，再次加固了木塔。

此后，1726年（清雍正四年），知州萧纲修了一次。1786年（清乾隆五十一年）、1825年（清道光二十四年）、1863年（清同治二年）、1866年（清同治五年）以至清光绪年间，均有几次小的修理，大部分是和尚募捐，民众集资。

1928年和1929年，木塔经两次战争，多处遭炮击，损坏较重。百姓又集资重修了一次，修补了被损坏的部件。

中华人民共和国成立后，进行了较为系统的修缮和保护管理。1950年到1952年，补修了楼板，更换了楼梯踏板。1953年成立了文物保管所。1961年，确定为第一批全国文物保护单位。1965年划定佛宫寺的保护范围。1974年到1981年，国家对木塔又进行了全面的抢险加固，拨款32万元，调拨优质木材310立方米，补配、更换了楼板、楼梯、围栏，加固了塔基，补塑了"文化大革命"中被破坏的各层塑像，并油饰了外檐所有构件，塔顶重挂了8根铁索。同时，将佛宫寺内的钟、鼓二楼、大雄宝殿修葺一新。1976年，拆除了东西配殿，改建了接待室。整修后的应县木塔庭院宽阔，遍栽花卉，装点得更具姿色。

1989年8月16日，中共中央政治局常委、书记处书记李瑞环来应县视察工作，看到木塔二、三两层部分枋柱严重扭曲倾斜，指示要及早修理。遵照李瑞环的指示，国家文物局组织了20多人的专家团，于9月21日至22日，实地查看了木塔的损坏情况，并提出了维修的初步方案。现在，山西省应县释迦木塔的修缮管理委员会已经组成，一次大规模的维修工作即将展开。在不久的将来，全面整修后的木塔，将以更加灿烂的雄姿迎接国内外游人。

第二节　木塔构造

释迦木塔的构造，集古代建筑艺术之大成。在设计构图、使用功能、建筑艺术、总体布局、结构造型、用材选料及施工技巧等方面，都达到了最佳效果，而且符合法式标准。在承重结构方面，达到了受力均匀、传力明确、各部平衡、整体稳定的效果，即使遇到强烈地震，也能充分发挥各构件的特殊功能，保持稳定。因此，从建筑的角度看，具有极高的研究和效法价值。

释迦木塔，外观六檐五层，底层为双檐，各层之间又夹设暗层，实际上为九层。从结构上来说，可分为五层塔身、四层平座和一层塔顶，结构异常复杂，手法变幻多样。

一、叉柱造法

柱是木塔的基本构件，高耸巍峨的释迦木塔，几乎全是用柱子支撑的。登上台阶，首先看到的便是围塔一圈的24根露明柱。每根木柱直径60厘米，长9米。据测，静止时，每根柱负荷120吨，但柱下石础没有窠臼，木柱断面直接立于石础之上。民间传言，这24根柱子每天都有一根在休息。此说有一定道理。因为木塔一直处于摆动状态，柱子又直接立于柱础之上，随着塔身的摆动，在某一间隙，有某根柱子稍微离开柱础是必然的。有人做过试验，当某根柱稍微离开柱础时，用硬纸可以从柱与础的接触部分插过去。底层除外圈明柱外，墙里还有24根暗柱，里圈也有8根大柱，事实上这32根不为人见的柱子承受着木塔的主要重量。据测算，每根柱的负荷都在90吨左右。以上各层每层均有32根柱，由下到上，直通塔顶。这样算起来，支撑木塔主体的柱子就有312根之多。这些柱，都是辽金建塔原物，历次维修都没有更换，至今仍然支撑着青春不老的木塔。所谓叉柱造，即是上层檐柱较下层檐柱收进半柱径，形成塔的下大上小逐层向内递收的轮廓。叉柱造的连接法，即上层柱子十字开口，叉骑于下层柱子上。这种连接法，不仅增强了木塔的稳定性，而且还留有一个弹性的伸缩余地。

除此之外，有些柱头与上层的连结，还采用斗拱、梁、楔连接方式。

二、双筒形结构

双筒形结构，即是木塔由外圈每层24根柱子组

木柱撑起释迦塔

俯视内槽结构

仰视内槽结构

内槽与外槽结构

成一个筒，内圈每层8根柱子组成一个筒，内、外两个直立的筒套起来。然后用梁、枋斜撑把这两个筒连接起来，进一步增强了木塔的稳定性。

三、刚体结构与柔体结构

从结构力学的角度看，木塔还有一个十分科学的特点，即由刚体结构和柔体结构组成，这种刚柔相济的结构有着巨大的耗能减震作用。这种建筑手法，不仅达到了古代的最高水平，即使在科学发达的当代，仍有着重要的借鉴作用。近年来，世界建筑界在抗震结构上，仍在吸收这一科学方法。

外槽内景

所谓刚体结构，由每层的暗层，即平座铺作层组成。这一层的结构非常复杂。如果把木塔比做一个竹筒，这一层的结构就如同一个竹节。组成这一竹节体系的主要结构是梁、枋、弦、撑。在内槽平座柱头缝上由四材二方木叠垒，造成一个八角的井干结构，组成空间框架体系，这也如同现在楼房建筑中的圈梁，这是古代圈梁结构的尝试。所谓柔体结构，即是由各层明暗之间的斗拱及柱子组成，这一层也叫活动层。刚性层主要作用是提高整体抗力，增强稳定性；柔性层则集中发挥有控制的变形能力，增加延性，缩小水平作用力，将外界的巨大作用力，抵消在木塔本身的运动中。

四、斗拱及平座、铺作的巧妙运用

斗拱是中国古代木结构建筑中常见的作法，由斗形的斗和弓形的拱组成。斗拱也是木塔的最主要构件，在连结各柱与梁枋构成平座铺作时，几乎全采用斗拱方式。斗拱使用手法变幻多样，全塔共用斗拱54种，可以说是集斗拱形制之大成，被称为中国古建筑中的斗拱博物馆。每朵斗拱均有一定的组合方式，每一构件，都经过艺术加工。这些斗拱、柱与梁枋组成一个整体，状如瓣瓣莲花，充分显示了中国古代建筑的结构美。二层以上，还用斗拱挑出平座，围以木栅，游人可凭栏玩赏，极目远眺。总之，完美的斗拱结构，是应县木塔构造的一大特色。

除柱子和斗拱，构成平座与铺作的，还有梁、枋、斜撑等构件。这些构件用各种斗拱结合成一个整体，每层都有一个八边形的中空结构层。各种构件的大小，都经过缜密的数字计算，既结合紧密，又留有伸缩余地，使木塔实用、坚固、美观并极为科学合理，体现了高超的建筑艺术。现代科学研究证明，铺作层也有很大的耗能减震作用。在竖向力的作用下，经过梁枋的传递，各层力通过柱向下传，受力均匀，传力明确。而在水平作用时，任何一点的水平力，都可分解为弦向及径向的分力。弦向分力由内外槽各枋组成的弦向框架承受，而径向分力则由外柱及其上梁栿组成的径向框架承受。弦向和径向框架，在柱子和框架横梁之间，都有由斗拱组成的连接体。这些连接体既不是自由的绞接，也不是刚接，则是随着框架变形不断改变的刚度连接。这种连接，随着柱头的侧向变形和斗拱的塑性变形，通过局部损坏，可以吸收掉大量的能量。所以在遇到大地震时，虽然斗拱有弯折、扭歪、劈裂，但木塔主体结构损坏不大。近千年来，就是这种耗能作用，保证了木塔安然无恙。这些大型构件究竟有多少，实在难以计算。各层之间，梁枋纵横交错，层层叠叠，错落有致，相互契合，其结构纡曲之奇，设计精湛之妙，莫不令人惊叹。

五、 构图精妙

建筑物立面外观，历来受到设计者的高度重视。释迦木塔的立面构图，稳定端庄，比例得当。它以第三层中间面阔为基准，高为它的7.625倍，宽为3倍。竟与达·芬奇的人体比例图有着惊人的相似。可以说它是由数学、美学和建筑学巧妙交织而成的一件艺术珍品。

从微观处着眼，平座飞檐，错落有致；栏额斗拱，千姿百态。或大刀阔斧，粗犷豪放，或精雕细刻，玲珑剔透。既有唐代雍容华贵的风格，又有辽国庄重敦厚的雄浑。各种形体、色彩、疏密、明暗的对比，交织一起，变化莫测中求得统一，谱写了一曲雄壮和谐的凝固交响曲。

总之，释迦木塔的设计奇妙与建筑精巧，极为罕见，具有很高的学术研究价值。1933年（民国二十二年），建筑专家梁思成、刘敦桢就组织人员来应县进行实测研究。直到1964年，这项研究才由建筑专家陈明达完成。陈明达著有《应县木塔》一书，从建筑学的角度对木塔进行了详尽的解剖分析，探索出它的结构规律，并绘出了实测图。同年，建筑师路鉴堂、景庆升、路风台三人，又依据陈明达的实绘图，用了二年的时间，逐层制作了1/20的木塔模型，为保存这一国宝级的建筑，做出了巨大贡献。现在这件模型收藏于中国历史博物馆。

第三节 登塔览胜

释迦木塔位于应县城的西街路北。在城外几公里的地方，就能看到在云天相接的地方，有一座淡蓝色的玲珑宝塔，高耸入云。若天气晴朗，在十几公里远的地方，就能看到它的伟岸雄姿。登恒山之巅，朝

塔连云天

西北望去，数十公里之外的宝塔，在云雾缥缈中若隐若现，如天宫楼阁。

由大运高速公路应县出口处，东行13公里即到应县城。在新建西路北侧，有一条完全仿古建筑街，即辽代一条街。街长300余米，街道东西两侧，全部是辽式风格的二层楼建筑。结构精美，古色古香。在辽代街的入口处，建有牌楼一座，设计精巧，美观大方。向北一望，高大雄伟的应县木塔突兀眼前。由南向北，跨过塔前牌坊，就进入了宽阔的塔前广场。广场中央筑有水池，清澈的水中矗立着一座汉白玉观音雕像。池旁花团紧簇，四周绿草如茵。

佛宫寺山门建筑雄伟，门前蹲着一对大铁狮，铸于1594年（明万历二十二年）。铁狮颈系响铃，胸挂穗缨，毛发卷曲，双目圆睁，造型生动，栩栩如生。山门与天王殿建在一起。天王殿面阔五间、进深两间，内有弥勒佛、四大天王和韦驮菩萨塑像。过天王殿进入塔院，只见院内大殿两侧钟楼、鼓楼、东西对峙。

这时，崛地擎天、巍峨崔嵬的木塔就出现在眼前，游人站在塔前空地上，眼望那耸入云霄、雄浑古朴的宝塔，不禁发出声声惊叹。这座比北京白塔高16.4米，比西安大雁塔高3.3米，在古寺塔中，形体最大、结构最精、外观最壮丽、轮廓最优美的木塔，确是"峻极神工"，名不虚传。

木塔建在一个分为上下两层石砌台基上。台基下层是不规则的方形，边长40米，台前嵌着一块石雕的八卦图。上层为八角形，与木塔相呼应。台基东西南北各置月台并筑有台阶。台基总高4.40米，坚实宽阔，木塔稳稳地矗立其上。

塔呈八角形，六檐五层，塔身为阁楼式。各角檐牙高啄。檐下突出的是斗拱勾拦，下为斗拱屋面，上为斗拱勾拦。层层斗拱，八面勾栏，层层叠叠，如莲花盛开。真是"远看擎天柱，近视百尺莲"。木塔上悬有"百尺莲开"匾，言尽斗拱结构之美妙。塔顶的塔刹，由莲花座、铁锅、铁笼、铁笊篱、空铁筒、

第一层释迦摩尼佛像

铜宝珠塔尖组成，呈八角攒尖式，通高11.48米。制作十分精致，与塔身体形十分协调，衬托出木塔宏伟壮观的气魄和穿云射斗的态势。

总观木塔的外表，于粗犷中见玲珑，古朴中具典雅。优美的造型，配上各层之间悬挂的笔力遒劲的大字牌匾，还有那层层风铃发出的悦耳清脆的铃声，更使人感到动中有静、静中有动的和谐美。

释迦木塔的第一层，外观极为华丽，重檐上青色的琉璃瓦在阳光下灿灿生辉。底部有一圈2.86米厚的围墙，开南北二门。由南门入，光线昏暗，一种庄严、肃穆、沉压之感，油然而生。正面塑有高约11米的释迦牟尼像，结跏趺坐于束腰莲花座上，面容饱满，金脸金身，斜披袈裟，袒胸正坐，左手微微下垂，右手上曲作环形，呈说法状。其表情和眉善目，慈祥端庄，仿佛在随时接受善男信女们的顶礼膜拜。这尊佛像，是寺庙中形体最大的佛像，手心可坐四人打扑克，耳朵里能容两人下象棋。更为奇特的是，佛

祖唇边，留有墨绿色的胡须，实为罕见。

　　莲座下塑八大力士，头戴盔，身披甲，造型生动，形态各异。内墙上塑有六尊如来佛像，两侧顶端塑得是飞天凌空，衣带飘荡，栩栩如生的侍女。顶部雕刻着八角形图案和藻井。正门西侧绘两大金刚，手持法器，面目狰狞，护法安神。内槽门西侧绘两大天王，披盔戴甲，气势逼人，受佛嘱咐，镇守其门。天王像上是佛的两个弟子，东面为阿南，西面为迦叶，阿南衣着朴实，迦南饱经风霜。前门额照壁板上，画三幅女供养人像，顾盼作态，各司其职。有人考证，这是画的辽代三位皇后。北门照壁板上的画，与南门上的大致相同，只是画了三个男供养人，画面不大，人物体态匀称，面容丰满，神情安祥，衣带飘动，颜色古朴。据说是辽代原物，有学者认为，这是辽代萧

第一层内槽藻井、斗拱、壁画

第一层外槽南面平棊彩画

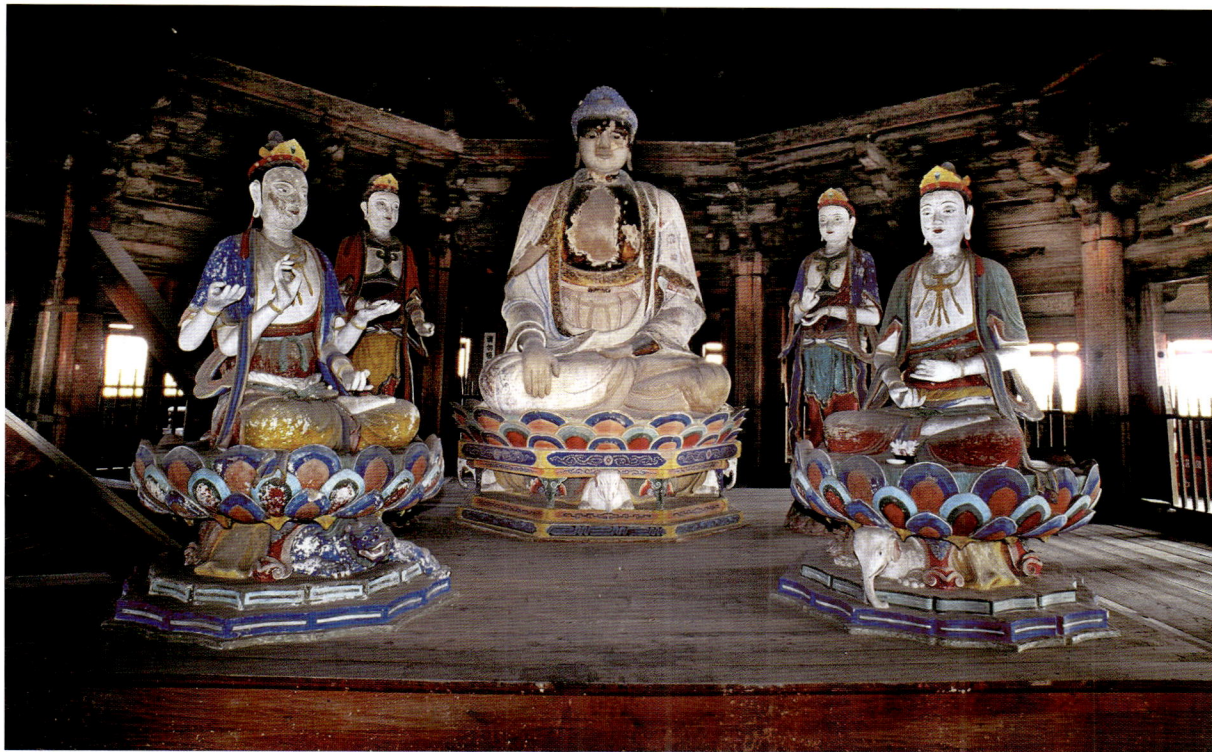

第二层塑像全景

氏家族的头面人物。

　　木塔底层内外槽之间的左侧有木楼梯，游人可拾级而上。登上11米高的第一盘梯后，进入暗层。暗层周围弹洞累累，那是近代战争给木塔留下的痕迹。向里观看，只见梁枋斗柱，层层结结，如蛛网盘结。木塔结构之复杂巧妙，可见一斑。再登一层盘梯，就上到了木塔的第二层。

　　一出楼梯口，光线明亮，给人以豁然开朗之感，内外景色，一览无余。塔内楼板平铺，宽敞明亮。正中是一方形坛座，围有木栅。坛座上是释迦牟尼佛和四菩萨塑像，均坐北朝南。释迦牟尼居中，东侧是普贤，西侧是文殊，后边各立二胁侍菩萨。普贤、文殊盘膝坐，神态自然；胁侍菩萨，谦恭侍立。诸佛说法修行，各司其职。推门出塔，南门挂有一副楹联，"拔地擎天四面云山拱一柱，乘风步月万家烟火接云霄"，东门也悬楹联一副，"高楼恒峰云在槛，遥临桑渡水围城。"俯首下望，只见县城街巷井然，庭院鳞次，屋宇栉比，人流如蚁。

　　由二层左侧，再登两层楼梯，便可上到"霄汉凭临"的第三层。三层正中，设一八角坛，坛上四尊佛像相背而坐。这就是释家所言的四方佛，即东方阿楚佛，西方阿弥陀佛，南方宝生佛，北方成就佛。四

第三层塑像全景

佛面目雷同，端庄肃穆，各据一方；仔细端详，神态各异。南方佛摊掌张目，像是在叙说着什么；北方佛右手轻拈左袖，凝神观望；东方佛握指曲肱，低头思索；西方佛两臂置膝，怡然自得。这一层的南门，门楣上悬一巨大牌匾，距今已有800年的历史，上有"释迦塔"三个大字，字为颜体，端庄严谨，浑厚有力。在"释迦塔"三字两边还有236字的题记，分6次作成，记载了释迦塔的修建情况。是迄今发现有关木塔建筑时间的最早记载。门旁有楹联一副，右书：俯瞩桑乾滚滚波涛萦似带；左书：遥临恒岳苍苍岫嶂屹如屏。此副楹联形象地描绘了登上此层的四方景观：恒山由东向西，绵延而过，山势雄伟，腾峰跃谷，上

第四层塑像全景

第五层塑像全景

与云天相接，下与碧野毗连。浑河、桑干河，碧水晶莹，蜿蜒如带，百里内外，田畴如画。

登上塔的第四层，但见坛座正中塑着盘膝打坐的释迦牟尼，旁立弟子阿难、伽叶。前边塑有两尊菩萨像，文殊菩萨骑狮在左，普贤尊者跨象在右。这两个坐骑是全塔泥塑中保存最完好的辽代原塑，体现出辽代粗犷不羁、潇洒飘逸的艺术风格。塔檐下悬挂明武宗朱厚御题"天下奇观"四字匾。1518年（明正德十三年），武宗亲自统兵与鞑靼大战于应州境，获全胜，临木塔，即兴写下了"天下奇观"四字，既赞美木塔的胜景，又抒发自己的豪情。

突兀碧空的第五层，为全塔最高层，离地面50余米。内塑佛像最多。中间高踞者是毗卢佛，周围八尊菩萨团团围拱，粗粗看来，尊尊一样，细细瞅去，却又各有特色，各具情态。这一组彩塑，似在描绘一场生动的讲经说法会。南门塔檐下"峻极神工"匾为明代永乐皇帝御题。明成祖朱棣于1423年（明永乐二十一年），第五次率兵征伐鞑靼人，胜利班师经过

应州，驻扎城中，登临木塔，豪情勃发，挥笔写下了"峻极神工"四字。既颂扬木塔之鬼斧神工达到极致，又表达了自己的文治武功达于鼎盛。此时游人环顾四望，景象更胜一筹，有登临绝顶，驻足霄汉之感。"俯瞰山河丽，遥瞻昂毕空"。俯仰天地，旷观四野，山如龙蛇起舞，水似天女舞练。

五层之上，还有一层，那就是塔刹，为全塔最高点。塔刹高9.6米，由莲花盆、铁锅、铁笼、铁笊篱、空铁筒、铜宝珠塔尖六部分组成。莲花盆为上粗下细的两层形似莲花的砖瓦土石奠基结构，最大直径为3.6米，高为2米。稳稳地坐在莲花盆上的是一个直径2.4米、高2米的形似圆鼓的铁锅。在铁锅上，有直径2米、高2米的镂空铁笼紧紧镶嵌。铁笼的上边嵌接着的是直径1.8米、高1.8米的铁笊篱。铁笊篱上方是一个1.8米高的圆铁筒。最上边就是长1米的桃形青铜宝珠塔尖。这六个部件全部采用镶嵌式连接，环环紧扣，丝丝入窠，其牢固程度不亚于当今螺丝固定或镍条焊接。

第四节 佛像内涵

释迦木塔各层雕塑的各种佛像都极有讲究，从一层到五层的佛像，组合成一座立体的曼陀罗（佛教经典），把博大精深的佛教理论用立体的方式具体地表现了出来。在所有佛寺中，全世界仅此一例。

第一层是以释迦牟尼佛为中心，背景壁画是过去世之诸佛。按照佛教的观点，人世间所有一切，都必须经历成、住、坏、空的阶段，有出生就必然会有消亡。这些过世的诸佛，适应当时的世界，成全了教化众生的使命，与现世的释迦牟尼佛前后呼应，以此代表佛法生生不息的传承。第一层门庭侧壁上壁画中的飞天、金刚护法、弟子及信众围绕正在说法的佛陀，表现一位伟大的天人导师在为苦难迷惑的大众演绎生命的解脱之道。木塔门楣三尊供养人像，意为进佛门要以供养佛法僧三宝为上首。释迦牟尼佛像后面

壁画画有六尊佛像，分别为毗婆尸佛、尸弃佛、毗舍浮佛、拘留孙佛、拘那舍佛、迦叶佛，连同释迦牟尼统称过去七佛。强调的是一种传承与认证的关系，如此才能确保法统。主佛像释迦牟尼的说法像造型，完全符合"造佛度量经"的法度。面如皓月，佛有须，为雄伟大丈夫相，而手指纤细，面容圆润柔和，又具备女相之特征。如此融合男女阴阳，表示佛已超越性别。佛陀身披福田衣，表示佛为众生产生各种福分的田地，任何人只要愿意在这块田地上播种，必然会有福田妙果的报应。福田衣上装饰有宝相花及忍冬卷草纹，宝相花就表示福田妙果；忍冬卷草是一种生命及延展性极强的植物，表示只要在福田上播了种，福分就会像忍冬卷草一样永不枯竭。佛的手势造型为"结印"，右手施无畏手印，左手予愿手印，即寓意诸佛

菩萨内心所集结的意念。佛陀端坐的金刚须弥座和莲花座，"须弥"是梵语，是妙高的意思，金刚代表坚固不朽。莲花是一种神圣的植物，以此代表如是因，如是果，因果相连。一层顶部护佑众生的伞盖式藻井，绘的是道家的太极图，太极代表所有变化之原理，也代表世界所有生物都必然会改变，因此也成为真理的象征。

第二层仍以释迦牟尼为中心，差异在于第一层以"信"为中心，第二层是以"解"为主题。中间释迦牟尼佛，右手触地降魔印，左手为禅定手印，这是佛陀在菩提树下金刚座上证悟的代表印相。这组塑像讲述了一个故事，当释迦牟尼成佛时，正由深层的禅定思维进入四禅八定的境界。这时，魔王提出质疑，问："佛的净土何在？"佛陀右手指着大地，召地神作证，说："我的佛土就在眼前，心是佛，心地就是佛土。"于是魔王惊退，诸天神共同庆贺佛陀降魔取得胜利。这也是佛殿称大雄宝殿的缘由。

释迦牟尼主像后面，还塑有两位胁侍菩萨。他们的责任是立志发善心，协助所有愿意求佛的众生，扫除他们求佛过程中的一切障碍，为他们提供种种服务。其中一位掌灯，代表光明；另一位捧花，代表结果前的花开，也代表欢喜及资粮充足。

第三层塑像进一步延续第二层的意思。佛家用语叫"转识成智"，也就是将所理解的佛学知识转变成一种智慧（因为智不足成烦恼，烦恼也可转成智慧）。殿堂中端坐于莲花座的是五方佛，又称五智如来。这里应该是五尊佛像，但只有东西南北四尊，而将中间的第五尊移到了上一层。这不是失误，而是独具匠心，是为体现一个佛教的理念，把中间空出来。就像漩涡或者台风眼，空洞代表旋转的力量，迷失与觉悟只在一念之间。这里强调的就是要有旋转力，就是号召人们在关键时刻不能迷失方向。

四尊佛像各有所称，有不同的寓意。东方的阿閦佛又称不动佛，身着蓝色。阿閦就是不生气、无恼怒的意思。用金刚般坚固不变的意志克服烦恼，并发

菩提心，通达觉悟，对一切众生起慈悲心，永不为俗人的种种无理行为所动，所以又称不动佛。佛座下的宝象代表其形如大象般稳定如山，手结触地印，表示安稳如大地，并将一切怨恨转化成大圆镜智（又称金刚智。此智如大圆镜，可映一切法、一切众生形象）。

南方的宝生佛又称开敷华如来，身着黄色，代表巩固，增加意志。这种意志将伴随你，前往无穷无尽的宇宙而永远不变。将恩德普降人间，将自己的心前往无垠的世界，在求证菩提心之后，在宇宙确立自己的存在，这种存在如同如意宝珠一样能生一切宝，发出如星辰一般永恒的光辉。宝座下的宝马代表其行勇往直前。手结予愿印，代表满足众生愿望之心，调伏骄狂傲慢，将其转换成平和的心智。

西方的阿弥陀佛又称无量寿佛。代表其心量遍及无限时空。身着红色，代表确立禅定中而沉湎于冥想的世界，从冥想中启发慈悲，统帅五部中的莲花部。坐下的孔雀代表神话传说中的不死鸟，每日浴火重生，永远闪亮着新生的光辉。手结禅定印，表示禅定而觉悟之心，调伏一切贪婪，巧妙地观察众生，明辨正邪。

北方的不空成就佛，又称天鼓雷音如来（打着战鼓，有强烈作战意味的佛）。身着黑色，代表粉碎烦恼之力与理想世界实现的感受，统帅五部中的业部。座下的大鹏金翅鸟，是一切歹毒罪恶的克星。手结无畏印，表示以冲天的意志展翅高飞的大无畏心，调伏怀疑忌妒，并将其转化为利人而自利，二利双运。

第四层的中心仍然是释迦牟尼佛。第一、二层是佛的法身、报身、应生的应化身，而第四层经过了信与解，走向实践，也就是行的功夫，慈悲救度，终于功德圆满。成就的报身佛，又称卢舍那佛。佛的左右有两弟子、两菩萨。两菩萨是文殊与普贤，分乘青毛狮子和六牙白象，代表其行如狮子吼，唤醒沉迷者；六牙白象，有如坚忍不移的行六波罗密，以此辅佐卢舍那佛。两位弟子是迦叶及阿难，随侍在后，意

思表现佛法的传承关系，使佛法永续。

第五层表现信徒由信、解、行进入到证悟的阶段，而佛也从应化身、报身进入到法身佛的境界，也就是佛教大方广佛华严经，普贤行愿品中的十住心"秘严庄严心"，进入不可思议的解脱境界，以曼陀罗的方式表现。这层共塑有九尊佛像，高居于中心的是毗卢遮那佛，周围是四大古佛和四大菩萨。这种表现手法，形成的是一个完善庄严世界的缩影。表现的是由中心向外辐射，如同太阳光不断的照射，给万事万物带来生命力及生机。因此，处于中心的毗卢遮那佛又称为大日如来，意为光明遍照。大日如来两手于胸前结智拳印。智拳印是以左手金刚掌，象征众生生命，以右拳象征绝对者，法身大空的智慧。左、右拳结合，表示个体生命与整体生命融合为一。曼陀罗以莲花盛开的形式呈现，象征成熟的真知灼见。佛教的发源地印度将八瓣莲花视为人的心脏，也象征人的肉身。九尊像代表人心的九种作用。这些力量都被开启、运用、融合为一的时候，即是开悟。生命因此由

凡夫俗子的世界转化进入圣者的绝对世界。毗卢遮那佛周围的曼陀罗八叶，即四古佛及四大菩萨：观音，金刚，地藏，虚空藏，除盖障，文殊，普贤，苏悉地。由中心的大日如来开花般地放光，光中化现出四古佛四菩萨，互为体用，一切回归到绝对境界。这就是五层塑像体现的佛教理念。

木塔最高处的藻井，仍然是宝伞法盖式，中心原有象征毗卢遮那佛绝对真理的球体。以此中心向外放射，如太阳一般，带来了光与热，给予众生无穷的生命与生机。毗卢遮那佛是光明遍照之意，由此佛为中心放无量光，使得周围无数的宝珠，都镶了层金边，此为华严经中的帝明天珠。每一个宝珠相互反射产生的影像，交相辉映，变成无穷的领域，表示万法彼此融通，互为缘起，无穷无尽。

总之，佛教教义博大精深，非深入研究不能穷其奥妙。释迦木塔在有限的空间，用立体的形式，以塑像和壁画的形态，将佛教中的精华全部表现出来，确实是非凡的创造。

第五节　木塔奇观

释迦木塔作为一个知名度很高的景点，具有很高的观赏价值。蕴藏着丰富的文化内涵，它关涉到天象、地脉、气候、物候、审美情趣、宗教理念等。现在已经发现有七大奇观：

一、天柱地轴

每当夜幕降临，星光灿烂，如果来到应县佛宫寺山门外，站在门前甬道中央，面对正北，抬头高望，在夜色幽暗、星光微熙中，高大宏伟的木塔身影，沉重地矗立在苍穹之下，高耸的塔刹直指星空。如果站的位置适当，则会发现塔刹的顶尖正好和北极星粘连在一起，整个天空星辰是绕着刹顶旋转，故古人赞塔为"天柱地轴"。原来在山门外南北甬道上，铺有一块长方形石板，长1.3米～1.4米，宽0.7米，人站在石板上，恰好能看到这一奇观。身高的人可站在

石板的靠北端，身矮的人则向南后退，在石板上总可以找到合适的位置，所以人们称之为观星石。这块观星石的位置和尺寸，在木塔现存的各种历史资料中，均未找到有关的记载。看来在木塔寺院布局设计之时对山门位置和高度的选择，是在配合这一奇观的设想而定的；观星石的设置，也是在精确计算后确定的。

二、日光沐佛

木塔底层内槽正中塑有11米高的释迦佛坐像。由于底层内槽及外檐的轴线上，筑有两堵封闭的厚墙，所以只有前后两道大门和塔外连通。大门既是进出塔的通道，也是底层的采光洞口；如果关闭前后大门，则底层塔内漆黑一片，很难观瞻佛像尊容。开启前面的大门，外部射入的阳光，通过门厅地面和墙面的反射、折射，使得释迦佛的主体形象明晰突出。随

着一年四季季节轮换，太阳光影的斜角也在变化，在木塔底层正门前厅，入射阳光的伸入长度和地面反射光映照的部位，呈现出季节变化的差异，这种现象构成了木塔的一个奇观。由于屋檐的遮挡，每到立夏之日正午，阳光光影的前脚，正好落在正门的地栿之外，随后光影逐日南移，一直到夏至为止，以后光影又逐日北移，到立秋日，恢复到立夏日状态。整个夏季三个月，阳光不直接射入前厅，塔内底层保持清怡凉爽的环境。从立秋日起，阳光开始跨越地栿射入前厅，而且入射的光影逐日增长；直到秋分日。由于入射角度逐日放低，门高开始替代檐高的遮挡，此时地面的阳光反射光线，恰好照亮了前厅的顶上平间。到立冬日，地面上的光影长度增加了一倍，入射角继续放低，反射光照的范围扩大，一直照到内槽门上的楣额。整个秋季，前厅内光线充足，荧映温和。接着入射角继续放低，光影长度继续加长，反射光则开始进入内槽，从佛像顶部逐日向下延伸，一直到冬至日，光影达到最长，反射光则照耀到佛像的半身部位，昀融暖畅，可御冬寒。从冬至到立春，立春到春分，春分到立夏，光线的入射和反射，是沿着入射途径，逆向迭减。这种环境的处理，为释迦佛营造了一个自然调节，四季咸宜的舒适处所，真是匠心独具，精思妙理。建塔的匠师在规划塔的各部尺寸时，就对佛像的高度、出檐的深度和檐高这一系列尺寸的关系，从太阳与应县地方的地理关联的角度出发，动态地进行策划和计算，达到如此完美的程度。

三、塔影罩殿

木塔北面筑一砖台高3.3米，砖台北面有大雄宝殿，面阔9间，进深4间，砖台距木塔后檐明柱22米。高大的木塔，在阳光照耀下，塔影随太阳的位置而移动。在中午前后塔影则落在塔后的砖台上，由西向东，扫描而过；正午时分必然落在大殿的中轴线上。

塔影的长度，随季节而变化，冬至日最长，夏至日最短。塔的上部五层及四层的影子每层每年必然有二次和殿身重合。影子的檐口线上，在大殿的面上形成一层虚拟的塔身，在殿的檐口上增加了塔檐角的参差错落及空悬风铎的摇曳，两相衬托，更显出殿的气势巍峨。

木塔底层佛像前有一供桌，可供人们敬香上供，其余各层均无此设施，只挂灯笼，主要是为了防火。为便于人们顶礼膜拜，选定四月初八这一佛祖诞辰日，在大雄殿前进行佛事活动。农历四月初八，一般在立夏日前后，每年不同，最大相差可达15天。中午阳光斜射角在22度~25度。几层塔影落在大雄殿前或罩映殿身，形成虚拟的几层塔座，前后排列。这样上香供佛时，可以同时祭告各层佛座，既保证了塔的安全，又满足了信徒的心愿，达到了恰如其分的圆满。可以说功德无量，皆大欢喜。

四、百尺莲开

释迦木塔所用的斗拱形制，是中国古建筑的精华所在。木塔立面上有十条斗拱带。特别是在檐下的斗拱，由于出檐深度不同，上承梁栿大小不一致，各层各面变化出多种形式，像一朵朵盛开的莲花，在深远的檐阴影中绽放，多姿多态、厚重深沉；而阳光煊照处，则熠熠生辉。两者交相映比，把整座巨塔装点得气势非凡，丰富多彩。

从艺术的角度欣赏斗拱，一般从势、形、雅、变、淳五个方面来观赏。

所谓"势"即气势。斗拱的气势雄宏，参差错落，承托深远，衬出木塔高大峻稳，而且由下而上逐层观看，更能感受其气势之美。

所谓"形"即"布置"。布置得体使人百看不厌。在层檐下和门窗开间之间，增加一环参差伸缩的斗拱，配合着各层各面的牌匾，突出了中国建筑的文化底蕴。在各层屋檐之上，上层栏杆之下加一组托撑外廊的斗拱带，完美地形成由实向虚的过渡，宏伟中透出俊秀，让人感叹建筑艺术的魅力。

所谓"雅"，即以质取胜，不施粉饰。木塔斗拱之美在于其拱昂刚劲，层次分明，每组斗拱内不存在虚假装饰构件，充分表现斗拱在发挥实用的功能，没有一点装潢渲染的意图，同时充分暴露出木材的苍劲本色，不加任何粉饰，所谓"木德参天"正是典雅气质的显示。

所谓"变"，即"千姿百态，变化多端"。从功能上看木塔斗拱仅有三类，但顺势造型，竟然变化出54种416朵。当欣赏木塔的斗拱时，必须上下登临，内外穿越，八面绕行；细数对比，才能领会其"变"得妙及"变"得美。这一感受是一般古建筑景点难以领略到的。

所谓"淳"，即指斗拱的谐和、对比、互相衬扶，整体的韵味品尝。当对各部分斗拱观赏时，会感到各自的美妙，但整体来观察木塔的斗拱时，淳和厚重，回味无穷。会发现各部分的对比不同是遵循着一个原则，即互相衬托扶持，每一处斗拱可以是主体，但也是他处斗拱的陪衬，有了陪衬会使主体显得又有特色，但如果互为陪衬时，就显示出整体的和谐，韵味十足。少一个单体就会减一分光彩。

五、春曦迎晖

应县地处山西北部，气候寒冷，冬季多风，地冻较深，故春日来迟，春分前后才开始地解土润。这时，每当旭日初升时，在田野中弥漫着蒸腾的潮气，远远望去，像一层薄雾罩着大地，太阳渐高，则水气蒸发，晨霭渐收。而晨霭与木塔相遇，构成一组在他处看不到的奇景。

每当初春之际，晨光微曦，邻近居家炊烟初升，地面晨霭轻轻散布，巍峨巨塔笼罩在烟霭之中。接着，蓬勃的朝阳一闪而出，红霞满天，塔的刹顶及上层展现在霞光中，由于阳光是由下方斜射，塔的东面上部，檐口斗拱、柱顶额枋、门窗格牖，被照耀的清晰鲜亮，毫无阴影遮挡，而下部几层仍处于烟霭朦胧之中，宛如中国画中的天宫楼阁，真是一大奇景。

六、夏暮无蚊

每当夏日酷暑，正是蚊蚋肆虐之际，但在应县木塔的前后庭院内，却无蚊蚋骚扰。缘由是木塔中住着不少俗称麻燕的小候鸟。夏初迁入，深秋则去。这种飞燕体型稍大，翅长腿短，落地后很难起飞，昼伏夜出，专噬蚊蚋小虫。每当夕阳西下，群燕则由塔中栖息处飞出，先绕塔于近处上下飞翔，逐次向外扩大飞翔范围，凡飞过之处，蚊蚋小虫全被吞噬。因为有了麻燕这位"保护神"，木塔千年不遭虫蛀。

七、秋水倒影

木塔北面大雄殿后，有一积水潭，当地人称之为"水沱堰"。是附近地面雨水汇集而成，并无天然水源，故雨季水面扩大，旱季则水面缩小。应县地区年降雨量不多，而且经常春旱，故水沱积水通常以夏末秋初为多。当秋水满盈，水边沿可扩至大雄殿后数十米之远，此时正是欣赏木塔倒影的最佳时期。站在水沱堰北边，可以从不同角度观看木塔倒影。角度合适，大雄殿的背景恰好遮不住塔身的下部，而塔院后墙高度又略高于塔与殿的台基，对塔身遮挡不多，塔的全高及在水中倒影，就可以完整地显现，是摄影留念的最佳取景点。蓝天白云，耸塔平殿，檐角勾栏，远树近径，既展示于自然宁静的境界，又复映现于清晰的水面，两相对应妙趣横生；如有微风乍起，吹皱一池秋水，塔影变成一层层扭动的曲线，在清漪中反复濯洗，常常使诗人画家情不自禁地讴歌泼墨。近闻说地方人士建议在水沱堰周围，新建塔影公园，扩大水面，引入活水源泉，保持常年水面宽广清净。如能实现，将使宝塔锦上添花。

第六节 难解之谜

在木塔屹立应县大地近千年的岁月中，应县一带发生了数不清的自然、人为灾害。应县木塔经历了无数次的雷击、地震、洪水、大火和战祸的袭击。木塔周边的建筑物在风雨侵蚀中建了倒，倒了建，已经变了几十回，而木塔却安然无恙，成为难解的历史之谜。对这一谜团，中外多少专家学者进行了坚持不懈的探索研究，但至今没有作出大家公认的科学解释。谁能解开这些千古之谜，人们拭目以待。

一、雷击不了

雷电是木结构建筑的大敌，中国古代多少雄伟的建筑都毁于雷击。如洛阳永宁寺塔高49丈，有中国古代摩天楼之称，登上塔顶，犹如置身云霄，大有飘飘欲仙之感。令世人惋叹的是，该塔仅存15年，便被雷电击中，毁于火灾。国内还有许许多多的类似永宁塔的古塔，终因经不起自然灾害的打击而惨遭灭顶之灾。

在漫长的岁月中，应县木塔经历了无数的风雨雷电，但这座纯木结构的高大建筑物为什么从来不遭雷击呢？有科学家说是因为塔刹起了避雷针的作用。但铁制的塔刹高高立于木塔顶端，并没有一根导线连接到地下，不知雷电是如何避开或传入地下的。

二、地震不倒

据史料记载，释迦木塔经历了裂度在五度以上的地震有十几次，就是近些年的唐山地震、邢台地震、阳高地震都波及到应县，木塔虽大幅摆动，但依然巍然屹立。对于这座高大苍老的建筑物，有如此的抗震能力，专家们多归结到它的科学构造，但似乎不尽如此。

三、不遭虫蛀

释迦木塔的构造主体是松木，夏季气候潮湿，木材是会遭虫蛀的。但应县木塔尽管年年生虫，但不遭虫蛀，这当然归功于每天夏天便围绕木塔满天飞舞的麻燕。木塔的虫子全部被它们吃掉了。但这种特殊的"木塔守护神"是怎么来的，为什么它们不能在别处生存，为什么落在地上再也飞不起来了，为什么每年夏天突然都飞来，而秋后的某一天又突然不见了踪影。

四、不怕炮火

应县历史上是兵家必争之地，发生的战事很多，尤其是近代，有两次炮火直接击中木塔，但木塔却安然无恙。1926年（民国十五年）军阀混战，对木塔炮击200余发，塔身弹痕累累，有十几发炮弹击中后燃烧起火，可是很快地出现奇迹，自行熄灭。1948年（民国三十七年），解放应县之战，解放军用重炮轰城，有几发炮弹误中木塔，但均穿塔而过，在塔外爆炸。令人称奇的是，至今仍有一发炮弹的引信还嵌在木塔四层的梁枋上，但引信进去了，炮弹却没有在塔内爆炸。

五、不怕水淹

应县地区虽干旱多风，但发生洪水灾害的年份也并不少见，史料记载，县城遭洪水袭击也有几次，但洪水对木塔却无可奈何。近年来，由于干旱缺雨，木塔周边地下水超采严重，导致地下水位骤降，地面下沉，但对木塔却影响不大。

六、塔顶放光

释迦木塔的塔顶有时会自然放光。据明万历《应州志》记载："洪武元年四月初八日，塔顶佛灯，连明三夜，比昼尤光，烨烨不散。"即是近年，亦有人看到塔顶放光。宗教界人士说，是佛光出现，科学界的人士说，这是塔刹尖端放电，激烈释放光芒。到底为什么，这也是一个谜。

第三章
塔周景点

第一节 净土寺

位于应县城内东北隅，俗称"北寺"。据明代《应州志》载，净土寺于"金天会二年(1124)僧善祥奉敕创建，大定二十四年僧善祥重修"，距今已有860余年的历史。2006年被列为国家级文物保护单位。

全寺建筑分布在东西两轴线上。西轴南端为山门，其后正中有金代舍利塔，塔身通高约10米，塔北有天王殿，塔的东西各有钟、鼓楼1座，还有配殿。北端为大雄宝殿。东轴南端是禅堂，其后有东西配房，正中为佛堂，后有藏经楼3间，两层两檐。该寺原来规模宏大，布局严谨，金、元时期尚极兴盛。寺宇在1969年绝大部分被拆毁，现仅存大雄宝殿，为金代原物。深、广各3间，平面略呈方形，单檐歇山顶。历经金大定、明景泰、成化、崇祯、清同治各朝

净土寺大雄宝殿

多次修葺，尚存原貌。

大雄宝殿长15米，宽12米，上覆筒、板瓦。檐头镶绿色琉璃瓦，坡度平缓舒展。檐上斗拱铺作，四角抛檐升起，如凤凰展翅一般，呈柔和弧线。明间装隔扇门，次间下砌槛墙，上覆槛窗，其余三面柱子均包在墙内。整个殿宇外观给人以朴素、稳重、秀丽、雄伟的感觉。殿顶之天花藻井，又叫天宫楼阁，八卦传顶，构造精美，雕工巧细。大殿设覆斗形天花板，以梁栿划分为九格，分别作成9个藻井，当心间的藻井最大。每个藻井中心为一红色圆星，藻井下饰以天宫楼阁，作混金彩画，极为隆重。另外8个藻井则呈八角形、正六角形、长六角形、菱形等。各藻井、梁、栿平基绘龙凤，喻吉祥如意。天花板的东、西、北三面又围以天宫楼阁，遍布五彩。整个天花藻井构图繁多，布局严谨，雕刻精细，丰富多变，色泽华丽，是罕见的金代珍品，典型地反映了金代室内装饰绚丽多彩的特点。

据记载，大殿的天花藻井为金代原物，后曾数次重修，平基及藻井的彩绘均经后代重绘。大殿天花藻井的天宫楼阁，除西南角的一组楼阁及西北角的廊房等处的斗拱，经后代重新修补替换外，基本上仍保留着金代的原貌。

1949年新中国成立后，曾几次拨款修缮，1965年被列为省级重点文物保护单位。大殿因年代久远，殿内大梁和前檐柱显示下沉。1976年上级拨专款进行维修，归整了梁架，并打牮拨正，更换了门窗，翻修了大殿墙壁外侧，新换了瓦顶，重砌了槛墙。

1986年后，落实政策，寺为僧人居住。此后，寺僧新建了东西配殿，大殿后又建了念经堂，并重塑了各殿佛像。每年佛诞时日，常有数万人来作佛事并浏览。年接待游客近万人。

大雄宝殿藻井

第二节　塔旁景点

塔前街

辽代街　在佛宫寺之南，1997年拆毁原应县中学旧址及几个国家单位及30余户居民院落新建。街长340米，宽60米，街宽18米，两侧是辽代风格的古建筑，雕梁画栋，挑角飞檐。楼均为个体商铺，商幌摇曳，市声悦耳，作买作卖，十分繁华。是迄今为止应县最繁华的集旅游、商贸为一体的一条街。街南侧是100米×40米的辽代街文化广场，可作停车、休闲浏览。进街口有二柱三楼牌楼一座，与木塔遥遥相对。

关于此街的建筑特色，其建设碑记云："是街也，北起旧城西街塔前牌楼，南迄新建西路，全长三百四十米。正对木塔，纵贯南北，虽属子午，略偏乾巽。两列楼群，雄浑壮观，柱高檐深，气冲霄汉；亭榭楼台，挑角飞檐；雕梁画栋，斗拱连街。巍巍楼成，异无子安作序，重楼奇七，叹少樊川歌赋。万人云集。展示应县经济之腾飞有日；宝塔辉映，更望将来之英才辈出。功业千秋。当颂杨赵二公之胜德；梵光普照，预示金城古邑之繁荣！"

塔前街　1998年，拆除原大寺门街的120户居民院落新建。南临西街，北至佛宫寺山门，南北长107米，东至霍家巷，西至小仓巷，东西宽100米，总面积10000平方米。临西街是二、三层仿古建楼房，东西两侧是卷棚顶带围廊的古式平房，中间为宽阔的草坪绿地，并有喷水池及汉白玉观音雕像。此街建成，彻底改变了原来塔寺门前房屋破败，垃圾遍地、污水横流的脏乱差局面，为木塔景区增色不少。

塔北景区　塔北景区位于佛宫寺释迦塔，与佛宫寺相连，主要建有释迦文化宫和环塔园北园，总投资1亿元。环塔园北园区西起迎宾北路东边线，东至烈士塔西边线，长497米；南起塔院北墙，北至北环路，长345米；占地17.2万平方米。释迦文化宫是环塔园北园的中心建筑区，主要功能是保存和展出木塔珍贵文物，特别是瞻礼佛牙舍利。项目委托国内顶级设计院进行设计，列为国家一类建筑。呈现出三大特点：一是平面布置独特，设计理念考究。文化宫由主建筑群、配殿建筑、文化游廊、殿外广场以及山门、垂花门等附属设施组成。主建筑群与木塔处于同一轴线上，由主殿、百步连廊、后阁朵殿组成；主殿、百步连廊和后阁朵殿呈"工"字形布置，建筑仿辽，组合独特，设计唯一；主侧等距配置4个配殿，配殿与游廊相连形成文化宫外侧景观；主建筑群与外侧景观的功能与文化设计，体现佛文化内涵。二是建设规模宏大，建筑体量雄伟。文化宫院落东西宽220米，南北长328米，占地7.2万平方米；主建筑群台基东西宽118米，南北长199米，分三步台阶，高7.2米；主殿东西长65.6米，进深41.6米，高26.8米；百步连廊长57.9米，宽23米；后阁朵殿总长82.9米，后阁长40米，高18.16米，朵殿三叠进深24米，主建筑群建筑面积14259平方米，总建筑面积达16784平方米，是目前国内最大的殿宇阁式建筑。释迦文化宫殿外广场总铺装面积64115平方米，其中殿前广场达23860平方米。三是突显古塔标志，厚重景区特色。木塔属于世界，释迦文化宫面向世界。站在历史的高度，设计注意处理了释迦塔与释迦文化宫、文化宫与环塔北园、北园与整个环塔园之间的关系，力求在景区扩大的同时，保持建筑风格、色彩和空间结构的协调，形成塔式建筑与宫殿式建筑相得益彰的景区特色。设计取宫阙殿宇之恢宏气势，显辽唐建筑之风韵，配现代设施之功能，必将成为佛教至尊圣地和驰名的旅游观光目的地。2008年底释迦文化宫主建筑群、台基、场院、排水、围墙主体工程已全面完工。

烈士塔院 原为北极真武庙，建于北城墙上，1948年（民国三十七年），拆庙建烈士塔。塔院分为上、下两部。上院距地面8米，有60级台阶可拾级而上。石阶上面有宽35米、长5米的平台，台南围以石栏杆，游人可凭栏眺望县城全景。进入平台后院内，有木构楼阁式两层塔式建筑，塔高5米，塔刹为一红五星。塔内树纪念碑一通，碑高5米，直贯上、下二层。碑为四棱柱形，刻有烈士英名539名。塔院东西宽30米，南北长46米，有西房三间辟为展览室，是全县革命传统教育基地。烈士塔下院遍植花木，并新立曹汝谦烈士纪念碑、李玉堂烈士纪念碑、刘苏将军碑三通，刻有烈士生平简介。

2008年，县委、县政府投资150万元，对烈士塔院进行了全面整修，更换了台阶石条，雕花石围栏，新增了汉白玉屏壁，上刻毛泽东关于解放应县战斗的指示信手书，还增设了花圃。整修后的烈士塔院焕然一新成为应县又一处新景观。

祇园广场 位于佛宫寺西侧，东边紧靠佛宫寺西墙，西至迎宾路，南临西街，北至塔北景区，东西宽130米，南北长700米，占地137亩，2006年拆迁居民区新建。景区有游曲迴廊，芳草绿树，铺石甬道，水池喷泉，古城石雕，旧城遗迹，应州古八景石雕，磨砂玻璃佛经等。还有东西对应的高座平台，东台上置2006年新铸重9.5吨的龙应大钟。西台上置高3.2米的四足铁鼎，上铸释迦塔建塔以来的重大事件，故命名为"释迦塔记事鼎"。此园宏大宽阔，绿树森森，芳草如茵，红花遍地，清泉淙淙，钟鸣鼎立，佛文化特色浓厚。既是应县木塔的配套景区，又是县城居民休闲娱乐的理想场地。

古粮仓 原名广盈仓，俗名老仓，始建于1444年（明正统九年），应州知州黄彪建。原北一联30间，现存面阔13间，进深3间。仓为悬山顶式古建筑，上建通风小阁，地板下有南北通风孔道，既可免土地潮湿，粮食损坏，又可供猫出入，免遭鼠害，设计极为考究。此仓原在佛宫寺正北。2008年建设塔北景区时迁建至祇园广场北侧，向西平移百余米。移建时遵循修旧如旧的原则，完全保留古貌，比原来更为壮观。仓前有石砖铺小院，砖铺甬道，现辟为民俗展品厅。为释迦木塔又一配套景区。

烈士塔院

塔旁祇园

古粮仓

崇 福 寺

SHUOZHOU SCENERY 朔州风光

崇　福　寺

崇福寺是中国现存辽金时代著名佛寺之一。它以其庄严古朴的建筑艺术特色，精妙瑰丽、栩栩如生的彩塑壁画以及丰富的文物藏品赢得世人注目。被誉为"集地上地下文物精华于一体的一处古代文化艺术宝库"。1988年，国务院将其列为全国重点文物保护单位。

第一章
概　述

第一节　总体布局

崇福寺位于朔州市市区南部、朔城区城内东大街，俗称大寺庙。前临长街，坐北向南。座座拔地而起的巍峨殿宇，鹤立鸡群般地耸立于古老的民居群中，四周浓荫掩映下的红墙格外醒目。

崇福寺鸟瞰

寺院南北长200米，东西宽117.6米，占地面积23520平方米。寺内地势平坦，前后五重院落，布列宽舒，主次分明。

第一进院落呈横向扁长方形。南有山门，北有金刚殿，两者相距较近。山门面阔三间，金刚殿面阔五间。第二进院落，中有千佛阁，左右钟鼓，右有鼓楼，是一接近正方形的四合院。第三进院落主殿为三宝殿，面阔五间，深四间。东厢有文殊殿，西厢有地藏殿。第四进院落，面积最大，规模宏敞宽阔，不设左右配殿。雄伟壮观的弥陀殿耸立在北

面正中，殿身面阔七间，进深四间八椽，平面呈长方形，单檐歇山顶，总高20米。第五进院落仅存观音殿。

前三进院落为明代于唐代原址上重建，保留了前楼后殿式唐代寺庙遗风。后两进院内两座大殿均为金代原建，也是全寺精华所在。整个寺院，古槐如盖，松柏交荫。各具特色的五重大殿由南向北，依次布列在中轴钱上。雄冠全寺的弥陀殿，气势恢宏，巍峨壮丽，历经八百六十多年的风雨沧桑，风韵不减当年。

第二节 历史沿革

崇福寺始建于隋末唐初，相传为唐鄂国公尉迟恭奉敕特建。初建的殿堂有大雄宝殿、藏经阁（千佛阁）、金刚殿。此后，元、明、清各代都曾重建、扩建和修葺，形成现在的格局。

尉迟恭，字敬德，唐代朔州马邑人。骁勇善战，功勋卓著，深得唐王李世民器重，受封鄂国公。他终身好佛，修了不少寺院。崇福寺的创建年代，应与太原晋祠奉圣寺的创建年代相当。奉圣寺是尉迟恭于622年（唐武德五年），奉敕将自己的别墅改为寺院的。今天的崇福寺，依然能看到唐代寺庙风格的影子。据《朔州志》载，崇福寺创建于665年（唐麟德二年）。此记载如果准确无误，那么崇福寺就不是尉迟恭奉旨创建，因为麟德二年尉迟恭已经死去七年。

到唐末五代，天下大乱。936年（后晋天福元年），石敬瑭割幽云十六州给契丹，朔州亦为其一。崇福寺成为辽统治下的地方衙门所在地，名之曰"林衙太师府"。983年—1002年（辽统和年间），相传寺内祥光屡现，契丹人惊恐万状，复辟为寺院，称之为"林衙寺"。1125年（宋宣和七年），金灭辽，朔州又归金统治。由于金统治者大事崇佛，使崇福寺进入了空前的鼎盛时期。1143年（金皇统三年），朔州顺义军节度使、安远大将军翟昭度，奉敕特建弥陀

殿，历时十多年竣工。

1149年—1153年（金天德年间），金朝廷赐匾额"崇福禅寺"。1321年—1333年（元至治、至顺年间），浙江无一宝公禅师主持崇福寺。无一禅师对佛学的研究博大精深，声闻达于朝廷。朝廷特颁《大藏尊经》一部，纳于寺内藏经阁。由此，崇福寺的社会声望为之大振。

元朝末年，战火再起，弥陀殿成为元军屯放军粮的仓库。寺内多处殿宇遭到"基无砖石"的毁灭性破坏。僧人各奔逃生，断垣残壁，满目蒿莱。崇福寺遭受了历史上最为严重的破坏。

1383年（明洪武十六年），在晋王朱㭎岳父永平侯谢成的倡导下，朔州各界纠集民力，对崇福寺进行了历时五年的大修重建。并将崇福寺辟为朔州僧正司衙门所在地。后又经1457年—1487年（明天顺至明成化年）间，无双禅师的募化修葺，始成今日格局。1631年（明末崇祯四年），知州翁应祥将崇福寺列为朔州八景之首。

明末清初的战乱，崇福寺再度落入荒凉境地，僧人为了苟活性命，东西两侧的僧舍六院均被典当出去。到1736年—1795年（清乾隆年间），僧正圆明禅师，历时30年募化筹资，使崇福寺的面貌再次一新，

并赎回僧居六院，购置寺田百亩，扩大了崇福寺的资金来源，使崇福寺进入第四个兴盛时期。

民国以来，军阀混战，日寇入侵，崇福寺再次出现墙垣颓废、殿宇崩摧局面，镇寺之宝—北魏千佛石塔亦被日寇劫掠而去。到解放前夕，这里已成为杂草丛生，任人倾倒垃圾的破庙，部分建筑危在旦夕。

新中国成立之后，崇福寺以它特有的文物艺术价值，受到了人民政府的高度重视。1952年，正式列入编制，成立了专门保护机构—崇福寺文物保管所。国家领导人、社会各界人士多次来寺指导考察。1953年，国家拨付巨款，首先对观音殿进行落架大修，并对濒临倒塌的其它殿宇均予重修，一洗昔日满目疮痍的残破景象，使崇福寺重显风采。

千百年来，弥陀殿由于工程浩繁，仅仅能予补修而已，落架大修困难重重，望而却步。而塑像壁画的保护，技术难度更大。前后不知有多少人知难而退。进入20世纪90年代，随着科学技术的进步和发展，许多技术难关在文物界得以攻克，弥陀殿的落架大修终于成为现实。现在，弥陀殿面貌一新，以其崭新的姿态和博大精深的古代文化内涵，吸引着越来越多的国内外游客前来观瞻。

第三节　扩建与维修

崇福寺最早扩建始于1143年（金皇统三年），历时十年完成。据史料记载，金灭辽后，朔州归金朝统治，当时宋金战场逐渐南移到江淮之间，处于大后方的朔州，出现了空前的经济繁荣。朔州节度使瞿昭度为祈"皇帝皇后万岁、亲王臣宰千秋、国泰民安"，奉敕特建弥陀殿。

殿顶琉璃鸱吻、武士等饰件，皆由代州崞县工匠烧造；见著题记的工匠姓名有武春男、解符、武九思、刘九鼎、丁肇、武人才、武大才、武大伦、贾纯、小处士。1149年—1156年（金贞元年间）进行油漆彩绘；梁架彩绘由定霸军左工指挥副兵马使王率，全家捐款而为。木枋之上，王的儿子王宗善写了不少梵体佛教经文。王宗善是专门研究梵学的，自称为"梵学人"。殿内的塑像，是由忻州塑院雕塑艺术大师郦宗先和他的学生完成的；他们是：段日政、段留、王文郎、张明、卢德、曹四□、梁建、王章、王□□。忻州塑院是金代一处官方雕塑艺术学校，当时的学生称之为"学士"。殿内壁画，据推测也可能出自这些"学士"之手。其绘画艺术水准之高，令当今具有国际水平的艺术大师都惊叹不已。

1184年（金大定二十四年），弥陀殿巨匾终于挂在大殿正门之上，浩繁的弥陀殿装修工程，至此得以完备。弥陀殿从奠基到装修完毕，前后历时近四十年，工程量之巨大，艺术之高超，在当时的交通运输、营造设备还很落后的条件下，实在是难以想像的，堪称人间奇迹。

第二次扩建于1321年—1333年间（元至治到元至顺）。当时崇福寺的主持是无一宝公禅师。他是浙江天目山中峰禅师的得意弟子，穷究佛法，博大精深，在佛学研究上造诣极高。坐禅方法以"善闭息，入定出神"而名扬天下。宰相将无一禅师的修持方法上报朝廷，引起了朝野的普遍重视。朝廷特颁《大藏尊经》一部，纳于崇福寺的藏经阁，并敕命特建瑞云堂三间，以示皇家恩宠。瑞云堂疑为现在的观音殿。期间，崇福寺成为名扬宇内的塞外名刹，鼎盛景象甚或超过了金代初年。无一禅师勤于募化，广筹资金，对崇福寺内的全部建筑均予大修。

元末战乱，崇福寺遭到毁灭性破坏，只有弥陀殿损坏较轻，也成为粮仓。明初朔州僧正立祥，在陀罗尼挂幡上，详细地记载了当时的惨状："僧各散于四野，僧舍惟留一厦，殿宇崩摧，圣像损坏……基址亦无砖石。"1383年（明洪武十六年）农历五月十四日，谢成奉晋王之命，到晋北朔州巡视，看到崇福寺的破败景象，感慨万端，为这处艺术殿堂的破坏情状痛惜不已。随即下令，将所屯粮食搬清，予以重修，时间长达五年之久。金刚殿、千佛阁、文殊堂、地藏堂、大雄殿均在唐代基础上重建，保留了唐代模式。塑像壁画，重新补塑齐备。并于1387年（明洪武二十年），对弥陀殿塑像进行重新装饰，所有殿门油漆一新，崇福寺再现昔日之辉煌。崇福寺能够保留至今，这次大修起了十分关键的作用。

永平侯谢成，字德用，明初濠州（今安徽凤阳）人。少年时代就有过人的胆略。青年时代随朱元璋起兵，勇猛无比，效命沙场，所向无敌，颇受明太祖器重。在攻克滁、和、定、集、庆等州的战役中，屡建奇功，授以行军总管。征战中原时，所向披靡，元兵望之即退，战功累累，被进封为都督佥事、永平侯。他的女儿是朱元璋三子晋王朱棡的王妃。明王朝定鼎南京后，明太祖封诸子为王，统领全国，三子朱棡领封山西太原。谢成协助其婿治理山西，起了非常重要的作用，成为山西境内仅次于朱棡的全权重臣。明初太原城的包砖扩建，晋王府的兴建，均为谢成一手操办。

新中国成立以来，崇福寺以它特有的建筑艺术价值，赢得国家的重视和有识之士的注目。国家著名古建筑专家祁英涛、罗哲文等，多次来崇福寺进行考查，提出了许多保护措施，并予实施。1953年，首先对观音殿进行了落架大修，其余建筑同时均予修葺一新。

进入20世纪90年代，有850岁高龄的弥陀殿，随着岁月的流逝，殿顶下陷，地基下沉，梁架后倾，构件折损。这些情况引起国家文物局、山西省文物局以及市、区领导的高度重视，经多次讨论施救方案，于1987年5月7日决定，国家拨款350万元对弥陀殿进行落架大修。朔县人民政府为解决弥陀殿落架维修期间的场地问题，决定将县招待所730平方米的房屋建筑，划归崇福寺所有。测绘工作是落架大修中最为重要的一环，于1985年10月至1986年9月完成。测绘工作由山西省古建筑研究所所长柴泽俊领导。测绘人员有：高平县文化馆的张恩先，解州关帝庙的鱼宏昌、王兴中，忻州地区文物处的张福贵、李艳蓉，山西省古建筑研究所的孙书鹏、王春波、王永先、常安泽、张杰等。维修期间，先后搭架八次，本着修旧如旧、不得改变原貌的原则，木质构件尽量利用旧部件，必要的新置构件均予作旧处理，保持原有古朴风貌。四檐橡飞，年久朽烂，均予换新。原有夯土基础，改为钢筋混凝土灌浆处理。土坯大墙，以纯砖砌筑。为了减轻殿脊压力，殿顶中心区域的栈砖，改为寸余厚的望板。总之，对于原有建筑中的部分弊端，此次尽量革除或者弥补其中之不足，以除后患。

施工当中，土木工程由五台县栗九富率百余名五台籍能工巧匠，顶风冒雨，历时五个寒暑实施完成。瓦匠高手有五台县红表乡南头村王传明、赵眉宝等。木匠高手有五台县红表乡桑园村的孟芳伟、智鸿章、刘二花等。壁画揭取安装工程，由山西省古建筑研究所郝启德率众完成。壁画修缝作旧由应县文联副主席刘相成、刘波父子完成。所有瓦作琉璃饰件的修配烧造由河津县老艺人吕宏建率众完成。油漆断白工程由五台县南茹村王春雨、刘命怀等率领四十人历时三月粉饰一新。檐铃风铎均为此次新配，由本县西关金火匠人赵惠、唐永、张兰、董英等铸造齐备。计有大小铁钟各四枚，大者重19斤，小者重16斤，分挂四翼角之上下。铜檐铃两排共计1008枚，每个重1.1斤。轻风阵起，铃声悦耳，为幽雅清静的佛寺环境增添了声乐之美感。旧有梁架的构件加固铁活工程，由五台县城关镇西关镇西富村的张林治父子三人锻打完成。檐台、月台的台座垂带皆用定襄县石条砌筑，由该县青石村68岁老石匠帅根元率领杨庭芳、杨俊章、帅银海、武金如等整饰齐备。此次大修真正做到了，框架加固，牢实耐久；壁画修复，天衣无缝；其他装饰，古朴和谐，可谓尽善尽美。整个工程历时五年，开始于1987年5月17日，告竣于1991年11月12日。

第二章
弥 陀 殿

弥陀殿是崇福寺的主殿，位于大雄宝殿之后、观音殿之前。是全寺最高的建筑，雄冠全寺，魁奇俊伟，巍然独立。总高达21米多。它是全寺建筑年代最久的一座佛殿，距今已有860余年。建筑面积最大，面宽41.32米，进深22.7米，共计937平方米。台基东西宽48.72米，南北深29.84米，面积1453.8平方米。月台东西宽34.42米，南北深11.2米，面积385.5平方米。总面积为1839.3平方米。

弥陀殿面阔7间，进深4间。前檐5间均安装有雕琢华丽、玲珑古朴、左右对称、刀法洗练的窗隔扇。雕刻图案有古钱纹、雪花、菱形、椒眼等15种。这种存世的保存完整的金代木雕珍品，极为罕见。后檐明间和稍间各置巨大板门一道，其为高阔，近似城门。前檐明间门额之上，悬有1184年（金大定二十四年）"弥陀殿"竖匾一方，通高4.2米，宽2.7米，字径0.9米。字体肥硕有力，雄浑刚健，出自金代太原李姓的一位书法大家之手。

在中国现存的辽金佛殿中，弥陀殿的建筑规模仅次于辽宁省义县奉国寺大殿和山西大同华严寺大雄宝殿，居第三位。与以上两座佛殿不同的是，它的脊饰琉璃、梁架斗拱、塑像壁画、门窗匾额等，均为金代原物，是一处集金代多种艺术精华于一体的文化艺术殿堂。

弥陀殿外景

第一节　梁架结构

弥陀殿在其宏大的梁架结构中，显示出它独领风骚的时代风采。共用檐柱一周22根，内柱一周10根，构成了全部梁架的基础。檐柱高6米，内柱高9.57米。并由内柱把全部梁架分为内槽与外槽两部分。内柱又称金柱。前槽的金柱之下，垫以伏盆状柱础，凸雕缠枝牡丹花，图案繁缛华丽，刀工精致细腻，为金代柱础中的精品。为了塑造巨像，殿内顶部，未有平棋藻井之类的装饰，代之以三幅14米高的彩绘背光屏，巧妙地弥补了佛殿华丽方面的不足。这种手法，古建筑界称之为"彻上露明造"。

步入殿内，向上观看，梁架关系清晰可见，一览无余。复梁减柱法，是辽金时代新兴的一种宫殿设计方法。设计大师在这里，予以大胆的改进创新，殿内前槽金柱减去两根，当心间大额枋跨度达14米之多，有效地扩大了殿内空间，为佛事活动提供了宽敞的环境。大额枋与大内额之间，又以两个驼峰两个叉手支垫，形成复梁结构，大大加强了横梁的承重力。在外檐斗拱和内柱之间，置纵梁一周承重，即文物界所称的乳栿或丁栿，形成一个严密刚硬的外槽承重体系。转角处利用斜向的大角梁与仔角梁的叠压关系，运用续角梁和丁栿、乳栿与角金柱的穿插手法，牢牢地组装在一体，有效地减除了翼角下沉的隐患。为了防止内柱倾斜，设计者把东西两尽间的丁栿和乳栿以及后槽乳栿增加为上下两根，同时也加强了外槽梁架的荷载能力。

内槽全部梁架，凌架于四根直径1.5米粗的大栿之上。其上披四坡椽，文物界称之为四椽栿。大栿纵跨前后槽柱头枋之上，大栿之上又以驼峰、大斗承托平梁。平梁上又以合踏、短柱、大斗、叉手，将脊枋和脊檩托起。梁栿两端又有踏脚支撑。各条檩缝之下，设置攀间枋予以连缀。可谓八面钩连，面面俱到，浑然一体，巧夺天工。

殿内梁架构件均有彩绘，重用红、绿、白、蓝等色，图案以龟背纹、草叶纹、云纹为主。线条粗犷，气氛浓郁。随着岁月的流逝，现大都处于模糊之中，只剩个别地方还较为清晰。在彩枋之下，留有1143年（金皇统三年）以来的修建题记近十处。明间攀间枋下，墨书"维皇统三年癸亥□□拾肆日

己酉之时特建"的题记。东西两稍间攀间枋下，有"定霸军左工指挥副兵马使王妻……贞元元年五月廿七日记"、"贞元元年朔州定霸军员男梵学人王宗善……"的藤黄题记。这些题记为弥陀殿的创建年代提供了确切的依据。

第二节　斗拱艺术

弥陀殿檐下一周层层垒垒的斗拱，更让人叫绝。为了拓展殿宇屋檐，增加大殿雄伟壮丽的美感，减轻梁枋压力，古人用斗形木块和弓形木条，造作成纵横穿插、层层出跳的斗拱，来解决这些问题。斗拱使用到宋金时代，已有了很完备的规制。弥陀殿斗拱大体可分为柱头铺作、补间铺作、转角铺作、山面铺作四种类型，从而打破了一般殿堂斗拱铺作雷同的习惯作法。斗拱七铺作，总高度约为柱子的1／3，双抄双下昂，单拱偷心造，耍头为下昂形。自栌斗算起，每铺一层构件，就算一个铺作，七铺作即由七层构件铺垫而成。昂分真昂与假昂两种，真昂在斗拱构件当

中起挑杆作用，上端向内斜伸撑于前槽枋檩之下，外端斜下砍劈成半个燕尾状，凌空下翘，双件叠踏，就

斗拱叠加

雕琢华丽的窗棂

叫双抄双下昂。假昂纯为装饰而用，不承受任何压力。弥陀殿斗拱均用真昂，并把最上部的耍头也做成昂形，增加了斗拱的飞翘气势。拱是斗拱中的主要构件，且种类花样很多。形体略似古代弓状。斗拱中各跳仅用一层拱的叫单拱造。弥陀殿斗拱出有四跳，并在跳上减少了一些构件，故又称单拱偷心造。拱的长度以慢拱最长，多用于上部，令拱次之，泥道拱与瓜子拱较短。外部的拱头开瓣也有具体规定。宋《营造法式》规定除令拱为五瓣外，其余各拱一律为四瓣。弥陀殿斗拱的铺垫过程非常复杂。方形大斗，也叫栌斗是整个斗拱的基础。斗口内正出华拱、斜出华拱各两层，第一层无横拱，第二层横搭瓜拱和瓜子慢拱。第三层下昂两侧出有斜拱两跳。上层斜拱承托在随檩

枋之下，最上为耍头和衬枋头。为了加强各斗拱之间的横向联系，栌斗口内横施泥道拱一层，其上叠压柱头枋五层，枋之间垫以小斗，这些长枋隐刻成拱形，与各种类型的斗拱连缀一体，形成了弥陀殿庞大华丽的斗拱体系。

　　弥陀殿斗拱布列灵活，华丽与简朴的搭配恰到好处，相互陪衬，愈显宏伟。特别是明间、稍间的斗拱最为奇巧。尤其在柱头和补间斗拱当中，大量施用了斜拱。这一新兴的斗拱造作技巧在这里得到充分发挥，是金代建筑中斜拱的代表作。这些庞大的构件，看时真让人眼花缭乱。弥陀殿的沉沉危檐，皆得力于这些斗拱的功力，为雄伟的大殿增色不少。

第三节　殿顶装饰

　　在弥陀殿的殿顶装饰艺术上，也同样迸射着金代艺术火花。殿顶椽飞之上，均由辽金时代特有的勾纹长砖覆盖，避免了惯用望板易于腐朽的缺憾，是中国建筑史上一次大胆的尝试。足见当时匠师们期望弥陀殿垂之久远的良苦用心。栈砖上，以筒板瓦覆盖，四面用黄、绿两色琉璃瓦剪边，并于前后坡各饰三个

殿顶装饰

菱形图案作为装饰，打破了殿顶清一色的单调沉闷气氛。檐头琉璃滴水施绿釉，宽阔的口沿饰以施水波纹，形成一周起起伏伏的水波纹带。猫头施黄色彩釉，瓦当正中凸印莲花一朵，莲蕊中饰一代表佛的梵文卐字。设计者在水波之中，插上朵朵盛开的荷花，意欲保佑殿宇永远免遭火患。其良苦用心，可见一斑。

殿顶有正脊一条，前后垂脊四条，戗脊四条，构成了高级别的九脊歇山顶。诸脊由特制的瓦条砌筑，经久不废。正脊东西两端饰以巨大的琉璃盘龙鸱吻，高达3.2米。龙身四周堆贴流云，龙鳞舞爪掩映于翻滚的云涛之中；黄龙居东，绿龙在西，相向奔扑。龙身之下，二吞口怒目而视，张开大口，紧衔长脊。外侧置背兽各一，大口獠牙，仰天怒吼。正脊之中，竖以巨刹，刹体下部南北两面堆塑韦陀状神像各一，足踩祥云，戴盔披甲，飘带缭绕，双手合拱，怒目斜视，健壮威武，一副神圣不可侵犯之态。天神两侧又置吞口各一。天神之上，为仰莲长方座，座上为金光刹柱，托以宝瓶莲珠直插蓝天，金光灿烂，宝华四射。脊刹与东西两吻之间，对置大力士各一，全

殿顶宝刹

殿顶檐下铃铎

殿顶翼角上的龙头、天女

殿顶力士

崇福寺·弥陀殿

三七一

正脊两端高3.2米的琉璃盘龙鸱吻

副戎装，弓步蹲压式；满脸横肉，浓眉倒立，紧握拳头，作拳击状，姿势稳健，千年不动。垂脊之端，置以巨形兽头，青面獠牙，作张口欲扑之势，望之令人生畏，与鳞鳞瓦脊连为一体，婉若九条苍龙，扑向四面八方。四翼角翘以龙头，各竖有两个天女，飘飘然作走来之势。角檐之下悬以风铎各二，与檐下两周风铃衔接，微风过处，铎音浑沉，铃声清越，如同天籁。置身梵宫，恍若如聆仙乐，有种不辨人间天上之感。

弥陀殿的所有琉璃饰件，据筒脊铭文所记，均为金代代州崞县工匠武春男等人于1147年（金皇统七年）烧造完成。这些精美无比的琉璃艺术珍品，历经860多个寒暑冻融、风雨侵蚀，至今质地坚硬，色彩灿烂如新。这充分显示出，金代山西高超的琉璃烧造水平，也说明山西称之为中国琉璃的故乡，是当之无愧的。这些佳作在中国雕塑及陶瓷烧造史上留下了辉煌的一页。

第四节　彩塑艺术

　　殿内须弥座佛台平面为倒"凹"字形，东西长23.54米。台上塑像为九身组合群体。正对明次间塑巨像三尊，阿弥陀佛居中，观世音菩萨居右，大势至菩萨居左。佛教界称之为"西方三圣"。胁侍菩萨四尊分列主像两侧。佛台东西两端凸出部分塑以护法金刚两尊。三尊主像高达9米多，其中阿弥陀佛比两侧的菩萨还要高一些。据说在1937年（民国二十六年）日军屠城时，佛躯内能容十几个人躲藏，足见佛躯之阔大。主像全身贴金，光华灿然，结跏趺坐于莲花高台上，气势伟严，稳如泰山。弥陀佛头着螺，身穿圆领法衣，面部丰圆，慈眉善目，双手作拍掌姿势，似在说法。观世音、大势至二菩萨，秀发上盘，戴以花冠；花冠上，粒粒宝珠滴翠，朵朵瑞花流丹，金簪耀目，玉钗含光，可谓华丽至极；衣饰飘洒，露胸结带，神态庄重，手势前指，似与主佛一同弘法。

　　底座堆塑莲瓣五层，错落有致，异彩纷呈，突出了主佛的崇高与华贵。莲座以下，塑有四个夜叉，均为矮小的鬼魔形貌。黑肤、红发、绿眼，身穿武士服，龇牙咧嘴，一副不堪重负之态，但又有些不甘屈服的样子。与主佛的佛法威力形成鲜明的对照。

　　主像背后，衬以三个14米高的椭圆形背光，微微前倾，直达殿顶，是迄今全国寺庙中最大的背光。背光的塑造，也极为精巧。主体框架由木条构结，并与后檐诸檩以木条拉紧。再用麻绳缚以藤条打底，重要环节，竟以粗细不匀的铁丝扭结。如果这些铁丝真是金代之物，这可是一个了不起的发现。八百多年前，先人们竟然能用铁拔丝，确为一项重要的发明。为了减轻重量，工匠们用惜泥如金的镂空塑法，正面浮雕祥云，周边贴塑火焰，给人一种彩云流荡、光影颤动之感。正观堂皇华丽，坚实如铸；背看玲珑剔透，骨肉分明。其精妙之处，难以言表。弥陀佛背光

　　之上，嵌有15个伎乐飞天，手持乐器，上下翻舞于云涛之间，现在只留下13个，所缺的两个已被日寇切割盗去。三个背光的另一个作用，是以其细密精致的浮雕图案，构成大面积背景，与佛座上五层莲瓣一平一直相呼应，衬托了衣饰相对简洁的佛像，使佛像更加突出。在庄严中与游人拉近了距离。

　　三尊主佛像布局严谨，衣饰合体，真实自然，完全源于生活，让人感觉到当年匠师塑造时是采用了对照模特儿的写实手法。除大势至与观世音的头饰之外，躯体上没有像明清以来繁缛的璎珞流苏之类饰物。简洁大方的法衣，准确地表现了佛陀的庄重肃穆。

　　佛台前沿两侧，塑有两尊金刚。像高七米多，虎背熊腰，体魄精壮，怒目对视，寒气逼人，阴森可怕。东面金刚戴盔披甲，背饰项光火焰，眉头紧紧地皱起，牙死死地咬着，似有嘎嘎作响之声，两腮又似在不住地颤抖，肤色油黑晶亮，臂肉块块隆起。右手拄着金刚杵（现以残缺），左臂推掌，大有拔山盖世之势。西面金刚为一青年武士形象，内穿束袖戎衣，外面戴盔披甲，赤面油亮，嘴紧闭，眼大睁，腰带紧绷，摩拳擦掌，面对东面老将不甘示弱，似乎要竭尽全力，一决高低。两尊金刚性情之刚烈，气势之犷悍，力量之猛健，在金代艺术家手中表现得淋漓尽致。

　　殿内塑像中写实水平最高，人间烟火味最浓，形象最为逼真的还要数四尊胁侍像。像体高度6米有余。这些健康美丽的身躯穿插侍立于大佛、菩萨、金刚之间，使整个塑像群体呈现出一种高低起伏、隐显藏露的整体曲线美。雕塑大师在正确把握人体比例与解剖关系的基础上，重点突出了人物的个性。大佛左侧的胁侍形象身姿修长，微微向右侧前倾，华丽潇洒

的衣着之间，裸露出雪白细腻的胸脯和手臂，豆绿色丝带绕臂而下。赤着双脚站在莲花中，黄缎披肩，红绸彩裤，腹部微微隆起，腰间系以黑缎绣花短裙。颈后饰以项光，赋予了她的神性。秀发上盘，四绺青丝从双肩自然披下，突出了她的秀美。白嫩的面孔上镶嵌着一双会说话的眼睛。一手前伸，一手自然地提着飘带，一副凝神静听的情态，似在领会大佛的高论。大佛右侧的胁侍像，为一巾帼女子形象。身着束袖红色戎装，腰部内系短裙，外束皮甲。侧身右看，面部秀润，小口微微地张开，含一丝淡淡的笑意。比之大同华严寺的启齿胁侍像平添几分英姿，有过之而无不及。再看大势至菩萨外侧的胁侍，在轻软柔丽的蓝衫、黄裤、黑裙之间，裸露出那富有弹性的洁白的胸部，腹部微微鼓起，似一少妇形象，体态略呈"S"形，体现出女性的曲线美。宽展的飘带，水一般地顺着身躯回旋而下，增添了婀娜的情态，风姿绰约，神采照人。平静的面孔上，弯眉下面是一双充满自信的目光，注视着人间的善男信女，给人一种超越凡尘的高洁之感。最东面的胁侍又是一番姿态和神韵。秀美的身姿右转前倾，眉额高阔光洁，口唇俊俏，文静的脸上含有些许笑意，含情的目光中暗藏着一种对人间的留恋之情，似还有许多含而不露的深沉意蕴留在心中。这四尊胁侍真实地再现了当时带有少数民族韵味的北方女子的形象。

弥陀殿彩塑艺术在写实与夸张、现实与浪漫、神性与人性的交织当中，达到了恰到好处的完美境界，因此赢得了海内外许多艺术家的赞许和重视。尤其在大佛的塑造当中，成功地解决了近距离仰视大佛而出现的透视变形问题。据有关专家测定，弥陀佛的头、胸等部位均比人体真实比例及《造像度量径》所规定的尺寸要高，比正常比例总共加高了35厘米，才使主佛的伟岸形象得以充分表现。如果按正常比例塑造的话，由于远小近大的透视原因，大佛形象势必显得头小脖短，反倒给人不成比例之感。这组群像表明，金代山西的彩塑艺术已达到炉火纯青的地步。它

们沿袭和发扬了唐代以来丰满俊逸的风格，写形写神的水平极高。这组彩塑无疑是世界级的巨作，艺苑中的奇葩。

翻阅国内有关研究古代雕塑的论著，存世的雕塑艺术珍品，几乎都没有留下雕塑家的姓名。弥陀殿落架大修时，却惊喜地发现，原来弥陀殿内的彩塑艺术杰作，均出自一位叫郦宗先的雕塑艺术大师和他的九位弟子之手。殿内壁画及梁架上的全部彩绘也估计出自他们之手。

弥陀殿内塑像的布列顺序是按照佛教净土宗的教规礼仪塑造的。相传山西省交城县的玄中寺，为中国佛教净土宗的发祥地。故而山西境内净土一宗势力很大，甚至远传到朝鲜、日本。阿弥陀佛是净土宗的主要信仰对象，是所谓的西方极乐世界的教主，能够接引众生前往西方极乐世界的自然非他莫属，故而又称接引佛。由此看出，崇福寺在金代至少在皇统年间是佛教净土宗的寺院。

弥陀殿胁侍菩萨

崇福寺·弥陀殿

三七七

第五节　壁画艺术

弥陀殿内四壁，现存壁画327平方米。坎墙与斗拱之间皆为画面，高达5米以上。拱眼壁画仅存少许，内容为水墨山水，弥足珍贵。西壁最为完整，东壁残缺近1/3。北壁仅留有金代原作菩萨一躯及门额上的一部分水陆画，另三尊佛及菩萨为清代仿作，艺术水平远逊于原作。

东西两壁面积最大，均为三佛居中说法，六胁侍站立佛侧听禅，构成九身组合图案。西壁之上，构围以中线横向对称，三佛结跏趺坐莲花中，衣纹墨线为铁线描，柔中有刚，流畅挺拔，极富弹力，足见画家线描的深厚功力。而后填以不透明的矿物质颜料，顺着墨线勾勒出一条细白线，用以表现光感。中间主佛头发盘成螺形发髻。头、手、脚及颈、胸等裸露部分，改用赭石勾勒，再用白粉等调成肉色渲染，准确地表现出皮肤的红润感。面容丰润庄严，弯弯的长眉下，是一双充满思虑的眼睛，非常传神。眼轮匝肌用两条弧线勾出，染色浓淡适中，以达眼睛的传神效果。盘结的双腿上，露出一只硕大隆满的脚来。两只

柔润的双手似在比喻指划。笔直挺立的身姿，松弛的双臂，透露出一种圣洁的心灵境界。两侧坐佛小嘴周围均加添了蝌蚪状小胡，在貌似雷同的情况下，艺术家赋予了各种微妙的差别，手势各异。

佛身背后陪衬三个多层大圆，组成背光和项光。光圈以内，各绘三周网目纹，周边绘以燎燎火争。莲座周围五色祥云缭绕。女身男相的胁侍菩萨像，六躯分侍三佛两侧。头上部饰有圆形与六角形头光。秀发绺绺盘于头顶，束戴堆花宝冠，或直立，或侧视，或有扭转为"S"形，呈现出十足媚态。祖胸赤足，身着大红大绿的浓装艳服，柔润的手臂戴有臂钏。满身上下，珠串锦带飘飘洒洒，纷纷绕绕。中间佛两边的胁侍最具情态，左边的一尊仰看着前方；右边的一尊注视着手中的经卷，一副聚精会神的样子。他们那或张或闭的小嘴上，都留有蝌蚪状小胡子。呈各种表情的面孔，集结在一片静穆当中。手中持物有的为莲花，有的为牡丹，有的为梵夹式佛经，有的为卷轴式经卷，还有双手捧着宝盒等等。繁缛的衣褶，

西墙壁画全景

带有动感的遍身珠串，自肩垂下的飘带，交织在一起，极尽人间天上的富丽华贵，为他处壁画之未有。工匠在墨笔勾勒，重彩层层渲染的基础上，大量采用了沥粉贴金工艺，赋予了香花珠宝的立体感，大有向观者飘洒欲来之意。在佛与菩萨之上，绘以碧空祥云，诸小佛三两一组，高坐云端。群佛之间，飞天张开双臂漫舞云头，彩带缠绕着双臂向后高高扬起，既像群鸟翱翔于天际，又似游鱼徜徉于碧水。她们是佛国的歌舞团，是古人憧憬、向往自由美好生活的具体表现。通观整幅画面，大佛、小佛、胁侍、飞天，互相穿插，陪衬以祥云、光圈，气氛宁静而又热烈，为人间的众生，幻化出一幅憧憬极乐世界的画面。艺术家大胆施用了石绿、石青、朱砂、赭石等颜料，灵活地运用了勾勒、涂染、沥粉贴金等技法，让画面在幽暗的殿堂里烘托出一种对比强烈、明快鲜艳、绚丽夺目的气氛。用具体的形象，表现出使人不可捉摸的佛国景象，形成佛国境界中宁静和谐、恢宏博大、难以企及的崇高境界。

南壁西尽间，绘以千手千眼十八面观音巨像一幅。观世音菩萨作一演法姿势，挺背站立，颈上同时变化出大小不等神情相似的十八个面孔，形成一个金字塔形。面孔的两眉之间，另置竖眼一只，头顶上盘

以乌黑的秀发。下面一正两侧三个大面孔，均绘成柳叶弯眉，弯眉下是充满智慧的细眼。丰润细嫩的脸腮下，有一对俏丽的酒窝。樱桃小口，又点以朱红。个个都呈现出一种清秀脱俗之美。上部的15个小面孔，脸型或方或圆，口唇朱红微点，或张或闭。有的像男，有的似女，有的如同未满周岁的婴儿，有的又似成年小伙。眉眼的弯度或长或短，有的下看，有的平视，有的侧观，像是审视着人间的各个角落。18张不尽相同的面孔，在微妙的区别中，最终形成文静中的和谐统一。仿佛一位俊美的母亲，支生出17个胖乎乎的儿女来。观世音身穿粉绿色阔大法衣，胸前绣以游龙火焰。披肩如同狂风中的柳梢，飞洒于两肩之下。白嫩的脖颈，显露出一道道肉纹。华丽耀眼的缨络，垂洒胸前。腰间系的红、黄两条腰带直垂而下。为了不影响众多手臂的展示，绕臂而下的飘带细若枝条。腹下花串、珠串异彩纷呈，串穗摆舞。胸前六只洁白细嫩的手臂，同作说法手势。身后及两侧，或伸或举，或曲或张，一下子伸出一千多个手臂，每个掌心都有一只眼睛，所有手臂均戴着嵌有各种宝石的手钏。手掌做出各种姿势，有的做施予式，有的为曲指式，有的为弹拨式。大多手中握以花、罐、鱼、伞、幢、盖、钵等佛界法物。头顶最上部，又有数不清的

手，同时举着一个饰有背光的结跏坐佛。密密麻麻的手，数也数不过来，说之千手，毫不夸张。这些纤细柔丽的手指，在美术大师的手下，经过一丝不苟的勾勒渲染，关节、肉纹及长长的指甲，都显得格外逼真。细长繁密的手指，近看如朵朵盛开着的粉色菊花，远看大有孔雀开屏之势。如此精妙的画面，出乎常人想象。

观音膝下正前的两侧，绘有四臂夜叉两个。西侧绘的是象首人面像。蜷曲的象鼻自头顶作伸出回卷状。夜叉白面方脸，络腮须麻碴碴。肌肉块块凸起的手臂，富有力度的关节，异常突出。前两手打拱作揖，后两手持拄法杵。白色粗布肩巾，于胸前打结。在观音的伟岸身躯下，充分显示出夜叉的渺小。东侧的夜叉为猪头鬼脸。赤褐色的脸上，双眼前突，眉心皱起，红口紧闭，须发蓬乱。前两手作揖前拱，后两手举以双剑，似在驱赶不识时务的来犯者。西侧夜叉之后，又绘一站立的吉祥天菩萨，为一青春少年形象。头带王冠，身穿朱红大袖法衣，双手合十，凝神前视，似在静候待命。东侧夜叉之后，绘一婆薮天菩萨，为一富家老者形貌。银发稀疏，扎以黑布结，绾以头簪。满脸深峻的皱纹，浓重的银白须髯，撅着早

已无牙的扁嘴，侧着耳朵，一副龙钟之态。但眉棱之下，仍有一双依旧聪慧的眼睛，显出一副不服老的样子。老人内穿偏领红长衫，外罩绿底火焰纹黑边对襟褂，清瘦的双手，挂着一根颇有年月的斑竹杖，一位睿智多谋的百岁老人简直画活了。画面的其余墨绿空间，绘以白云填充。作者在整幅画面当中，重用石绿，与千手观音大面积的肉白色，形成鲜明的色度对比，大大地突出了一千多只手的细腻与逼真。小面积的朱红、土黄、石青、黑、白等色，起到了调节画面色彩的作用。加之线条细腻娴熟，一丝不苟，写实与夸张两种手法融于一体，着色、配色、浓淡、深浅恰到好处，用沥粉贴金取代了黄色，加以点缀装饰。可算是一幅至为难得的金代佛传水陆画卷。为清光绪年间大同华严寺壁画的重绘，提供了高水平的蓝本。

千手千眼十八面观音，是佛教密宗六观音之一。观世音以"利益安乐一切众生"为宗旨。据说他的慈心最大，以千眼遍察世上善恶，以千手抵挡人间多种灾难。千手千眼，从而成为观世音法力无边的象征，备受中国古代人民的喜爱。信奉佛教的古代劳动人民，把自己的一切艰难困苦，均寄托在观世音身上，使观世音成为他们心目中最崇高的偶像。辽金时

东墙壁画全景

代，佛教密宗一派在朔州一带相当盛行。密教同时还渗透到其他宗派的寺院当中，属于净土法门世界的崇福寺，在弥陀殿的壁画中也有所反映。

弥陀殿南壁东尽间，分上下两层绘有佛与菩萨像。上层依次为药师佛、释迦佛、弥陀佛。下层为妙吉祥、除盖障、地藏王三菩萨，均为结跏坐式。佛位名号有榜题注明，从描绘技法来看，似为元代补绘。

殿内后墙壁画大部分已毁，西尽间一幅幅释迦像，为清代补绘。稍间门楣之上，保留了部分金代原作，内容分别为八宝观和十六宝观佛画。从这些残留壁画中，可以领略到金代的绘画水平。画面上，起伏的山峦之间，建有天宫楼阁。巍峨的殿宇之间，又夹有嶙峋的山石，环以潺潺流水，植有蓊郁的菩提树。山峦上下，彩云缭绕，瑞气交织。殿前宝池中，荷花朵朵，水鸟游逐。危峰之下，嘉木成荫，高阁逶迤。佛国中的众佛、菩萨、罗汉、金刚等置身其间，具有浓厚的人间生活情趣。罗汉神情潇洒，或倚石而卧，或在树下谈论；金刚气势威猛，铁铸般侍立殿侧；佛陀神情庄严，在云头作各种说法之势；菩萨衣带缥缈，脚踏祥云，飞天漫舞于云天之中。天境中的富丽和自由，在此表露无遗。尤其是建筑物的墨线条，笔

南壁西尽间千手观音壁画

直如割，一丝不苟，绘画艺术在这里得到充分的发挥。

弥陀殿的壁画，历经860多年的风风雨雨，虽然在一定程度上失去了昔日的光泽，反而平添了一种无法用彩笔描绘的古老虚幻的色彩世界，令画面更加迷离动人。

弥陀殿南壁东尽间三佛三菩萨壁画

第三章

其他殿宇

第一节 观 音 殿

观音殿是崇福寺的第二大佛殿，也是位于寺内最北的一座殿宇。殿前月台与弥陀殿的后面檐台紧连。面宽五间，进深三间，单檐歇山顶。前檐明次间均为格子门，东西稍间砌以土坯墙。后檐明间设置板门一道，可通往后院。前檐门额之上悬挂1453年（明景泰四年）雕刻的"观音殿"竖匾一方。殿内梁架结构别具特色，前槽金柱全部省去，后槽金柱四根全部竖立在佛台上的塑像两侧。殿内活动空间没有一根柱子，显得异常宽阔。

殿身檐柱之上，由方木两层一卧一立联结为一体。这些木枋，古建筑界称为兰额和普柏枋，承托斗拱一周。斗拱为六铺作，单抄双下昂。柱头斗拱的耍

观音殿

殿内塑像

头也是下昂形。斗拱形状和手法与弥陀殿相同，应为金代原物。

更具特色的是，由于前槽金柱全部减去，势必加重大栿的压力，设计师创造性地运用了双重人字叉手，在大栿上部平梁之间，组成两个相似三角形，直承脊檩，并通过叉手的斜向传递，将殿顶压力通过檐柱和后金柱传达向地面。另外，把角梁有意识地压在平檩之下，避免了翼角下沉的弊病。整个梁架比例适度，结构合理，用材得当，达到了无瑕可寻的精妙地步。这在中国古代建筑史上是一个新的创举。

殿内佛台之上，塑有菩萨贴金像三尊，观世音居中，文殊、普贤分列左右。观世音的"大慈"，文殊的"大智"，普贤的"大行"，佛教界称之为"三大士"。三菩萨均结跏趺坐于莲花台上，姿势端庄，但神情呆滞，缺乏表情，体现了明代佛塑像的时代风格。在观音菩萨佛台之前，有清代作过补修的一尊观音像，依其风格，当为宋金时物，或者还要早些。头为石雕，戴花冠，面容清秀。身躯为泥塑，体形苗条，一腿盘曲，一腿下垂，衣纹流畅，着色素雅。坐于大海孤岛之上，四周海浪起伏，别有一番清雅娴静之趣。

坐像西侧，清代加塑了一尊送子娘娘像。体形笨拙，线条臃肿，甚为丑陋。据说观音菩萨还有主管生儿育女的"大能"，故而在大多寺庙中均塑有"送子观音像"。出于对儿女健康成长的期盼，古人把具有同样"神力"的佛、道偶像，在这里附会一堂，为观音殿增添了新的内容。

观音殿可惜没有留下确切的创建年代。根据建筑结构特色，有关专家认定为金代晚期之作，明代进行过大修，清代又曾多次补修。1953年，国家拨巨款予以落架大修，观音殿以其独特的结构技巧，博得古建筑界的高度重视。

第二节　大雄宝殿

大雄宝殿缘于佛教当中的佛、法、僧，故而也称三宝殿。位居全寺中心部位，与东西两侧的文殊堂、地藏堂，组成一个深宽的长方形院落。佛殿雄居高台之上，与南面挺天而立的千佛阁遥相呼应，相互烘托。殿前月台正中，置青铜焚炉一个，高3米有余，1739年（清乾隆四年）所铸。蹄足附耳，上部为镂空二层八面圆体楼阁形，攒尖宝顶，方柱壶形门，飞檐瓦垅，翘脊走兽，玲珑剔透。檐额与立柱上，凸雕梵文佛教经文。炉身上沿，凸雕满汉铭文一周。此炉为内蒙古呼和浩特（归绥）一处黄庙为纪念佛祖2700年诞辰而铸。是清代黄教的一件精美艺术品。日

军侵华期间，在抢走崇福寺千佛石塔之后，为了掩盖其强盗行径，由内蒙古将焚炉运抵这里安家落户。

大雄宝殿创建于唐初。现存建筑为明代在唐代旧基上重建。此后多次重修，唐代遗风犹存。殿前月台正南及左右两侧，有砖砌甬道。殿身阔五间，深三间，九脊歇山顶，斗拱五铺作。前后明间设门，前檐次间为窗，门与窗均作壶形。殿内佛台上塑以三世佛，释迦佛居中，东侧为药师佛，西侧为弥陀佛，皆为结跏趺坐式。莲台堆贴华丽，与佛身连为一体。三佛体型肥硕，神情慈祥，全身贴金，给人以辉煌富丽之感。辽金时代，三尊精美石雕观音像穿插布列佛台前沿，中间为站像，两旁坐像各一，与主像交相争辉。佛台之下，陈设以供桌、香炉、拜垫、万年油灯，供人膜拜。

殿内东西两壁绘以千佛壁画，每壁绘坐佛各10排，每排50躯，共计千尊。墨笔勾勒，五彩渲染。形态雷同，服饰手势略作变化，足以显出佛国世界的庄严浩瀚，明代佛画的时代特色跃然壁上。南北两墙均绘三国人物，北墙后门两侧依次为黄忠、马超、关平、廖化，南墙东西稍间绘以关羽和吕布。像体高大，气宇轩昂，戎装皂靴，虎背熊腰，身躯魁梧，神采飘逸，极富动感。这些三国人物的绘制手法均为铁线描，线条飞洒流畅，着色素雅，给人清高之感。这些武将的脖颈特短，体现出真正的"武将无项"的艺术特色。

后门正中，于释迦像背面，置一长方形高龛，内塑韦陀坐像一尊。头戴盔，身披甲，全身贴金，光灿耀目；面部肥圆，神态严肃。双手合十，金刚杵横置双臂之上，给人以忠于职守、全神贯注之感。

大雄宝殿

三世佛

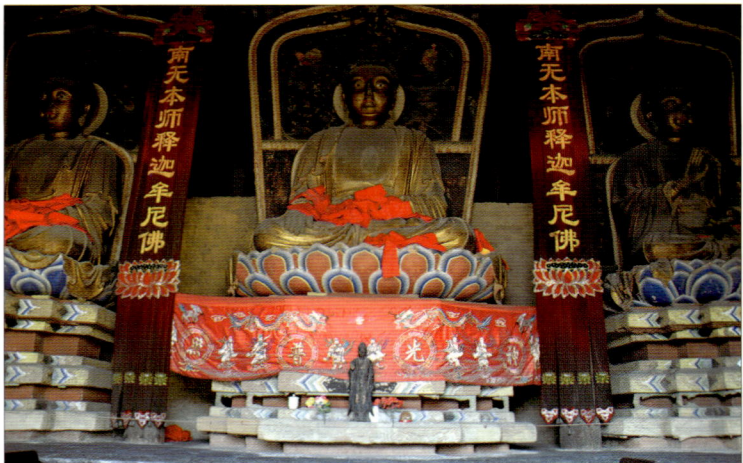

第三节　千佛阁与钟鼓楼

千佛阁　为寺内轴线上从南往北数第二座建筑，居金刚殿之后。阁前东西两侧有钟楼、鼓楼各一座，遥遥相望。钟鼓楼与巍峨挺拔的千佛阁衬托呼应，组成一处高深幽雅的天地。

千佛阁亦名大藏经楼，是寺院内存放佛经的地方。元代至治年间，曾有朝廷御赐《大藏尊经》一部存放其内。阁楼创建于唐代，现存建筑为明代在唐代基址上重建，形体基本保留了唐代风格，与后边的大雄宝殿，共同构成了前楼后殿式的唐代寺庙格局。阁楼分上下两层，下层阔五间，深三间，周设回廊，廊下竖有历代修庙碑数通。明间门楼向外凸起，由隔扇门前后贯通，可直达后院。上层阔三间，深两间，周设围栏，南面为直棂门窗，其余三面砌以砖墙。九脊歇山顶，殿顶脊饰吻兽均以黄、绿、蓝三彩琉璃件装饰。正脊两吻为腾空龙形，东西呼应，甚为生动。垂兽张口欲吞，戗兽龙头鱼尾，翘翅欲飞。这些琉璃饰

千佛阁

件历经六百多年风雨岁月，依旧釉色浓艳，光彩夺目。阁楼上下两层檐下斗拱，风格区别甚大，显示出明代早期与晚期之间的斗拱造作风格。

阁内下层中心，竖有一座4.5米高的木雕楼阁。古朴华丽，玲珑剔透，给千佛阁增添了大楼装小楼的奇趣，木楼平面方形，三檐两层，周有回廊。歇山顶，翼角飞翘，梁架斗拱甚为精巧。脊饰瓦垅，雕法精细，一丝不苟。该楼一说为仿大藏经楼早期形状而作，又说是明初重建藏经楼的模型。具有很高的观赏和研究价值，堪称明代最优秀的古建模型之一。

阁楼南北两端置有铜、铁大肚弥勒佛铸像各一尊，以其涛涛的情怀，迎接着南来北往的游人。南面弥勒佛为铜铸，体形肥硕，用上千斤青铜铸就。满脸堆笑，袒胸露腹。右手握布袋托地，左手持念珠一串置于膝上。北面铁佛像更为逼真，神态潇洒，衣饰精细，宽衣下铸有"崇宁通宝"、"大观通宝"钱纹，

铜铸弥勒佛像

木雕阁楼

似有向天下穷人施舍之意。后人的一副对联，道出了人们对弥勒佛的喜爱之情："大肚能容，容天下难容之事；开口常笑，笑世间可笑之人。"

小阁楼东西两侧砌以佛台，台上置有石、木佛造像各七尊。西侧为朔州西山名刹神应寺遗物，均以檀木为骨，纸浆泥堆塑，然后贴金成像，至今金光灿烂。释迦像一尊，高110厘米。观音像一尊，高120厘米。罗汉一尊，高100厘米。菩萨四尊，高120厘米。七佛均为结跏趺坐式，穿圆领法衣，胸下打有环形圆结，披肩阔大，自肩垂下。像体线条简洁明快，稳健大方，显现出元代佛造像的时代风格。

东侧的石造像是朔州东南神武村寺庙遗址出土，为粗质砂岩雕琢而成，均为结跏趺坐的菩萨像。大有古印度及东南亚国家石造像风格，其独特的造型，烘托出一种炎热难挡的热带僧侣气氛。观音像最高达130厘米，其他六尊高度为110厘米~120厘米。造像最突出的特征是，头上部阔大，卷发螺髻，面额较窄，五官挤紧，脸腮肿胖，尖鼻梁，小嘴扁凹，下巴小而尖。脖颈细长，鼓胸收腹。肌肉发达，肉体曲线异常突出，衣纹很有透体感。下身穿束口裤，赤脚。手中均持一如意钵，与河南洛阳龙门石窟的唐代密宗造像极为相似。古希腊的健陀罗艺术风格，在这些石像中得到了充分的体现。

千佛阁的上层内壁之上，绘有三国时代关羽故事壁画。北壁中间关云长一副帝王打扮，头戴冕旒，身穿衮服，双手执笏，端坐中间。刘备、张飞陪坐左右。另一幅是关云长夜读春秋图。云长美髯长须，秉烛夜读；周仓手持青铜大刀，侍立于侧。这些绘于明末清初的壁画，看过之后，使人纳闷，缘何寺庙里竟画上了关羽，明显乱了套数。据《佛祖统记》卷六《智凯传》记载，蜀汉名将关羽、关平父子遭东吴吕蒙杀害以后，魂灵来到湖北当阳玉泉山，天台宗高僧智凯在禅定之际，忽见"二人威仪如王，长者美髯而丰厚，少者冠帽而秀发"，自称是关羽关平父子，要求智凯为他们建寺供奉。智凯照办无误，同时还为关羽受了五戒。以后，佛教界将关羽列为伽蓝神之列，历代供奉不绝。

钟鼓楼　为方形二层楼阁式建筑。下层纯属砖砌筑，呈方体平台状。两楼各辟有板门一道，东西相向，供人出入。内设木梯，可供上下。上层周设围栏，四面开设壶形门。四角立柱承托斗拱和梁架，楼顶歇山式。楼檐宽展，翼角飞翘。这种明代的楼阁式建筑，给人以玲巧稳健之感。现存的明代大鼓，直径两米，系明代朔州城隍庙遗物，经过整修，依旧声闻四达。铁钟为清代所铸，敲之宏音贯耳，余音袅袅。

第四节　金刚殿与山门

金刚殿　是崇福寺内的第一座佛殿，为清代重建。面阔五间，进深两间。前出廊，单檐悬山式，耳门钻山。廊柱与屋檐之间以斗拱承托。殿内后柱一排，承载梁架，结构牢固，同时扩大了殿堂空间。门窗皆作壶形，安以隔扇门，明间原有后门，可直通内院。原来塑有四大天王像，1949年（民国三十八年）前已毁。现在辟为历代墓志陈列室，唐以来的许多出土墓志陈列于此。

山门　现存建筑为清代乾隆年间改建后的模样。建于临街1米的高台上，给人以居高临下、气势轩昂之感。面阔三间，进深两间，单檐硬山式，屋顶饰以五脊六兽，琉璃瓦剪边。门前置石阶，五级踏道，踏道两侧的方形石台之上置石狮一对，遥相对视，增加了佛门的威严。板门安于明间正中，门额上高悬"崇福寺"竖匾一方，澄蓝大字，格外醒目。系1776年（清乾隆四十一年），知州季绾率众修建时的遗墨。鉴于年久失修，山门残破严重，2001年，国家拨款进行了落架大修。

金刚殿

第五节　文殊堂与地藏堂

文殊、地藏二堂位于千佛阁之后、大雄宝殿之前的东西两侧。布局对称，结构相同，均为明代初年重建。面阔五间，进深五椽，单檐悬山顶，前檐出廊，檐下有斗拱一周承托。五架梁直达前后檐外，门与窗均为隔扇装制。

文殊堂　原来塑有文殊菩萨及十八罗汉像，现已无存。现辟为历代石雕陈列室。室内有唐代的佛头，辽、金时代的石雕佛坐像。最为珍贵的是1988年在朔城区东南1公里处出土的1110年（辽乾统十年）李谨墓地的两件经幢。这两件佛教文物均为青石雕刻，高度分别为128厘米和120厘米，由莲座、幢柱、宝盖、宝顶四部分组成。部件之间有圆形榫卯套接。底座上雕刻仰伏莲瓣纹，幢体阴刻汉字铭文及梵汉字相间的各种陀罗尼经文。幢盖为八角飞檐式，宝顶为桃形。经幢是佛教特有的石刻文物，大都存放于寺庙中，但发现于墓地，在朔州地区尚无先例。加之雕工精细华丽，保存如初，弥足珍贵。对于研究中国佛教密宗的发展和影响，是不可多得的实物资料。

另外，文殊堂内还陈列有辽金时代的各种火葬葬具，有石棺、陶棺、陶罐、瓷坛等。契丹、女真两个古代少数民族政权，相继统治朔州达三百多年之久，这两个民族都是盛行火葬的。死者遗体火化后，将骨灰盛入这些葬具，再埋入祖坟，有时一家十几口人的骨灰葬入一个墓穴之内。其中的石棺质地，大体可分为青石和砂石两种，型制大小多种多样，以大头小底宝函形的居多。个别的石棺上面，刻有佛教密宗经文。当时施用这些葬具的不仅有契丹、女真人，还有汉人，甚而连汉族道教信徒也行火葬，足见当时火葬习俗在朔州一带的盛行。这些

文化遗物，充分说明了历史上中国各民族之间的相互影响和相互交融。

地藏堂　原来塑有地藏菩萨和十大明王像，后被毁掉。现在佛台上陈列的一组铁铸像，铸于明代，是从朔城区下团堡村的旧庙遗址中收集回来的。地藏菩萨安坐佛台中央，十大明王陪坐左右，依次为：秦广王、初江王、宋帝王、伍官王、阎罗王、变成王、泰山王、平等王、都市王、五道转轮王。地藏菩萨结跏趺坐于莲座之上，面部半圆，神态安祥，双手共持一如意钵，置于双腿正中。十大明王，又称十殿阎君，形象雷同，头戴冕冠，正襟危坐，面部丰肥，须髯各异，神态阴森可怕，可谓铮铮铁躯，形神兼备。传说这十大明王分管地狱十殿，各司职份。称为五殿阎君的阎罗王最为可怕，鬼魂面见时，必须持一把罗伞遮掩，才不至被吓昏。据佛经讲，地藏菩萨梵名"乞叉底婆"。在忉利天受释迦牟尼嘱托，在佛祖毁灭而弥勒佛未生之前，发誓要尽度六道众生，最后成佛。又因他的愿心最大，故称"大愿"地藏，与"大智"文殊，"大行"普贤，"大悲"观音，共为中国佛教四大菩萨。又说，地藏菩萨原为新罗国（今朝鲜半岛上小国）王子，姓金名乔觉，出家后于唐玄宗时来到中国九华山修禅，数十年后圆寂，肉身不坏，以全身入塔保存。九华山上的肉身殿传为他的成道处。地藏菩萨要尽度地狱鬼魂，十大明王归他统领，共同成就他的"大愿"。地狱佛天的构想，反映了古代劳动人民渴望摆脱阶级压迫的迫切愿望。

在地藏堂的入口处，放有打铁用的大铁砧一个，砧作方形，重1100斤，相传为尉迟恭从军前所用。游人往往在此留步抚摸一番，至今光亮浑厚。

第四章

佛 造 像

崇福寺藏有历代佛造像二百余尊（殿内塑像除外）。这些造像的质地有铜铸、青石、砂石、泥塑、木雕、陶瓷、铁铸等，其中以铜铸鎏金的占绝大多数。高度大者两米有奇，小者不足3厘米。造像最早为北朝时期，最晚为民国年间。佛祖、金刚、比丘等各种佛教角色都有，且造型生动，姿势各异，工艺精湛，各具特色，从各种不同角度展示出中国佛教文化的博大精深。古代艺术家们的艺术天才、创作技巧以及他们的思想境界，都在这些造像当中得到充分的体现。这些作品已成为中国佛教文化的一个重要组成部分。

第一节　北魏千佛石塔

在崇福寺众多的文物藏品中，有一件海内外注目的石雕艺术珍品——北魏千佛石塔刹，位居一级藏品之首，价值连城。

塔刹以雁同地区特有的细质砂岩精雕而成，残高57厘米，呈方体柱形。下部为方形隼，中间为两层楼阁，四面出飞檐，下置围栏，檐与栏之间为壶形龛。上层每龛内置合十坐佛各一尊，下层每龛置坐佛各两尊，另于四角处又置坐佛各一尊，均作说法状。楼阁之上为九层相轮。刹顶尖圆，近似肥桃。尽管刹体残痕累累，仍不失昔日细腻精巧、匠心独具的艺术风彩。

塔身现藏于台湾省台北历史博物馆。方形柱体，高约两米。刻有九层楼阁，楼层宽度自下而上逐层递减。楼阁四出檐，瓦垅齐整，戗脊平垂，四角为柱。四面空间布满浮雕小佛坐像。最下层每面中间设一壶形龛，内置较大的主佛一尊及左右胁侍佛两尊。龛两侧置坐佛各四排。据奥地利格拉茨大学弗兰茨教授统计，第一层有佛像264尊。第二层刻佛三排，计196尊。第三层刻佛三排，计169尊。第四、五、六层刻佛各两排，各有佛像120尊。第七、八层各有佛116尊。第九层最少，有佛112尊。塔刹刻佛16尊。整个石塔共有佛像1349尊。可谓煌煌巨作，称为千佛，其实少之。

底座方形，正面为三幅浮雕图案，中间一幅，莲花盘中置摩尼珠一颗，两侧供养比丘各一，作敬献状。两边又刻对称的吼狮莲花。底座左右两个侧面，浮雕男女老幼供养人各十躯。长者行于前，幼者随其后，似为两个家庭群体侍礼于佛前。生活气息甚为浓厚。底座背面刻有较长篇幅的题记，两侧为比丘各一。题记为竖写的魏碑楷体，以方笔取势，带有较明显的隶书笔法，结构严谨，笔力刚劲，颇有法度，是难得的北魏书法佳作。题记中详细记载了施主曹天度的造塔目的和经过。

据史载，曹天度是北魏朝廷宫中的一个小官，为祈国家太平、亡父免受地狱刑罚而建造此塔。造塔几乎耗尽其全部家当。该塔于466年（北魏天安元年）在平城（今大同市）造成，何年何月何人将其安放崇福寺，现已无法考证。千百年来，石塔一直矗立在弥陀殿内东南一方，与古佛相映生辉，供人瞻仰膜拜。1937年（民国二十六年），日军入侵，国土沦丧，石塔在劫难逃，被日军掠走。当年，日军将石塔装箱运走之时，朔州城内市民丁克成将塔刹藏回家中。1945年（民国三十四年），抗战胜利，千佛石塔回到祖国怀抱。国民党政府将其存放于南京博物馆，最后被运往台湾。全国解放后，市民丁克成将塔刹献出，交崇福寺文管所保管。

1979年，奥地利格拉茨大学艺术学院弗兰茨教授，应中国文化部邀请来华访问，将其所著《中国塔及阿堵婆》等书赠予中国历史博物馆。著名考古学家史树青先生发现该书中收录的千佛石塔，是崇福寺弥陀殿内之物，撰文予以介绍和考证，朔州人民这才知道了千佛石塔的下落。

这座石塔，把中国式的重楼建筑与印度式的塔刹巧妙地结合起来，创造了中国现存最早楼阁式佛塔。可惜的是，塔身与塔刹身首异处。

镇寺之宝千佛塔

第二节 其他佛像

唐代铜鎏金菩萨像 1991年在朔城区北关预制厂院内出土，据考证是唐代之物。通高31.5厘米。菩萨像头着高肉髻，戴宝冠，冠带飘逸，面部丰润秀丽，双目微开，小口涂朱，神态安祥，给人们以清雅秀丽之感。祖胸，颈下饰有缨络，着圆领法衣，右手施无畏印，左手作施予印，体现了菩萨的"无私无畏"。结跏趺坐于莲台之上，台下为束腰八角须弥座。背光桃形，镂空以华丽的忍冬纹，背光与像体留有榫卯，可自由拆装。该像深埋地下一千多年，至今光彩夺目，为唐代鎏金铸造工艺中的上乘之作。

辽代石雕观音站像 该像雕造于1112年（辽天庆二年），是朔州十方院前管内都僧正运擢禅师，率众为亡僧云济和尚做功德而造。雕造工匠为周师彦、周师让、刘公正3人。通高181厘米，质地为细质砂岩，体态秀丽苗条，头部着冠披纱，面部清秀端庄，手捧莲蕊，赤脚站立莲花之中。项佩缨络，衣着轻松自然，丰满流畅，并以朱砂、石青、石绿等色彩绘，给

人以风姿绰约、文静超拔的美感。背部留有阴刻题记一处，记载了造像时间、原因以及工匠名姓。

这尊像和千佛石塔一样，在日军侵华期间，险成为侵略者的猎物。当时日军已经将其装箱，并运抵海关，准备窃往日本。朔县城内百姓得知这一消息后，义愤填膺，群情激愤。城内商界人士与日军几经交涉，许以银钱，才得赎回。该像由火车运到朔县车站后，全城百姓倾城而出，并举行了隆重的奉迎仪式，安放于当时的朔县商会中和堂，后来移入崇福寺至今。1986年6月20日，侵华期间在朔日军军人栅村利夫、真岛祝年等一行43人，专程来朔州，在观音站像前合十膜拜，表达了他们的忏悔之情。

这尊石雕像以其丰满与俊俏的身躯，清秀而圆润的脸型，以及文静神凝的表情，完全可以和太原晋祠圣母殿的宋代塑像相媲美。

金代石雕达摩像 青石质，通高44厘米。1991年朔城区北关预制厂出土。达摩结跏趺坐于平台之上，

面部丰满，紧闭双眼，作面壁沉思状；头上披巾，身着内外两层僧衣，内衣胸下作结，涂以石绿，外衣宽展舒朗，朱红彩绘。飘带涂以石青。座下正中留有圭形平面，涂以墨，阴刻"施主王世迁"五字铭文。刀

法简洁明快，线条生动流畅，具有典型的金代石造像艺术风格，加上彩绘用色冷暖得当，增添了造像的庄严与华贵，堪称金代石雕艺术的上乘之作。

第五章

寺藏文物

崇福寺现有馆藏文物七千余件，藏品上至旧石器时代晚期，下至清末。寺内二千平方米的文物展厅，有近千件精选出的文物。其中有国家一级文物33

件，二级文物22件，三级文物200余件。这些文物充分展示出朔州深厚的历史文化底蕴。

第一节 古 碑

赵俊墓志碑 立于675年（唐上元二年）。碑为正方形，边长56厘米，厚5厘米。质地为粉砂石。无盖。志文楷书，有魏碑遗风，书体潇洒，笔力刚健，为盛唐时的书法佳作。碑文文笔华丽，骈体对仗，记述了墓主的身世。赵俊生于名门望族，世代缨络之家。曾祖父在北齐时任并州都督，政绩非凡，深受太原一带百姓拥戴。祖父赵道，在隋时任绛州司马，以仁德品行著称于世。父亲赵通，唐朝诏受朝散大夫，精于文墨，有杨雄、谢朓之才。赵俊袭父朝散大夫爵位，亦以文章著称。卒于675年（唐上元二年），与其妻赵氏合葬于朔州城北五里处。墓志出土地点北邢家河村，距现在朔州旧城恰为五华里，为唐代朔州鄯阳城址的研究提供了确切依据。

枕芳园碑 枕芳园是辽代元帅吴相宅邸，1101年—1110年（辽乾统年间）正值辽道宗崇佛的鼎盛时期，吴相将自己的宅邸改为佛寺，名曰栖灵寺，位于今朔城区东北20公里处的西影寺村。此寺在辽代曾经盛极一时，为塞外名刹，由著名高僧"首座前提点栖灵寺见管内都僧政讲经、律、论沙门敕赐持正大德"

行鲜主持。根据现存遗址看来，该寺为三进院落，规模宏大。

碑文详细记载了栖灵寺的地理位置和兴盛状况。紧邻塞北关南的通衢大道，背依应县木塔之形胜，面临雁门玉塞之雄关，战略意义极为重要。这也是辽朝元帅在此营建宅邸的目的所在。

碑为石灰岩质，残高159厘米，宽92厘米，厚19.4厘米。镌碑年代为1107年（辽乾统七年），碑首及碑座现已无存。碑文楷书，竖写，秀丽流畅，笔力刚健潇洒，字径约5厘米，为辽代书法精品，未留下作者名姓。该碑历经沧桑，于1370年（明洪武三年）砖券朔州四城门时，将此碑的阴面镌刻"镇塞门"三字作为北城门额，达588年之久。1958年，该碑自城头跌为两截，所幸仅残六七字。该碑是研究辽代政治、历史、宗教、书法等不可多得的重要文物。

桑干神庙碑 石碑砂石质，碑首方形抹角。高127厘米，宽68厘米，厚16厘米。为1135年（金天会十三年）九月十四日，重建桑干神庙之后而立。马邑县知事程舜卿书丹撰文。宁州（今云南黎县）进士何

演碑额隶书"重建神庙之记"六字。县尉赵铉立石。碑文楷书，气势谨严，给人以毕恭毕敬、诚惶诚恐之感，是金代很有价值的一通石碑。

明乐昌王朱充熿圹志碑 乐昌王墓位于朔城区东北20公里处的张家口村北，背依洪涛山脉，面临桑干河水，莽莽黄土原上，即为王陵所在。墓葬毁于洪水，仅余圹志一通。

碑为青石雕琢，高170厘米，宽74厘米，厚20厘米。晕首，额题篆书"圹志"二字。四周刻以行龙火球迴护。碑文楷书，书体规整严谨，为明代习用的馆阁书体。碑文格式均依王礼法度，藩王墓志于此可一览风貌。

朱充熿，号凤桐，明太祖朱元璋七世孙，生于1520年（明正德十五年）农历四月十日，卒于1579年（明万历七年）农历十二月初四日，享年60岁。祖谥懿王，父谥荣简王，母妃成氏。朱充熿为荣简王的嫡长子，1551年（明嘉靖三十年）农历正月十八日，正式册封为乐昌王，食邑乐昌。1555年（明嘉靖三十四年）分封朔州。朱充熿死后，完全按照藩王礼仪安葬。墓志为礼部撰文，墓葬刑制由朝官修筑如制。万历皇帝曾予辍朝志哀，在京文武朝官设祭15坛予以祭奠。皇帝亲派差官行人司行人邢孔阳代为致祭。直到死后的第三年才埋入陵墓。朝廷赐谥号为乐昌温靖王。

朱充熿一家，在朔州城内有豪华的王府，秀丽的花园，城外有众多的田庄，享尽了荣华富贵。直到明末李自成率军攻破朔州，才告结束，明万历《朔州志》中有明代知州翁应祥"乐昌府园亭"诗一首，足见昔日王府花园的景象。诗云："名藩行乐自徜徉，就近为园浅淡妆。芳草庭阶留野色，薜萝墙壁贮风光。鸟因僻静寻枝便，客为清幽蜡屐忙。带砺山河应不改，岂同金谷易沧桑。"乐昌王墓对研究明代王制礼仪、地方史志等，有重要价值。

明代修长城碑 石碑镌勒于1575年（明万历三年）九月，碑质为石灰岩。晕首，下端留有方形榫印。高62厘米，宽42厘米，厚12厘米。1985年由青岛市自费徒步考查长城的董耀会于朔城西南30公里处的明长城脚下发现。碑文阴刻楷书，详细记述了明代修筑长城的兵营名称、官员姓名、兵员数额、补筑规格及立碑时间。两台之间的275米距离，需要兵员1579名，长城底宽3米多，顶阔2米多，通高为10米。足见当时狼烟四起、烽火不断的形势下，修筑长城的艰巨和紧迫，为研究明代长城的修筑情况提供了极为重要的史料。

第二节 其他文物

战国铍 铍是战国时代的一种长兵器，与剑相似，只是没有首。颈部有一小圆孔，用以连接长柄，前锋尖利，便于冲刺，具有矛的功用。边刃锋快，又可横砍，又有刀的功用，为战国时代一种较为先进的兵器。崇福寺现藏两件，均为1986年朔县赵家口村出土。属于战国晚期赵国遗物，弥足珍贵。

两件形制相同，长短略有差异，但铭文有明显区别。一件名之为"相邦春平侯"铍，长33.4厘米。一件称之曰"邲相"铍，残长30.3厘米，长颈，体型不长，平脊隆起，两边为刃，锋锐利。两件平脊正中，均有竖刻铭文两行，书体为战国时代赵国文字，笔画纤细，须用放大镜才能看清。春平侯铍铭文释读为："四年相邦春平侯邦左库工师长身冶尹□执剂"。邲相铍铭文为："四年邲相乐□右军工师长庆冶事息□事"。两件铍已有论文发表。据有关专家考证，春平侯即春平君，为战国时赵国孝成王之孙，悼襄王的太子，名字叫赵迁，史称幽缪王。春平侯铍为前262—前241年赵迁为相期间所铸。乐巨为燕国名将乐毅之后。战国晚期，燕王昏庸，国内大乱，乐毅子孙多有投奔赵国去的，为赵国诸侯出谋划策，出力不少。乐巨在赵国为相时间当在前224年以前。距秦始皇一统天下也只有二年多时间，该铍亦为此时所铸。两件铍历经两千二百多个春秋，至今光灿如新，锋利无比。

明代珐华塑　1980年朔县西关社稷坛遗址出土。当时置于一个黑釉双系大罐中，上以板瓦覆盖，计17件。包括五组内容，高度为16厘米～21.8厘米。陶胎采用模印、贴塑、手工整形三结合的手法制作成型。施以孔雀绿、紫、黄三种色釉二次烧成。人体表面以白粉涂染，底部露胎无釉。

乐舞伎4件。均为胡人形象，高鼻深目，卷发打髻或戴以黄色胡帽，身着蓝、黄两色胡袍，系以腰带，足穿皂靴，站立于须弥状山水圆台之上。一人正在拍击弹板，一人拍着手鼓，一人弹拨琵琶，另一人袒胸露腹，旋转起舞。把音乐舞蹈场面刻划得淋漓尽致、惟妙惟肖。

琴高乘鲤两件。同式。琴高作一朝官形象，头戴朴头，神态庄重，穿圆领紫色官衣，双手前拱，两腿紧挟鱼背之上。金黄色鲤鱼昂头张口，蹦跃欲上，双眼凸出，似在挣脱。造型活泼，颇有动势。

八仙庆寿九件。寿星高头阔脑，满脸堆笑，银髯长须，身着蓝色对襟大褂，背倚鹿鹤，手持如意，神采飘逸，端坐仙山上。其他众仙道冠道服，分侍两侧，左右各四：吕洞宾背着宝剑，长须飘洒；张果老手持弹板，笑容可掬；曹国舅兴致勃勃地拍着拍板；蓝采和提着花笼，喜笑走来；钟离权合握玉板，笑眼

战国铍

眯眯；韩湘子双手执笛，眉清目秀；李铁拐手拿葫芦，兴致勃勃；何仙姑手抱琵琶，翩翩起舞。一副众仙庆寿的喜庆场面，同为高兴之姿，然而又各具情态，匠心独到，妙趣横生。

假山人物一件。须弥座方台上，周有围栏迴护，颇似一露天舞台。台中置嶙峋假山一座，假山下站有一男二女三个人物。男子一副书生打扮，神情激动，居左；女子为豪门小姐模样，情貌腼腆，居右。男女之间的另一女子为丫环装束，似在传话诉说，颇似张生、莺莺、红娘，疑为杂剧《西厢记》中的一幕。

麒麟一件。麒麟曲蹄回首，蹲卧于须弥六角平

珐华塑乐舞伎

台上，仰天狂吼。独角、龙嘴、鱼鳞、牛尾，通体施孔雀绿釉，鳍尾等以少量黄釉点缀，光彩夺目，神气十足。

珐华塑是明代山西地区兴起的一个釉陶新品种，也称素三彩，具有浓厚的北方民间艺术特色。主要产地在晋南一带。朔州出土的这批珐华塑，造型生动，施釉搭配合理，给人以古朴典雅的民间艺术感受，堪称珐华塑中的佳作。

哥釉洗　清代文房洗笔用器。高4厘米，口径14.4厘米。扁圆形，敛口，浅腹，底外凸，内外为仿宋哥窑月白釉，内外有细碎开片。

书法作品　寺内藏有王赓荣书法作品十多件，有对联、条幅、条屏等，均为行楷书。他的书法精于楷书，集唐代欧、柳、褚、颜诸家之长，自成一体，寸楷字尤佳。慈禧太后看了都赞不绝口，曾以铜鼓、玉西瓜予以赏赐。

王赓荣，字向甫，号春舫，朔州城内人。1876年（清光绪二年），殿试榜眼，授翰林院编修，后任御史、广西浔州知府等职。以为官清廉、正直敢言、博学多才、精通书道而著称。由于王赓荣的朝野关系，晚清以来的朝中大员，诸如何绍基、李鸿章、祁隽藻等人的书法作品也流入朔州不少，崇福寺藏有十多件。

刘懋赏行草立轴。刘懋赏，字劝功，朔州平鲁县安太堡村人，晚清举人，在日本留学期间加入同盟会。辛亥革命后，为国民政府第一届参议院议员，是朔州地区旧民主主义革命先驱。其书法作品以洒脱豪放而著称。现寺内藏有其作品一副。绢底，纵128厘米，横66厘米。行草书，以自拟五言诗一气呵成。其文曰："自许志颇大，频歌慷慨辞。攒眉无说处，仰面独行时。豪杰心犹檗，生灵命若丝。当今欲平治，舍我则云谁。开眼看不得，愁来只自颠。六年成忧苦，四海一腥膻。　叹命巧相值，观时痛可怜。却惭深夜月，犹思照胡天。"落款为：甲辰夏日应星垣仁兄大人雅嘱。劝功，刘懋赏。

哥釉洗

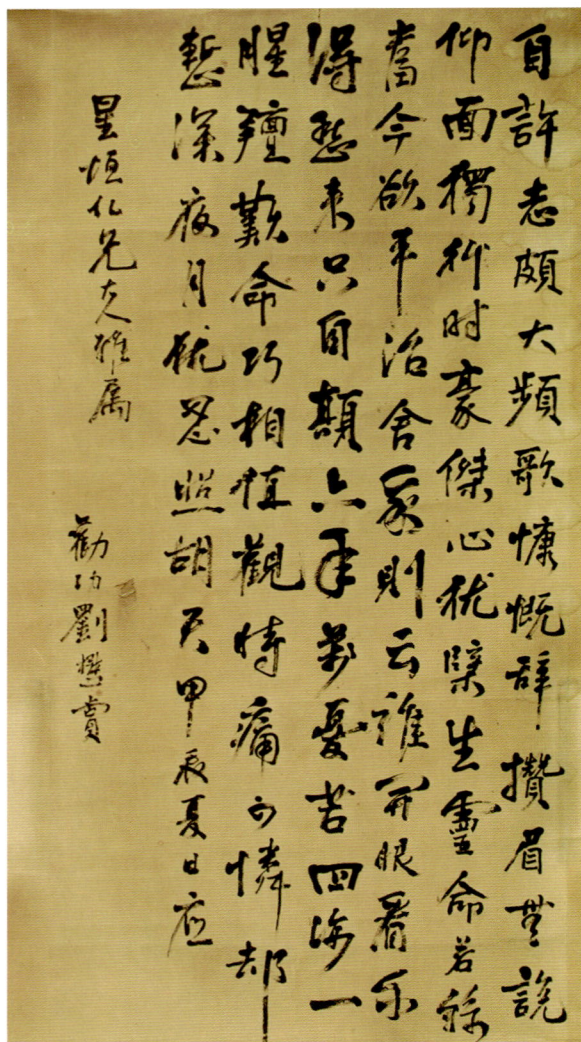

刘懋赏书法

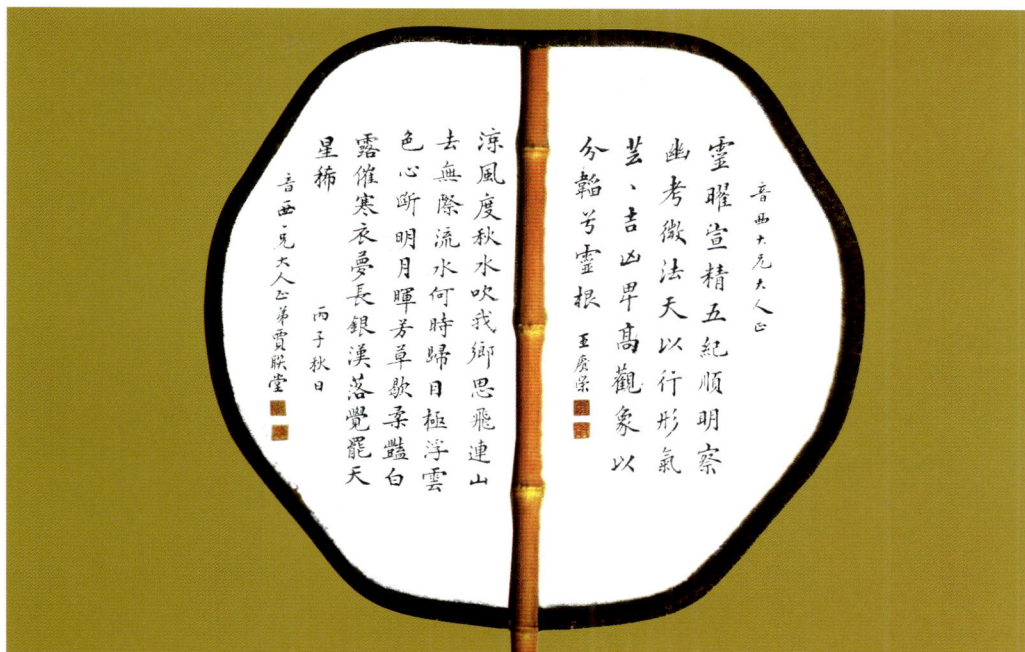

音典大几大人正
靈曜宣精五紀順明察
幽考徵法天以行形氣
芸、吉凶畢高觀象以
分輪号靈根　王廣榮

涼風度秋水吹我鄉思飛連山
去無際流水何時歸日極浮雲
色心斷明月暉芳草歇柔豔白
露催寒衣憂長銀漢落覺罷天
星稀
音西元大人正弟賈联堂
丙子秋日

瘦束定武帖欹角霎有杸九思印
蓋其形藏也姜白石言蘭亭石
本以有鋒芒棱角為上瘦本屬
帶右流天五字已欹而鋒頴神
象矣～拓法之窮工者也濟南那
子愿曾翻刻～視此相吉武
矣蘭亭之妙法悉備而不以法見
者也
王廣榮

清凉寺景区

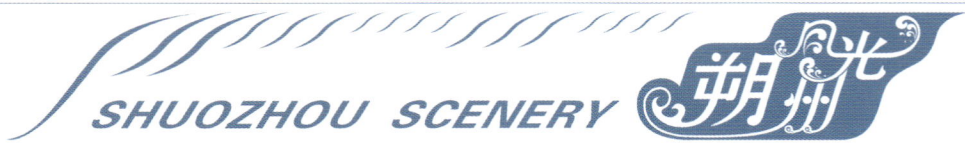

SHUOZHOU SCENERY 朔州风光

清凉寺景区

清凉寺位于怀仁县城正西10公里的洪涛山北段的清凉山上。清凉山主峰南峰海拔1647米，比桑干河谷地平均高出650多米。崇山峻岭，沟壑错落，风光独特，自古为一方胜境。古人有诗赞曰："清凉十里彩云堆，好景偏宜首夏来。山色不随春色去，花颜因向笑颜开。休乘宝筏寻真境，且酌金卮对法台。北顾玉龙惟咫尺，言归知是更徘徊。"（光绪《怀仁县志·艺文》）景区横跨何家堡乡和云中镇两个乡镇，面积18平方公里，包括25处人文景观，38处自然景观。南北两峰之间，有一条幽深狭长、景色绮丽的山谷。北峰之北有石井峪，南峰之南有车道沟，形成二峰对峙、三沟布列的格局。北峰崖顶下有辽代石窟，南峰之巅有辽代砖塔，为景区双璧。四周群山拱围，奇峰异石广布，盛夏时节，万山披绿，草木滴翠，凉风习习，鸟语林幽，自然风光与人文景观和谐相融，相得益彰。游人在此既可观赏山奇石怪，又可参悟佛道奥妙。

清凉寺

第一章
清 凉 寺

清凉寺坐落在景色秀美的清凉山主峰怀中,三面环山,负阴抱阳。庙宇林立,秉含灵气,为怀仁自然风光与佛道文化水乳交融之胜地。现为省级重点文物保护单位。

游清凉寺有两条道路。一条路从县城向西行15公里,经鹅毛口、王卞庄,从清凉山后山进入景区,这条柏油路相对平缓,驱车可进入寺内。

到达景区,山门是一座高大气派的汉白玉石牌楼。牌楼为四柱三门七楼。中间两根石柱上阴刻隶书"大智圆融灵含宇宙,六度万行不舍天地"朱红楹联。正中门额横书"清凉胜境",背书"佛日增辉"。字体端庄隽美,刀法洗练。横枋上刻有二龙戏珠和云龙、花草纹式等图案。另一条道路从县城沿着保家堡乡镇公路西行8公里,穿过悟道村,从清凉寺的东南方向前山口进入景区。入口处的正面,建有约4000平方米的停车场。从停车场到景区山门筑台阶两

层,共108级。台阶分上下两道,两边置汉白玉石栏杆,中间为御道龙雕图案。山门是汉白玉石牌楼,仍为四柱三门七楼。楼头中高旁低,椽、飞、瓦、脊俱全,斗拱重叠。中间两根石柱正面阴刻"法力无边人天敬仰,大智圆融十方称颂"。背书"灵含宇宙众佛之师,如来智慧人天之表"。正上方门额有"清凉胜境"四字。横枋竖柱、嵌板雕刻莲花云纹和龙凤呈祥等图案。整个牌楼结构紧密,雕刻细致,通体白色,光洁明亮,给人一种庄重肃穆之感。穿过石牌楼,沿着或陡或缓的山石台阶进入峡谷,只见谷中灌木丛生,葱葱郁郁,时有巨石凸露其中。峡谷两边千岩竞秀,万壑回萦,断崖天成,灌木花草,缕缕簇簇,钻出石缝。幽静的山谷中,不时有拖着大尾巴的小松鼠从容地跳上跳下。羽毛华丽的山鸡、半雉窜来窜去,时隐时现。啁啁啾啾的鸟鸣声,清脆悦耳,婉转动听。清风拂面,倍感凉爽宜人。登山之累,为之一扫。大自然的天成美景,令人心旷神怡。使人顿生远离尘嚣、超凡脱俗、返璞归真之感。

沿蜿蜒向上的石径前行,大约攀至石径的中段,左右两山峭壁忽然合拢,峡谷仅有2米宽,兀立而出高4米的断崖,挡住前路。游人只能顺着人工开凿的石级沿壁前行。爬过这段狭窄的山路,视野豁然开朗。掩映在绿树丛中的庙堂和依山而凿石雕,错落有致,尽收眼底。坐落于主峰顶端的玲珑古塔清晰可见。

山 门

第一节　寺怀景点

大雄宝殿　位于谷底，依山而建，筑于两层巨大的平台之上，坐北朝南。第一层平台宽阔宏大，有48级台阶，二层设28级台阶。台阶两边及平台四周均为汉白玉栏杆，造型优美，玲珑古朴。大殿高大气派，装饰华丽，金碧辉煌。单檐歇山顶，顶覆金色琉璃，面阔五间，进深六椽，通高15米。殿内正中高台上，有三尊端坐于束腰莲花座上的贴金佛像。释迦牟尼居中，弥勒佛居左，药师佛居右。释迦牟尼两边侍立着两大弟子，一个是迦叶，另一个是阿难。释迦佛前置大肚弥勒佛铜像，台下东西两侧为手持大刀的伽蓝和手握法器的韦陀。释迦牟尼头部呈螺旋发髻，脸形方圆，面额丰满，身披袈裟，衣褶流畅，神态严肃慈祥。左手横置左足上，右手屈指作环形名为"说法印"。阿弥陀佛双手置于当胸，呈抱球状，表示接引众生。药师佛左手执药丸（宝珠）。整个塑像，比例协调，神态各异，栩栩如生。左右墙壁上有天龙八部悬塑。该悬塑成功地运用了平面和立体两种造型艺术手法。再现了佛向诸菩萨、比丘等说法时，天众、龙众等八部参与听法的情景。悬塑上的人物，衣袂飘飞，大有乘风凌波之态，似由远处冉冉而来。右边墙下供台上置一千手观音，手持各种法器，为仿唐制

品。这座大殿是1994年在原址上新建，雕塑出自山西雕塑协会名家之手。

高僧灵塔　大雄宝殿的西边山坡下，有埋葬历代高僧的灵塔。登30多级石垒台阶，便可进入塔林。灵塔由黄砂石雕刻而成，通高2米，由基座、束腰、仰莲、塔身、宝盖、莲托、宝顶组成。基座之上为束腰须弥座，四周雕有雄狮。其上为仰莲托坐。中置塔柱，平面呈六角形。柱面上原有文字，因风化严重，一塔仅能辨认"华严寺重修五百年……大明正统五年……"；另一塔有"重修清凉山华严寺，住持德庵大师灵塔等字样。塔柱之上有宝盖、仰莲和宝瓶形塔刹。整个灵塔使用卯榫连结，环环相扣。塔林中，现只有四座灵塔保存较好，其余灵塔残缺不全。距塔林不远处立有白砂石雕刻的人物塑像，原为大殿前的石人。今已风化严重，其上布满苍苔。但仍能看出当初精湛的雕刻技艺。这些灵塔、石人，反映出清凉寺佛教文化的源远流长。

地藏殿　在大雄宝殿东南，建有地藏殿。地藏殿坐北向南，为四方形，外设回廊，庑式殿顶，上覆琉璃。殿内塑地藏菩萨和十大阎君。地藏菩萨为中国佛教四大菩萨（文殊、普贤、观音、地藏）之一，统

高僧灵塔

石　人

领十殿阎君（阎王），是佛教所传十个主管地狱阎王的总称。地藏菩萨居中，头戴花冠，手执宝镜，衣饰华丽。十殿阎君头戴王帽，身着朝服，手执笏板，表情严肃。四周墙壁有阎王执法彩绘壁画，详细地描绘了十八层地狱的恐怖。无处不在的佛法威严，在此表现的淋漓尽致。

第二节　北峰景点

天然石屋　从大雄宝殿旁边，沿着石块砌筑的台阶向北坡攀登数十个台阶，有一座向南开门的禅房。门两边各有一个小窗户，屋顶为一块巨石，前部覆有琉璃瓦。进入禅房，呈弧形的屋顶锤錾凿就，极为低矮，人站在坑上不能直立。转过一人工开凿的弯形通道，可进入后屋，结构样式与前屋无异，只是在墙边坑角下有一个显眼的锅台。这两间禅房大约都为8平方米，简单原始，不事雕饰。据传，清凉山建寺前，最初来这里的僧人，无处投身，便选择在这块有清泉的巨石下栖身。后经多年开凿垒筑形成现在的模样。以前锅台旁边岩石上有一钵儿水，清澈透明，用之不尽，后人因此奉其为"神水"。可惜，近来水位下降，渐渐干涸，只留下这个美好的传说。

清云宫　出石屋，沿着石块砌筑的台阶继续向上，再爬上一段36级陡立台阶，便来到清云宫。清云宫为道家庙宇，道观由三间石窑洞组成，筑于半山腰陡坡上，前有平台，外设铁栏杆回护。依清代风格建筑，近年重修。洞正面砖砌，顶檐为仿木砖雕装饰，两端各置吻兽。檐下有仿木斗拱、倒挂楣。窑洞弧形边沿，均镶有莲花图案。中间窑洞门楣上草书"清云宫"三字，字体潇洒飘逸。左右窑洞外侧，各嵌有一条巨龙腾飞浮雕。门两边窗台有方格砖雕图案。整体设计巧妙，布局合理，做工考究，雕刻精美，系当今仿古建筑的上乘之作。相传，老子一气化三清，故窑洞内供奉着老子的三个化身：原始天尊、灵宝天尊、道德天尊（太上老君）。洞壁四周有81幅太上老君演化图。

文殊殿　清云宫与文殊殿上下相衔，清云宫窑洞

清云宫

的顶部正好是文殊殿的前院。文殊殿居高临下，坐北向南，建于高1.5米的台基之上。面阔3间，前设廊殿，单檐歇山顶。殿内正中有一巨大的石窟，石窟开凿在山体巨崖上。洞内顶高2.7米，进深2.1米，宽2米。洞门高1.8米，宽0.8米，呈长方形，门壁上书"文殊殿"三字。洞内中央有石雕文殊贴金佛像，雕像与山体连为一体。文殊结跏趺坐于狮子驮着的莲花座上，雕像连同基座通高2.3米。文殊菩萨面部丰满，表情慈祥，肌肤丰润，右手握如意，象征事事如意，左手置于当胸，指呈"说法印"。文殊两侧有观音、普贤菩萨浮雕，背后石壁有彩绘背光。洞门两侧岩壁上有护法壁画，洞顶彩绘。石窟虽然狭小，但佛像雕刻精美，造型简练而不失神韵，为辽代珍贵文物，具有极高的文物价值和观赏价值。

文殊殿

弥勒佛 文殊殿西边半山腰上，有一尊巨大的露天大肚弥勒佛雕像，站在山脚就清晰可见。弥勒佛高7米，宽3米，呈坐姿。光头呈比丘相，两耳下垂，笑口大张，袒胸露腹，大肚突挺。左手持佛珠自然搭于膝上，右手抱腹，左腿盘屈，右腿前伸，憨态十足。充分体现出弥勒佛心容天下，笑面人生，大慈大悲的佛法境界，引得游人常在此摄影留念。

弥勒佛

卧观音 在大石佛上方悬崖有一石雕观音。雕像呈半卧姿，斜倚山坡上，高2米，长6米。观音面向西方，头戴宝冠，额头宽阔，双目微闭，端庄慈祥，气质高雅。左手持莲花，右手托膝，左腿支起，右腿下垂，上身披袈裟，下身着长裙，胸前及衣裙上饰联珠缨络。佛教经典说，观音菩萨慈悲为怀，世界众生无论遇到何种灾难，若一心称念观音菩萨名号，菩萨就会循声而至，使之脱离苦海。

菩萨卧像

混元老尊 沿着石径，盘旋登上山顶，一尊巨大的汉白玉石雕端坐于云雾缭绕的北峰山巅。雕像为道家祖师混元老尊，束发危坐于高2米、边长为2.5米的台基上。雕像面部轮廓清癯，头微低，目光深邃，胡须飘然，表情肃穆，似乎能洞察人间一切善恶。左手放于膝上，右手呈上捧状，置于胸前，表示可以扶正驱邪。石基正面阴刻："混元老尊是道教象征宇宙形成，主宰万物的万能神灵，这一道教神仙谱系，体现着道家一生二，二生三，三生万物的自然生成理论和天人合一的自然规律。"其余三面刻有云山图案。老子为道家创始人，东汉末期被奉为混元老尊。

第三节 南峰景点

睡佛

有一块向阳背风的土地，四周灌丛环绕，面积有200平方米，原是僧人的菜地。相传，一位僧人从深山里采集到数穗红糜种子，为快快发芽，用北峰禅房的"神水"浸泡了一夜。第二天早上便将糜子撒在地里。不知是这片荒地有宝，还是"神水"有奇，不到一天的功夫，糜子就出土、拔节、抽穗，到晚上就能收割了。从此僧人们早种晚收，日日有收获，一门心思用在念佛修行上。

永和云阶 站到清凉山北峰，向南峰眺望，只见绿色山坡上白色石径如云梯直通南峰之巅的辽代宝塔。站到谷底向上仰望，但见一条曲折回环的银线通向云雾缭绕的峰顶。从山脚到南山顶共设1378级台阶，两侧新植13万株观赏性林木。台阶两侧陡立的地方，设石栏杆石栏板护径。台阶起首立一经幢，记载了上世纪九十年代修筑"永和登云阶"捐资者姓名。攀上半山腰，回望山底，车如虫窜，人如蚁攘。登上山巅，云雾飘渺，朵朵白云在脚下涌动，犹如脚踩霄汉，置身阆苑仙境。四望群山，一览俱小，俯首称臣。登清凉寺南峰，看其上玲珑砖塔，陡立若天梯，登如沿壁行。没有过人的胆略和坚韧的毅力，只能是望而却步或半途而返。

财神殿与红糜子地 从山脚登250级台阶后，就看到石径两侧的禅房和财神殿。财神殿依山而建，坐西南朝东北。面阔3间，单檐歇山顶，青铜瓦覆顶，前设廊柱，殿高7米。殿内中间立财神，两边置财子，墙上为壁画。站在殿前可俯视大雄宝殿及北峰山腰的观音殿，大肚弥勒佛和睡观音。禅房东侧山坳

睡佛 从财神殿继续攀登100多个石阶后，就到了望怀亭。站在亭上，向左瞭望，一条长长的石脊自山下一直通到山顶。石脊宽2米，长300米，左右两边为绿色灌木。远望高低起伏的岩石，如一条匍匐在山上草丛中的巨龙，昂首前行。密密麻麻的大小石块，犹如龙脊、龙鳞，十分雄奇壮观。再上400多个石阶，就到了静心亭。这时，向左望去，绵延起伏的石脊酷似巨佛沉睡于山坡林海之中，其仰面向上的头部、胸部、腿部以及脚趾，线条轮廓清晰，如人工雕琢而成。大自然的鬼斧神工，令人不禁拍手叫绝。每当清晨，一轮朝阳蓬勃而出，万道金光披洒在睡佛身上，返光四射，如佛光普照。歇息了一夜的小鸟，早在太阳出山之前已群集其上，婉转吟唱，犹如西天梵音，仿佛虔诚的信徒日日早课。

惩恶镜 出静心亭向上再登百余个台阶，向南峰之巅望去，只见巍巍砖塔平台西北屋下有一块巨大的岩壁，顶天立地，十分险峻，如镜面一般光滑。崖体"剖面"平整坚硬，寸草不生，高50米，宽60米，如月牙形，夕阳西下，反光如镜。清《怀仁县志》记载："寺东南高峰插天……西岩畔有石，如弦月形，

返照有光。"此月形壁，名曰惩恶镜。置身镜前，坏人就会受到惩罚。据传，一个横行乡里、无恶不作的恶棍，听说此壁灵验，偏偏不信，一日来到壁前，指着石壁破口大骂：老子坏事做绝，你能奈我何！话音刚落，两道白光从壁上射出，直刺恶棍双眼。恶棍双眼灼焦，疼痛难忍，抱头乱窜，滚下山崖，命归黄泉。此后，那些干了坏事的人，谁也不敢到此，生怕原形毕露，受到惩处。这虽是一个神奇传说，但它体现出千百年来老百姓所信奉的"善有善报，恶有恶报"的理念。

秋山红叶 向上再登曲折迂回的百余个台阶，就上了聚星门。回望脚下山坡，2米多高的灌木蓊蓊郁郁，随着山势层层叠叠地一直延伸到谷底。每当秋霜过后，大自然如一位神奇的画师，刷刷几笔就渲染出一副绝妙的清凉秋景。满山树叶红似火，遍地花草金灿灿，像一幅多彩的画屏展现在游人面前。尤其是那满山红叶，红的如血，如夕阳，如彩霞，如烈火。秋风吹来，叶片摇动，宛如跳跃着的火焰，燃遍了山岗沟谷。这就是闻名遐迩的清凉红叶。聚星门是最佳观景处。

玲珑宝塔 过了聚星门，伴随着悦耳的铃声，再登上两个54级台阶，便上到海拔1647米的南峰之巅。只见群山万壑赴清凉，独有宝塔屹其上。建于辽代中期的宝塔，聚大山之灵气，纳万物之精华，稳稳端坐于八角平台中央。宝塔通体用沟纹砖砌筑。塔座塔身连同宝顶高13米，七檐八角密檐式。四周有雕镂精美的汉白玉护栏，游人在此可凭栏远眺。宝塔坐北朝南，平面呈八角形，八隅边长1.5米，层层塔檐，

华严塔

由下而上逐层收缩，直达顶部镀金塔刹。围塔仔细观赏，塔座为须弥座，高1米，座下施石材，逐渐内收为束腰。每面束腰上坊、下坊以倚柱划分成3间壶门。壶门中凸肩收成曲线，高0.26米、宽0.5米。壶门内雕有多种动植物图案以及飞天、歌舞乐伎形象。倚柱做成金刚、力士，支撑上部平座与塔身。塔身由外壁和塔心室组成。外壁各转角处都砌成抹角方形壁柱，高2.5米，上承普柏坊，中间为直棂窗。塔身正南面开高1.55米，宽0.6米的砖券门，上置门额。塔心室空间较小，平面呈方形，四隅各宽1米，内置魁星。塔身上檐只有第一层设仿木结构四铺作斗拱一周，上托撩檐枋挑撑着塔檐，其余各层塔檐都雕拼成椽、飞、连檐、瓦口等。每个檐角外端系一铜质铃铎，全塔共54个。每当微风渐起，塔上铃铎，遇风即响，铎鸣四方，玉声悦耳，堪称一绝。全塔立面呈圆锥体，二层以上塔身骤变低矮，宽度由底向上递减，塔檐距离较近，形成微微膨出的曲线轮廓。顶部为塔

刹，由莲花盆、相轮、刹杆、铁链等组成，仰莲座上置覆钵，五层相轮，顶端以锥形宝珠收刹。所有部件全部采用镶嵌式连接，环环紧扣，丝丝入窠，外镀金光，用链条与塔身固定。整座砖塔造型优美秀重，玲珑华丽，几经修葺，基本保持了辽、金佛塔的重要特征。对研究中国造塔的结构、体例都具有很高的艺术价值。

南峰览胜 登临绝顶，环顾远眺：东边恒山重峦叠嶂，碧水如练，桑干盆地，平畴万里，城镇村庄星罗棋布，大运高速、同浦铁路穿越南北。西北大同七峰山禅房寺塔、东南应县木塔遥遥可辨，与本塔正好连成一线。西边雄浑的洪涛山腹地，山势舒缓、如跌宕起伏的海面。近观东北、西南，群山起舞，绵延无际。眼前北峰、南峰环形相连，连同其余几座山峰共同构成五指山，如佛祖伸出五指，俨然一派佛家胜地风光。大雄宝殿，地藏殿落于掌心。清云宫，文殊殿，大肚弥勒佛、卧观音错落有致，位于指关节部位。五指山西部，山峦起伏似海，五座浑圆山丘相连，宛如五朵莲花浮于水面。相传，文殊菩萨来到清凉山之后，站在北峰之巅西望，只见小五台云雾缭绕，紫气腾升，遂在小五台设立道场，弘扬佛法。后文殊云游名山大川，在忻州五台县发现，有五座山峰酷似怀仁的小五台，便移道场于五台山。因小五台享有盛名，清代顺

波状丘陵

治皇帝首次出家，慕名来到清凉山，研习佛法。

波状丘陵 站在砖塔平台向山下望去，东北—西南走向的洪涛山东部脚下，有一段宽1公里，长百余公里的波浪状黄土丘陵与主体山脉平行布列。这段丘陵是主体山脉的东坡，千百年来雨水冲刷堆积而成。丘陵与无数道沟壑垂直交叉，沟低梁高，形成连绵不断的波状，如大海波涛，汹涌澎湃，蔚为壮观。若当盛夏，山坡披绿，又如一条气吞山河的大江。西岸山势雄奇，东岸五谷飘香。

海市蜃楼 登清凉山，有幸会遇到海市蜃楼奇观。据驻寺僧人介绍，2008年海市蜃楼在清凉山先后出现过4次。有时出现在晴空万里，有时出现在雨后雾中，没有固定的时间。这一神奇景观，出现前没有任何先兆。在人们不知不觉中，天边幻化出薄薄的轻雾，云雾之中隐隐约约出现了远山、长城、楼阁、树木、村庄、街巷、车马、人流等景观。当人们凝神静气呆呆地观望这天外来景之际，画面像电影中的特显镜头，向人渐渐推来，越来越近，直至眼前。这时，

人们能真切地看到，热闹市井，座座房屋，棵棵树木，峰台垛口，甚至连长城砖缝也历历可数……几分钟过后，一切消失，又恢复了自然的本来面目。

清凉日出 黎明时分，鸟兽音迹全无，山里一片静谧。清凉山南峰的轮廓渐为显现。矗立于山巅之上的砖塔，在雄伟厚重山体的举托下，愈见其庄严神圣，有一种静穆森严的美。形似宝葫芦一样的塔刹，像一位武士立于塔顶之上，守护着宝塔。

这时半山腰，弥漫着云雾，不停地涌动，极为壮美。天边的云，像一条条线，呈现出浅灰、淡蓝、淡黄、桔红的色彩。这些五彩的云霞，慢慢伸展扩大，由粉红、玫瑰红、橘红、变成亮红，染红了整座塔，染红了山石树木。突然，云天交接处，一颗通红靓丽的圆球露出半个脑袋。紧接着，这橘红色的圆球渐渐变大，变成金色的磨盘，刹那间，一轮红日终于喷薄而出，照在宝塔上，通体彻亮，塔刹放出了万道金光。南峰以西的那些山峦，呈金黄色或黛青色。

第二章
车道沟与石井峪

第一节 车 道 沟

车道沟位于清凉山脚下悟道村西南1公里处，其北为清凉山南峰。悟道村属何家堡乡，传说文殊菩萨成佛之前，云游四方，经过此村，见其西面奇山雄峙，风景绮靡，紫气氤氲，光华四射，遂入此山建寺立庙，潜心修行，深悟佛道，终成正果。为纪念文殊菩萨功德，山下的这座村庄便取名为悟道村。悟道村西南有一条山沟，长2公里，人称车道沟，是一条通往清凉山的车马道。相传，清凉山早前是绵延一体的山峦，建寺后，不知从何方来了一头神牛，为香客便于进山拜佛，每当夜深人静之时，驾着金车往山外运石头，从不歇息，终于开出了一条山外通向山内的道路。如今山脊岩石上，仍留下许多牛蹄印迹和车辙。当地人为怀念金牛功绩，称这条沟为"车道沟"。

出悟道村顺着溪谷进入车道沟，两边的高山几

乎垂直上升，顿觉山势高大陡峭，抬头仰视，方能看到山顶。沟谷的北边，岩石累累，悬崖绝壁随处可见，层层叠叠一直通向山巅。有的地方绝壁高达30米，峭壁石缝间偶尔可见枝叶稀疏、躯干盘曲的古柏树，破壁而出，给人以生命顽强的美感。沟谷南边仿佛是另一世界，裸露的岩壁形成条条石脊，如数条巨蟒匍匐。石脊两边长满了葱茏的灌木。白色的岩壁与绿色的灌木，互相映衬，赏心悦目。沟谷两侧，灌木丛中，野鸡、松鼠随处可见。进入一人多高的灌木丛，山桃树上挂满青桃，马茹茹叶片细小，针刺锋芒毕露，圪料椿团团簇簇，呈球冠状，油柏子个头不大，束束粉白的花儿到处点缀。其余不知名的花草树木，争奇斗艳，异彩纷呈。每年春天，首先是粉红的山桃花报春，其后金黄的马茹茹漫山遍谷，流芳溢彩；接着，圪料椿、油柏子花儿，团团束束绽放。深入山中，犹如置身花海。继续前行过5米宽的狭谷，只见高50米的悬崖上有一巨大的山洞，人称蟒洞，洞高10米，宽3米，幽深狭长。传说洞中有巨蟒栖息，因而无人敢入洞探其深浅。再往前行，地势开始开阔起来。这时可以清楚地看到从车道沟攀登清凉山砖塔的两条路径：一条从矾水湾往北1公里盘山而上，插入新开辟的后山公路；另一条是沿着石缝，蜿蜒于砖塔南边，然后攀上山顶的小径。从车道沟起身，走小径，一个身强体壮的成年男子，大约需4小时才能爬上南峰。

第二节　石　井　峪

悟道村东北2公里有一个村庄叫石井村，属怀仁云中镇。相传，该村原叫苏家堡，人们世世代代吃苦涩的井水。后来又挖出一口神井，井水清冽，甘甜如饴，至今仍在使用。乡人遂把村名改为石井村。石井村分新村旧村，新村居南，旧村居北。旧村筑墙修屋普遍采用石砌，家家户户房前屋后遍植杏树、果树。每到花季，整个村庄花香四溢，景色宜人。穿过新旧两村中间的河谷，向西行500米，便来到石井峪口。

石井峪两山夹峙，怪石嶙峋。奇峰幽谷中有许多天然雕饰的象形石，是游人朝山赏石的绝佳去处。

金地银墙　在石井峪入口处，南北为波状黄土丘陵。北边山坡上，15公顷的范围内，十几条石墙均匀地把黄土梁分割为宽10米～20米的长条状。石墙高1.5米，宽1米，裸露于地表。极像人工修筑的地埂，又像微缩的长城，随着山势的高低，错落有致，平行竖列在那里。这种分层页岩在清凉山随处可见，唯独这里白色似银的石墙与金色的黄土地，间隔布列，十分奇特。每当野草如茵，山花烂漫之际，花草与石墙，仿佛是给人衣食财富的金色梯田。当地人们形象地称之为金地银墙。这种奇丽的景观，是几百万年地壳运动的精美之作，罕见绝伦。

青牛卧岭　进入峡谷，只见沟谷两边灌木丛生，林立的峰峦如刀削斧劈一般，从云天相接处，直插谷底。在峡谷最窄处，似乎无路可行。对面悬崖绝壁，高高的峰岭间有一贯通东西的石孔，直径1

青牛卧岭

米，透过石孔可以看到对面蓝天。峰岭整体轮廓如一头青牛。明亮的石孔恰为传神的的眼睛。山岭的曲线构成牛脊、牛额、牛耳、牛鼻、牛口。特别是牛鼻上的弧形曲线非常优美、形象。鼻孔下端的深色岩石极像鼻孔，周边丝丝缕缕的云雾，仿佛牛鼻喷出的腾腾之气。牛脊下的一条天然石缝，清晰地勾勒出青牛腹部的轮廓。青牛呈卧式，面向北方。相传，混元老尊，乘坐青牛，云游到此，见清凉山群山连绵，奇峰耸立，云雾缭绕，风光秀丽，视之为道教圣地，遂设坛布道。后混元老尊云游他方，在此留下青牛化身。

虚实瀑布 青牛两边的岩壁很有特点，南边陡峭直立，有五条坚硬的岩壁直插云端，中间形成雨水冲刷出的四道石槽。每当雨季，雨水顺着石槽缓缓而下，如四条白练挂在壁上，疑似银河落九天。对面，两条巨大的岩壁中，绿色的灌丛稠密，酷似一挂巨大的绿色瀑布从岩壁上奔涌而下。两种瀑布，一虚一实，妙趣横生。

月牙印山 看过虚实瀑布，前行20米，转过宽仅5米的峡谷，只见沟谷稍显开阔。南边山坡下，层层岩石呈弧形。岩石与岩石之间，层次分明，由上往下，弧线长度愈来愈长。外边最长的弧形岩长30米，勾勒出一弯上弦月，看上去如月牙儿印在山上。其石缝间草木茂盛，似月中桂树、玉兔。

关公守山 抬头向上仰望，月牙之上，陡峭的山岭中有一座孤峰，如一巨大的擎天柱支撑着苍穹。看上去极像关公头戴纶巾，身着披风，立于山中。关公即三国蜀汉大将关羽，千百年来，民众以其信义耿介，奉之为驱邪除恶、扶正保民之神。

试刀巨石 峡谷北边有一巨大的石壁，光滑明亮，高8米，长20米，从山崖上倾斜而下，其顶部与底边弧线共同构成花瓶形。传说，关公成为佛教的伽蓝门神后，一日骑着赤兔马，手提青龙偃月刀，来到清凉寺巡山。在此修行的文殊菩萨想试其刀功，信手点化了一块巨石，令关公试刀。公关持刀随手一挥，削石如泥，便留下了这块试刀石。

关公守山

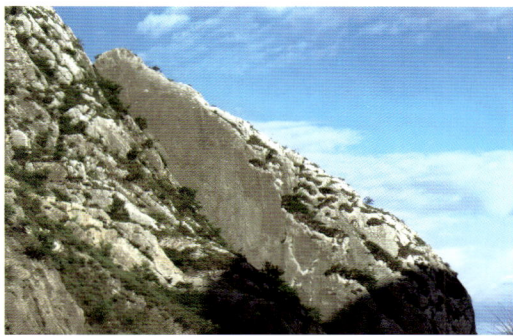
试刀石

猿人观景

猿人观景 沟谷南边山腰中，有一山峰，高10米，远远看去酷肖孤坐山腰的猿人，在仰头眺望远山风光。其身上毛发显露，腹部微凸，下巴前突，眉骨隆起，一腿直伸，一腿蜷曲，两臂撑地，半躺半坐于山顶。其猿嘴大张，仿佛呼唤同伴前来赏景。

笔架生辉 沿着峡谷大约西行1公里，向南望去，白云深处的山峰，重峦叠障，挺拔俊秀，连绵不断。其中几座山峰起起伏伏，看上去极像搁放毛笔的笔架，人称笔架山。近处，恰好突兀出一座青峰，圆润敦实，渐上渐削，酷似浑厚圆尖的毛笔笔头。笔架与笔头，相映成辉，气象万千，寓意着怀仁钟灵毓秀，人才辈出。

乌龙洞景区

SHUOZHOU SCENERY 朔州风光

乌龙洞景区

乌龙洞景区位于山西、内蒙交界处管涔山北麓的平鲁区境内。北距内蒙清水河8公里，南距平鲁区政府所在地井坪镇38公里。景区群山连绵，沟壑纵横，紫气升腾，云烟飘渺，林木凝翠，山花烂漫，风光旖旎。核心景区乌龙洞寺庙群，隐藏在海拔1830米的乌龙山的褶皱里，背靠乌龙山北峰，东西两峰横卧南北，三峰对峙，咫尺相望。三峰怀中，殿宇林立，高低错落，布列有致，清幽古朴。寺庙群分上下两院。上院建于北峰的半山腰之上，有诇之龙宫、龙母殿、摩崖石刻等景点。下院位于东西两峰之间，从北至南依次有大雄宝殿、滴珠洞、甘露池、碑廊、戏楼、天王殿、钟鼓楼、乌龙照壁和双峰洞等景点。乌龙洞庙宇始建于明初，比建于明万历年间五台山的五爷庙还要早一百余年，为平鲁古八景之一，极具历史文化内涵，自古为旅游胜地。

第一章
创建维修

第一节 创 建

乌龙洞因乌龙而得名。相传乌龙是东海龙王的五太子，长得全身漆黑。因其不满龙宫的闲散生活，一心向往佛国世界，一日在东海的普陀山上，偶遇文殊菩萨，恳请文殊收为弟子。文殊见其情真意诚，遂指点他下凡布云施雨，广行善事，普救黎民，以求正果。

乌龙从东海来到胶东半岛，一直行到泰安府也没有找到修炼之地。忽见一个慈眉善目的年轻货郎向自己走来，乌龙眼睛一亮，心想，货郎云游四方，与他结伴而行，定能找到修炼之所。于是他化为一条小黑蛇，蜷伏在路上，挡住了货郎的去路。货郎心生怜悯，随手放下扁担，小心翼翼地将小蛇放入草丛。不料向前走了几步，小乌蛇又挡住了去路。货郎顿生疑虑，莫非这小乌蛇与我有缘，遂将小乌蛇放入筐中，从此小乌蛇与货郎结伴而行。因小乌蛇暗中相助，货郎的买卖越做越顺，也越做越大。日子久了，货郎从蛇的各种形态中，能准确地判断出阴晴雨雪，并且每当他走到一个干旱的地方，总能带来丰沛的甘霖。

一年农历六月二十四日，货郎来到乌龙山一带，但见赤地千里，百草枯萎，鸟尽人稀，忽觉货担重若千斤，寸步难移。回望筐中小蛇，悠忽变作黑色巨龙，凌空而起，腾飞入洞。从此乌龙山一带变得雨水充沛，草丰林茂，风光秀丽，成为一方胜景。

美丽的传说，赋予这个山洞以神奇的魅力，于是洞以乌龙为名，山以乌龙闻名，并在此处修建了多处庙宇。从此香火旺盛，香客不断。

传说中的货郎，历史上实有其人。货郎姓张名睿，山东泰安府宁阳州小庄村人，生于1368年（明洪武元年）。乌龙洞最早的庙宇，据史书记载，由张货郎于1399年（明洪武年末建文初）出资修建。

第二节　维　修

在长达600多年的历史岁月里，乌龙洞寺庙曾先后经过数次扩建和维修。1839年（清道光十九年）有过一次大修，据乌龙洞存留石碑记载："朔州属泉盛庄杨翁名昶者……量材鸠工，延及三载，方告落成。大殿虽仍旧架，戏楼则焕新模，展两壁之墙垣，增后院之房室，洞楼、蚜蛴、白雨亦皆重加更换。"另一次大修是在1922年，"民国十一年发缘薄，散分单，不期年募得金数，兴工创作。迄今岁，工程造竣，寺中之庙宇虽不能焕然皆新，宫殿楼台亦壮丽可观也。"最近一次大修是2008年，由平鲁区政府集民资修建。这次修建远远超出历次修建的规模。寺内所有建筑，在力求保存原样的基础上，焕然一新。历史上有过记载的建筑，全部恢复重建。其质量之高，规模之大，前无古人。

第二章
乌龙洞寺庙群

乌龙洞寺庙群

依据地理位置和建筑特点，乌龙洞的寺庙群可分为"上院"和下院。上下院之间有108级石阶相连，浑然一体，相得益彰。上院建筑多为石碹，主要散布在紧靠北峰岩壁下的半山腰上，依势而建，高低参差，错落有致，地尽其用；殿宇之间，石道勾连，回环曲折。下院建筑多为木建，分布在北峰之下以南狭长的峡谷里，沿着中轴线，从北向南，一字排开，气势雄浑，富丽堂皇。

第一节 上 院

摩崖石刻 在北峰的悬崖峭壁上离地面3米高的地方，有"乌龙洞"三个摩崖石刻大字。每字一米见方，繁体线刻楷书，浑厚古朴，端庄凝重，遒劲有力。左右两侧为竖向阴刻楷书小字，上写"朔州南路参将上谷濮东阳，平鲁西路参将任城赵宗璧阅边于此，委官迎恩堡守备计安国、二路中军梁国宝，张天叙记"，落款日期为"万历二年孟夏八日"。

1527年(明万历二年)四月初，戍边武将濮东阳、赵宗璧等一行，慕名前来乌龙洞览胜。在了空主持的陪同下，他们观赏了乌龙洞、滴珠洞等名胜景观，顿觉赏心悦目，心旷神怡。但美中不足的是，这么一处仙山琼阁却没有一处墨宝标记。于是派麾下，快马前往右卫城，请来了右卫指挥金事佐官、名扬关内外的书法大师张天叙，挥毫题写了"乌龙洞"三个大字，然后让工匠精雕细刻在了北峰的崖壁上。这三个繁体大字，虽经过近500年的风雨剥蚀，仍然字迹清晰，一眼即可辨认。

在"乌龙洞"摩崖造字岩壁的左上方，有一块巨石从岩壁中突兀而出，形似龙头，龙口、龙眼，栩栩如生。右上方的石缝里，不知何年长出了一株杏树。树高丈余，斜向长出，盘盘曲曲，枝繁叶茂。游人祭拜者视为神树，在枝权上系满了亮丽的红绸布，十分耀眼。

乌龙殿 东距摩崖石刻5米处，有三间石碹窑就是乌龙殿。乌龙殿也叫"五龙殿"，还叫"五爷殿"，这

摩崖造字

和传说中的乌龙是东海龙王的五太子有关。整个乌龙殿依山而建，长15米，高3.5米，单檐角牙一出水，赭红瓷砖贴面，坚实古朴。

中窑和东窑为乌龙爷一堂一室的起居处。东窑窗前置有古朴华美的石雕龙床。龙床上半躺半卧的乌龙爷墨玉石雕像似在凝神听戏。乌龙爷身穿龙袍，束带蹬靴，头戴冠帽，衣饰大方得体。头冠两侧显露出两个龙角，颚下龙须飘然疏朗，左手托腮，右手玩捏

乌龙殿

歇龙亭

诓之龙宫

着一颗宝珠，神情恬静怡然，笑容可掬。该雕塑构思巧妙，形神俱佳，极符合传说中的乌龙爷形象，在现代殿神雕塑艺术中是难得的上乘之作。

窑内西北角两米高的石壁上有一洞，洞口呈不规则状，周长约三米，直径近一米。向里进数米，山洞变窄，通向何处，无人可知。探头进去，凉风习习，阴气森森，隐约可闻滴水声。此洞就是传说中的"乌龙洞"，是乌龙栖息修炼的地方。所有的传说、

建寺以及起名、更名皆缘于此。

西窑正中墙壁上有一副汉白玉浮雕，服满了整个墙壁。浮雕面上的内容是张货郎肩挑货郎担商天下的传说故事。张货郎面目清秀，头戴疙瘩帽，身穿短布袍，扎布腰带，脚蹬布靴，肩挑两个大筐。大筐的一头是货物，另一头是一条小乌蛇。从弯弯的扁担上，可看出胆子的沉重。张货郎左手紧握扁担稍，右小臂搭在扁担的另一头，右手举着货郎鼓，呈双肩挑

担状。浮雕背景图案，上有祥云，下有浪花，侧部关楼巍然屹立。

乌龙殿前有石砌月台，长25米，宽3.8米。地面条石平铺，东、南、西三面设有1米高的汉白玉围栏。栏杆上雕有梅、兰、竹、菊等花卉图案，十分精美。站在月台上向南望去，大雄宝殿、戏楼、天王殿……整个庙宇群飞檐翘角，贯通相连，一气呵成。一条巨大的山谷，在东西两峰的裹挟下，一直通向山峦的远处，深邃幽长。远处群山起伏，万峰争秀，呈黛青色的人马山，高耸入云，尤为壮观。

龙母殿

歇龙亭 从乌龙殿西侧下13级石台阶，左折再下6级台阶，建有一座精美古朴的四角石凉亭，名曰歇龙亭。龙亭建在长8米、宽5米的石砌平台上。亭顶飞檐翘角，亭柱、亭坊全部用汉白玉打磨后铆接而成。亭内有一圆形石桌，四周置有鼓形石凳，可供游人歇息。

龙母殿 从歇龙亭向西下6级台阶，就到了龙母殿。龙母殿为依山而建的石碹3间窑洞。中间为正殿，东西两边为配殿。正殿门额上有"龙母殿"三个行书朱红大字，字体圆润流畅。门两侧上角、窗户边沿和正面墙壁两侧上端雕有双凤朝阳、二龙戏珠、莲花盛开等吉祥图案。正殿内塑有一尊2米高的龙母娘娘汉白玉塑像。龙母面部丰满，慈眉善目，秀丽端庄，端坐在玉石雕花宝座之上。据传，龙母非常疼爱

她的小儿子即乌龙，不顾东海龙王的阻拦，陪同乌龙来到了乌龙山。之后广行善事，据传对前来求子之人特别的眷顾，几乎是有求必应，人称送子娘娘。

东西配殿的墙壁上均有汉白玉浮雕。东配殿雕的是风、雨、雷、电四天神施云、布雨、刮风、打雷的场面。西配殿雕的是龙母的其他四个龙子。据传，乌龙的几个龙兄，对乌龙能够普济众生的造化好生羡慕，便一起腾云驾雾，来到了美丽的乌龙山。

讵之龙宫 从龙母殿下17级台阶，左拐就到了讵之龙宫。龙宫位于歇龙亭下方，单檐歇山顶，顶覆金色琉璃，正脊置彩陶二龙戏珠。

龙宫的正中是乌龙的端坐塑像。黑色大理石精工雕琢的乌龙端坐于石基之上，正襟危坐，持重里透出少许威严。据传乌龙布云施雨、普救众生的"办公"地点就在这里。

第二节　下　院

大雄宝殿 从讵之龙宫下66级台阶就到了北峰山脚下的下院。大雄宝殿坐落于下院的最北端。大殿重檐歇山顶，四周出廊，斗拱叠加，飞檐翘角，富丽堂皇，气势恢宏，是整个寺院的核心建筑。

大殿面阔5间，东西长23.71米，进深15.40米，高13.36米，雄踞于高2.5米的台基之上。台基四周，

围以汉白玉栏杆，栏板上雕有梅、兰、竹、菊、莲花、仙桃等图案，典雅美观。殿正面有8根一人难以合抱的朱红露明柱，一字排开，擎天立地，托举殿宇。正殿门额上有一匾，蓝底金字，行书"大雄宝殿"四字。字体厚实圆润，遒劲流畅。前后隔扇门窗雕工精美，饰有祥云、莲花图案。檐下斗拱，层层向外伸展，形似莲花开放；四角风铎垂挂，檐周风铃密布，微风吹来，清脆悦耳。殿顶橘红色琉璃筒板瓦布作。殿脊中央置宝刹，刹两侧有二龙戏珠浮雕，顶脊东西两端为1.6米高的龙形吻兽。

大殿内中央，两米高的须眉座上，塑有释迦牟尼、普贤菩萨、文殊菩萨三尊佛像，均结跏趺坐于莲花座上。释迦牟尼居中，面庞圆润，额高广，眉弯而下垂，两耳垂肩，身穿通肩袈裟，衣袖垂于膝上，两手掌心向上，放于双膝。左边的普贤菩萨，头戴五佛金冠，身披袈裟，手执如意，神态庄重。右边的文殊菩萨身披袈裟，面带笑容，银须飘拂，手提灯笼，造型生动，姿态优美，栩栩如生。三佛背后背光华丽，

镂雕二龙戏珠、火焰纹、莲花、佛像等图案。文殊菩萨像前，塑有乌龙站像，高2.6米，身着龙袍，通体漆黑，龙角上翘，满脸鎏金，双目如电，无比威严。相传，乌龙受文殊菩萨点化入佛修行，因而打破传统的塑像常规，让乌龙与释迦、菩萨同居一殿。

大殿东西两侧，塑有十罗汉站像。这十尊罗汉，皆出自经典，历史上确有其人。东侧上首第一尊为"迦叶"，身穿红、绿、黄相间的块状袈裟，脚踏厚白底皂鞋，脸微向外，袒胸露肋，瘦骨嶙峋，双眼圆睁，双手握于胸前，手背青筋暴突，给人以历尽沧桑之感。第二尊为"阿那律"，肤色白净，头额饱满，修眉细目，鼻梁高挺，为一和善少年形象。第三尊"舍利弗"身披绣花袈裟，脸型丰圆，浓眉大眼，右手执拂，左手藏于佛袖之内；此罗汉奉持教义，智慧过人，俗称智慧佛。第四尊"摩诃迦延"体魄健壮，身着绣花袈裟，面白而丰圆，眉长眼细，双唇紧闭，左手横置于胸前，右手下垂，站立于红瓣莲花座上；此罗汉对佛法领略博大精深，以善于雄辩著称。

大雄宝殿

第五尊罗汉为"目犍连"，身着绣花袈裟，体格魁梧，面鬣黑，脸型方圆，长眉圆眼，二目炯炯有神，双手于胸前执如意，站立在绿瓣莲花座上；此罗汉神通广大，能上天入地。西侧上首第一尊塑的是"阿难"，身着僧衣，双袖至膝，脸型圆长，眉弯眼眯，隆鼻小嘴，双唇紧闭，手持经卷；此罗汉博闻强记，对经藏流传功劳极大。第二尊塑像是"须菩提"，身着蓝色僧衣，脸型略瘦，双目圆瞪，注视前方，双唇紧闭，左手提起，右手微垂，脚踩红瓣莲花；据传此罗汉能忍辱负重，长游于山水石窟之间。第三尊塑得是"富楼那"，身着僧衣，脸型丰满，两腮圆鼓，浓眉细眼，嘴微张，面露微笑，憨态可掬，右手握住左手腕置于腹部，脚踩绿瓣莲花；此罗汉能因材施教，善于讲经说法。第四尊塑像是"优婆离"，身着朴素僧衣，脸型略瘦，皱纹满额，浓眉长眼，双手持葫芦，脚踩红瓣莲花，是一纯朴善良老者形象。第五尊塑得是"罗睺罗"，身着僧衣，脸型丰圆，眼神迷离，高鼻小嘴，棱唇紧闭，双手置于胸前，脚踩红瓣莲花，是一副倜傥少年形象。

整个大殿内，金碧辉煌，佛光熠熠，塑像布局合理，疏密有致，将佛教文化与地方"龙"文化融为一起。

碑廊 大雄宝殿南的东西两侧，建有碑廊和配殿。碑廊呈对称格局，各有7间仿古木结构建筑。每侧长20.20米，高5.30米，顶覆青瓦，呈马鞍状，前后出檐。两侧山墙柱头置1米高的砖雕犀头，前后屋檐中部各有垂兽装饰。东侧碑廊内，陈列着乌龙洞自古以来留存下的碑刻实物；西侧碑廊内，陈列着2007年修复乌龙洞碑记和捐资功德碑等现代碑刻。

滴珠洞 位于大雄宝殿西南角、西碑廊东侧。

洞口平面呈正六角形，直径约1米。其上筑有六角避风亭，雕梁画坊，十分精致。洞口的西北方壁侧，镶嵌一扇形石匾，细沙石质，外弧长60厘米，内弧长40厘米，厚8厘米，从右向左双线条楷书"滴珠洞"三个大字。蹬着洞壁两边凸出来的阶石，垂直下行6尺余，变成向西北方延伸的平洞。此洞颇为神奇。洞内无泉，却生成一个水潭，潭内之水，聚气凝珠而成。洞顶上石板，光滑如镜，滴水不断，叮咚有声。此水取之不尽，用之不竭，无人取用也不外溢。入口清冽甘甜，生津润喉，清爽异常。常有游人，下洞取水饮用，之后还要带回家中，让他人品尝。

相传明清时周边地区岁逢干旱，取滴珠洞之水，将猪头、羊头等祭品摆于乌龙塑像前祈雨，顷刻就会乌云滚滚，似乌龙现身，继而大雨倾盆，十分灵验。清雍正平鲁教谕王霭诗赞："乌龙洞里隐乌龙，策马城西访古踪。路转峰回山叠叠，洞幽岸仄壑重重。云浮玉殿灵光溥，雪积冰泉雾气浓。祷雨曾沾珠滴露，甘霖大沛慰三农。"（《朔平府志•艺文志》）

甘露池 在大雄宝殿东南角与滴珠洞相对应，建有甘露池。甘露池洞口为直径1米的正六边形，池深2米，下通双峰洞，洞长130米。每遇大雨，山谷两侧的洪水如两条巨龙倾泻而下，汇入池内，左碰右撞，雾气腾天，然后顺洞南下，折弯西流入黄河。甘露池口上方建有六角紫气亭，木制结构，六柱等边顶立，

滴珠洞

飞檐翘角，琉璃覆顶，内有彩绘，十分雅致。

配殿 位于碑廊南端。左右对称，面阔7间，南北长27.1米，进深12.7米，高10米。单檐歇山顶，青瓦布顶，前后出檐，斗拱托顶，回廊环绕，红柱露明，雕花门窗，装饰精美，彩绘艳丽。

戏楼 坐南朝北，与大雄宝殿相对。顶部造型奇特，前部为单檐卷棚顶，后部为歇山顶，板瓦布顶飞檐挑角，集明清戏楼建筑风格于一体，十分美观。戏楼高9.35米，置于高1.52米的台基上，石雕栏杆相围四周。台栏上望柱与望柱之间插有栏板，望柱和栏板上有精美雕刻。戏台由前室、后室相连组成。前室为台，台口宽7.31米，四柱十三斗拱托顶，宽度为15.45米。台口四望柱十一斗拱托顶。斗拱间木板上，彩绘书卷海棠、流云卷浪、山水花卉等图案。台口上方整块木制雀替为镂空云纹盘花木雕纹饰，间隔沥粉描金，或绘双龙戏珠，或绘丹凤朝阳。台两侧为雕花腰隔夹扇，精美异常。戏台两侧对联上书：黑脸白脸演义古今事，青衣花旦唱尽人间情。3.73米高的两堵八字墙，砖瓦布顶戴帽，成45度角立于外侧，恰似敞开胸怀，拥抱自然。后室东西长15.45米，为演员休息换装之所。整座大戏台设计古朴新颖，建筑工艺精妙绝伦。

这个戏楼专为"乌龙爷"而建。相传乌龙十分爱红火，特别爱看戏，每年农历二十四至二十七日，这里要唱大戏，以娱龙王。届时邀请朔州大秧歌、北路梆子、晋剧团到此献艺，还要特邀附近有名的舞龙社火队前来助威。四路八处要猴的、要把戏的、舞枪弄刀卖艺的，五花八门，应有尽有。

庙会共三天。期间，香客游人、文人墨客、善男信女，从四面八方赶来，熙熙攘攘，络绎不绝。大凡来者总要到乌龙殿前烧香、磕头、许愿。这三日是乌龙洞香火最为旺盛的时候，据说连香炉都会被烧得发紫。民间传说，乌龙爷十分灵验，几乎是有求必应。周边的小商小贩这时也蜂拥而至。山门外帐篷林立，卖糖茶的、卖烟酒的、卖麻花点心的、卖丝绸布匹的、卖农具的、卖山货的……不一而足，琳琅满目。附近清水河、和林格尔、偏头关、神池、右玉和平鲁三省六县的富户们到时会借机"放饭"，让人们海吃、海喝，在大庭广众之前，展示自己的富贵与乐善好施，以达到广纳天下贤士，广交四海朋友的目的。这里不分地域，不分种族，不分穷富，不分亲疏，来者不拒，一展当地的古道热肠与纯朴憨厚之民风。饭食中，有内蒙的手抓羊肉，有秦川的羊肉泡馍，有平鲁的荞面疙坨，朔县的凉粉，偏头关的油糕……尽显地方特色风味。山门外的不远处，还设有骡马交易集市，来自河北、河南、内蒙、陕西的牲畜贩子们，在这里一展身手，把成批的大牲畜由此贩运到全国各地。寺内舞台上好戏连连，观者如潮，寺外人欢马叫，川流不息。据史载，庙会期间"人肩摩，车毂击，寺外则往来频频，寺内则越跷拥挤……"香火旺盛之况，热闹非常之景，可见一斑。

一年四季中，除了传统庙会外，几乎每个月的时分节日都有人进山朝拜。正月十五元宵节来拜是求财，二月二龙抬头来拜是祭奠龙神，三月迎春日来拜是求风调雨顺……可谓香火绵长不断。传统庙会与进山朝拜，从明初一直延续到1938年的抗日战争全面爆发才罢。如今这一庙会，依然如故，成为平鲁全区的传统庙会。

天王殿 位于戏台南34米处的中轴线上。单檐歇山顶，面阔3间，进深12.70米，宽15.50米，高9.69米。门前蹲有两只大石狮，颈系响铃，胸挂穗璎，毛发卷曲，双目圆睁，精雕细刻，富有动感。殿内中间佛坛上，坐着弥勒佛，袒胸露腹，肥肥胖胖，满面笑容。弥勒能以笑脸和大肚表达佛家的思想观念，即"大腹能容容天下难容之事，张口便笑笑世间可笑之人"。弥勒佛背后，塑有守护神韦驮天王菩萨。韦陀双腿直立，双手合十，两腕横一降魔杵，庄严肃穆，威风凛凛。

天王殿的左右两侧塑得是四大天王。他们是东方持国天王，南方增长天王，西方广目天王，北方多闻天王。四大天王手持不同的法器。东侧青脸的增长天王手持宝剑，象征"风"，白脸的持国天王手持琵琶，象征"调"；西侧绿脸的多闻天王手持一伞，象征"雨"，红脸的广目天王手持一条蛇，象征"顺"，合起来就是"风调雨顺"，象征着五谷丰登。

钟鼓楼 位于天王殿南的东西两侧，东为钟楼，西为鼓楼，两相对称。基座呈方形，为三层楼阁式建筑，高6.51米。三重檐，十二翘角，外观三层，实为两层。建筑亦为木质结构，斗拱如莲，挑檐飞脊，稳重厚实，巍巍高耸，颇为壮观。钟楼内铸铁大钟垂吊，直径1.5米，重约2吨。鼓楼内置有双面牛皮木鼓，直径1.8米。晨暮之际，钟鼓声响彻云霄，数十里可闻，尽显深山古刹之韵。

双峰桥 位于寺庙群最南端的乌龙壁之下。建于1902年（清光绪二十八年），亦称飞渡桥。据"创修飞渡桥小引"碑文载："山峡中悬崖峭壁，未可涉足而上，以故寺之东西双峰，对山相望咫尺，非假道于寺中，则飞渡无从。……于寺前东西两岸垒石为桥，其长六仞，其高其阔称之。"碑文中所说的飞渡桥，就是指现在的双峰桥。古时一仞为八尺，六仞合四丈

紫气亭

八尺。就是说双峰桥的高、宽、深均为四丈八尺，为16米。

桥下有一洞，高10.75米，底宽5.5米，进深10米。洞上有一石匾，墨玉石质，长4.5米，高3.5米。其上石刻繁体楷书"双峰"二字，即有柳体的遒劲骨力，亦不失颜体的浑厚敦实，不知出于何人之手。

站在双峰洞桥上向北眺望，左右两峰与北峰之间，形成两条上宽下窄的沟谷。每遇大雨，山洪似两条银链，顺谷倾泻而下，穿过紫气亭下暗道，由双峰洞奔腾而出，营造出二龙戏珠的景观。

钟鼓楼

今双峰洞，将原飞渡桥位置向南前移了109米，向东西两峰方向拓宽了28米，桥面和戏台广场连为一体，使乌龙洞整个寺庙建筑群更加布局合理，宏伟壮观。

乌龙壁 建于双峰洞之上，正对天王殿。由须弥座、壁身、壁额和顶脊四部分组成，总长20米，总高5.84米。壁身正面上书"五爷祖庙"四个大字，右上方楷书"朔州市乌龙洞"小字。壁身背面浮雕一条凌空飞舞的巨型琉璃乌龙。乌龙壁造型古朴大气，图案精美，雕刻精细，全方位地体现了中国的龙文化，与双峰洞桥面上的汉白

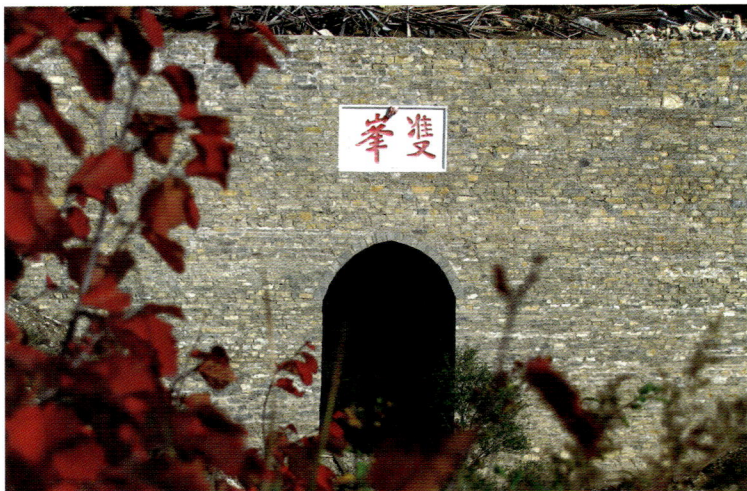

玉栏杆互为映衬，交相辉映，成为游人进山入寺看到的第一道亮丽的古建筑景观。

第三章
寺周景点

第一节　塔林公园

塔林公园位于乌龙洞寺庙群南百余米处。园内有蛇盘兔、塔林和杏林等人文景观和自然景观。

蛇盘兔

蛇盘兔 位于元吉峁山岗上塔林公园的入口处，与盘山旅游公路近在咫尺。雕塑由平台、基座、主体雕塑三部分组成。平台为八角莲花座，边长为3米，高约1米，由两层青灰石材砌筑而成。上层雕有精美的水波纹，下层雕有莲花图案。平台四周置有围栏，望柱与望柱之间嵌有石栏板，栏板上雕有梅、兰、松、竹、菊等吉祥图案。整个平台雕工洗练，线条优美，做工精细。基座位于平台中央，红色花岗岩镶面，立面下部为长方形，上部为梯

形。东向石面，上部刻有"蛇盘兔"三个金色大字，下部刻有创建碑文。主体雕像立于基座顶端，高2.5米，为一条青黑色大蛇缠绕一只金色玉兔造型。黑蛇蛇信长伸，粗壮的躯体左缠右绕，将玉兔紧紧盘住；玉兔双耳耸立，二目圆睁，两只前爪一只紧抓蛇头，一只紧抓蛇体，毫不畏惧，奋力搏击。

乌龙山山大沟深，山中常有大蛇出没。僧侣、村民曾多次在元吉峁见到过蛇盘兔这一奇观，认为此地为风水宝地。并且民间自古就流传有"蛇盘兔必定富"的说法，故在此处筑台塑像。

度假村 位于蛇盘兔公园东侧，与蛇盘兔公园隔路相望，三层阁楼，琉璃覆顶，梯度而建，富丽堂皇，可供200多人食宿。具有"农家乐"、"生态游"等配套功能。

塔 林 坐落于公园西北部的山坡上，与双峰洞相距数十米。灵塔为三层阁楼式，六角六面，通高6米。塔基为莲花座，各层雕有斗拱，塔檐。这些塔林为纪念乌龙洞历代高僧而建。

杏花坡 位于塔林公园东北部，双峰洞南部西侧沟坡。南北长达300余米，东西宽约百米。相传，当年张货郎肩担乌龙，由于长途跋涉，山大路险，行到元吉峁，举步维艰，倍感口渴腹饥。忽见路边光秃秃的沟坡上，独有一株矮小的杏树，上挂一颗桃大的杏果。张货郎心念乌龙，不忍独吃，掰开杏果，挤出津汁，点点滴滴淋入乌龙口内，随手将杏核扔到沟坡。顷刻间，满坡杏苗破土而出，不一会就长成了大片的杏林。之后，年复一年，越生越多，映满山坡。

春天，当积雪消融，大地复苏，株株杏树枝，不经意间泛青变红，绽出嫩绿的锯齿小叶，玲珑娟秀。随着地温的上升，含苞待放的花骨朵儿，徐徐伸展花瓣，胭脂点红，娇态艳姿。和风轻拂，缀满枝条的杏花簇簇团团，润如玉，白如雪，轻如云，开满了

杏花坡

整个山坡，变成了花的海洋。置身其中，花香扑鼻，蝶舞蜂嘤，花雨纷纷，如入仙境。

盛夏，杏果成熟，累累硕果，缀满枝头，压弯枝条。黄澄澄，金灿灿，嫩滴滴，水淋淋，绿叶相衬，耀眼夺目。乌龙洞庙会期间，恰逢杏熟，游人、香客可品尝到粒大皮薄，多汁甜淳，酸甜可口的杏果。

秋天，金凤玉露，浓霜盖地，杏叶染色，浓淡交织，深浅相宜。淡绿的、浅黄的、金黄的、粉红的、玫瑰红的、橘红的、深红的、血红的杏叶，有的绿如翡翠，有的秀如桃花，有的灿如金箔，有的暖如丹霞，有的烈如火焰。一簇簇，一片片，枝枝杈杈，高高低低，热烈绚丽，灿烂鲜亮，似一道彩虹垂挂沟坡，像巨幅画轴展在面前。朝晖夕照，气象万千。

第二节　山　门

乌龙洞四周有一条环形旅游盘山公路，出入口在东部，为近年开发乌龙洞旅游区专建。沿着盘山公路驱车，可尽情领略平鲁雄宏博大的山岳风光。在环形旅游公路上，南北各建有一座山门。南北两端各建有一座山门。南山门为汉白玉牌楼式建筑，4柱7楼，楼身3高4低，由柱、枋、斗拱、楼檐、花板等组成。山门中间宽7.5米，两次间宽3.5米，柱高5米，正楼高13米。高低参差，错落有致，两面对称，结构和谐，造型优美。楼脊上雕有二龙戏珠，活灵活现。楼头斗拱铺作，翼角高翘，玲珑精巧，古朴典雅。中楼正面额书"乌龙胜景"，背书"佛国净土"。北山门为4柱3门、大理石仿古建筑。横额上书"乌龙洞旅游区"六个金色大字。横枋上雕有龙凤图案。整个牌楼结构简练，美观大方。山门外侧，有一雕塑，高为10米，巍然屹立。顶端塑有马踏飞燕塑像，如雄鹰凌空展翅。基座四周浮雕有：农耕场景图，长城古堡图，麒麟、玉兔、祥龙等吉祥图案。生活气息浓厚，边塞风情凸显。

山门

飞马雕塑

其他名胜古迹

SHUOZHOU SCENERY

其他名胜古迹

第一章
古 建 筑

第一节 古 寺 庙

千佛寺 位于山阴县岱岳西20公里的宝峰山上。四周层峦叠嶂，翠丽嶙峋，怪石峥嵘，溪水涓涓，绿树成荫。从远处四方绵延而来的十几条山梁，状似天然巨大匀称的莲花瓣，将宝峰山这个莲花蕊包裹其中。顺花蕊南下，便是第一层石窟的第一大殿古佛殿。

古佛殿正中佛龛里刻有弥勒佛，袒胸露腹，笑

千佛寺石窟

容可掬。东侧为观世音菩萨，西侧为大势至菩萨。坐像均高约两米余。正壁和扇壁上，依山附势雕刻着二十八宿、飞天仙女和佛国故事等，千姿百态，造型逼真。殿中央有一向下的石洞，名叫云天洞，二尺方圆粗，可容一人进出。游人混混沌沌，拾级而下，行160米，眼前豁然开朗，位于第二层的大雄宝殿就出现在面前。大雄宝殿劈山而建，依山刻佛，颇为独特。殿正中的莲花台座上是既慈祥又严肃的释迦牟尼如来佛。东首是药师佛，西首是阿弥陀佛。上部的贴壁雕刻有毗婆尸佛、尸弃佛、毗舍婆佛、拘楼孙佛、枸那舍佛和迦叶佛六尊过去佛。正壁下部雕刻如来佛祖的化身：中央毗卢遮那佛以及南方保生佛、东方阿阁佛、西方无量寿佛、北方微妙闻佛五尊五方佛。两壁分别雕刻弥勒

化悲庙

佛、横三世佛、竖三世佛、西方三圣佛、华严三圣佛、东方三圣佛、普济佛、利济佛、道济佛、观音、大势至、普贤、文殊、日光、月光、地藏和十大弟子等佛祖菩萨以及诸天、揭谛、比丘、十八罗汉、天龙八部等佛像。每尊石像皆高1米左右，层层叠叠，错落有致，形态逼真，维妙维肖。

另有一石窟为道教殿。殿内雕有原始天尊、灵宝天尊、道德天尊、玉皇大帝、真武大帝、王母娘娘、九天玄女、全真组师、泰山圣母、张天师、百花仙子以及上八洞、中八洞、下八洞三路八洞神仙的贴墙石像。

其它十几间大石窟分别为龙王、关帝、北岳大帝、三圣母、牛王、马王、财神、山神、土地、城隍等等俗神、地神、鬼神……具有中国特色的诸神石窟殿。

还有一窟特殊殿，石壁上雕有劈山、打井、种田、商贾、游戏、娱乐、写字看书、放羊牧牛、碾米造饭等画面，真实地再现了古代社会不同阶层各种人物日常生活的场景。第三层有6间石碹窑，是当初的住寺僧舍。

整座石窟群分为上下3层，22殿，共计1300多尊石雕像，故称千佛寺。千佛寺建造年代约为北魏，依山附势，步步登高，密密麻麻的石窟恰似马蜂窝，赛如幽雅壮观的布达拉宫。崖壁上有明嘉靖年间的石刻诗赞：耸岌高巅极翠峦，白云洞里最世观。千佛岩下西方景，别是人间一洞天。

化悲庙 位于山阴县城南35公里辛立庄南山上，又名化碑庙、化悲岩、化碑岩、羊驮寺。始建于北魏时期，坐落于半山腰，依山傍水，参差交错，凡民间庙像，这里几乎应有尽有，正如民间传说"人无全人人，画悲庙有全神神"。原有"碑岩晚照"、"孤松独石"、"两山夹一楼"、"香山滴翠"、"朱沙洞"、"佛灯长明"、"钟声远闻"等奇景，可惜在"文革"中被毁坏。近年来，修复重建。修复后的化悲岩，寺庙林立，石洞别致相连，与悬崖绝壁融为一体，其宏伟壮丽之势不亚于浑源的悬空寺。

文殊寺 文殊寺位于应县城东南小石村后堡，是古应州十三大寺之一。相传文殊说法于此，故名。据明万历《应州志·营建志》载："辽乾统六年，西僧义谭和尚讲经寺中，遂建殿宇。洪武六年，僧文兴重修。成化二十年僧念公、正德元年僧正昶重修，寺有古松，霜皮苍翠，枝干如龙。"

现存正殿3间，殿内佛像经近代重新彩绘，色彩鲜艳。东西配殿各3间，前有钟楼(无钟)、鼓楼.已毁，山门面宽3间，进深1间，其东西两侧塑四大天王像，造型威猛生动，惜残破。但仍是研究当地明清塑像壁画仅有的实物资料。寺中原有古松三株，现存二株。元朝僧人释绪溥有诗云："霜皮老干势如龙，傲尽丛林无尽风，本来浑然千古质，不愿秦人大夫封。"（明万历《应州志·艺文志》）现两松高十余丈，枝繁叶茂，顶如华盖，为寺中奇观。

瑞云寺 位于山阴县沙家市村西南，始建于1191年（金明昌二年）。寺内原有山门、钟楼、鼓楼、东西厢房、大雄宝殿，还有谦公和尚寿塔和砖塔等建筑。现只剩下正房五间，东厢房三间和一座完整的砖塔。正房五间已废弃不用。东厢房三间，红漆门窗砖木结构，内供有观音菩萨画像和关公画像。像前有香案、香炉，时有敬拜的香客光顾。砖塔位于院后，高11米，砌以八角楼阁样式，共五层，最下面一层是砖砌塔座。二层阁面设佛龛，内置木雕佛像，像高0.45米，盘膝端坐于莲花宝座之上。三四五层无佛龛，五层距离较大。通体不施木料和砖雕斗拱。砖塔外壁平整光洁，为元代建筑。此塔被列为省级文物保护单位。

大安寺 位于应县城东南崔庄村，为古应州十三大寺院之一，属县级文物保护单位。据明万历《应州志·营建志》载："元皇庆四年，仁宗皇帝为独峰和尚敕建。洪武二年。僧祖粲重修。"大殿面宽3间，进深3间，单檐歇山顶，斗拱四铺作，补间铺作各3朵。殿前有硬山顶东西配殿各3间，其南有歇山顶钟鼓二楼，前有天王殿3间，殿两侧有山门，山门门楣

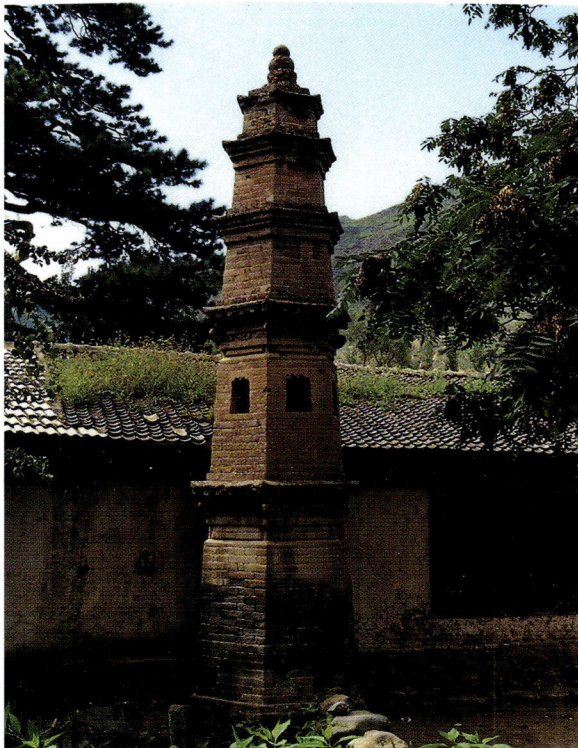

瑞云寺砖塔

刻"大安寺"3字。寺院内有碧峰舍利塔1座，6角5层，庄重古朴。1969年"文化大革命"中全部拆毁。

1995年，住持僧通顺在原址募资重建。现已建成大雄宝殿天王殿及东西配殿，并重塑了佛像。大雄宝殿立于3米高的月台上，坐北朝南，面阔9间，进深3间，纯木构建，顶饰琉璃，斗拱翘角，油漆彩绘，富丽堂皇。东西配殿规模宏大，流光溢彩。

民间传说，朱元璋出生于此寺，遗迹尚存。史载，朱元璋登基作皇帝后，于洪武二年将大安寺的住持僧壁峰请至南京，赐为南京大天界寺住持。俩人经常往来，作诗唱和。壁峰圆寂后，朱元璋令大学士宋濂为壁峰撰写了墓志铭，并御制五言诗悼念。现宋濂撰写的碑文与朱元璋的御制诗碑仍在大安寺珍藏，为大安寺镇寺之宝。

朱元璋御制诗云："沙门号壁峰，五台山愈崇。固知业已白，此来石壁空。能不为禅缚，区区几劫功。处处食常住，善世与虎鸿。神出诣灵鹫，浩翰佛家风。虽已成正觉，果入天台丛。一朝脱壳去，人言金碧翁。从斯新佛号，盍水益蛟龙。飞锡长空艳，

永宁寺

只履挂高松。年愈七十岁，玄关尽悟终。果然忽立去，飘然凌苍穹。寄与壁峰翁，是必留禅宗。"（明成化《山西通志·卷十一》）

永宁寺 永宁寺位于怀仁县东南10公里的亲和乡南小寨村，坐北朝南，占地面积5000余平方米，为三进院落格局。中轴线上依次排列有山门、天王殿、药师殿、大雄宝殿。大雄宝殿左侧有一小门，可与禅院相通，禅院前有新建的万佛阁和释迦塔。相传，南小寨是块风水宝地，为元代皇帝敕赐所建。

山门面宽三间，硬山顶建筑，中间辟有拱券门过道。门外两侧挂有"四部洲统领诸天大千世界，八功水普施众地形二法门"铜制楹联。山门东西有二层钟楼、鼓楼。山门前置汉白玉栏杆，上雕各种吉祥图案。拱券门两边各有一尊石狮。石狮毛发卷曲，双目圆睁，颈系响铃，威风凛凛，栩栩如生。

殊海寺

一进院落，有正殿和配殿。正殿为天王殿，面宽三间，进深六椽，单檐歇山顶。前后出廊，直棂窗。殿内正面有弥勒佛（又称弥勒菩萨）和四大天王（又称四大金刚）塑像，弥勒佛背后塑有韦陀菩萨。左右配殿，为祖师殿和伽蓝殿。

二进院落正殿为药师殿，面宽三间，进深六椽，单檐硬山顶建筑。殿内正面塑有手执宝珠的药师佛，左右侍立着日光普照菩萨和月光普照菩萨。殿后设门，置坐南向北的观音菩萨塑像。殿前建有配殿，左为往升堂，右为千手殿。

三进院落，正殿为大雄宝殿，坐落在高1.9米、宽5米的月台上，面阔五间，进深五椽，单檐硬山顶。门柱两边悬挂"十方世界弥陀独称尊，恒妙世界极乐最易往"铜制楹联。殿内塑有毗卢遮那佛、阿佛、宝生佛、阿弥陀佛、不空成就佛。山墙两边塑有贴金18罗汉。

从侧门进入禅院，院前有万佛阁，单檐硬山顶，面阔5间，进深3间。门柱上悬挂小篆"经声佛号唤回苦海万迷人，墓鼓晨钟惊醒世界名利客"铜质楹联。殿内塑有释迦牟纪，文殊、普贤三尊佛像，四周摆放众多小佛像。万佛阁前正在营建七层释迦塔。

永宁寺虽然是个小寺，但香火极旺，虽经多次修缮但基本保持了元代建筑风格，其梁架、墙体、砖饰、窗棂等都为原始结构。

三座殿堂梁架结构保持了早期的做法，平梁上用蜀柱，大叉手，脊枋承托脊，四椽伏上置驼峰。特别是天王殿的驼峰硕大，雕制精美，驼峰上栌斗与平梁两端相交，其形状和朔州崇福寺、浑源县大云寺的梁架结点处的驼峰非常相似。殿堂两侧山墙有砖和木制悬鱼。山墙前后两端上部有明显的收分，下部宽60厘米，上部只有45厘米。

殊海寺 位于应县南河种镇小石口村南1.5公里处，闻名山的南麓山崖之中，始建于1622年（明天启二年）。寺周群峰拱卫，林木繁茂。因寺前山崖常年滴水，又名西滴水。寺院坐西向东，有大殿一座，面宽3间，进深1间。大殿正面塑2.1米高的三尊佛像，跏趺跌坐与1.2米高的莲花台上。中间为释迦牟尼，左为阿弥陀佛，右为药师佛。释迦牟尼两边，分别站立着阿难和迦叶。大殿两侧，塑有十八罗汉。殿的右后角还有长1.8米的一尊睡佛。近年重建了山门和天王殿。寺旁山间有一汪清泉，天旱不涸，雨霪不溢，水清甜润，名为龙池。寺中有古碑3通。其一嵌于寺壁，上载建寺始末。

永镇寺 位于应县南河种镇小石口村，依山傍水，风景秀丽。该寺始建于明，称大觉精舍，清代更名永镇寺。现存大殿、山门及东西配殿。1995年—1997年，僧人募资进行大规模维修，并新建了钟、鼓二楼，山门前又修小桥、照壁，使寺院焕然一新。寺中有古碑两通，其一镌刻："永镇寺者，位于拥翠山麓，地非遐陬，水不畅而潺湲，两山环抱，渠水映带，左右树林成荫，寺垣或陷或现，小鸟习鸣，其音婉转。"

三圣寺 坐落于山阴县杨庄村中部，创建年代不

详，现存庙宇为清代所建。坐北朝南，占地面积160平方米。依次有山门、钟鼓楼、戏台、大殿。其中大殿面阔5间，进深3间，单檐硬山顶。

云台寺 坐落于山阴县羊圈头村中部，创建年代不详，现仅存观音殿，为清代所建。坐北朝南，观音殿面阔5间，进深3间，单檐硬山顶。殿内有完整壁画83平方米，泥塑3尊。

吴儿城三官庙 坐落于山阴县吴儿城村中部。坐东朝西，占地面积150平方米。据大殿前廊内碑文记载，创建于1572年（明隆庆六年）。在1634年（明崇祯七年）、1822年（清道光二年）以及道光四年重修。现存建筑为清代所建。有大殿、戏台。其中大殿面阔3间，进深2间，单檐硬山顶。大殿前廊内有明崇祯七年、清道光四年布施碑各1通。

西双山庙院 坐落于山阴县西双山村的中部。据钟楼内铁钟记载创建于1633年（明崇祯六年），于1909年（清宣统元年）重修。庙院坐北朝南，占地面积320平方米，依次有山门、钟楼、戏台、东西配殿、大殿。其中大殿面阔7间，进深3间，单檐硬山顶，内有完整壁画76平方米。钟楼内有明代大铁钟1

三圣寺

口，记载了寺庙的建筑年代。院内有重修寺庙布施碑各2通，保存完整。

快乐村真武庙 坐落于山阴县快乐村中部，据大殿前廊内的碑文记载，创建于1822年（清道光二年）。坐北朝南，占地面积120平方米。有戏台和大殿。其中大殿面阔5间，进深3间，单檐硬山顶。内有完整壁画37.4平方米，前廊内有道光二年布施碑1通，保存完整。

恒山庙 位于山阴县西双山村，北靠黄花岭，与怀仁县毗连，南临黄水河，东与应县接壤。始建于1633年（明崇祯六年），1909年（清宣统元年）重修。东西长26米，南北宽41米，占地面积1066平方米。坐北朝南，二进院落布局。主要建筑有正殿，乐楼和钟楼，均为单檐硬山顶。正殿面阔7间，进深两间。乐楼面阔3间，进深2间，栏额上雕有《拜寿图》、《鞭打芦花》等精美图案。

沙家寺龙王庙 坐落于山阴县沙家寺村中部。据大殿前廊碑文记载，创建于1864年（清同治三年）。坐北朝南，占地面积108平方米。有戏台和大殿。大殿面阔5间，进深3间，单檐硬山顶。

后皇台关帝庙 坐落于山阴县后皇台村中部。据大殿廊内碑文记载，创建于1888年（清光绪十四年）。现仅存大殿，坐北朝南，占地面积约108平方米。面阔7间，进深3间，单檐硬山顶。明间出抱厦3间，单檐卷棚歇山顶。前廊内有光绪十四年"千年不易"布施碑1通。

苏庄村玉皇庙 坐落于山阴县苏庄村中部，创建年代不详，现为清代所建。坐北朝南，占地面积180平方米。有戏台、大殿、东西配殿和朵殿。其中大殿面阔5间，进深3间，单檐硬山顶，保存完整。

黄巍村佛殿庙 坐落于山阴县黄巍村中部，始建年代不详，现为明清两代修建。坐北朝南，占地面积240平方米。1936年（民国25年）重修。现存大殿、东西配殿。大殿面阔3间，进深2间，单檐硬山顶。明暗间前后均有斗拱，三卷双翘殿的前廊，内有重修时

恒山庙

布施碑1通。

王家堡关帝庙 坐落在山阴县王家堡村中部，创建年代不详，现为清代建筑。占地面积约150平方米，有戏台、大殿。其中大殿面阔3间，进深3间，单檐歇山顶，内有完整壁画53.5平方米，保存完整。

新岱岳村关帝庙 坐落于山阴县新岱岳村中部，创建年代不详，现为清代所建。坐东朝西，占地面积约240平方米。依次有山门、钟楼、戏台、北配殿、大殿、南北朵殿。其中大殿面阔3间，进深3间，单檐硬山顶，保存完整。

东双山村关帝庙 坐落于山阴县东双山村中部，创建年代不详，现为清代所建。坐北朝南，有戏台、大殿。占地面积120平方米。大殿面阔5间，进深3间，单檐硬山顶，保存完整。

东小河村关帝庙 坐落于山阴县东小河村中部。创建年代不详。曾于1841年（清道光二十一年）、1918年（民国七年）重修，现为清代所建。坐北朝南，占地面积120平方米，有戏台和大殿。其中大殿面阔5间，进深3间，单檐硬山顶。内有完整壁画95平方米。

下神泉诸圣宫 坐落于山阴县下神泉村中部。坐北朝南，创建年代不详，现存均为清代所建。占地面积约180平方米。有山门、戏台、东西配殿、大殿、朵殿等。其中大殿面阔3间，进深3间，单檐硬山顶，在前廊内有布施碑1通，保存完整。

第二节 古 教 堂

　　新安庄天主堂位于朔城区新安庄村，是一处规模较大的欧式建筑群。教堂建筑庄严肃穆，工艺精美，在朔州地区独一无二。这座天主堂1913年始建，由在朔传教的意大利神甫设计和督建。当时朔县为天主堂教区所在地，教区辖周围十五个县（朔县、平鲁、山阴、怀仁、左云、右玉、繁峙、代县、宁武、神池、五寨、河曲、保德、偏关、岢岚）和六个本堂区（米昔马庄、沙塄河、寺科、左云、繁峙、河曲）。米昔马庄(现新安庄)为教区主教座堂所在地，因此兴建该堂时，雇佣外地高级匠人精心施工，采用了欧式风格明显的西方哥特建筑式样。教堂总占地400多亩。主体建筑大堂长27米，宽12米，高9米。堂顶装有塔尖10个，主塔尖高约18米。围绕大堂建有修道院、传教会、保赤会、小学校、诊疗所、啤酒坊、制鞋坊、园宿舍等，共计房屋375间。

　　1946年朔县解放后，该堂院由贺龙第五中学占用，1947年绥蒙军区占用，1949年——1973年雁北朔县中等师范学校租用，现归还天主堂。在师范学校租用期间，教堂建筑年年得到维修，这样除教堂顶端的塔尖"文化大革命"中被拆毁外，其它建筑仍基本保存完好。

第三节 古 民 居

　　庞家院 位于怀仁县城内柴市巷。建筑面积1000平方米，分3处院落，屋屋相衔。房屋分割，院中有院，布局奇巧。清光绪年间，慈禧西逃途经怀仁县，曾居于此院。现保存完整，属县级保护文物。

　　郑家院 在朔城区北街云路巷内，有一处坐北向南的民宅，俗称郑家院。郑家院是塞外仿北京四合院建筑的一处典型民宅，原有三处院落即前院、中院和跨院。它是民国初期一位姓郑的县长为自己建造的府宅。其后前院和跨院多次改建，旧貌已不复存在，唯有中院原貌犹存。全院正房7间，居中3间为主体建筑。主体建筑高大深阔，异常壮观，可能是院主人居住和会客的地方，东西侧均为2间对称居室，可能是贴身侍人居住房间。东西房各5间，建筑相同，可能是儿女们居住之所。南房亦为5间，中间是过厅，两侧各有两间居室。整个院落为正方形，前檐房廊将东西南北四处建筑连成整体。现在塞上很难看到保存如此完好的四

庞家院影壁

十二连窑院

这个方墩是12间石碹窑，从四个方向看都是一样大的3间石窑，且互相连通，故称十二连窑院。院内每间石窑前墙和各个大小院门前的石头都一寸三錾，十分平整。院外窑墙上留有拴马石环。石窑有明室、暗室都很宽敞，特别是西窑里面能耍开连枷打场。所有窑顶上全铺方砖，又平又光，能晒粮食。十二连窑院的东西两侧各建有一栋两面开窗的平房，名为过庭。院子的东北方留有大门一座，东南部和南部各留小门一座。大门两边刻有李树洲自题的"半村半堡，可耕可读"八个大字。门额上有时任朔州县长纪泽蒲题写的"谁院"二字。东南小门两边刻有自题楹联："常耻躬之不逮，欲寡过而未能"；横批是"静远"。该院已被列为市级文物保护单位。

合院建筑。

据考证，这处院落为民国初年郑氏所建，20世纪30年代卖给天主教会。解放后先为县委机关住所，后县委迁出，公安局作为办公地址，1996年又归天主教会所有。

十二连窑院 位于朔州市区西南15公里的寇庄村，为抗日时期有名的绅士李树洲所建。该院四周东西南北都有数间石碹窑。院的中间有一大石碹方墩。

第二章
古 遗 址

第一节 古人类遗址

峙峪遗址 位于朔城区西北黑驼山下峙峪村北小泉沟的一个沙丘上。中国科学院1963年发现，为旧石器时代晚期遗址，距今约2.8万年，属省级重点文物保护单位。遗址除发现一块人类枕骨外，还发现有相当多的动物化石、大批精巧的细小石器以及其他遗物。这个地点地层清楚，遗物集中。从遗物中可以看出，当峙峪人在这里生活的时候，山上长着茂密的森林，丘陵中有灌木林，东面是丰茂的草原，河里有鱼类。峙峪有羚羊、野马、野猪、鹿、犀、鸵鸟等。他们猎取最多的动物是野马，所以峙峪人又称"猎马人"。

张家山旧石器文化遗址 位于右玉县高家堡乡张家山村西北600米处，北距县城(梁家油坊)20公里。张家山山丘是由奥陶系灰岩、白云质灰岩和页岩组成，灰岩中含燧石结核及条带。坡底基岩之上覆上新统深红色粘土，质地纯硬，上部有钙质结核，红土的上面则是晚更新世的灰色粉砂土，垂直节理发育，局部含砂砾带。在此处共采集212件石器制品，其中断块和断片53件、石核40件、石片66件、石器53件。

鹅毛口古石器工场遗址 位于怀仁县鹅毛口村西北二里许的大瓜地沟和小瓜地沟周围几个相连的小山包上，裸露着许多大小不一的各种石器残片。此乃为省级保护遗址。考古学家贾兰坡，曾分别于1937年、1961年、1968年3次到石器工场考察。证实：鹅毛口石器工场是华北地区最大的一处古石器工场遗址，较西安半坡仰韶文化遗址早，属新石器时期早期的遗址，距今近万年。遗址为黄河流域氏族制度早期的发展提供了重要的证据。县文化馆搜集保存有1120件石器制品残片。

边耀新石器文化遗址 位于应县边耀村东0.5公里的龙首山西坡。海拔1200米，东西宽1500米，南北长2500米，总面积375万平方米。由于山洪冲刷，中间被一条深沟分割成南、北两坡，南坡植树，北坡农耕。地表遗物丰富，有磨制石斧，鸵鸟卵化石，蚌化石残片，有以夹砂灰陶为主、泥沙灰陶为次的素面陶片，还有少量泥质黑陶，偶而有红陶。这些陶片火候较高，似以手制者居多，纹饰有粗、细绳纹，蓝纹，小蓝格纹，旋纹等。因标本碎小而器形已不能辨。此遗址是1968年文物普查时发现的，属新石器时代遗址，兼存战国时期文化遗址。

岑咀新石器文化遗址 位于应县城东北岑咀村东北0.5公里处的龙首山瓦渣坡至田框坡间，总面积1万平方米。地表遗物丰富，陶片有夹沙灰陶、泥质黑陶，兼有少量红陶。火候很高，一般为手制，纹饰有绳纹、蓝纹、方格纹等。石器有磨制石斧等。1985年6月文物普查时发现，为新石器时代遗址。

泉子头文化遗址 位于应县城东泉头村西2.5公里龙首山南麓较平坦的山坡处，坡前为镇子梁水库。遗址东西长1500米，南北宽1000米，总面积为150万平方米。遗址被浑河割开，地下遗物丰富，河床经常出土各种动物化石，其中有象牙、马牙、犀头等化石。地表散布陶片甚多，以夹沙灰陶为主，有少量彩绘红陶，一般火候不高，器形简单，纹饰有绳纹、划纹、蓝纹、方格纹等，多数系手工制作，有少数器物是轮制。经考查为新石器时代晚期文化遗址。兼存战国时期文化遗址。

赵家口遗址 在朔城区赵家口村南向阳山坡。1958年修赵家口水库时，在半山腰发现有石斧、石铲、鬲足、石环、陶片等。1984年，修元卢铁路时，

峙峪遗址

鹅毛口石器打制遗址

在村南的寨躺壕、寨上圪塔，发现大批红砂陶片、鬲足和石环、石斧、石锄等遗物。在南山向阳山坡上，地面上到处有上述文化遗物。初步考证为新石器时代晚期遗址。

丰裕村遗址 在朔城区丰裕村东南0.5公里处有一个土丘，东侧为恢河，土丘高出河床5米，土质为沙土，南北长100米，东西宽50米。发现有石斧、石铲和有绳纹、网格纹的陶片、鬲足等。初步考证为新石器时代晚期遗址。

第二节　古城镇遗址

故驿城 位于山阴县故驿村东北0.5公里处，建于战国时期。现存残垣残迹，发现秦汉时的陶器、铜器、钱币、瓷片等。金忠州城即在此地。

秦汉马邑城 位于明清朔州古城西北隅。据《元和郡县志》记载："昔秦人筑城于武周塞以备胡，城将成而崩者数矣，有马驰走，周旋反复，父老异之，因依而筑，城乃不崩，遂名马邑"。《马邑县志》又载："今称(朔州)西北隅为古城，府志以西北隅为秦马邑县地。"《晋太康地记》也载："秦建此城……县废，即今朔县治。"在古城内地下，为汉文化层，城周围到处有汉墓。秦汉马邑城遗址，亦即北齐增建古城遗址。今已拆毁殆尽。

汉阴馆城 位于朔城区东南32.5公里处的里仁村(古城)村南。前154年（汉景帝三年）于楼烦乡置阴馆县，属雁门郡。《太平寰宇记》载："阴馆城，今名下馆城。"《二十五史补编》记有："雁门郡治阴馆。汉末大乱，匈奴犯边，郡县荒废。"后发现里仁村南有残垣长200米，高1米左右。1976年，里仁村发现有城基址。在里仁村一带，地面上到处有汉陶片、砖瓦遗物。《马邑县志》记载："下关城，前汉阴馆县城……周八里，基址尚存。"

繁峙古城 在应县城东4公里处，东张寨村北，魏庄村南，有汉、北魏繁峙古城遗址一座。古城东西宽838米，南北长1100米，占地总面积92.18万平方米。应浑、左砂两公路横穿而过，城垣遗迹尚存，夯土层15厘米左右。城内地面平坦，土质松软，已为耕地。地表散有零星陶片和残砖破瓦。陶片以夹沙灰陶为主，有少量夹沙黑陶，偶尔有红陶。纹饰有绳纹、方格纹、划纹等，多为轮制，火候较高，器形可辨。板瓦宽30厘米、长60厘米，与汉代板瓦同一类型。解放初期，东张寨一农民于城内西侧打井时，距地表2米深处挖出砖墙基、灶、炕，农民亦常在城垣遗迹上发现铁箭头。据考，繁峙县，汉武帝元狩年间置，东汉末废，北魏时置繁峙郡，隋废。该遗址为省级文物保护单位。

黄昏城 位于山阴县城北部，北魏时称之为新平城，建筑年代不详。现存城垣东西长295米。南北宽160米，残高2米～4米，底宽5米，夯层0.6米，地表陶片丰富，东城墙残破严重。县级文物保护单位。

北齐朔州城 位于明清朔州古城西北隅，是北齐在秦汉马邑城故基址上重新增建的。清康熙《朔州志•建置志》记有："古城旧基，九里十三步。元至正末，右丞相孛罗帖木耳驻兵大同，使其将姚枢副守朔州，以兵少城阔，省去西北，筑东南一隅。"后来的县城是元末明初在北齐朔州城基上改建的，残存古城墙是北齐所建。20世纪70年代以来，古城东北城墙上新建民房。20世纪80年代以来，南、西、北部西段古城墙逐渐被拆除，昔日古城面目全非。

寰州城 在朔城区下西关村东。《中国古今地名大辞典》记释：寰州，五代唐置，辽废，故治在今山西朔县东。《马邑县志》记有："后唐庄宗复置大同军，明宗天成二年升马邑为寰州。"辽太祖仍置寰州。"圣宗时，又置广武县矣。辽元窃据北方一百七八十年，改寰州为马邑，大约在兴宗后、延禧前。"经实地考察，下西关村东，仍有故城废垣，其中以城西南角最高，其角为锐角。故城有为耕地，地面有碎砖瓦、陶片，西城墙外为村民院落。其废城夯土层明显。

司马镇 古司马镇位于应县城西10公里的栗家坊村东北1公里处，为金、元时应州"四镇"之一，相传辽萧太后曾在此驻跸。现为县级文物保护单位。现存镇墙高7米，宽6米，夯土层15厘米，镇南北长356米，东西宽358米，向南开一门。城垣内有陶片残砖，陶片以泥质灰陶素面为主，少数为布纹、旋纹等，轮制居多，一般火候较高。器物虽仅存残片，但器型可辨，属隋代以前遗物。而镇垣为明代重修。1952年，镇内建房住劳改队，1957年，改为雁北福利院。

安边镇 古安边镇位于应县城东北龙首山脚下的浑河南岸，距县城10公里，西邻镇子梁村，东邻镇子梁水库，为金元时应州"四镇"之一。遗址原四周高

筑土墙，南北长300米，东西宽200米，呈长方形，总面积6万平方米。现残垣尚存，高7米，宽6米。由于坐落在泉子头文化遗址上，地表文化遗物十分丰富。有新石器时代的彩陶、类砂灰陶，春秋战国时期的壶、豆等陶片，还有辽代的砖瓦等。明代重修过镇墙。镇内原有一寺，传说名为清泉寺，已毁。镇遗址西250米处有一土围子遗迹，传说为当年养马圈，面积700平方米。

山阴城 建于元末明初，位于山阴县古城镇。城周长2000多米，原高7.5米。1418年（明永乐十六年）增高到10米，1570年（明隆庆四年）增高到12米，隆庆六年砌砖。1628年（明崇祯元年）城外筑护城垣，垣外挖壕，引水入壕，城上设悬楼16个，现存北城墙部分遗址。城内存相府遗址石狮1对。

西安堡 位于怀仁县城东15公里西安堡村。1464年（明天顺八年）建，为驿地。1569年（明隆庆三年）设操守防御。1603年（明万历三十一年）砖包堡墙。堡呈长方形，南北长230米，东西阔200米，设南、北二门，南曰金汤，北曰镇朔。1648年（清顺治五年），大同县移住于此，1652年（清顺治九年）复迁大同。堡墙现存较完整。

第三节　古窑遗址

古瓷窑 在朔城区已发现的瓷窑址有峙峪、下磨石沟和大平易3处。峙峪瓷窑在峙峪村北山沟里，这一带曾多次发现破碎黑白釉器皿瓷片，以及制作器皿的模具。下磨石沟瓷窑在村北的瓦瓷地一带，地面上有不少刻花、印花、黑白釉瓷片，以及烧残损的火葜藜、鸡腿瓶等。另还有不少残损模具及碾料用的石碾。大平易瓷窑在大平易村南的车道坡一带。发现的残碎瓷片和模具与峙峪、下磨石沟的接近。从辽、金、元墓出土的瓷器看，均和这几处发现的瓷片相

似。这几处窑址附近出产煤与坩子土，为烧瓷提供了良好的条件。从瓷片的形制和着釉看，为辽、金、元时期的窑址。

古煤窑 据1956年杨涧煤矿古窑调查专题报告和1958年《晋北小煤窑调查表朔县地区小煤窑情况》，在朔城区杨涧、赵家口、刘家窑、全武营等一带，发现有不少古煤窑。其中古巷为阶梯式，坡度为40度～60度，洞高1.5米左右。多数为明清和民国年间煤窑遗址。

第三章

古 墓 葬

第一节 汉 墓

广武汉墓群 在新广武城西北2.5公里处，墓群南北长3.5公里，东西宽1.5公里，占地面积约5.24公里。拥有封土堆298座，最大的236号高达20米，占地3250平方米，最小的高2米。为两汉时战死的将士们墓冢，以墓冢的大小来区别官职。1965年5月24日省政府公布为省级文物保护单位。1988年1月13日国务院公布为第三批国家文物保护单位。是全国现存最大的古墓群。

井坪南梁汉墓群 位于平鲁区安太堡露天矿区井坪南梁，已发现350穴。1985年9月，由省考古研究所会同县文物管理所首期发掘清理25穴，出土文物169件，其中陶器114件，其它器物5件，丝织品、玉器各1件。据中国历史博物馆和山西省考古研究所的专家鉴定，这些墓葬为汉王莽前后当地居民的墓地，墓葬的葬式分穴土坑墓、洞式木椁墓。

金沙滩汉墓群 在怀仁县南30公里的日中城村东，有墓7个，封土基本完整，俗称之为"谎粮堆"。墓高6米~13米，周50米~90米，属省级保护文物。

威远汉墓群 分布于右玉威远城周围，包括五候山、南八里、进士湾、威远周围诸墓群。现存墓冢封土90余座，每座高2米~9米，周长50米~70米。1973年博物馆曾在南八里发掘墓葬3座，均为长方形竖穴土坑墓，木椁式结构。出土的遗物有铜、铁、漆、陶器200多件，均为汉代器物。为省级文物保护单位。

红旗口汉墓群 位于右玉城关镇红旗口村东，墓地东西长3公里，南北宽公里。现存墓冢7座封土高1米~6米，周长30米~40米。墓地地面散存大量汉代陶片，是典型的汉墓群。

梵王寺古墓群 位于朔城区梵王寺、趄坡村周围，为省重点文物保护单位。梵王寺村北、村西有明显的汉墓封土堆30多座；趄坡村东一带，有北魏墓多座。当地群众在生产劳动中，常发现有汉、北朝时期墓葬。

善家堡匈奴墓群 位于右玉县高墙框乡善家堡村西北500米处，东西长1000米，南北宽500米。由于多年雨水冲刷，墓葬开始暴露，省、地、县三级考古工作者及时对此进行了清理。共清理墓葬23座，出土文物413件（组）。在这些发掘清理的墓葬中，有少数墓葬较深，建于淡红色粘土层中，形状结构十分清楚，为典型的长方形土圹竖穴墓。绝大多数墓葬距地表很浅，墓圹土和墓室填土均为黄砂土。墓葬均无棺椁葬具。出土的器物有陶器、铜器、金器、铁器、骨角器、玉石器等，这些器物所表现的文化面貌，是以鲜卑文化特征为主，兼容匈奴文化和汉族文化因素的多元共存的鲜明特色。此墓的发掘，被列为1990年全国考古界十件大事之一。

匈奴鲜卑墓 1983年，朔城区文化局在县城南关王家岽地清理一座鲜卑墓。次年，又在东官井村东、东邵庄西南各清理一座匈奴墓。这三座墓均是在施工中发现，墓室都被破坏。发现的器物有金牌饰、铜腰牌、银耳环、夹砂陶罐、绿松石、玛瑙串珠、骨制器、"长宜子孙"铜镜及东汉五铢钱等。三座墓虽遭破坏，但从清理调查和出土器物看，仍可反映出时代和族属。网格纹铜牌等器物，与其他地区匈奴墓出土器物相似。骨制器等为鲜卑墓常见之物。三座墓的时代，均在东汉晚期。据史书记载，东汉晚期的雁北，是匈奴、鲜卑、乌桓等游牧民族与汉人杂居之地。这三座匈奴、鲜卑墓的发现，对研究东汉晚期雁北地区游牧民族的南迁，以及中原农业民族文化和北方游牧民族文化的渗透交融有重要价值。

北魏大南山墓 位于右玉县高墙框乡大南山顶峰

第二节　其他墓葬

北魏小南山墓 位于右玉油坊镇南4公里处的小南山峰顶上，有墓一座。墓冢基座高1米，长28米，宽19米，封土高5米，周长100米，石块砌边。墓地地面裸露有北魏时期的夹沙灰陶片，陶片上的纹饰主要是绳纹与弦纹，属北魏墓。

北魏平顶山墓 位于右玉牛心堡村北五公里处的平顶山峰顶之上，共有墓冢11座。墓地东西长1000米，南北宽120米。墓葬由玄武岩石块覆盖，有两座大冢，东西排列。西冢为长方形基座，座高1米，边长42米，封土高7米。东冢亦为方形基座，边长35米，高6米。两冢周围有小墓9座，属北魏墓。

北魏元姬墓 在朔县城区北15公里刘家窑村东的元姬山。冢高5米，南北长27米，东西宽21米。冢正南有盗洞，外径1.8米左右，内径1.5米左右，深7米多。从盗洞剖面看，夯土层10厘米，并有木炭、碎陶片，封土下有砖筑物。在封土上和附近，有不少绳纹、捺纹陶片。墓东500米处，有烽火台。据《朔州志》记载，为北魏元姬墓。元姬姓李，善弹唱，尤工琵琶，为北魏道武帝拓跋珪的侍姬。"卒葬于此，因以名山。"

之上，当地百姓称"王坟圪塔"。矩形基座，边长35米，高6米。两冢周围有小墓9座，属北魏墓。《朔平府志》记载，为北魏墓。墓地共五冢，墓地东西长70米，南北宽30米。西侧为主墓，二冢东西并列。墓冢封土均高为6米，周长均为40米。主墓东侧有陪葬墓3座，封土高1米~1.2米。1984年在此墓地发现墓碑一通，碑文残损，年代已看不清。当地人称此碑为孝文碑。根据残存的碑文考证，此碑疑为孝文帝迁都洛阳后重回旧地祭祖所立。此碑为国家二级文物，现已移回县博物馆保存。据多方考古调查、研究、论证，此墓疑为北魏金陵，现仍在调查中。

北魏丹阳王墓 位于怀仁县城北4公里的大运公路东侧。《怀仁县志》记载，墓主人是丹阳王叔孙建。建造年代当在北魏。该墓分墓道、甬道、前室、后室和东西侧室。墓室平面均呈弧边长方形，四角攒尖顶，墓室高7.2米，墓室面积前后室为35平方米，东西侧室为28平方米。墓室内有少量的砖，砖上有魏体"丹阳王墓砖"五字。四条甬道壁及前后甬道、前后室的地面都是考古资料上未见的花纹砖。花纹有类似宝相花、瑞兽、各种忍冬、变形龙凤、武士纹等共15种类型。在墓道和甬道交接处两边各有1.5平方米的壁画。绘有三面六臂手持异形武器的武士和瑞兽、花卉等。1994年在省、市考古部门的支持下，该墓已全部复原。该墓从尺寸、形制上看比方山永固陵、司马金龙墓都大，但不够精致。未发现随葬器物和人骨架，只发现少量金箔屑。是研究北魏墓葬习俗及修正史料的重要遗迹。

唐丰王墓 在朔城区西北黑驼山之巅。据《朔州志》记载：丰王系"唐昭宗第三子，名祁，天裙元年封。薨葬于此，墓前有石砌神道，周围有壕堑遗迹。"现封土堆犹存。

唐何神忠墓　位于应县城东北边耀村东0.5公里处。何神忠为唐云州奉城军节度散将，守边30载，卒于长庆年间。1978年搞农田基本建设时出土墓志1块，陶器8件，铜钵1个，铜腰带1件。墓为窑式土坑，内有残余壁画。

辽沙彦珣墓　位于沙家寺村东2公里处，占地面积10亩，建于辽金时代。有石羊两只，各长90厘米，宽30厘米；有石碣长5尺余，额篆书"沙公碣铭"，墓前石兽多为淤泥埋没，无封土。1986年8月18日省政府公布为省级文物保护单位。

金代丛葬墓　在朔城区北旺庄村南，发现金代墓3座。墓室平面均呈圆形，穹窿顶，有墓道。墓室或掏有壁龛，或留有二层台。壁龛和二层台上，置有陶或瓷质骨灰罐。3座墓的骨灰罐各为8、9、10个。多数骨灰罐盖上有墨书或刻划题铭，如"磨耶耶"、"小耶耶周文耳"、"耶周文升"、"高祖尊耶耶"、"小耶耶"等，"耶"通"爷"，作父亲讲。随葬品有唐、北宋、金代铜钱和瓷盘、陶碗等。从铭文看，这3座墓是周氏家族丛葬墓。家族多人丛葬墓，尚不多见。对研究金代丧葬制度有重要价值。

金代僧人丛葬墓　在朔城区长头村北发现一座金代砖室墓。墓平面呈正方形，边长3.8米左右。穹窿顶塌毁。墓室设二层台阶，台阶上置陶棺30具，棺内放有火化骨灰。棺前大后小，长60厘米～40厘米，前高25厘米～40厘米。有的棺身前档刻有楷书铭文"皇统八年正月二十四日记"。墓壁和棺底共发现砖质、石质墓志铭6方。墓志主要记述金代朔州广福寺、广运寺僧侣身世及迁葬情况。30名僧侣死亡时间约在1096年至1179年（辽寿昌二年—金大定十九年）。墓早年被盗，未发现随葬器物。对研究金代僧人葬俗和广福寺、广运寺的僧侣提供了重要实物资料。

杨涧壁画墓　位于朔城区杨涧煤矿。墓平面呈方形，边宽2.5米，四壁皆为仿木构建筑。为男女同棺合葬，另在一瓷瓮内存放一副女骨架，显然是一夫一妻一妾。墓壁两侧绘二十四孝图，正壁绘墓主人宴饮图，墓门两侧绘侍从一男一女。墓顶悬吊"长命富贵"铜镜一面。棺盖内未发现有其他随葬品，说明墓早年被盗。墓室清理完毕后回填处理，壁画尚保存在地下。为金代绘画、葬俗和民俗的研究提供了重要的实物资料。

金高汝励墓　位于应县南接马峪村。高汝励，应州人，金章宗时任尚书右丞。

金张诩墓　位于应县东5公里的下寨村南，营造于1213年（金至宁元年）。墓地50余亩，有石碑、石羊、石虎等，属县级保护文物。

元韩浩墓　在应县南茹越口前。韩浩，元蔚州人，至正年间任便宜都元帅兼应州彰国军节度使。

明乐昌王墓　在朔城区水泥厂西北1公里处，北

王宪武墓

山山脚下。1983年发现。地上无封土堆，为窑洞式砖室墓。墓顶上有盗洞口，直径约60厘米。墓室里充满淤土。有石制"册封乐昌王凤冈圹志铭"一通，运回崇福寺。乐昌王为明太祖高皇帝七世孙，惠王第三子。墓室尚保留，墓内未发现随葬器物。

明郭登庸墓 在山阴县南辛寨村东0.5公里处。有1548年（明嘉靖二十七年）御祭碑1通。

明王汝濂墓 位于怀仁县南4公里的万金桥村。俗称之为王家坟，占地面积200余亩，四周筑有土墙。内有牌楼、供桌、石羊、石虎，石碑林立，坟丘遍布。现大部分被毁，所剩石碑寥寥无几。属县级保护文物。

明麻家墓 右玉县共有麻家坟四处：一在右玉城外东北方向一里处；二在右玉城南门外2.5公里处；三在右玉城外八里庄村北2.5公里处；四在城关镇袁家窑村东北1公里处。袁家窑村的麻家坟规模最大。现墓冢封土已不复存在，只有石人一对，石马一对，且半截埋在土内。墓内主人麻贵，明代大同府右卫（今右玉县）人，任右都督之职。

明王宪武墓 位于山阴县北周庄村东南0.5公里处。现存墓1冢，响堂1间，祭品库1间，碑亭1间，亭内有石碑5通，墓地内还存有石羊、石虎、石马等。

明王家屏墓 位于山阴县河阳堡村西南0.5公里九龙湾处，占地面积30多亩，建于明泰昌年间。现存石羊、石马、石虎、石人、石望桩各1对，石碑7通及围墙遗迹等。1986年8月18日省政府公布为省级文物保护单位。

明田蕙墓 位于应县城东圣水塘村西，占地3亩，有石人、石兽4对，石碑8块。墓冢及附属文物有保护价值。田蕙在明万历时曾任通政使，晚年家居时曾撰修《应州志》，世称"田志"。

明霍瑛墓 在朔城区东北新文村西0.5公里处。墓地南北长200米，东西宽100米，有封土堆20多个。四周原有砖围墙，石牌坊一座，石羊、石虎各一对，石人、石马各一个。后被毁。霍镆为明马邑人，任御史、通政使。

清田翰林墓 在朔城区司马泊村西。田喜霱（1632—1697），1661年（清顺治十八年）辛丑进士。1664年（清康熙三年）入翰林院，为内阁学士兼礼部侍郎，官三品。赐祭丧视二品礼恩，皇封赐修敕建田翰林墓。建有石牌坊、马、羊石雕等。近年曾出土其赐封淑人墓志铭一方，存崇福寺内。墓地建筑已毁，墓地尚存。

清左光图墓 在应县南马庄。左光图，明崇祯年间任河南嵩县知县。入清，著《知非集》。殁，贫不能葬。刑部尚书魏象枢买地葬之。

清刘诏墓 位于平鲁区井坪镇西30公里，东昌峪村北500米处。刘诏戎马一生，战功卓著，曾任顺德总兵。蒙圣恩遣棺祭葬于平鲁老家。墓地建有四柱三楼头石牌坊一座。墓前有一长方形双龙额龟座细砂石碑，通高467厘米。其中额头127厘米，篆刻"皇帝诰封荣禄大夫"。碑体正面楷书"皇清诰封荣禄大夫，镇守广东顺德镇，统辖水陆等处地方总兵官左都督世袭三等阿达哈哈番，显考魁吾刘公府君，暨原配一品夫人先妣单氏墓志铭"。背面刻有长达1650字的墓志铭，字迹清晰。该碑为国家三级文物。

清张友凤墓 张友凤，应县人，清康熙年间曾任四川总兵。墓在县城西关应怀公路东侧。1976年出土墓碑一块，长35厘米，宽25厘米，墓为窑式砖墓已毁。

王家屏墓

后 记

再远的航行总要靠岸，再久的飞行总会着陆。昨日，我接到中华书局寄来的校样，反复翻阅，感慨万千。因为他，流淌了我们太多的汗；因为他，倾注了我们太多的情。说实在的，这部书是一个地方一个地方走出来的，是一座山一座山爬出来的，是一条河一条河蹚出来的。他的付梓出版，得益于大自然的恩赐和生活的青睐，更多的是大家共同努力的结果。

我首先感谢朔州这块神奇的土地，为我们提供了一个令人神往的创作空间。她那雄宏壮美的自然风光，奇异多姿的人文景观，自古就吸引着众多帝王将相、文人雅士前来览胜探奇。但千百年来鲜以文字见诸典籍，更无人将其系统地汇集成册。可能是因为长期从事方志工作的缘故，职责使然，早在数年前，我便萌发了编撰《朔州风光》的想法，然深知自己才疏学浅，恐难独立完成。所幸的是我的这一初衷得到了许多有识之士的赞同，经过一段时间的筹备，2008年市地方志办公室正式启动了本书的编撰工作。

我也感谢这段筚路蓝缕的磨砺，一路行来使我获益良多。正所谓艰难困苦，玉汝于成。在本书编撰过程中，我们面对的是经验不足和资料奇缺两大难题。所有撰稿人员，过去都没有从事过此类工作，也没有参加过相关的知识培训。全书所涉及的景区景点，除佛宫寺释迦塔和崇福寺外，其余仅少数有只言片语，更多的是一片空白。起初，我们凭借平时对一些景区的粗浅记忆，曾尝试撰写了一些片段，尽管大家夙兴夜寐，呕心沥血，但最终也没能拿出让人满意的书稿。数次挫折之后，我们并没有选择放弃，而是毅然带上纸笔，挎着相机，走出陋室，走进街巷，走向大自然，躬临其境，亲睹其物，口问手记，眼观心摹，在获得了大量的第一手原始资料的同时，也找到了撰写的正确途径，为后期的编撰工作奠定了坚实的基础。

我还感谢与我精诚合作的全体撰稿人员，助我实现了编撰本书的愿望。是他们不畏艰辛，不计名利，与我一起风雨兼程，同甘共苦，用最朴实的语言、最真挚的情感和对朔州无比的爱，书写出一篇篇文采绚丽的章节，成就了这部洋洋数十万言的拓荒之作。三年来，我们翻过多少山，走过多少路，已无法计量；三年来，用了多少笔墨，修改了多少次书稿，已无从记起。但大家夜宿山岭待日出、晨守湖边候鸟来的情景，雨雪中进山猎奇、烈日下丈量长城的情形……时至今日，记忆犹新。更让我难以忘怀的是，受我之邀，胡永祯先生举家从右玉搬到朔州；王文明老先生年近七十，爬山涉水，从不言退。正因有这样一些人的倾力相助，我才顺利地完成了本书的总篡任务。

我深知，这部书的出版，没有各级领导的大力支持是绝难问世的。市委书记王茂设，市委副书记、市长冯改朵，非常关注和坚定支持本书的编撰出版工作，他们不仅在百忙中审阅了书稿，赐序于本书，还提出了许多指导性建议。市委常委、市委秘书长李根田，为保证质量，专门就本书的出版工作做了重要批示；市长助理、市政府秘书长蔚文彩，从始至终参与了本书的编撰工作。朔城区、平鲁区、怀仁县等县区的许多同志，在我们深入景区走访中，竭尽所能，给予方便。尤应提到的是，在我们数十次登越紫荆山过程中，南榆林乡政府总是热情接待，提供帮助。原朔州三晋文化研究会会长、当代著名诗人钟声扬先生，生前看了部分书稿后，恳切地对我说："你为朔州的文化长城铺了一块金砖。"各级领导和前辈的鼓励与厚望，使我们深感责任重大，不敢有丝毫懈怠。

我特别感激那些知名或不知名的众多向导，是他们带领我们发现了许多鲜为人知的景观景点。怀仁县文管所安孝文先生扶病带领我们走景区串景点，释疑解惑。大莲花村村民任亮老人，不论白天黑夜，不分寒来暑往，数十次陪我们进山，使我们逐步对紫荆山有了一个全新的认识，从而完整地将紫荆山之大美首次呈现在读者面前。

很幸运，本书的编撰还得到了全国知名专家学者的指导和帮助。侯文正先生数次来朔授课，任根珠先生认真审读了书稿，水既生先生挥毫泼墨为本书题字。

感谢中华书局史志文化编辑室再度与我合作，感谢北京时韵文化传播公司在装帧设计方面所付出的劳动，感谢市旅游局、右玉县委宣传部和众多摄影爱好者为本书提供了部分精美图片。

这部书的编撰和出版，涉及的人和事远不止这些，我无法一一记述。因之，只能用最诚挚的心情来说这样一句话：感谢所有为本书做出贡献的团体和个人。

作为一部风景名胜类著作，《朔州风光》因其涉及知识广，撰写难度大，加之多数景区资料空乏，且撰稿人员水平有限，难免在编撰工作中出现这样或那样的疏漏瑕疵，恳请读者批评指正。

吴夺奎

二〇一一年六月九日于朔州

附：撰写花絮

这些镜头是随意间拍下的，是编撰过程的真实记录，从中可见工作的艰辛，成书的不易。

沿途捕捉镜头

山顶拍日出

在古堡中辨析碑文

带着资料寻访

边走边记

在密林中行走

休息时也不忘询问

丈量敌楼

上山的艰难

踏雪进山

下山的艰险

请教村民

在长城上行走

在长城上研究敌楼的防御功能

谷中探幽